五十年五十人

50 Jahre
50 Menschen

国懿 — 主编

世界知识出版社

献给建设性的、着眼未来的中德关系
KONSTRUKTIVEN, ZUKUNFTSORIENTIERTEN
BEZIEHUNGEN UNSERER BEIDEN LÄNDER

50 Jahre
50 Menschen

主 编 的 话

嘤其鸣矣　求其友声

　　1972年10月11日，中华人民共和国与德意志联邦共和国正式建立外交关系。两国关系诞生于冷战时期，在意识形态对抗占主导地位的冷战时代，经济利益在两国建交前后的早期接触中发挥了不可忽视的作用。第二次世界大战结束后成立的德意志联邦共和国曾长期奉行针对原东德和东方阵营的哈尔斯坦主义。威利·勃兰特任联邦总理后推行的"新东方政策"为对华关系带来了重大转机。恰逢中国基于对世界政治格局的判断，向所谓的"中间地带"国家发出信号，准备与后者进行更深入的接触。两国相向而行，终于迎来了建交的关键性历史转折时机。回首两国建交之路，可谓披荆斩棘，来之不易。

　　相知无远近，万里尚为邻。在与中国建交三年之后，时任德意志联邦共和国总理赫尔穆特·施密特作为第一位政府领导人，在1975年深秋访问了中国。施密特卸任联邦总理之后，仍然长期对中德关系倾注热情。在他首次访华30年后，他与德国记者弗兰克·西伦合作完成了一部名为《理解中国》的访谈录。在第一次读到这本书的时候，我还是一名在柏林自由大学攻读国际关系的博士研究生。除了折服于施密特先生的人生智慧以及他对于中国人民的友好感情，我也在那时萌生了促进两国之间人文交流的想法，希望经由两国之间日益紧密的学术、文化和人员交流，德国能够更好地理解中国，中国也能更好地理解德国。

　　两国建交后，中国于1973年派出首批赴德意志联邦共和国的留学生。1978年之后，中国开始了改革开放的伟大事业，随之出现了20世纪中国人赴德留学的第三次热潮。随着中国对外开放的步伐越来越大，两国交往随之步入了新的阶段，两国经济、政治、社会、文化、教育关系日益紧密，包括笔者在内的一代又一代的中国留德学人成为中德关系的见证者和亲历者，成为两国人文教育交流的受益者，他们中的许多人也成为中德交往的中坚力量，反哺两国关系继续发展。在此意义上，他们也是中德关系的推动者。

　　中德两国建交之前和建交之后，经济利益始终是两国双边关系的重要驱动力，并在纷繁复杂的国际局势变化中为中德关系的发展奠定了主要基调。西北工业大学于2021年6月在"德企之乡"江苏省太仓市成立了德国研究中心。研究中心在筹备阶段就定下了发挥太仓独一无二的优势，以德国及德语国家研究为基础，以对德国智库的研究为特色，以推动研究成果与学科发展和人才培养紧密结合为宗旨，将推动和提高中德人文交流的规模、密度和质量作为发展的愿景。

适逢中德建交半个世纪，依托西北工业大学德国研究中心主编的这样一本文集，其实正是在圆自己为中德友好关系尽力的初心梦想。我还记得在2001年3月，在初至德国的第二天，我看着眼前雄伟壮观的科隆大教堂，与我出国前所喜爱的《舒曼第三交响曲》所表达的宏伟建筑是如此一致，我不禁感叹，时代和交通的发展是如此有效地拉近了两国人民的距离。然而，随着在德国生活时间的延长，尤其是近年来随着国际局势的改变以及一系列国内外事件的考验，让我感到遗憾的是，中德两国人民对彼此的认知却并没有随着通信技术的发达而变得更加亲近，两国人民的心理距离也没有随着对空间距离的认知变化而变得更加接近。我希望改变这样的情况，哪怕是仅仅能作出一点微不足道的贡献。

国之交在于民相亲。借中德建交50年之契机，本文集非常荣幸地邀请到了50位具有代表性的中德作者，请他们回顾各自在中德之间的人生经历，追溯与德国/中国的缘分和交往，并对中德关系的未来进行展望。50位作者中，29人来自中国，21人来自德国。最年长的作者出生于1932年，最年轻的作者出生于1988年。他们来自经济、政治、教育、科技、文化各界，涉及国家、省/州、城市、院校等各个层面，与德国/中国的交往跨越半个世纪，在各自活跃的代际中具有突出的代表性。他们中既有许多我的师长和前辈，也有不少我的同辈和友人。他们欣然接受本文集的邀请，追溯和分享自己在这50年间的中德人生故事，提笔写下自己对于中德友好关系发展的良好希冀。这让我深感吾道不孤，备受鼓舞。在此，请允许我向本文集的所有作者表示最衷心的感谢和最深的敬意！"嘤其鸣矣，求其友声。"我想，《诗经·小雅》中的这一诗句，足以代表参与本文集的所有中德作者的心声。

50年，岂止50人？50年，影响几代人？中德关系从正常化到高速发展的这50年，从中德建交后两国人文关系的第一批建构者开始，到如今已经跨越了三个生物学意义上的代际，每一个代际都在特定的历史时期拥有共同记忆，承担共同使命，并通过一代代的传承和影响，辐射到更多的代际，使得中德人文交流队伍日益壮大、历久弥新。基于这一想法，本文集原则上按照作者的年龄区间进行排序，以更有意识地追溯每个代际的时代精神。为加深中文读者的理解，文集中所有以德语写作的文章都附上了中文翻译版本，并由文集的编辑团队负责相关中文翻译文本的准确性。

2022年11月，在会见德国总理朔尔茨时，中国国家主席习近平再次引用了施密特的观点："政治家应当以宁静接受那些不能改变的，以勇气改变那些能改变的，用智慧分清其中的区别。"德国音乐家勃拉姆斯也说过："作曲并不难，极难的是去除多余的音符。"面对诸多挑战，未来的中德关系既需要谱曲和定调的大师，也需要有能力去除杂音的大师。希望这本文集的出版，能为两国人民更好地回顾历史、增进理解，在了解彼此差异的基础上更有信心寻求共性，为建设性的、着眼未来的中德关系作出贡献。

最后，感谢西北工业大学的各级领导以及阮红梅教授等同事对本文集的大力支持，感谢中国联合国协会前总干事刘志贤、马格德堡大学丁永健教授等前辈师长的关心，感谢华东师范大学孟钟捷教授，北京外国语大学吴江教授，厦门大学刘悦教授、杨耘硕博士，西北农林科技大学刘铂博士，杭州电子科技大学张斐博士，中国驻德国大使馆潘孟秋、李昇欣，厦门市外事办公室曾金吉等同事和朋友的帮助，感谢我的学生李烨、刘欣然、瞿宁畅的协助，以及世界知识出版社车胜春编辑的专业支持。没有他们的倾力相助，本文集的面世是无法想象的。

目 录

赵嘉福
| 　　　回忆过去　展望未来　　1

殷桐生
| 　　　我的德国情结　　4

杨武能
| 　　　我的德国故事　　9

顾俊礼
| 　　　我与德国　　16

彼得·迪策　Peter Dietze
| 　　　厦门—特里尔友好城市关系　　21

乌尔里希·施泰因米勒　Ulrich Steinmüller
| 　　　"活到老，学到老"　　33

埃里希·蒂斯　Erich Thies
| 　　　中国，中国，中国……　　45

莫妮卡·冯·鲍里斯　Monika von Borries
| 　　　"老朋友"莫妮卡　　53

托马斯·海贝勒　Thomas Heberer
| 　　　游走在中国半个世纪的时代见证人　　63

鲁道夫·沙尔平　Rudolf Scharping
| 　　　对于五十年德中关系的一些个人印象　　84

史蒂芬·巴龙　Stefan Baron
| 　　　重回"零和游戏"？　　88

罗梅君　Mechthild Leutner
| 　　　我与中国的故事　　95

庞学铨
| 　　　德国印象　　105

目 录

施寒微　*Helwig Schmidt-Glintzer*
| 　　与中国的互动和对于欧洲的展望　　117

博喜文　*Michael Borchmann*
| 　　我通往中国之路　　126

聂黎曦　*Jörg Michael Nerlich*
| 　　探索中国，找到自己　　136

王京平
| 　　我是德国高等教育的受益者　　152

哈罗德·富克斯　*Harald Fuchs*
| 　　与中国的科研合作　　156

贾建新
| 　　中德建交五十周年感言　　168

约亨·威特　*Jochen Witt*
| 　　与中国的四十载交往和经历　　177

柴野
| 　　柏林归述　　186

埃格伯特·诺伊豪斯　*Egbert Neuhaus*
| 　　本着互相尊重和共同成就的精神进行合作　　192

连玉如
| 　　情系德国的北大人　　200

刘立群
| 　　回忆我的德语老师　　206

五十年 五十人 50 Jahre 50 Menschen

乌尔里希·范·德·海登 Ulrich van der Heyden
| 乌埃克尔明德—柏林—上海—青岛　210

范捷平
| 我与柏林工大　219

史世伟
| 我在德国经历的德国统一　228

王锡廷
| 一方有难，八方支援　233

阎克文
| 德国的韦伯，以及韦伯在中国　238

陈洪捷
| 我的德国缘　244

刁其玉
| 德国归来，热爱养牛　250

孔德明
| 我和德语结缘的五十年　257

孟虹
| "化剑为犁"，促进世界和平与可持续发展　264

孙立新
| 德国人民培养了我　270

叶翰 Hans van Ess
| 四十年中国缘　276

蔡敬民
| 以中德教育务实合作撬动更大互联互通　285

巴贝尔·赫尔德 Bärbel Held
| 借别人之眼好奇地观察世界　293

景德祥
| 留德回忆　304

李风亭
| 我的德国情结　309

目 录

孟立秋	
	德国体验一二三　315

夏建安　*Christian Sommer*	
	中国与德国：强大的团队奔向成功的未来　321

曾安平	
	留德三十六年：他乡，故乡？　331

尹广燕	
	见证中德关系发展进程　341

阿尔穆特·希勒　*Almut Hille*	
	凯绥·珂勒惠支与鲁迅　346

范轩	
	讲述"中国故事"之我所见　352

李维	
	去德国学历史　358

吴漠汀　*Martin Woesler*	
	为中德理解、和睦、交流与合作而服务的人生　364

王俊	
	犹记得那份从容　370

王小龙	
	负笈德意志　奋进新时代　374

托马斯·德克森　*Thomas Derksen*	
	写在中德建交五十周年之际的话　377

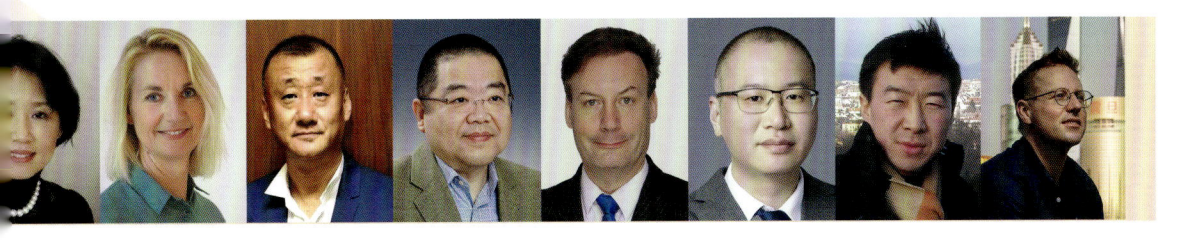

回忆过去 展望未来

赵嘉福

1932年出生于山西，前浙江省外事办公室主任。1948年参军，后参与抗美援朝战争并获得"抗美援朝纪念章"。自1958年起在浙江省外事办公室工作，作为省外办主任牵头负责与德国石荷州的外事工作，曾两次随团出访德国与德方负责人就合作事宜进行会谈，成功推动建立浙江省与德国石荷州的友好省州关系。

本文由赵嘉福口述，国懿教授整理。

五十年 五十人 50 Jahre 50 Menschen

我是山西人，1932年出生，外公家在解放区。我从小耳濡目染，觉得八路军好、为老百姓着想。1948年，我上初中时参加了八路军。参军后，我被分到18兵团60军参加湖北战役，解放后随军到四川，后作为主力部队参加抗美援朝战争。抗美援朝战争结束后，我回国休养，从20世纪50年代起从事外事工作。1954年到卫生部，担任机要秘书负责外事工作。由于我小学、初中时曾经学过日语和英语，新中国成立后在部队学过俄语，故被组织作为外事干部培养。1956年浙江省派我到外交学院学习，当时外交学院学生很少，我属于调干学习；由于外事人才紧缺，当时外交部想把我留在部里，后经浙江省外事部门极力争取，我于1958年10月回到浙江，正式在外事办公室工作。自此之后，我便一直从事外事工作。

国家的外事部门有三个组成部分：一是外交部，作为国家外事的主管部门，这是最重要的一部分；二是遍布世界各地的驻外使领馆；三是国内地方各级政府的外事办公室。地方外事工作很重要，以前只有省和地市级有外事办公室（外办），后来到县一级都有外办。外办负责接待外国人和侨胞，发挥了重要的补充作用。

20世纪80年代，随着中国改革开放，国际地位不断提高，国际影响力也逐步扩大，但经济实力与发达国家之间还存在不小的差距。而德国当时的工业和经济实力在欧洲乃至世界都处于领先地位，所以我们推动浙江省和德国石荷州建立友好省州关系。经过多方努力，1986年，石荷州州长巴舍尔来浙访问，浙江省和石荷州正式建立了省州友好关系。我对当时的情景还有印象，仪式是在杭州饭店三楼礼堂举行的，省里对此很重视，时任浙江省委书记薛驹出席了仪式。

1989年6月下旬，我作为团长率浙江省代表团对法国和德国进行友好访问。到达德国后，受到石荷州州长亲自接待，我们参观了北德地区的汉堡、吕贝克和基尔，感受到了德国城市的现代化水平。那次出访给我留下了三点深刻印象：一是吕贝克的精密医学机械制造业技术非常先进；二是鲁尔区的钢铁工业规模宏大、技术先进；三是从巴黎飞到法兰克福后觉得法兰克福机场很大。

我对德国人的印象是公正、客观、有正义感。这里我举个例子。我1992年第二次访问德国时，在德国友人家中吃饭，吃到一半，德国友人拿出蛋糕为我庆生，我很诧异，也很感动，原来他是从外交护照上看到了我的生日记录。当时我过生日的观念很淡薄，但是德国友人这一举动令我记忆犹新。以小见大，我觉得德国人是重感情的人。关于德国我还想讲一点，我对德国领导人在对待发动第二次世界大战的认罪态度上感到很欣慰。虽然现在我们看来，二战是纳粹分子发起的，与今人无关，但德国人还是诚恳认罪，这与日本人的态度形成强烈对比。

我们做外事工作，有两句口诀，一是"不忘老朋友"，二是"广交新朋友"。我们的心胸要开阔，多记恩、少记仇，彰显我们的风度，才能"朋友遍天下"。

过去50年的中德关系还是不错的，我对默克尔的印象很好。当然我们不能因人论事。实事求是地讲，这50年来中德关系可以说是稳中有进，双方确实都从中受益。从省州层面看，浙江省和石荷州互有往来，我们派遣了很多留学生赴德国学习医学、机械，同样浙江的大学里也有很多德国留学生。国与国之间也是以合作共赢为主基调，中德经贸往来、民间交往已经形成你中有我、我中有你的局面。

我从旧社会走来，当时的中国贫穷落后，经过我们几十年的艰苦奋斗，能取得今天的成就，中国的发展道路是很曲折的，但同样也证明道路是正确的。只要按照既定的道路方针走下去，发展目标一定会实现，包括中德关系也一定会向好发展。中德两国建交50年，民心相亲，中国是世界第二大经济体，德国也是欧洲数一数二的国家，双方关系有良好的基础，经济互补性也很强，我相信中德关系未来一定会发展得更好！

我的德国情结

殷桐生

1937年出生，江苏镇江人，1959年毕业于北京外国语学院（今北京外国语大学），后留校担任教授、博士生导师，主要从事德语、德国外交、德国经济的教学和科研工作。曾任北外教务处副处长、德语系系主任，高校外语教学指导委员会副主任委员、德语组组长，中国欧洲学会理事，北京外国语大学《德语国家资讯与研究》主编，中国德国研究会理事。出版有《德国经济通论》《当代西方经济转轨理论及其在德国新联邦州的实践》《欧洲文化与欧洲联合》《德国经济与"德国病"》《国际关系史》以及《殷桐生选集》等多部著作。

殷桐生教授于2023年11月7日在北京逝世，享年86岁。

我在读中学时对德国了解得很肤浅，高考前本来是准备读理工科的，后来被保送进了北外。入学选志愿时，由于还想学理工，便选了德语，由此结下了德国情结。一结就是六十多年，直到今天。

北外是中国共产党建立的第一所外国语学校，红色基因浓厚，当时教学条件虽然很差，但外教很多，特别是我们德语专业。其中的施佩希特（Specht）老师更是我终身难忘的好老师。她教学出众，和蔼可亲，深受学生的爱戴。这是我首次认识德国人，了解了德国人的严谨认真、忠于职守的优良品格。

大学一年级结束时，我获得了北京市三好学生的荣誉，也获得了民主德国时任总统威廉·皮克（Wilhelm Pieck）的奖励，并参加了一些接待德国代表团的外事工作，学习了一些有关德国的知识。1959年我毕业后留校任教，有幸参加了国庆十周年的国宾接待活动，算是同民主德国高层有过一些联系。而真正接触德国本土却是改革开放以后的事情。

1984年，我被派往联邦德国发展规划与结构研究所进修，开始喝德国水、吃德国饭，和德国同事合作，同很多德国人交往，也开始真正、全面地同德国的外交和经济打交道，这就大大加深了我的德国情结。可以说，我在那里度过的日日夜夜无不充满着德国人民对中国留学人员的深情厚谊，至今思来依然历历在目。我又一次体会到"百闻不如一见"的真谛，不仅领略到德国的山河风貌、风土人情，而且了解到德国人的内心世界，他们的为人之道和喜怒哀乐的原委。有趣的事情还真不少，现把三件突出的事写在下面，同各位读者分享。

第一件事：天上地下参观"德德边界"

1985年9月10日，我应德国联邦边防军司令部的邀请，在汉诺威市长和我们所长的陪同下，乘直升机参观东西德边界。

联邦边防军正副司令接待了我们。正司令先作了介绍，并同我们就两德关系的现状和两德统一的前景交换了意见。接着他便陪同我们来到直升机场。然后由副司令陪同我们登上直升机，开始了我们东西德边界的空中观光。

这是我第一次乘坐直升机，也是第一次从空中鸟瞰东西德边界，新奇、兴奋的心情可想而知。由于是空中参观，直升机飞得很低、很慢，有时还侧着飞，机身下的景物尽收眼底。副司令坐在我的对面，不时地向我们介绍下面的城镇和景物，解答我们提出的各种问题。

我看到的两个德国的边界究竟在哪里呢？在人为划定的任何地方——森林、河流、溪水、田埂、街道和住房等都可以作界。

直升机降落在高斯拉。副司令对我说："我们现在到高斯拉了，想请您下机在陆地上看看！"

高斯拉是一个小小的古城，离东西德边界只有咫尺之遥，我们安步当车，很快便到了东西德边界。这里见不到传统国界上的界碑、界墙、卫兵，更见不到重兵集结的工事、碉堡。一条细得不能再细的涓涓小溪在这里构成了东西德边界。副司令看我在用蒿草丈量小溪的宽度，便马

五十年 五十人 50 Jahre 50 Menschen

上提醒："小心！千万不要跨过去，否则就成了越境，对方会开枪的！"我很感谢他，当然不会跨过去，尽管这只需举足之劳。之后，我们登上了瞭望塔。说话间，对方的阵地上突然从地下升起一个装置，一直升到与我们站立的相同高度。副司令马上提醒我们："他们已经发现了我们，现在正用录像机来录取我们的活动和谈话。"说完，他便领着我们走下瞭望塔。到了下面他才告诉我："他们肯定已经录了像，您很可能上了他们的黑名单，今后去那边要小心。"我点头致谢，但当时对他的话没有太在意。

此后不久，我去西柏林参加一个研讨会，顺便到东柏林探望我的一对中国朋友。去前我给他们打了个电话，说给他们带了点东西。没想到，这几句话把事情闹大了。当我第二天站在西柏林与东柏林的分界线上时，受到了民主德国边防站的严格检查。三个彪形大汉把我从排队入境的人群中叫了出来，提了三四十个各种各样既可气又可笑的问题，还要我出示随身携带的一切。我非常不满，同他们进行了严正交涉。我给我的朋友只是带了一点民主德国买不到的香蕉和可以做衣服的布头，竟然引出了这么一场闹剧。我这一次进入东柏林，在感情上似乎少了点什么，却又似乎多了点什么，迈过这道门槛让我长了不少见识，也给我留下了刻骨铭心的印象。

我看见了柏林墙，并希望以此为背景留个纪念，但面对彬彬有礼的东德人竟然找不到一个人来帮我，更没有想到的是，一位着装朴实的德国人小声对我说："这里到处都是警察。"我终于明白了，被吹得天花乱坠的"反法西斯防卫墙"依然无言地矗立在那里，而我对它却有了新的认识——历史对你到底将会如何评说？

第二件事：参加洛孔（Loccum）人权研讨会

我首次到德国后，德方便已经知道我是来研究德国外交与经济的，于是各种相关的邀请便不断送来。有一天，我从外地出差回来，看到一封十分奇特的参会邀请信，上面写的会标是"德意志联邦共和国在冲突领域……的外交政策"（Außenpolitik der Bundesrepublik im Spannungsfeld...），删去了关键词，研讨会的地点定在德国举行外交研讨会的传统小城洛孔，会期三天。我感到很奇怪，但估计是一个比较敏感的研讨会，很可能是人权问题。经过反复考虑，我决定参加，并作了充分的准备。研讨会报到的当天，我报到后随即去会场看了会标的全称。果然不错，赫然在列的会标是"德意志联邦共和国在冲突领域人权的外交政策"（Außenpolitik der Bundesrepublik im Spannungsfeld der Menschenrechte），是人权问题。被邀请的各国使馆共有九个，唯独没有中国。我明确地感到，我需要独立应对。第一、第二天的会议发言点了好几个国家的名字及其违反人权的"案例"，但没有点中国。到了第三天，会议日程是上午继续开会，下午自由支配。上午的会议还是没有点中国，但中午吃饭时我突然发现我惯常坐的位置被别人占了。正当我另找新座位时，过来一位德国人，邀请我到他们的桌就坐，我同意了，于是同桌的其他四位便立即起立表示欢迎，来邀请我的那位随即将他们和自己作了介绍：德国大赦国际代表、德国外交部政治司负责人、某大学教授，剩下一位没有介绍，他自己是德国人权协会会

1995年科尔访问北外时,笔者（左一）同他握手

在2002年纪念中德建交30周年研讨会上笔者作主旨发言

长。我明确地感到：一场小型"鸿门宴"正等着我。

讨论以非常礼貌和客套的方式开始，边吃边谈，但很快进入正题，都是涉及中国的典型案例，一个接着一个被提了出来。虽然用词平和，但用意鲜明，话题全部集中针对中国的社会制度，争论自然就不可避免，整整延续了三个小时，最后大家还是平和地握手告别。回来之后我对整个讨论进行了"复盘"，还真的感到，他们没有占到任何上风。

第三件事：参加绿党五大执委的对华政策讨论

德国的绿党是1980年1月成立的，1985年他们要研究对华政策，邀请我去他们总部讨论。我感到很突然，但很想去见识见识这个主张环保、反战、反美、反北约、反核的青年党，很想听听他们对中国的态度，于是决定参加。会议是在他们总部的顶层召开的。一张大桌，围放着六条长凳，一人坐一条。长凳在德国就不多见，一个政党的总部会议室就是这么布置，我更是没有想到。讨论会一开始，主持人先做开场白，接着每人轮流发言，发言不断被打断，不断发生争论。最后请我发言，我按照事先准备的说道，"你们的党刚成立不久，我还真不知道我们国家有关单位对你们的态度，因此只能给你们介绍一下中国的外交方针，供你们参考"。说完他们马上发言："请您给我们的对华政策提些具体的建议。"我说："今天是你们绿党讨论对华政策，你们应该拿出一个意见，至少是个草案来供讨论。"他们马上异口同声地说："我们不是都发言了吗？你把我们的发言加起来就是绿党的对华政策。"我说："你们是都发言了，但意见很不一致，争论很大，我怎么综合啊?!"接着，会场上又开始七嘴八舌的论说，简直就是高谈阔论，最后不了了之，真让我哭笑不得，心想："真是一群乌合之众。"写这一段，就是为了说明绿党成立初期的幼稚和没谱。如今，绿党一跃成为德国的第三大政党，在2021年的大选中其得票率短时间甚至超过所有各党，名列首位，最后成了执政党，而且成员在联邦政府中担任了副总理、经济部长和外交部长等职务。绿党的这一发展历程，特别是其今后的发展值得我们好好研究。

我先后去过德国9次，进修、交流和研究，结识了不少德国朋友。每次去德国都感到收获满满。在我众多的研究著作中，绝大多数是以对德研究和德语教学为内容，包括《德国外交通论》《德国经济通论》等。1986年我开始从事培养德语复合型人才的教学试验工作。1997年北外德语系正式建立"德国外交与经济"新学科，全面培养博士、硕士研究生和本科生等研究德国外交与经济的人才，先后获得过多项省部级奖励。

在过去的20多年中，北外"德国外交与经济"这一学科得到了迅速发展，从无到有，从小到大。教师队伍也由1名增加到12名，至今已为博士研究生开出了8门课程、硕士研究生10门课程、本科生11门课程，2019年首次出版了《德语经济知识导论》教材。我们这一学科先后培养了23名博士、172名硕士。今大他们都在外交部、商务部等中央部委，中国驻德语国家各使领馆，中资、德资各大银行、大公司、大企业以及高校等单位努力工作。

几十年来，我与德国结下了不解之缘，也一直参与着中德关系的发展。中德关系发展到今天这样的高度是两国人民长期努力的结果，可以说是来之不易，理应值得双方的珍惜和爱护。其实过去中德关系的发展也不都是一帆风顺的，既登上过高峰，也曾跌入过谷底，金克尔（Klaus Kinkel）时期有过，默克尔（Angela Merkel）时期也有过。而历史和现实也都告诉我们，在每次冲突之后，只要中德双方处得当，便会很快捐弃前嫌，使两国关系沿着正常的轨道继续前进，而且会发展得更好。

我的德国故事
——为中德建交五十周年而作

杨武能

1938年出生，四川重庆人，号巴蜀译翁。南京大学德语语言文学专业1962届毕业，1978年考入中国社会科学院研究生院，师从冯至教授专攻歌德。潜心研究、译介德语文学逾六十载，著译字数超千万。曾任四川外国语大学副校长，四川大学外语学院兼文学院教授、博士生导师；现任重庆市图书馆荣誉馆长，重庆市国际交流研究中心主任，西南交通大学荣誉教授和国家社科基金重大项目"歌德及其汉译研究"首席专家。已出版《歌德与中国》《走近歌德》《德语文学大花园》《三叶集》《译翁译话》和 Goethe in China 等学术专著6部，散文随笔集《感受德意志》和《译海逐梦录》，以及德语文学经典译著数十种。曾获国内外众多奖项，较重要的有国家图书奖、教育部人文社科研究成果二等奖、中国译协颁发的"翻译文化终身成就奖"，以及德国总统颁授的"德国国家功勋奖章"、德国洪堡基金会终身成就奖性质的"洪堡学术奖金"、魏玛国际歌德协会颁授的"歌德金质奖章"。

五十年 五十人　50 Jahre 50 Menschen

我与德国的故事

2018年，我年届耄耋，突发奇想，心血来潮，给自己取了一个号或曰笔名，叫作"巴蜀译翁"。本文讲的是我与德国文学、文化结缘的故事。

故事很长，得从1957年讲起。

20世纪60年代，中苏关系破裂，在西南俄文专科学校学习俄语的我面临毕业后的就业困境，无奈东出夔门，转学到南京大学的德语语言文学专业。从此，我这个出身山城重庆一个普通工人家庭的孩子便十二万分偶然地，与远在万里之外的德国和日耳曼民族，一生一世地联系在了一起。于是"Deutsch"（德语）和"Germanistik"（日耳曼语言学）——日尔曼语言、文学和文化，就慢慢走进我的生活，沉浸其中，成为我精彩人生中的底色。从上大学到当研究生再到当教授、博导，从教书到做文学翻译、学术研究乃至行政领导，从重庆而南京而北京而成都，天南海北，国内国外，人生的一个个驿站，无不打上了德意志的印记。2018年，我80岁时获得了中国翻译界的最高荣誉"翻译文化终身成就奖"，表彰我六十年来潜心译介德语文学，为中德文化交流贡献卓著。

时间回到1962年，我在南京大学完成五年制学业，毕业后回到四川外语学院（原西南俄专）当教员。1978年，我以40岁大龄考入中国社会科学院研究生院，师从冯至教授研究歌德，从此

研讨会后与冯至（右一）、叶逢植（左一）两位恩师同游慕尼黑

在歌德与席勒雕像前留影

20世纪出版的研究译介歌德的部分著作

与热爱中国文化、尊重中国翻译家的格拉斯合影

与这位被恩格斯誉为"最伟大的德国人"的大文豪、大思想家攀上关系，彻底改变了我的命运。

1981年，我们迎来"科学与文化的春天"。在人民文学出版社孙绳武、绿原等翻译界前辈的帮助下，我出版了译著《少年维特的烦恼》，爆得大名，著译事业一帆风顺。

1982年歌德逝世150周年，我抓住时机在《人民日报》《读书》等报刊接连发表研究歌德与中国相互关系的文章，引起海内外重视，顺理成章地应邀出席了海德堡大学"歌德与中国·中国与歌德国际学术研讨会"，第一次到德国，站上了国际学术讲坛。

1983年，经任职教育部的南京大学校友戴继强指引，我申请德国洪堡基金会博士后研究奖学金获得成功，从此在歌德、席勒、贝多芬、黑格尔、马克思等精神导师的庇佑下，脱胎换骨，从里到外变了一个人，开始融入德国和国际学术界。

1985年，在哥廷根首次参加世界日耳曼学家大会，我作了题为《卡夫卡在中国》（*Kafka in China*）的报告，受到欢迎。

1989年，我赴魏玛出席欧洲汉学大会，在大象宾馆和马悦然交谈，见到苏联汉学家齐赫文斯基。但更大的收获是第一次到魏玛"朝圣"，瞻仰了歌德、席勒和众多欧洲作家、诗人、音乐家的故居，在心仪已久的歌德和席勒雕像前留下照片。

1999年，我作为唯一的中国人，应德国歌德学院邀请，出席魏玛歌德诞辰250周年纪念活动，有幸进入"浮士德译者工场"打工，与来自五大洲的十多位《浮士德》顶尖翻译家切磋译艺和学术。同年，我参与主编的十四卷《歌德文集》和专著《走近歌德》出版。前者系我国百年来译介歌德最重大的成果，实现了前辈郭沫若、宗白华、田汉"合盘翻译歌德作品"的夙愿，荣获国家图书奖。

五十年 五十人 50 Jahre 50 Menschen

国际歌德研究领域最高奖
——歌德金质奖章

    2000年，与我非亲非故的德国记者恩格勒（Engler）先生充当"伯乐"，凭借不达目的决不罢休的精神，四处奔走，硬是替我争来一枚德国国家功勋奖章。在北京的德国驻华大使馆里，德国总统约翰内斯·劳当着严宝瑜、冯姚平等中外嘉宾的面，为我颁授国家功勋奖章。

    2001年，国际歌德学会会长克勒（W. Keller）教授，自发邀约美国斯坦福大学蒙森（K. Mommsen）教授和海德堡大学德博（G. Debon）教授这两位国际知名专家，联名向洪堡基金会推荐我参评终身成就奖性质的洪堡学术奖金（Humboldtpreis）获得成功。我不仅领到足以在德国生活和研修五年的丰厚奖金，还以杰出外国学者身份未经申请取得了德国永久居留权。

    2004年，我受聘担任欧洲翻译家协会驻会翻译家，结识了世界各国的同行和德国诺贝尔文学奖得主君特·格拉斯。

    2013年，经在欧洲翻译家协会结识的德国同行英格博士（Dr. Inge）推荐，我荣获国际歌德研究领域最高奖——歌德金质奖章。之前我多次旅居魏玛，经常到民族剧院广场漫步、闲坐，目睹聚集在歌德与席勒雕像四周的各国朝圣者神情庄严、肃穆，心中充满感慨，无数次想：什么时候能走进这举世景仰的雕像背后的古老剧院，哪怕只站上一两分钟，也此生无憾啊！谁想天遂人愿，2013年6月里的一天，来自中国重庆的我昂首阔步，跨进民族剧院大门，登上歌德和席勒生前长时间活动过的民族剧院高大的舞台，从国际歌德学会时任会长戈尔茨（J. Golz）教授手里，接过了金光闪闪的歌德金质奖章！

    领取了国际歌德研究领域最高奖歌德金质奖章，就此载誉而归？

    不，没有！我来到歌德园林别墅前，静静地坐在没有人的草坪上回顾自己的一生，回顾自己与德国和德国人结下不解之缘的一生。

    我自言自语道：你一个中国人，一个出生在山城重庆十八梯下厚慈街的工人的儿子，武隆江口镇大娄山上的农民的孙子，怎么竟与八竿子打不着的德国结下了不解之缘？

    回答很简单：纯属意外啊，就是时也！运也！就是命中注定！

    还有一个更棘手的问题：你一个中国人，一名中共党员，竟如此称赞德国和德国人，明确无误地指认德国为自己的精神家园，为第二故乡，不怕别人说你崇洋媚外吗？

回答：不怕！

一是因为我说的全是事实；二是因为我始终把自己的祖国，把自己的党摆在第一位，藏在心中最温暖的地方。不信请看所有重要场合，我身上穿的总是中山服和唐装；不信请读一读我这首用德语写的诗。

诗成于第四次旅居德国归来之时，右边是德语原文，左边是我自己的汉译：

一只眼带着笑	In einem Auge Lächeln
一只眼含着泪	In dem anderen Tränen
我又告别了你，告别了	Habe ich dich – schönes
德意志美丽的土地	Deutschland verlassen
回到渴念已久的家	Endlich bei den Meinen
多么幸福 亲人团聚	Wie glücklich! Doch
却不知平静的心湖	Weiß ich nicht warum
何时又漾起涟漪	Mein Herz wieder leidet
春来了 我问他	Der Frühling kommt, frage ich:
可曾吻绿了莱茵河岸	Hast Du des Rheins Ufer grün geküßt?
秋来了 我问他	Der Herbst kommt, frage ich:
可替海岱山换上了彩衣	Hast Du den Heidelberg bunt gekleidet?
德意志 我想念你 想念你	Deutschland, ich sehne mich nach dir
忠贞的枞树 婆婆的菩提	Nach deiner schattigen Linde, treuen Tanne
可每当我来到你身旁	Doch jedesmal bei dir sehne ich mich
却更加眷念生养我的土地	Nach meinem Heimatland noch viel mehr
一只眼带着泪	In einem Auge Tränen
一只眼含着笑	In dem anderen Lächeln
可我只有一颗心啊	Ach, ich habe nur ein Herz
怎能同时装下	Wie kann es aber fassen
两片土地 两种相思	Zwei Länder – zwei Sehnsüchte?

五十年 五十人 50 Jahre 50 Menschen

我与"巴蜀译翁文献馆"的故事

2008年,我70岁从四川大学退休,旅居德国。2014年送重病的妻子王荫祺回重庆就医。同年荣任西南交通大学外国语学院特聘教授,兼任国家社科基金重大项目"歌德及其作品汉译研究"首席专家。这是中国德语界有史以来获得国家社科基金立项资助的第一个重大项目,经莫光华教授为首的全国数十位歌德学者通力合作,作了长达六年的艰苦努力,终于完成了一套八大卷堪称"中国歌德学大系"的成果。项目已于2021年结题送审,顺利通过,等级评定为"良好"。

2015年,重庆图书馆成立"杨武能著译文献馆",市文旅委聘任我为重庆图书馆荣誉馆长。三年后借建立成渝双城经济圈和巴蜀文旅走廊的东风,我的著译文献馆正名为"巴蜀译翁文献馆"。

文献馆除陈列我数量众多的著译新老版本,还展出我个人的手稿、研究资料、来往书信,其中特别是中国、德国文化学术巨擘如冯至、季羡林、钱锺书、王蒙和汉斯·迈耶尔(Hans Mayer)等写给我的亲笔信,以及歌德金质奖章、德国国家功勋奖章等奖章奖牌奖状实物原件,都弥足珍贵,受到社会各界重视。

开馆七年来,历任德国驻成都总领事都亲临重庆图书馆,聆听、感受"巴蜀译翁杨武能教授的德国故事"。因为文献馆的展品,无一不跟德国有关;展览陈列的结尾部分,题名即为"精神家园德国"。

德国现任驻成都总领事鲁悟刚(Wolfgang Rudischhauser)访问文献馆

2015年第一届"格林童话之夜"活动场景

不知还有哪朝哪代、哪国哪城，会为一个在西方国家被称为"文化苦力"，在当今中国也不真受重视的文学翻译家，建一座"巴蜀译翁文献馆"这般高规格、大体量的个人文献馆！

讲到重庆图书馆和"巴蜀译翁文献馆"，不能不提一件事，就是格林童话之夜！

巴蜀译翁杨武能以研究、译介德语文学享誉海内外，20世纪我最为人称道的译著是歌德的《少年维特的烦恼》，"《维特》译者"成了我的昵称和名片；可是21世纪以来，"《维特》译者"已经让"格林童话爷爷"取代。重庆图书馆正是发挥馆藏格林童话杨译本世界第一多，特别是"格林童话爷爷"随时可以现身这个独享优势，从2015年开始举办"格林童话之夜"，迄今已连续举办6届，每一届都成了重庆格林童话万千小读者的狂欢节，一届比一届火爆。2022年更走出重庆主城到了梁平区，可望于不久的将来还会去到其他省市。

在格林童话的祖国有一条著名的"童话之路"（Märchenstraße）；"格林童话之夜"的策源地重庆图书馆，俨然已成为童话之路在德国境外的第一大站点。

重庆不止有"巴蜀译翁文献馆"，在号称重庆后花园的武隆世界自然遗产景区的仙女山，还赫然耸立着一座"巴蜀译翁亭"，也是世界一绝！2019年，在当地政府领导和重庆、四川文化艺术界名流，以及来自14个国家的华裔文艺家共同见证下，"巴蜀译翁亭"隆重揭幕。亭柱上有一副楹联：

上联：浮士德格林童话魔山　永远讲不完的故事
下联：翻译家歌德学者作家　一世书不尽的传奇

上联说的是我翻译的四部代表性译著的题名，下联说的是我的三个身份及建树。

这一馆一亭的意义和未来，译翁本人不便说，也说不清楚；只是在我心里，它们的价值和分量堪比我十分珍视并引以自豪的德国国家功勋奖章和歌德金质奖章，深感这是我的故乡，我的祖国和人民对我无尽的爱，厚重得不能承受的爱！

正是为了回报这份爱，为了感恩故乡，感恩祖国和人民，也感恩第二故乡和精神家园德国，年届耄耋的我秉持生命在于创造、创造为了奉献的精神，仍坚持劳作，继续奉献。

2021年，为庆祝中国共产党百年华诞，商务印书馆计划为我出版22卷本的《杨武能译德语文学经典》作为贺礼。目前，书正在陆续面世，将于2023年出齐。

五十年 五十人 50 Jahre 50 Menschen

我与德国

顾俊礼

1939年出生，江苏省人。1978年5月调入中国社会科学院世界政治研究所，1981年5月转入西欧研究所，并被派往德国慕尼黑大学学习。一直从事德国问题研究。2004年11月退休。先后任副研究员、研究员、博士生导师；研究室主任、所学术委员会委员、所专业职称评审委员会委员；享受政府特殊津贴。曾任中国社科院研究生院欧洲系主任、国际教学部主任；中国欧洲学会德国研究分会会长、《德国研究》杂志副主编；同济大学、德国吉森大学客座教授等。多次荣获院、所优秀科研成果奖。主要著作：《联邦德国公务员制度》、《联邦德国社会保障制度》、《德国社会市场运行机制》、《德国政府与政治》(台湾地区版)、《德国》、《福利国家论析》(主编、合著)、《欧洲政党执政经验研究》(主编、合著)、《西欧政治》(主编、合著)等。

"那是德国造！"

我与德国结下不解之缘是由一个偶然事情促成的。

我出生在江苏省长江北岸的著名古镇黄桥的郊区。这里的大河小溪，纵横交错，像一张编织得很不规则的鱼网。20世纪30年代末，这片大地上的主要交通工具就两样：陆地上的独轮手推车，水上的便是形状各异的小舟与大船，其动力基本上靠撑篙、划桨、摇橹、扬帆、拉纤，所以这里一些流传久远的很动听的"号子"至今还常常让我想起那烂漫的童年生活。

农历三月的家乡，烟花遍地、蛙声不断。这些对我来说已经毫无吸引力，到祖屋后面不远的河岸边去看"洋汽船"才是我的最爱！一日，时近中午，我们十几个小孩还有一些成年人都好奇地在岸边等着看"洋汽船"，久等不见，突然孩子群中有人大声嚷嚷"来啦，来啦！"于是，大家都按着那孩子手指的方向紧盯那由南而北隐约移动的水上物体。说时迟，那时快。那隐约移动的物体就是"洋汽船"，而且很快便真真切切地从我们眼皮底下嗡嗡地驶过。"洋汽船"远去了，孩子们打闹嬉戏，大人们似乎意犹未尽。父亲牵着我的手跟在大人的人群中，并对村塾寿先生（乡间对顾仁寿先生的尊称）打招呼。寿先生突然对父亲说："知道吗，汽船那玩意儿是老蒋从外国买的，那是'德国造'！德国科学很发达，小日本欺负咱中国，不敢惹德国！"寿先生和父亲还说了些什么已经记不清了。但是，德国、"德国造"，却深深扎进我的脑海，虽然当时对这两个概念的确切含义完全不懂！

光阴荏苒，转眼已是1959年我高中毕业填报高考志愿的时候了。黄桥中学虽然校园不是很大，但它是1924年创建的老校、县里的名校，也是当年陈毅、粟裕指挥的闻名全国的"黄桥战役"的指挥部所在地，还是全国高等院校小有名气的优秀生源校，各地的招生简章摆满了学校图书馆阅览室整整两大张长桌子。我当时对报考学校和专业很纠结，事有凑巧，这时父亲刚好到镇上来办事，还带来了妈妈专门为我做的我爱吃的鸡蛋卷。闲聊中，父亲还特地转达了村塾寿先生对我即将参加高考的祝福。寿先生的祝福一下子激起了我对他多年前看"洋汽船"后与父亲聊天时提到的：德国、"德国造"的话，冥冥之中似乎使我获得了某种灵感，忽然满脑子都是德国、德国！

翻遍了几个江南名校的招生简章也没有找到我喜欢的与德国相关的专业，便随手翻阅起北京外国语学院（现名：北京外国语大学）的招生简章，而且很快"发现"了德语专业，于是德语、德国、德国造，瞬间在我脑海中串成了一体，报考北京外国语学院德语专业就成了我"一鸣惊人"的"奇思妙想"，成了我的高考第一志愿！1959年8月底跨进北京外国语学院时，我既兴奋又恐惧，而且恐惧多于兴奋，当时不仅对于德国毫无概念，就连德语的30个字母都没见过，不知未来路在何方。然而，我却从此与德国结下了不解之缘。

"您头上的辫子呢？"

中共十一届三中全会后，改革开放的春风吹遍了中华大地。1980年秋，国家教育部主持遴

五十年 五十人 50 Jahre 50 Menschen

选公派出国留学生的考试，我在考试中以优秀成绩获得了第一批出国资格；并且教育部决定给予我德国艾伯特基金会奖学金，去专门研究"哥德斯堡纲领后的德国社会民主党"。据教育部外事司一位官员说，我们这批人大约要在第二年秋天才能出去，所以1981年3月底，我便回江苏老家看望父母。回家还不到一周，突然夫人王文珍发来电报：要我"速回京 准备出国"。我丈二和尚摸不着头脑，无奈通信困难，只好匆匆忙忙收拾行装返回北京。研究所领导亲自向我传达，教育部决定给我德国赛德尔基金会奖学金，并要我尽快拿出研究计划，作好15天至20天内出国的准备。尽管手忙脚乱，心神不定，我还是很快拿出了研究"德国政府与政治"的计划，于1981年5月1日飞抵德国南部大都市、巴伐利亚州首府慕尼黑。这里街道繁华、商店里的商品琳琅满目，人们衣着时尚，入夜灯红酒绿，到处洁净如洗。

我和赛德尔基金会虽然相互间完全不了解，但基金会主管我的法拉尔博士对我却十分友好和热情，安排我就读久负盛名的慕尼黑大学政治学学院，并为我聘请金教授（G.K.Kindermann）和宗教授（K.Sontheimer）两位著名政治学教授当我的导师。一天中午，宗教授正在办公室向我推荐"阅读书目"时，一位身材中等、戴着金丝边眼镜、看上去很精明的中年先生突然敲门而入，两人谈完工作后，宗教授把在一旁显得很尴尬的我介绍给这位中年先生，出乎我意料的是，这位先生竟然拿出名片双手递给我，并邀我改日去他办公室喝咖啡。事后，我才知道这位中年先生是在伦敦政治经济学院取得双博士学位的著名社会学家巴比（化名）教授。过了几天后，我应约去巴比教授办公室喝咖啡，他的办公室里高大的书架上整齐地摆满了装帧典雅的西方各国文种的书籍，礼品架上摆满了著名旅游地的精美礼品，我顿时觉得自己成了"刘姥姥"，但接下来的聊天却令我十分亢奋。谈了一些关于中国的常识性话题之后，巴比教授突然问我："Wo ist Ihr Zopf？"（您头上的辫子呢？）我当时不知道德语"Zopf"（辫子）是什么意思，于是他指着我的后脑勺解释了几句，我因为很紧张，仍然没有懂，于是他从书架上找出了一本20世纪30年代出版的介绍中国的英文书，指着书里黑白照片上一位穿着长袍的男士后脑勺留着的长辫子，我这才明白，他原来问我：头上的辫子呢？！他听了我对他的解释后，我俩相视而笑。吃了几块小点心后，他又半开玩笑地问我有几个"Frau"（老婆、夫人），这时女秘书给他递了个眼色，似乎提醒他不要太唐突。我坦然地对他讲了中国实行一夫一妻婚姻制度后，他吃惊地说："中国跟德国一样也这么文明啦？！"

在回住处的路上，我一直在想：中德建交已近十年，两国人员交往那么密切，德国人，尤其像巴比教授这样著名学府的知名教授为什么对中国还那么陌生？！可见国之相交，人民之间的相互了解和理解，何等重要！又是何等艰巨啊！

"中国的共产主义不同于苏联的共产主义"

1982年4月的一天，赛德尔基金会派人专程给我送来了巴伐利亚州政府办公厅的信函，邀我某时去见施特劳斯州长。弗·约·施特劳斯州长曾先后担任过联邦德国国防部部长和财政部部长，是西德的著名政治家。他想见我，本是件大好事，但当时让我焦虑不安，一是不知道该对他说些什么，二是担心我的德语口语太蹩脚，无法交流。我准备了不少问题，准备以攻为守。开始时，他问我是否适应德国生活等一般情况以及我在"文化大革命"中干了些什么；我局促不安，便主动向他提出德苏关系、为什么反对新东方政策以及中德关系等问题。在谈到中德关系时，施特劳斯强调：他本人坚定推进中德合作，并说"中国的共产主义不同于苏联的共产主义"；还说"毛泽东是位伟大的战略家"。他滔滔不绝。可惜，我在学校学习的是"哑巴德语"，听说能力很差，加之他浓重的巴伐利亚口音，他的许多话我都没有听懂，内心感到很尴尬。但从此我却同施特劳斯先生建立起了"某种关系"，以致我因胆囊结石住进慕尼黑大学伊萨河畔第一附属医院遇到困难时，曾写信求助他，在他的帮助下，医院院长亲自主刀给我切除了胆囊，并给我提供了非常好的医治和护理。他每年圣诞节收到我寄去的精美中国贺卡后，都亲笔给我回信。某年秋日，在慕尼黑郊区远足偶然遇到时，他还记得我是中国人。

2005年深秋，参加完德意志学术交流中心（DAAD）主办的中国留德同学聚会后，我跟教育部原主管留德学生的一位官员在闲聊中谈到施特劳斯，他说：1982年初，在中国对外友协与德国赛德尔基金会谈判对华提供奖学金学生名额时，施特劳斯要求中方不要仅仅派德语老师或旅游方面的人员，要派一名研究德国且会讲德语的人员来。教育部找了许多单位，最后因为中

1994年10月，全国人大常委会黄华副委员长在人民大会堂会见德国专家，笔者（后排右一）作为翻译参加合影

五十年 五十人 50 Jahre 50 Menschen

国社会科学院推荐了我，所以临时决定把我从艾伯特基金会名单上调配到赛德尔基金会。此事的真伪，我未考证。不过，当时确实是临时通知我从艾伯特基金会转到赛德尔基金会的，而且赛会第一批15名中国奖学金学生中，14人的奖学金都是每月850马克，而只有我是每月1200马克。

弗·约·施特劳斯（1915.9.6—1988.10.3）是毛泽东主席决定亲自邀请访华，并于1975年1月16日下午在长沙受到毛主席亲切会见的德国著名政治家。他生前为两国建交初期友好合作关系的平稳发展作出了重要贡献；他为新中国在西德、欧洲乃至世界扩大知名度和影响力，作出了积极贡献。饮水思源，在庆祝中德建交50周年之际，我们深切缅怀这位中国人民的老朋友！

中德关系虽然起步较晚，中间也经历过一些小的波折，但发展速度很快，关系定位不断提升。1993年11月，科尔总理访华时强调，赋予中德关系"新的质量"，全面推进政治、经济、文化三大领域合作；2004年5月，温家宝总理访德时与施罗德总理发表联合声明：两国对重大国际问题的看法存在着广泛的一致。双方同意在"中国与欧盟全面战略伙伴关系框架内建立具有全球责任的伙伴关系"；2010年7月，默克尔总理访华时，双方发表《中德关于全面推进战略伙伴关系的联合公报》，并建立两国政府磋商机制；2014年3月，习近平主席访德时，提出"打造中德利益共同体"，并提升中德关系定位，建立"全方位战略伙伴关系"。50年来，中德之间务实合作的广度和深度，都走在了西欧其他国家前面，持续领跑中欧关系，已成为不同社会制度国家合作的典范。

我经历了中德建交50年来的几乎所有重大事件。回顾半个世纪，中德关系展现了充足的活力、耐力、韧力和潜力；展望未来50年，我们应该放眼全球，着眼长远，开拓进取，共同努力，实现中德关系新的更大发展，以造福于中德两国人民与世界人民！

厦门—特里尔友好城市关系

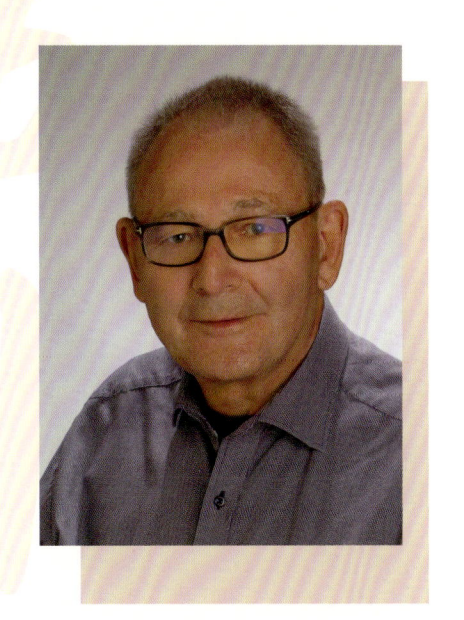

彼得·迪策 *Peter Dietze*

彼得·迪策，1942年出生，硕士工程师，城市规划师。1964—1969年在斯图加特大学学习建筑和城市规划，1969—1973年在斯图加特大学城市规划研究所工作，1974—1991年任特里尔市城市发展办公室主任，1991—2007年任特里尔市政府建筑部主任，为市政府当选官员（城市理事会成员）。自2007年起为自由职业城市规划师（莱茵兰－普法尔茨州建筑师协会成员）。2006年首次访问中国厦门；此后至2019年为止共进行了十次不同的中国之旅，每次都以厦门为重点。2008年共同创立"特里尔德中友好协会"，担任会长至今。2014年获厦门市授予"荣誉市民"称号。2022年5月共同创办"特里尔孔子学院协会"（该协会为2008年成立的特里尔大学孔子学院的全新载体），并担任该协会的主席。

Peter Dietze, Jahrgang 1942, Dipl.-Ing. Stadtplaner / 1964-1969 Studium der Architektur und Stadtplanung an der Universität Stuttgart / 1969-1973 Mitarbeiter im Städtebaulichen Institut der Universität Stuttgart / 1974-1991 Leiter des Amtes für Stadtentwicklung der Stadt Trier / 1991 bis 2007

五十年 五十人 50 Jahre 50 Menschen

Baudezernent der Stadt Trier als politischer Wahlbeamter Mitglied der Stadtregierung (Stadtvorstand) / seit 2007 freiberuflich tätig als Stadtplaner (Mitglied der Architektenkammer Rheinland-Pfalz) / 2006 erster Aufenthalt in China-Xiamen; danach bis 2019 zehn verschiedene Chinareisen jeweils mit Schwerpunkt Xiamen. 2008 Mitbegründer der „Deutsch-Chinesischen Gesellschaft Trier e.V." und seitdem bis heute deren Präsident. 2014 Verleihung der Ehrenbürgerschaft durch die Stadt Xiamen / Mai 2022 Mitbegründer des „Konfuzius Institut Trier e.V.", einem neuen Träger für das seit 2008 in Trier an der Universität Trier bestehende Konfuzius-Institut; zugleich auch Vorstandsvorsitzender dieses Vereins.

城市伙伴关系——"地区层面的外交政策"

中国和德国之间的友好城市关系已存在多年，厦门和特里尔之间的友城关系是其中"较年轻"的伙伴关系之一。杜伊斯堡市与武汉市有着历史最悠久的中德友好城市关系，并在2022年庆祝了"友好城市关系40年"。目前，与中国市县建立了友好城市关系的就有115座德国城镇。经验及专业知识的活跃交流对双方来说都大有裨益。

2005年7月，一个来自厦门的"友好代表团"访问了特里尔市，并受到了特里尔市市长的接待。该代表团发出了访问厦门市的邀请，并就缔结友好城市关系进行了商谈。2006年10月，在时任特里尔市市长赫尔穆特·施罗尔的带领下，一个有20人参加的代表团访问了厦门，我作为建筑部主任和市政府成员参与其中。

在这次访问期间，双方签署了一份意向书。在经历一段相当长的时间之后，特里尔市议会在2010年通过了与厦门市结成友好城市关系的决议。其背后的原因是特里尔城市领导层的变化和对这种伙伴关系方式的不同看法——有人担心这种远距离的友好关系是否能发挥作用。

在此期间，一些代表团成员和其他感兴趣者于2008年成立了"特里尔德中友好协会"，该协会以促进中国人民和德国人民之间的文化交流和民族理解为目标。其活动的重点是发展特里尔和厦门的友好城市关系。

我的中国之行——我是如何了解厦门和中国的

我于2006年第一次访问厦门后，有机会在各种契机下访问厦门和中国其他地方共十次，最近一次是在2019年8月。

其中对交流而言，特别重要的是"特里尔德中友好协会"成员的访问和我参加的特里尔市代表团的访问。此外还有特里尔市受邀参加的一些厦门市的特别活动，我作为特里尔市的代表参与其中。通过我与厦门市民建立了许多联系，此后也有一些私人性质为主的探访。

在厦门之行中，我得以与厦门市外事办公室的代表进行会谈，商讨项目并了解这座城市。

作为特里尔"德中友好协会"成员的访问

到目前为止，"特里尔德中友好协会"已分别在2010年、2016年和2018年组织了三次成员之旅，每次约有20人参加。受到新冠疫情的影响，原计划在2020年进行的中国厦门之旅无法成行。

2010年，成员们在访问厦门之后参观了北京和2010年上海世博会。2016年访问的重点也是友好城市厦门，访问团参观了拥有许多客家土楼的永定、武夷山和福建省会福州。2018年，除了厦门、永定和武夷山国家公园，访问团还考察了泉州、杭州和上海。被取消的2020年行程原定访问中国南方，重点是云南和广西两省（区）。

这样的中国之旅不是仅仅通过旅行社组织展现常见的"旅游亮点"，而恰恰提供了对中国日常生活多样化的了解，特别是厦门当地组织的活动。这些旅行让许多成员形成了"对中国的新看法"，澄清了许多陈词滥调。

不仅在友好城市厦门，而且在所有其他地方，中国处处体现出的热情好客都给我们留下了深刻的印象——即使在城市中心以外的地方，我们也处处受到了友好的欢迎。

还有饮食：中德对作为"社交活动"的饮食文化的态度非常不同，这不仅体现在家庭中，也体现在群体中。我们得到的印象是，中国的饮食在全天和每一天都有重要意义，这与我们德国完全不同，在德国，饮食更多是为了生存而"摄入食物"——不过，我们当然也有需要"宴会"的特殊场合。

以个人为重心的厦门之行

2015年，我应厦门大学建筑与土木工程学院的邀请，举办了关于德国城市发展和规划的系列讲座。

在最近一次访问厦门时，我还参加了朋友私人组织的一次内蒙古北部十日游。

早在我2006年第一次访问厦门时，厦门这座城市已经给作为城市规划师的我留下了深刻的印象，特别是在它的公共空间、公园和绿地设计方面。我们当时就已知道，这座新的友好城市在这些方面被视为中国的一个特别的范例。当然，厦门依靠它突出的沿海地理位置，厦门本岛和连接大陆的部分被水域和自然形成的丘陵和森林分成了几部分，这些是建造一座秩序井然的城市的良好条件。除了位置靠海外，厦门还有一个优势：没有污染性的工业。

我对厦门的热情从未减退。在过去的15年里，我得以观察厦门的进一步发展，欣赏它不仅体现在人口增长方面的各种变化。每次访问期间，我都能够在专家的指导下不断了解新的项目和各种发展趋势。

五十年 五十人 50 Jahre 50 Menschen

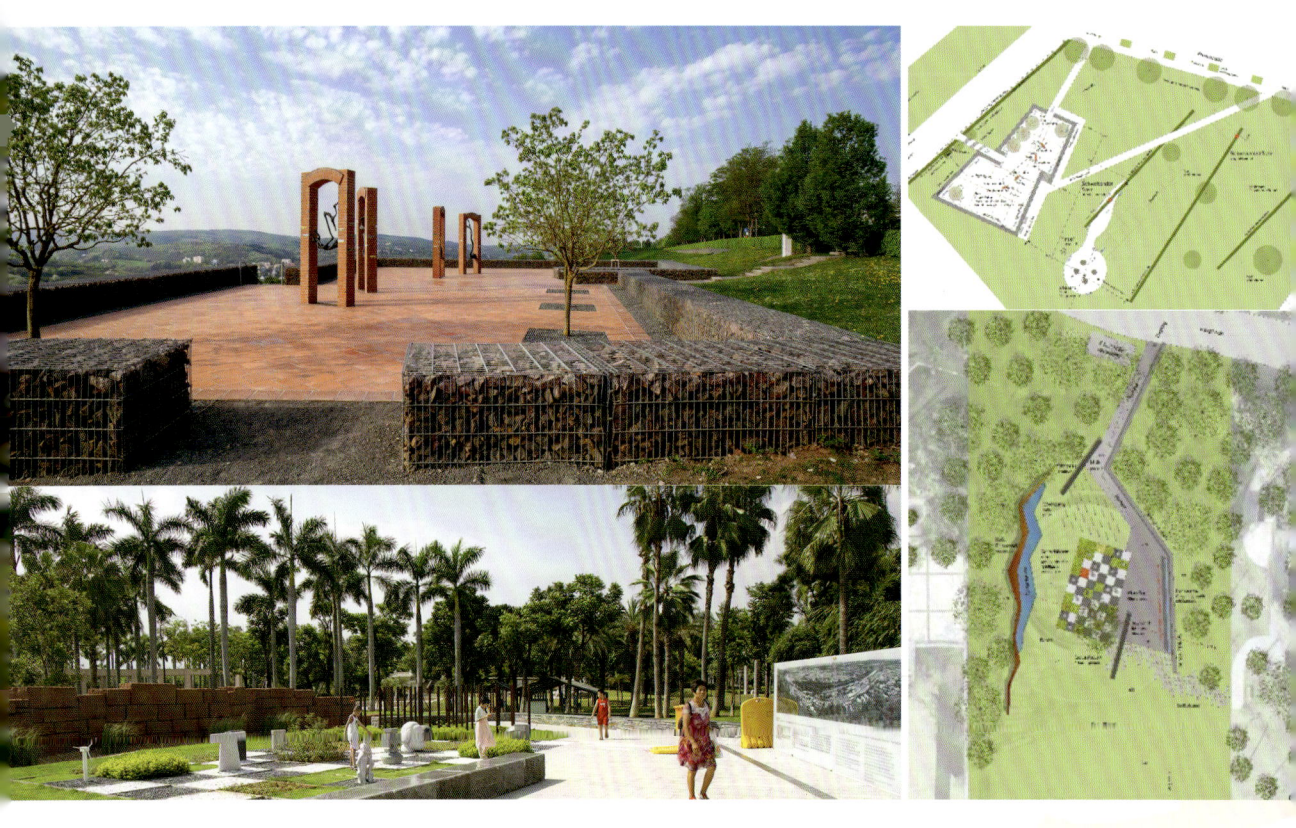

特里尔厦门园（设计：景观设计师 Min Yiming / UEDE Xiamen）
照片来源：fertigungsstelle.de

Trier-Garten-Xiamen (Entwurf: Landschaftsplaner Christoph Heckel / BGH-Plan Trier)
Foto: Xiamen-Foreign Affairs Office

荣誉市民——城市大使

2014年，一份通知给了我惊喜：我将成为厦门市的荣誉市民。在德国，荣誉市民称号往往是授予少数处于其"成功"生涯的终点并为各自城市作出杰出贡献的人；而在厦门则完全不同：除我之外，至今共有200多人成为厦门的荣誉市民——他们来自大不相同的行业和许多国家，通过建立联系和"宣传"厦门承担"大使"和宣传者的角色。在这一意义上，我也把我的荣誉市民身份理解为不是一份荣誉，而是一项使命。

特里尔厦门园／厦门特里尔园——合作的模范项目

这两个公园项目分别由来自两座城市的景观设计师设计，其目的主要是让人了解另一座城市。两个公园都是公共空间设计的跨文化交流的范例：特里尔厦门园坐落在一个2004年建起来的公园园区内，厦门特里尔园则坐落在2007年在厦门举行的国际园林花卉博览会区域内。两个公园都分别坐落在各自公众随时可以进入的公园内。

特里尔厦门园考虑到场地已有的特点，将当地材料、厦门元素与特里尔园区的已有设计相结合，从而将东方的景观设计理念与西方的园林设计理念结合在一起。

特里尔厦门园的场地是在2004年州园林展的框架下先行设计的，由中方景观规划师先提出设计理念，然后共同开发和实施的项目，需要双方进行深入的跨文化对话。这从在厦门举行的最初规划商议和在特里尔举行的多次研讨会开始，再通过设计师在设计规划期间进行沟通，并历经来自厦门和特里尔的熟练工人为期一个月的具体协作。

厦门特里尔园的设计表现了特里尔市周边自然空间的基本特征。特里尔位于摩泽尔河谷，具有介于埃菲尔山（砂岩）和洪斯吕克山（片岩）之间的山地景观特色，周围环绕着众多葡萄园。与罗马城市的布局相似，公园中心的棋盘式结构与各不相同的田野和花坛设计象征着城市的多样性。田野里的人物像则体现了这座城市和生活在这里的人们的历史、当下、文化和生活方式。

艺术家的交流——积极了解对方

"特里尔德中友好协会"与特里尔欧洲艺术学院共同开发了一个交流项目，给这两座城市的艺术家分别在特里尔／厦门工作一段时间提供机会。第一位受邀者是来自厦门大学的艺术家谷瑛，她于2018年夏天在欧洲艺术学院开设了两门课程：一门是"水彩木刻印刷"，另一门是"拼贴版画"。随后，在2019年，来自厦门集美大学的李炯毅开设了"中国书法"和"山水水墨画"课程。由于新冠疫情的影响，原本计划在2020年由特里尔艺术家在集美大学对厦门的回访，遗憾未能进行。

今日中国——系列讲座

除了互访和私人接触外，了解友好城市所在国家的情况也很重要。为此，我们协会每年组织六次讲座。

自2008年以来，"今日中国"系列讲座已经举办了14次。讲座涉及中国的政治、社会和文化方面的议题。它们的观察对象从当代中国政治到中国历史，再到文化领域的各种话题。这一系列讲座是与特里尔孔子学院和特里尔业余大学合作举办的，它是我们年度计划的组成部分。到目前为止，我们总共主办了约80个不同的讲座，每次约有50人参加。

来自厦门的访问——一项艰巨的任务

除了接待到特里尔举办特别活动的官方代表团来访，如2018年5月5日的卡尔·马克思诞辰200周年，接待来自厦门的专家代表团就职业培训、自行车及城市交通、食品生产等各种主题进行的访问也是我们工作的重点。此外还有一些由特里尔的家庭接待的亲子小团体来访。然而，这些交流无法如我们所希望的那样得到扩大——它们仍然不是系统性的活动。同时受到新冠疫情的影响，计划中的中小学友好学校之间的定期学生交换工作最近也未能启动。与此同时，厦门和特里尔各年龄段市民之间接触以实现人与人之间的了解，仍是一段运行良好的伙伴关系的基础。

五十年 五十人 50 Jahre 50 Menschen

新冠疫情后新的交流形式

由于新冠疫情暴发，导致计划中的项目和互访无法进行，两个城市都为友好城市关系发展想出了新的交流方式。

厦门和特里尔的摄影协会共同举办了"特里尔生活—厦门生活"摄影展。关于每座城市的50张照片让参观者对于对方城市的人民及其生活留下了印象。

在另一个项目中，两个城市的年轻人在"云上"走到一起，举行了一场联合音乐会。特里尔歌舞剧院的青少年合唱团录制了五首歌曲，并在特里尔的不同地点演出。厦门市的两个中小学合唱团延续了这一理念，也在厦门的特别地点录制了自己的音乐作品。随后，这些表演在厦门整合成了一场联合"云上"音乐会。

为纪念两个城市结好十周年，这些表演随后于2020年11月在厦门当地电视台和特里尔市的电视公共频道上播放。

交流网络——友好关系更加深入

特里尔"德中友好协会"自我定位为传播者和中介者——除了自己组织活动和发起倡议外，其重要任务还在于让当地有兴趣的参与者参与活动、发起活动或与他人合作。

在此背景下，2014年9月26—27日，"厦门友城节"活动在特里尔举办。在市中心举办的众多活动向人们介绍了中国和厦门的情况，并有着丰富的内容。活动组织方是"特里尔城市倡议协会""特里尔德中友好协会"和"特里尔旅游与推广有限公司"。除了当地的活动参与方，特里尔的孔子学院也是这个网络的一部分。"特里尔德中友好协会"与该机构合作举办了许多文化活动。这些活动是人们接触中国文化的一个重要基石。

就像厦门市外事办公室是我们与厦门和中国联系的固定对话伙伴一样，特里尔市在市长办公室也设有一个"国际事务处"，负责维系友好城市关系，并开展自己的项目。

新冠疫情——未来会怎样？

新冠疫情的暴发使所有的人际直接接触失去了可能。包括成员的旅行被取消，特里尔和厦门的中小学学生交流未能按时启动，被中断的当然还有就共同关心的话题进行交流的专家代表团互访。

这种直接的交流以及持不同立场的个体参与的讨论使友好城市关系充满生机。只有当人际联系和互访再次成为可能时，友好城市关系才能继续蓬勃发展。

鉴于只能通过伙伴关系共同解决的诸多全球问题和挑战，以这种方式存在的友城关系能够为更好地了解对方作出小小的贡献。

Städtepartnerschaft Xiamen – Trier

Städtepartnerschaften - „Kommunale Außenpolitik"

Städtepartnerschaften zwischen China und Deutschland gibt es schon seit vielen Jahren und die Partnerschaft zwischen Xiamen und Trier gehört zu den „jüngeren" Partnerschaften. Die älteste Städtepartnerschaft hat Duisburg mit Wuhan und feierte im Jahr 2022 „40 Jahre Städtepartnerschaft". Derzeit gibt es 115 deutsche Kommunen, die eine Partnerschaft mit einer chinesischen Kommune pflegen. Ein lebendiger Austausch von Erfahrungen und Fachwissen ist für beide Seiten sehr bereichernd.

Eine „Good Will Delegation" aus Xiamen besuchte im Juli 2005 die Stadt Trier und wurde vom Oberbürgermeister der Stadt empfangen. Es wird eine Einladung ausgesprochen, die Stadt Xiamen zu besuchen und über eine Städtepartnerschaft zu verhandeln. Es fand im Oktober 2006 eine Delegationsreise mit 20 Teilnehmern nach Xiamen unter Leitung des damaligen Oberbürgermeisters Helmut Schröer statt, an der ich als Baudezernent und Mitglied der Stadtregierung teilnahm.

Bei diesem Aufenthalt erfolgte die Unterzeichnung eines „Letter of Intend". Danach dauerte es eine ganze Zeit, bis sich der Stadtrat im Jahr 2010 mit dem Beschluss zu einer Städtepartnerschaft mit Xiamen befasste. Dies beruhte auf dem Wechsel in der Stadtspitze und unterschiedlichen Auffassungen zur Ausgestaltung einer solchen Partnerschaft - auch gab es Bedenken, ob eine solche Partnerschaft über diese Entfernung überhaupt funktionieren könne.

Zwischenzeitlich wurde im Jahr 2008 von Teilnehmern der Delegation und anderen Interessierten die „Deutsch-Chinesische Gesellschaft Trier" (DCG) gegründet, die sich u.a. zur Aufgabe gemacht hat, den Kulturaustausch und die Völkerverständigung zwischen Chinesen und Deutschen zu fördern. Dabei steht die Pflege der Städtepartnerschaft zwischen Trier und Xiamen im Zentrum der Aktivitäten.

Meine Reisen nach China – so lernte ich Xiamen und China kennen

Nach dem ersten Aufenthalt in Xiamen im Jahr 2006, hatte ich bisher die Möglichkeit zu unterschiedlichen Anlässen insgesamt zehnmal Xiamen bzw. China zu besuchen, zuletzt im August 2019.

Von besonderer Bedeutung für den Austausch waren die DCG-Mitgliederreisen und meine Teilnahme an Delegationsreisen der Stadt Trier. Daneben gab es Besuche in Xiamen zu besonderen Ereignissen, zu denen die Stadt Trier eingeladen war und ich für die Stadt Trier als Vertreter teilnahm. Durch die vielen Kontakte, die ich mit Bürgern aus Xiamen dabei knüpfen konnte, gab es dann auch Reisen mit persönlichem Schwerpunkt.

Bei allen Reisen nach China bzw. Xiamen konnte ich mit Vertretern des Xiamen Foreign Affairs Office Gespräche führen, Programme besprechen und die Stadt kennen lernen.

Mitgliederreisen

Die Deutsch-Chinesische Gesellschaft Trier hat bisher drei Mitgliederreisen mit jeweils ca. 20 Teilnehmern in den Jahren 2010, 2016 und 2018 durchgeführt. Die für das Jahr 2020 geplante und vorbereitete CHINA-Xiamen-Reise konnte dann wegen Corona nicht stattfinden.

Die Mitgliederreise im Jahr 2010 führte nach Xiamen mit einem Besuch von Beijing und der EXPO 2010 in Shanghai. Im Jahr 2016 stand auch die Partnerstadt Xiamen im Mittelpunkt mit einem Besuch von Yongding mit den Hakka-Häusern, dem Wuyishan-Gebirge und der Provinzhauptstadt von Fujian, der Stadt Fuzhou. 2018 wurde neben Xiamen, Yongding und Wuyishan Nationalpark auch Quanzhou, Hangzhou und Shanghai besucht. Die abgesagte Reise 2020 sollte in den Süden führen mit dem Schwerpunkt der Provinzen Yunnan und Guangxi.

Gerade solche Reisen, die nicht nur über ein Reisebüro organisiert die üblichen „touristischen Highlights" präsentieren, bieten vielfältige Einblicke in das tägliche Leben in China. Insbesondere durch die örtliche Organisation in Xiamen. Diese Reisen haben vielen Teilnehmern ein „neues Chinabild" vermittelt und mit Klischees aufgeräumt.

Besonders beeindruckte die Gastfreundschaft, nicht nur in der Partnerstadt Xiamen, sondern auch an allen anderen Orten – auch außerhalb der Zentren wurden wir überall freundlich willkommen geheißen.

Und dann das Essen: eine ganz andere Einstellung zur Kultur des Essens als eine „gesellschaftliche Veranstaltung" nicht nur in den Familien, sondern auch in Gruppen. Man bekam den Eindruck davon, dass das Essen über den ganzen Tag und an jedem Tag eine wichtige Rolle spielt, ganz anders als bei uns in Deutschland, wo das Essen eher eine „Nahrungsaufnahme" ist, um zu funktionieren – ganz abgesehen davon, dass es bei uns natürlich auch besondere Anlässe für „Festessen" gibt.

Xiamen-Besuche mit persönlichem Schwerpunkt

2015 war ich von der Xiamen University / School of Architecture and Civil Engineering eingeladen, Vorlesungen zu Themen der Stadtentwicklung und Stadtplanung in Deutschland zu halten.

Meinen bisher letzten Besuch in Xiamen konnte ich mit einer mit Freunden privat organisierten 10-tägige Reise in der nördlichen Inneren Mongolei verbinden.

Schon bei meinem ersten Besuch im Jahr 2006 war ich, gerade als Stadtplaner, beeindruckt von der Stadt, insbesondere, was die Gestaltung der öffentlichen Räume, Parks und Grünanlagen betrifft. Wir wussten damals schon, dass die neue Partnerstadt in dieser Hinsicht als besonderes Beispiel in

China gilt. Natürlich lebt diese Stadt von ihrer herausragenden Lage am Meer, der Hauptinsel und den Festlandteilen geteilt durch Wasserflächen und nicht bebaubaren hügeligen und bewaldeten Teilen – also gute Voraussetzungen für eine gegliederte Stadt. Hinzu kommt, neben der Lage am Meer auch der Umstand, dass es keine umweltbelastende Industrie gibt.

Meine Begeisterung für diese Stadt hat nicht nachgelassen. In den vergangenen 15 Jahren konnte ich die weitere Entwicklung beobachten und die Dynamik, nicht nur was das Wachsen der Einwohnerzahl betrifft, bewundern. Ich hatte Gelegenheit mit sachkundiger Führung eigentlich bei jedem meiner Aufenthalte wieder neue Projekte und Entwicklungen kennen zu lernen.

Ehrenbürger - Botschafter der Stadt

2014 wurde ich durch eine Mitteilung überrascht, dass ich Ehrenbürger der Stadt Xiamen werden soll. Während bei uns in Deutschland Ehrenbürgerschaften eher an wenige Personen verliehen werden, die am Ende ihres „erfolgreichen" Lebensweges stehen und sich um die jeweilige Stadt verdient gemacht haben, ist es in Xiamen ganz anders: neben mir gab es (gibt es) über 200 Ehrenbürger – diese aus ganz verschiedenen Berufen und vielen Ländern kommenden Personen sollen als „Botschafter" und Multiplikatoren dienen, indem sie Kontakte herstellen und für Xiamen „werben". In diesem Sinne verstehe ich auch meine Ehrenbürgerschaft nicht als Auszeichnung, sondern als Aufgabe.

Xiamen-Garten-Trier / Trier-Garten-Xiamen – Modellprojekte der Zusammenarbeit

Die beiden Gartenprojekte an den Standorten, entworfen jeweils von einem Landschaftsarchitekten der Partnerstadt sollen vor allem über die jeweils andere Stadt informieren. Beide Gärten sind Beispiel für einen interkulturellen Austausch zur Gestaltung des öffentlichen Raumes: der Xiamen-Garten-Trier integriert in einem Gartenschaugelände, welches 2004 geschaffen wurde und der Trier-Garten-Xiamen in dem Gelände der Garden-EXPO, die 2007 in Xiamen stattfand. Beide Gärten liegen jeweils in einem der Öffentlichkeit jederzeit zugänglichen Park.

Der Xiamen-Garten-Trier berücksichtigt die vorhandenen charakteristischen Merkmale des Standortes und verbindet lokale Materialien und Elemente aus Xiamen mit der vorhandenen Gestaltung des Geländes in Trier und integriert so die Ideen östlicher Landschaftsgestaltung mit denen westlicher Gartengestaltung.

Die gemeinsame Entwicklung und die Umsetzung des Projektes Xiamen-Garten-Trier mit Entwurfsideen eines chinesischen Landschaftsplaners an einem Standort, der im Rahmen der Landesgartenschau 2004 schon eine Gestaltung erfahren hatte, erforderte einen intensiven interkulturellen

五十年 五十人 50 Jahre 50 Menschen

Dialog. Das begann mit den ersten Planungsbesprechungen in Xiamen und Konferenzen in Trier, über den Kontakt der Planer bei der Umsetzung der Entwurfsplanung bis zur konkreten einmonatigen Zusammenarbeit bei der Realisierung durch Facharbeiter aus Xiamen und aus Trier.

Die Gestaltung des Trier-Garten-Xiamen greift wesentliche Merkmale des umgebenden Naturraumes der Stadt Trier auf. Trier liegt im Tal der Mosel zwischen den Berglandschaften von Eifel (Sandsteinfelsen) und Hunsrück (Schiefergestein) und ist umgeben von Weinbergen. Dem römischen Stadtgrundriss ähnlich symbolisiert die schachbrettartige Struktur in der Mitte des Gartens mit ihren unterschiedlich gestalteten Feldern und Beeten die Vielfalt der Stadt. Die Figuren auf den Feldern stehen beispielhaft für Historie, Gegenwart, Kultur und Lebensart der Stadt und der Menschen, die hier leben.

Künstleraustausch – aktives gegenseitiges Kennenlernen

Die Deutsch-Chinesische Gesellschaft Trier e.V. hat gemeinsam mit der Europäischen Kunstakademie Trier ein Austauschprogramm entwickelt, bei dem jeweils Künstler aus den Partnerstädten für eine Zeit in Trier bzw. Xiamen arbeiten. Als erster Gast gab die Künstlerin GU Ying von der Xiamen University an der Europäischen Kunstakademie im Sommer 2018 zwei Kurse: einmal „Holzschnittdruck mit Wasserfarben" und zum anderen „Collagraphie". 2019 folgten mit LEE Chiung-I von der Jimei University Xiamen Kurse zur „Chinesischen Kalligrafie" und „Tuschezeichnungen zum Thema Landschaft". Der für 2020 schon geplante Gegenbesuch von Künstlern aus Trier nach Xiamen an die Jimei University konnte leider wegen der Corona-Pandemie nicht durchgeführt werden.

China heute - Vortragsreihe

Neben den gegenseitigen Besuchen und persönlichen Kontakten ist es wichtig, sich jeweils über das Land der Partnerstadt zu informieren, dazu veranstaltet unsere Gesellschaft jährlich sechs Vorträge.

Die Vortragsreihe „China heute" fand seit 2008 insgesamt bisher vierzehnmal statt. Es werden dabei Themen aus Politik, Gesellschaft und Kultur Chinas behandelt. Sie reichen von Betrachtungen zur aktuellen Politik Chinas, über Themen zur Geschichte Chinas, bis zur Behandlung von kulturhistorischen Themen. Diese in Kooperation mit dem Konfuzius Institut Trier und der Volkshochschule Trier gemeinsam veranstaltete Vortragsreihe ist fester Bestandteil unseres Jahresprogramms. Bisher wurden insgesamt ca. achtzig verschiedene Vorträge angeboten und auch jeweils von ca. 50 Personen besucht.

Besuche aus Xiamen – eine schwierige Aufgabe

Ein Schwerpunkt, neben offiziellen Delegationsbesuchen zu besonderen Anlässen in der Stadt Trier, wie z.B. der 200. Geburtstag von Karl Marx am 5. Mai 2018, waren Fachbesuche von Delegationen aus Xiamen zu verschiedenen Themen wie Berufsausbildung, Radverkehr und Stadtverkehr, Lebensmittelproduktion u.a.. Es gab auch Besuche von kleinen Gruppen von Eltern mit ihren Kindern, die bei Familien in Trier zu Gast waren. Allerdings konnte dieser Austausch nicht, wie von uns angestrebt, ausgebaut werden – es blieb bei Einzelaktionen. Auch der geplante regelmäßige Schüleraustausch mit einer Partnerschule konnte zuletzt wegen Corona noch nicht gestartet werden. Dabei sind Kontakte zwischen Bürgern aller Altersgruppen aus Xiamen und Trier mit einem persönlichen Kennenlernen Grundlage für eine gut funktionierende Partnerschaft.

Corona-Pandemie - neue Formate des Austausches

Da aufgrund der Corona-Pandemie geplante Projekte und Besuche nicht stattfinden konnten, haben beide Städte für die Partnerschaft neue Formate des Austauschs entwickelt.

Veranstaltung von gegenseitigen Fotoausstellungen „Leben in Trier – Leben in Xiamen" durch die fotografischen Gesellschaften in Xiamen und Trier. Jeweils 50 Fotos aus jeder Stadt vermitteln einen Eindruck von den Menschen und ihrem Leben in der jeweiligen Stadt.

In einem anderen Projekt kamen Junge Menschen aus beiden Städten im virtuellen Raum zu einem gemeinsamen Konzert zusammen. Hierzu hat der Jugendchor des Theaters Trier, fünf Lieder aufgenommen und an unterschiedlichen Orten in Trier präsentiert. Zwei Schulchöre aus Xiamen sind dieser Idee gefolgt und haben ihre Musikstücke ebenfalls an besonderen Orten in Xiamen eingespielt. Diese Auftritte wurden dann in Xiamen zu einem gemeinsamen virtuellen Chorkonzert zusammengefügt.

Zum zehnjährigen Jubiläum der Städtepartnerschaft wurde das Video im November 2020, sowohl im lokalen Fernsehen in Xiamen als auch im offenen Kanal in der Stadt Trier gezeigt.

2020年庆祝厦门和特里尔结好十周年的"厦门国际友好音乐会"

Xiamen International Friendship Concert / In Celebration of the 10th Anniversary o Xiamen- Trier Sister City Relationship / 2020

Netzwerk – Verankerung der Städtepartnerschaft

Die Deutsch-Chinesische Gesellschaft versteht sich als Multiplikator und Vermittler – neben eigenen Veranstaltungen und Initiativen geht es darum, interessierte Akteure der Region einzubeziehen und auch Veranstaltungen anzuregen bzw. mit anderen zu kooperieren.

So fand im Jahr 2014 (26./27.09.) das Städtepartnerschaftsfestival Xiamen in Trier statt. Veranstaltungen in der Innenstadt informierten über China und Xiamen und es wurde ein umfangreiches Programm geboten. Veranstalter war die City Initiative Trier e.V. gemeinsam mit der Deutsch-Chinesischen Gesellschaft Trier e.V. und der Trier Tourismus und Marketing GmbH (ttm). Neben lokalen Akteuren gehört zu diesem Netzwerk auch das Konfuzius Institut in Trier. Mit diesem fanden in Kooperation zahlreiche Kulturveranstaltungen statt. Sie sind ein wesentlicher Baustein zur Begegnung mit chinesischer Kultur.

So wie auf der chinesischen Seite das „Foreign Affairs Office" als ständiger Gesprächspartner für unseren Kontakt nach Xiamen und China zur Verfügung steht, hat auch die Stadt Trier im Büro Oberbürgermeister das Referat „Internationales", welches sich um die Städtepartnerschaft kümmert bzw. auch eigene Projekte durchführt.

Corona-Pandemie - was bringt die Zukunft?

Der Ausbruch der Corona-Pandemie hat alle direkten Kontakte unmöglich gemacht. So auch die Absage der Mitgliederreise, den Start des Schüleraustausches zwischen einer Schule in Trier und Xiamen und natürlich auch gegenseitige Besuche von Fachdelegationen zum Austausch zu gemeinsam interessierenden Themen.

Diese direkte Kommunikation, die persönliche Auseinandersetzung mit unterschiedlichen Positionen erfüllen eine Städtepartnerschaft mit Leben. Nur wenn wieder persönliche Kontakte und gegenseitige Besuche möglich sind, kann die Städtepartnerschaft weiter gedeihen.

Angesichts der globalen Probleme und Herausforderungen, die nur gemeinsam in Partnerschaft zu lösen sind, könnte eine so gelebte Städtepartnerschaft einen kleinen Beitrag zum besseren Verstehen der jeweils anderen Seite leisten.

"活到老，学到老"
——中德科学合作的一个成功范例

乌尔里希·施泰因米勒　Ulrich Steinmüller

　　1942年出生，在柏林自由大学取得语言学博士学位并获得教授资格，之后担任柏林工业大学教授。他在柏林工业大学致力于培训德语教师，一开始只涉及德语作为母语和第二语言的德语教学，之后也包括德语作为外语的德语教学，特别是对外德语教学中的专业语言问题。他的研究重点是德语作为外语的语言学和教学法、专业语言、第二语言习得及教学，以及跨文化交流。他建立了一个国际研究合作网络，并与多所中国知名大学深入合作。他曾多年担任柏林工业大学副校长和浙江大学外国语言文化与国际交流学院院长，是上海同济大学的名誉教授。施泰因米勒教授于2014年8月31日荣休。

　　Jahrgang 1942, promovierte und habilitierte an der Freien Universität Berlin im Fach Linguistik und wurde an die Technische Universität Berlin berufen. Hier war er in der Ausbildung von Deutschlehrkräften tätig, zunächst für den muttersprachlichen und den zweitsprachlichen Deutschunterricht, später dann auch für Deutsch als Fremdsprache, hier vor allem mit Fachsprachen im DaF-Unterricht als Schwerpunkt. Schwerpunkte seiner Forschung sind die Linguistik und

五十年 五十人 50 Jahre 50 Menschen

Didaktik des Deutschen als Fremdsprache, Fachsprachen, Zweitspracherwerb und -unterricht sowie Interkulturelle Kommunikation. Er hat ein Netz internationaler Forschungskooperationen aufgebaut und arbeitet intensiv mit prominenten chinesischen Universitäten zusammen. Er war viele Jahre Vizepräsident der Technischen Universität Berlin, Dekan der Fremdsprachenfakultät der Zhejiang-Universität in Hangzhou und ist Ehrenprofessor der Tongji-Universität in Shanghai. Seit dem 31.8.2014 ist er im Ruhestand.

中华人民共和国与德意志联邦共和国之间建立外交关系——当时这对于我而言只是众多日常新闻中的一个颇为有趣的消息，但并未真正触动我。几年后，当我在1983年被任命为柏林工业大学德语教学法教授时，我对中国的兴趣方才开始。柏林工业大学在此前一年与中国的多所重要大学签署了合作协议，当时的柏林工业大学校长鼓励我这个新入职的教授参与这些合作。富于远见的中国大学领导们不仅对与柏林工业大学在自然科学和工程科学领域的交流与合作感兴趣，而且希望双方合作，向科学家和学生教授德语，以为他们与德国科学家和机构的合作作好准备。

出于这一目的，我们在柏林工业大学成立了"技术导向德语工作组"，其任务是协助合作的中国大学传授德语知识，为合作目的服务。因此，位于北京的北京理工大学和位于杭州的浙江大学各自成立了一个"德语中心"，几年之后，位于上海的同济大学也成立了一个"德语中心"。多年之后，同济大学授予我荣誉教授的称号。

40年来，无论在教师还是学生层面，中德双方均建立了深入的双向交流，其间（如通过浙江大学的双硕士学位项目）诞生了大量的硕士学位论文。14位年轻的中国学者在我的指导下获得了博士学位，目前在中国多所高校担任教授。因此，可以说，我为中国的日耳曼语言学专业和德语作为外语专业的发展，及由此为加深学术上的相互理解以及其他方面作出了贡献。同时，通过这种紧密的合作，无论对于学术还是个人，我自己也获益良多。

然而，我与中国各高校和其他研究机构的接触并不仅限于上述机构和活动。从1987年到1997年，即在我担任柏林工业大学副校长的十年间，我在自己专业领域之外的任务之一是维护和发展与我校的友好高校之间的关系。因此，我不断访问中国的大学和研究机构，或在柏林工业大学接待中国代表团，其间，我结识了许多科学家，并对他们的研究工作以及科学研究对中国社会的重要性有了非常深入的了解。双方从中发展出对彼此的理解，深化了科学合作，柏林工业大学及其伙伴高校均从中受益匪浅。以我受德国研究基金会委托开展的活动为例，德国研究基金会在其框架下与中国国家自然科学基金会合作，在北京建立了"中德科学中心"。例如，与中国科学院（我与中国科学院时任院长在其担任浙江大学校长期间就建立了非常好的互信关系）联系和深入交流，以及与中国政府的教育部长们进行会谈和交流，这些都为我提供了加深了解和理解中国科学体系的机会。时至今日，我仍然非常感谢所有这些不同场合中的对话者，他们使我能够以这种方式了解中国，而这并不是很多德国人和欧洲人有条件做到的。

2003年4月1日，我被任命为浙江大学外国语学院院长，任期5年，这件事对我具有特殊的意义，并产生了持续而深入的影响。该学院所属的浙江大学位于杭州市，这座中国东部的沿海城市毗邻上海，拥有1200万人口。

杭州不仅因曾作为中国的都城而知名，也因其优美的风景而被誉为人间天堂，同时它还是一座经济蓬勃发展的城市，是许多重要科学机构的所在地，这些机构为杭州市和周边地区的经济快速增长发挥着显著的作用。在这座城市生活和工作，了解它的人民、经济和文化机构，并在日常生活中体验它们，是我人生中最重要的经历之一，使我对中国、中国人民和中国对于全世界意义的看法产生了持久的影响。

浙江大学坐落于中国东部浙江省的省会，在四校合并之后，它在体量和学术分量方面一直是中国的顶尖大学之一。在中国国内的大学排名中，浙江大学多年来一直稳居前五名。

浙江大学的领导层树立了雄心勃勃的目标，即在国际竞争中进入世界领先行列。其中努力提高毕业生的质量、教师的学术水平，以及提升整所大学的研究水平和国际化程度有着突出的重要性。

为了实现这些目标，浙江大学领导层采取的措施之一是任命一位外国学者担任外语学院的院长，在此之前并无先例。在中国国内以及在澳大利亚、美国和几个欧洲国家进行了深入遴选之后，浙江大学领导层决定选择一位德国学者，并任命我为院长。值得注意的是，这一试验性举措是在人文学科而并非自然科学或工程科学领域实施的。这一决定在我所就职的德国高校——柏林工业大学得到了明确的肯定，这很大程度上是出于一种合理的期望，即这一举措可以进一步加强两所大学之间的紧密合作关系。

一位德国学者被任命为一所重要的中国大学的管理性职位，这完全可以被视为一种信号，它表明中国和德国之间不仅经济合作关系在加强，科学合作关系也在加强。这一信号就像一根红线，贯穿了我担任院长的整个时期，这一点一再体现在大学内部和公众对我的职务和我本人的接受当中。这一决定包含了对于中德科学实践进一步发展的一些值得注意的要素，对此我将在下文逐一说明。

在这一时期，中国的学术国际化也在发挥越来越重要的作用。浙江大学作为全中国领先的大学之一，在已经有许多国际合作的前提下，希望通过由一位外国人担任管理职务，为其国际化作出超越此前的贡献，这一点清晰地体现在许多措施当中。我经常受邀出席大学领导层组织的各种正式活动，并且往往是在场唯一的院长。在一年一度的"教师节"活动前后，我连续两年出现在地区和跨地区的，甚至是全中国的报纸和电视上。我很快就已数不清参加过多少由大学领导层希望和组织的采访和拍照活动，这些活动一般都涉及加强国际学术合作，并与我在一所中国大学中改变其教学和科研的计划和目标相关。

五十年 五十人 50 Jahre 50 Menschen

2006年8月，同济大学党委书记、校务委员会主任周家伦向笔者授予荣誉教授称号

Verleihung der Ehrenprofessur der Tongji-Universität durch den Vorsitzenden des akademischen Senats der Tongji-Universität in Shanghai im August 2006

    读者请勿误会：我提及这些并不是为了炫耀，而是为了说明，中国学术界对于国际合作（特别是在我的例子中）、对于与德国的合作兴趣之大，以及中国大学对于改进研究和教学并使之国际化的合作，还有在这些问题上向国际标准看齐的重视程度。不仅浙江大学如此，在我对全中国其他大学的许多次访问中，我在对方的欢迎词中也常常听到，他们了解我关于大学改革和提高研究成效的许多纲领性的讲话和访谈，并对此进行了深入探究。在我于杭州任职期间，甚至收到了多所大学提供的院长职位邀约。

    有一个关键问题是，我在担任这一职务的同时还兼任柏林的教授，因此只能在德国大学的假期去杭州履职。如果我能总是在场，效果无疑会更好，并能够加速我的某些改革计划。尽管如此，一切运行良好，其效果对我来说也出乎意料的好。我认为，这主要是因为学院的整个管理班子一直对我尽心尽力地帮助，尤其是我的六位副手。由此，我得以在每年杭州四个月的时间里准备好原则上的决定和方向性决策，这些决定会在我不在场的时间内得到执行。我们的工作方式主要是每周定期召开的院务会议，我的所有副手、院系的党务领导和各系的行政领导参与其中。在会议中，一切教研规划、财务规划、人员调配和人事发展问题，乃至起草各自的五年计划和组织定期的教学评估等，都得到讨论和准备。

    通过担任院长一职，我成为（中国）大学架构以及行政体系的一个组成部分。不过，一个外国人在该制度中的存在引发了一些问题和麻烦，这是所有身在其中的参与者都没有预见到的。即使中国大学的各级架构（如系）的参与度与德国大学有所不同，它们仍然参与着整所大学的规划和决策过程。其中包括由校领导和院长们参与的定期会议，这些会议可与德国大学中的学术评议会相提并论。尽管在大多数（中国）大学里，对于非党员参加一些同时会讨论党务问题的会议处理非常灵活，但一个外国人参加此类会议仍然太不现实了。结果是我没有被邀请参加这些会议，这对学院而言是不利的。务实的妥协方法是：我的直属副院长虽然不是党员，但是中国人，因此由他来代替我参加这些会议。我则有机会在我认为必要的时候预约与校领导、书记或校直属机构的部门负责人专门谈话，由此我与学校领导层的交流甚至比只通过普通会议来得更加密切。

浙江大学的改革进程遵循三个指导方针，这也是校长为我所在学院改革而规定的三点，它们是：（1）提高学院教师的学术水平；（2）提升研究和教学的质量；（3）将国际化视为要求和挑战。以上三点充分展示了这所大学是如何为深化国际学术合作所作的努力。

为此，必须对教师的资质进行检查，并在必要时加以改进。在聘用新的学术人员时更强调质量准绳。因此，有别于前些年的情况，我所在的学院在改革后只能在特殊情况下才录用没有博士学位的学术人员。

科学知识和新的研究成果日益成为跨国和跨学科合作的成果，而我所在的学院可以自豪地展示其在这方面的成就。在德意志联邦共和国与中华人民共和国2003年至2005年的文化交流计划中，我们的一个课程项目——柏林工业大学和浙江大学在德意志学术交流中心的大力支持下设立的文凭课程"技术德语"——甚至明确被列入成功的国际合作范例。

我们提出的任务和目标是学院教师队伍的国际化。为此，我们引入了与国际专家的深入交流，如作为短期或长期的访问学者，也有可能成为教师队伍的固定成员。学生获得了众多到国外学习的机会。例如，浙江大学的德语学生定期参加柏林工业大学举办的暑期学校课程，同时学院与多所外国大学制定了双学位规划。

实现这些目标并启动相应的改变是我在两届院长任期内的巨大挑战。我和我的副手们一起，在学校党政领导的大力支持下，引入并实施了一些原则性的转变，其中一些变革从根本上打破了中国大学的原有架构。

我在杭州的院长任期结束时，这一试验性举措取得了一系列成果。学院由"外语学院"（英文名称：College of Foreign Languages）改名为"外国语言文化与国际交流学院"（英文名称：School of International Studies）是纲领性的措施。我们的学者在申请第三方资助和提高发表论文数量方面积极性明显提高。学院以前由三个相当冗赘的系组成，这一架构如今通过建立12个主题导向的研究所而变得有效起来。通过这种方式，各研究领域的具化和各种研究活动的启动变得更加清楚。学院举办的各种关于改进教学方法和在外语教学中使用现代教学技术的国际会议带来了新的见解，建立了新的国际联系，也加强了关于改进学院教学的讨论。新的课程大纲得以制定和实施。

当然，我的经验和观察不能被简单地普遍化看待，但我相信，通过我所获得的实践经验，并通过一些方面传递来的认识，为我们今后更好地相互了解与合作的可能性，以及所要面对的限制因素、程序、决策路径和前景打下基础，从而为德中科学实践的新路径、新目标作出了贡献。对我个人而言，与中国及中国人民的这些长期的、多方面的合作关系极大地丰富了我的视野，并持久地影响了我。

„Ein guter Lehrer bleibt ein Schüler bis an das Ende seiner Tage" (chinesisches Sprichwort)

Die Aufnahme diplomatischer Beziehungen zwischen der Volksrepublik China und der Bundesrepublik Deutschland war mir zu diesem Zeitpunkt eine interessante, aber mich nicht wirklich berührende Information in den täglichen Nachrichten. Mein eigenes Interesse an China begann erst einige Jahre später, als ich im Jahr 1983 auf eine Professur für Fachdidaktik Deutsch an die Technische Universität (TU) Berlin berufen wurde. Diese Universität hatte im Jahr zuvor Kooperationsverträge mit wichtigen chinesischen Universitäten abgeschlossen, und der damalige Präsident der TU Berlin ermunterte mich als frisch berufenen Professor, mich an diesen Kooperationen zu beteiligen. Weitsichtige Leitungen der chinesischen Universitäten waren nämlich nicht nur am Austausch und der Kooperation mit der TU Berlin in den Natur- und Ingenieurwissenschaften interessiert, sondern wünschten auch eine Zusammenarbeit zur Vermittlung der deutschen Sprache an Wissenschaftler und Studierende, um sie für die Kooperation mit deutschen Wissenschaftlern und Institutionen vorzubereiten.

Zu diesem Zweck etablierten wir an der TU Berlin den „Arbeitskreis Technologieorientiertes Deutsch", der sich die Aufgabe gestellt hatte, die chinesischen Partneruniversitäten darin zu unterstützen, Deutschkenntnisse zu vermitteln, die dem Zweck der Kooperation dienen sollten. So entstanden an dem Beijing Institute of Technology (BIT) in Peking und der Zhejiang Universität (ZJU) in Hangzhou jeweils ein „Deutsches Sprachzentrum" und wenige Jahre danach ein ebensolches an der Tongji-Universität in Shanghai, die mich einige Jahre später mit dem Titel eines Ehrenprofessors auszeichnete.

Seit inzwischen fast 40 Jahren besteht ein intensiver Austausch von Dozenten und Studierenden in beiden Richtungen, wobei, auch durch einen Doppelmaster-Studiengang mit der Zhejiang Universität, eine große Anzahl von Magister- und Masterarbeiten entstanden sind. Und 14 junge chinesische Wissenschaftlerinnen und Wissenschaftler wurden in dieser Zeit unter meiner Betreuung promoviert und haben inzwischen Professuren an verschiedenen chinesischen Universitäten inne, so dass ich sagen kann, dass ich einen Beitrag zur Entwicklung der Fachgebiete Germanistik und Deutsch als Fremdsprache in China und damit zu einer Vertiefung des gegenseitigen Verständnisses in der Wissenschaft, aber auch darüber hinaus, geleistet habe. Und gleichzeitig habe auch ich durch diese enge Zusammenarbeit wissenschaftlich wie persönlich sehr viel gelernt.

Meine Kontakte zu chinesischen Universitäten und anderen Forschungseinrichtungen beschränken sich aber nicht allein auf die genannten Einrichtungen und Aktivitäten. In den zehn Jahren von 1987 bis 1997, in denen ich die Funktion eines Vizepräsidenten der TU Berlin ausübte, gehörte es zu meinen Aufgaben, auch außerhalb meines eigenen Fachgebietes die Kontakte zu unseren Partneruniversitäten zu pflegen und weiterzuentwickeln. Daraus ergab sich, dass ich immer wieder Besuche an Universitäten und Forschungseinrichtungen in China machte oder chinesische Delegationen an der TU Berlin empfing und dabei eine große Zahl von Wissenschaftlerinnen und Wissenschaftlern kennenlernte und sehr intensive Einblicke in deren wissenschaftliches Arbeiten und die Bedeutung der Wissenschaft für die chinesische Gesellschaft bekam. Hierdurch entwickelte sich ein gegenseitiges Verständnis und eine Vertiefung der wissenschaftlichen Zusammenarbeit, von denen nicht nur die TU Berlin und ihre Partneruniversitäten profitierten. Als ein Beispiel hierfür können meine Aktivitäten im Auftrag der Deutschen Forschungsgemeinschaft (DFG) genannt werden, in deren Rahmen in Zusammenarbeit mit der National Science Foundation of China (NSFC) das „Chinesisch-Deutsche Wissenschaftszentrum" in Peking entstand. Kontakte und intensiver Austausch z. B. mit der Chinesischen Akademie der Wissenschaften, mit deren damaligem Präsidenten ich aus seiner Zeit als Präsident der Zhejiang Universität in Hangzhou ein sehr gutes und vertrauensvolles Verhältnis hatte, gehörten ebenso wie Gespräche und Austausch mit verschiedenen Erziehungsministerinnen und -ministern der Zentralregierung in Peking zu den mir gebotenen Möglichkeiten, mein Wissen und mein Verständnis für das chinesische Wissenschaftssystem zu

《浙江日报》2003年9月19日的报道
Berichterstattung in der Zhejiang-Tageszeitung vom 19. September 2003

entwickeln und zu vertiefen. Ich bin allen meinen Gesprächspartnern in diesen verschiedenen Kontexten noch heute sehr dankbar dafür, dass ich auf diese Weise China kennenlernen konnte, wie es nicht vielen Menschen aus Deutschland und Europa möglich ist.

Von besonderer Bedeutung und mit tiefer Nachhaltigkeit war meine Berufung zum Dekan der Fremdsprachenfakultät an der Zhejiang Universität in Hangzhou. Am 1. April 2003 übernahm ich für 5 Jahre das Amt des Dekans des „College of Foreign Languages", der Fremdsprachenfakultät der Zhejiang Universität in Hangzhou, der 12 Millionenstadt an der Ostküste Chinas in direkter Nachbarschaft zu Shanghai.

Hangzhou ist nicht nur als ehemalige Kaiserstadt bekannt und wegen seiner landschaftlichen Schönheiten als Paradies auf Erden gepriesen, sondern ist auch eine Stadt mit einer boomenden Wirtschaft und Standort von wichtigen wissenschaftlichen Einrichtungen, die einen beachtlichen Anteil an dem rapiden Wirtschaftswachstum der Stadt und der Region haben. In dieser Stadt zu leben und zu arbeiten, ihre Menschen, die Wirtschaft und kulturellen Einrichtungen kennenzulernen und im Alltag erleben zu können, gehört zu den wichtigsten Erfahrungen meines Lebens und hat mein Bild von China, seinen Menschen und seiner Bedeutung in der Welt nachhaltig geprägt.

Die Zhejiang Universität ist seit dem Zusammenschluss von vier zuvor selbständigen Universitäten in der Hauptstadt der ostchinesischen Provinz Zhejiang zahlenmäßig und nach ihrem wissenschaftlichen Gewicht eine der führenden Universitäten Chinas. Im innerchinesischen Universitätsranking nimmt die Zhejiang-Universität seit Jahren einen sicheren Platz unter den ersten fünf Spitzenuniversitäten ein, oft wird sie sogar als Nummer zwei oder drei nach der Peking-Universität und der Tsinghua-Universität, oder sogar noch vor dieser, gehandelt.

Die Universitätsleitung hatte sich das ehrgeizige Ziel gesetzt, auch im internationalen Wettbewerb einen hervorragenden Platz zu belegen. Von herausragender Bedeutung waren dabei die Bemühungen um die Steigerung der Ausbildungsqualität der Absolventen, des wissenschaftlichen Niveaus der Dozenten und der Forschung sowie die Internationalisierung der gesamten Universität.

Eine der Maßnahmen, die die Universitätsleitung zur Erreichung dieser Ziele ergriffen hatte, war die Ernennung eines ausländischen Wissenschaftlers zum Dekan der Fremdsprachenfakultät, dem bis dahin einzigen in ganz China. Nach einer intensiven Kandidatensuche sowohl in China als auch in Australien, USA und mehreren europäischen Ländern entschied sich die Universitätsleitung mit meiner Ernennung zum Dekan für einen deutschen Wissenschaftler. Beachtlich ist auch, dass dieses Experiment in den Geisteswissenschaften und nicht in den Natur- oder Ingenieurwissenschaften etabliert wurde. Diese Entscheidung wurde an meiner Heimatuniversität, der TU Berlin, mit ausdrücklicher Zustimmung begrüßt, wohl auch in der – berechtigten – Erwartung, dass sich hierdurch die engen Kooperationsbeziehungen zwischen beiden Universitäten noch intensivieren könnten.

Diese Berufung eines deutschen Wissenschaftlers in eine leitende Position an einer wichtigen chinesischen Universität kann dabei durchaus als ein Signal für die Intensivierung nicht nur der wirtschaftlichen, sondern auch der wissenschaftlichen Beziehungen zwischen China und Deutschland gewertet werden. Dieses Signal zog sich wie ein roter Faden durch die gesamte Zeit meines Dekanats, wie sich immer wieder, sowohl universitätsintern als auch in der öffentlichen Wahrnehmung meines Amtes und meiner Person zeigte. Für die weitere Entwicklung der deutsch-chinesischen Wissenschaftspraxis sind in dieser Entscheidung einige bemerkenswerte Elemente enthalten, auf die ich im Folgenden eingehen möchte.

In dieser Zeit spielte die Internationalisierung auch der Wissenschaft in China eine immer größere Rolle. Die Zhejiang Universität als eine der führenden chinesischen Universitäten, die bereits sehr viele internationale Kooperationen aufweisen konnte, wollte mit der Installierung eines Ausländers in einer führenden Position einen bis dato unüblichen Beitrag zur Internationalisierung leisten und machte das durch sehr viele und sehr unterschiedliche Maßnahmen deutlich. Bei offiziellen Veranstaltungen der Universitätsleitung war ich regelmäßig um meine Anwesenheit gebeten, häufig als einziger Dekan. Zum jährlich begangenen „Tag des Lehrers" wurde ich in zwei aufeinander folgenden Jahren in der Presse und im Fernsehen porträtiert, sowohl regional als auch überregional und in der ganzen Volksrepublik.

Ich hatte bald den Überblick verloren über die von der Universitätsleitung gewünschten und organisierten zahllosen Interviews und Fotositzungen, die ich absolvierte, bei denen es in aller Regel um die Intensivierung der internationalen Wissenschaftskooperation und um meine Pläne und Ziele zur Veränderung von Lehre und Forschung an einer chinesischen Universität ging.

Ich bitte, mich nicht falsch zu verstehen: ich berichte das hier nicht, um zu prahlen, sondern um aufzuzeigen, wie groß das Interesse in der chinesischen Wissenschaft an internationaler Kooperation und hier insbesondere mit Deutschland ist, und welche Bedeutung der Zusammenarbeit in Fragen der Verbesserung und der Internationalisierung von Forschung und Lehre sowie der Orientierung an internationalen Standards in diesen Fragen an chinesischen Universitäten beigemessen wird. Dies gilt nicht nur für die Zhejiang Universität, sondern bei meinen zahlreichen Besuchen an anderen Universitäten im ganzen Land wurde ich regelmäßig mit der Bemerkung begrüßt, dass man meine programmatischen Reden und Interviews zu Studienreform und Effektivierung der Forschung kenne und sich damit auseinandersetze. Mehrere Universitäten boten mir sogar ebenfalls ein Dekanat im Anschluss an meine Zeit in Hangzhou an.

Ein zentrales Problem meines Dekanats bestand darin, dass ich diese Funktion zusätzlich zu meiner Professur in Berlin ausübte und deshalb nur während der vorlesungsfreien Zeit in Deutschland in Hangzhou

五十年 五十人 50 Jahre 50 Menschen

2004年与浙江大学外国语言文化与国际交流学院（2003年更名后）的毕业生合照
Mit Absolventen der School of International Studies der Zhejiang-Universität im Jahr 2004

sein konnte. Ständig am Ort des Geschehens zu sein, wäre sicher besser gewesen und hätte manche meiner Reformvorhaben beschleunigen können. Trotzdem funktionierte es, auch für mich überraschend, wirklich gut. Ich denke, das liegt vor allem daran, dass meine dortige Verwaltung außerordentlich loyal zu mir war und noch heute ist, insbesondere auch meine sechs (!) Stellvertreter. So gelang es in den insgesamt vier Monaten, die ich jährlich in Hangzhou war, die grundsätzlichen Entscheidungen und Weichenstellungen vorzubereiten, die dann in den Phasen meiner Abwesenheit umgesetzt wurden. Unsere Arbeitsweise bestand in regelmäßigen wöchentlichen Dekanatssitzungen mit allen Stellvertretern, der Parteileitung der Fakultät und der Leitung der Fakultätsverwaltung. Hier wurden alle Fragen der Lehr- und Forschungsplanung, der Finanzplanung, des Personaleinsatzes und Personalentwicklung bis hin zur Erarbeitung des jeweiligen Fünf-Jahresplans und der Organisation der regelmäßigen Evaluationen der Lehre diskutiert und vorbereitet.

Durch meine Funktion als Dekan wurde ich ein integraler Bestandteil der Universitätshierarchie und auch der Verwaltung. Die Anwesenheit eines Ausländers innerhalb der Hierarchie warf allerdings Fragen und Probleme auf, die keiner der Beteiligten in dieser Weise vorhergesehen hatte. Auch wenn die Mitwirkung der universitären Gliederungen wie z. B. der Fakultäten anders geschieht als an deutschen

Universitäten, sind sie trotzdem an den gesamtuniversitären Planungs- und Entscheidungsprozessen beteiligt. Hierzu gehören die regelmäßigen Sitzungen von Präsidium und Dekanen, die an deutschen Universitäten etwa den Sitzungen des Akademischen Senats vergleichbar sind. Zwar verfahren die meisten Universitäten in der Frage der Beteiligung von Nicht-Parteimitgliedern an Sitzungen, in denen auch Parteithemen diskutiert werden, ganz pragmatisch, die Teilnahme eines Ausländers an solchen Sitzungen hätte allerdings den Pragmatismus dann doch zu weit getrieben. Folglich wurde ich zu diesen Sitzungen nicht eingeladen, was für die Fakultät von Nachteil war. Pragmatischer Kompromiss: mein direkter Stellvertreter, zwar kein Parteimitglied, aber immerhin Chinese, nahm an meiner Stelle an den Sitzungen teil. Ich hingegen hatte die Möglichkeit, wann immer ich es für erforderlich hielt, mit der Universitätsleitung, der Parteileitung oder den Abteilungsleitungen der zentralen Verwaltung gesonderte Gesprächstermine zu vereinbaren, so dass mein Austausch mit der Leitung sogar enger war, als er in den allgemeinen Sitzungen hätte sein können.

Der Reformprozess der Zhejiang Universität orientierte sich an drei Leitlinien, die ihr Präsident auch mir als Dekan für die Reform meiner Fakultät vorgab und die zeigen, wie sich diese Universität auf die Intensivierung der internationalen wissenschaftlichen Kooperation vorbereitete: 1.Verbesserung des wissenschaftlichen Niveaus meiner Fakultät. 2. Verbesserung der Qualität von Forschung und Lehre. 3. Internationalisierung als Anspruch und Herausforderung.

Hierzu mussten die Qualifikationen der Dozenten überprüft und dort, wo nötig, verbessert werden. Auch bei der Rekrutierung neuen wissenschaftlichen Personals wurden hier verstärkt Qualitätsmaßstäbe angelegt. So gilt jetzt an meiner Fakultät, dass die Einstellung wissenschaftlichen Personals, anders als in früheren Jahren, ohne Promotion nur die Ausnahme sein kann.

Wissenschaftliche Erkenntnisse und neue Forschungsergebnisse sind zunehmend die Ergebnisse internationaler und interdisziplinärer Zusammenarbeit, und meine Fakultät kann stolz auf ihre Errungenschaften in diesem Zusammenhang verweisen. Eines unserer Studienprogramme wurde sogar als Beispiel für erfolgreiche internationale Zusammenarbeit im Programm für Kulturaustausch 2003 bis 2005 zwischen der Bundesrepublik Deutschland und der Volksrepublik China ausdrücklich aufgeführt: der Diplomteilstudiengang Fachdeutsch Technik, den die Technische Universität Berlin und die Zhejiang Universität mit kräftiger Unterstützung des DAAD etabliert haben.

Die gestellte Aufgabe und das Ziel waren die Internationalisierung meiner Fakultät. Hierzu wurde ein intensiver Austausch mit internationalen Experten eingeleitet, als Gastwissenschaftler für kürzere oder auch für längere Zeit und auch nach Möglichkeit als dauerhafte Mitglieder des Lehrkörpers. Den Studenten werden Möglichkeiten für ein Studium im Ausland gegeben. Als Beispiel kann hier die regelmäßige Summerschool für Deutsch- Studierende der Zhejiang Universität an der Technischen Universität in

Berlin gelten, oder auch die Planungen für Doppelabschlüsse mit ausländischen Universitäten.

Diese Ziele zu erreichen und die entsprechenden Veränderungen in Gang zu setzen, war die große Herausforderung meiner beiden Amtszeiten als Dekan. Im Verein mit meinen Stellvertretern und mit starker Unterstützung durch die Universitäts- und die Parteileitung wurden grundlegende Veränderungen eingeleitet und umgesetzt, die teilweise mit etablierten Strukturen chinesischer Universitäten radikal brachen.

Am Ende meiner Amtszeit als Dekan in Hangzhou waren Ergebnisse dieses Experiments zu verzeichnen. Die Umbenennung des „College of Foreign Languages" in „School of International Studies" ist Programm. Die Motivation unserer Wissenschaftlerinnen und Wissenschaftler zum Einwerben von Drittmitteln wie für die Vermehrung ihrer Publikationen ist erkennbar gestiegen. Die Struktur der Fakultät, die zuvor aus drei recht behäbigen Abteilungen bestand, ist durch die Einrichtung von zwölf an Themen orientierten Instituten effektiviert worden. Die Präzisierung von Forschungsfeldern und die Initiierung von Forschungsaktivitäten sind auf diese Weise deutlicher geworden. Bei uns durchgeführte internationale Tagungen, die sich mit der Verbesserung von Unterrichtsmethoden und dem Einsatz von moderner Unterrichtstechnologie im Fremdsprachenunterricht befassten, haben neue Erkenntnisse gebracht, neue internationale Kontakte geknüpft und auch die Diskussionen über Verbesserungen des Unterrichtswesens in der Fakultät intensiviert. Neue Curricula wurden erarbeitet und implementiert.

Sicherlich lassen sich meine Erfahrungen und Beobachtungen nicht ohne weiteres verallgemeinern, ich bin aber überzeugt davon, dass durch die Einblicke, die ich erhalten habe und die ich hier zumindest in einigen Aspekten weitergeben wollte, ein Beitrag zu einem besseren gegenseitigen Verständnis über Möglichkeiten und Zwänge, über Prozeduren, Entscheidungswege und Perspektiven der Zusammenarbeit und damit für neue Wege, neue Ziele der deutsch-chinesischen Wissenschaftspraxis geleistet werden kann. Mich persönlich haben diese langjährigen und vielfältigen Beziehungen zu China und seinen Menschen sehr bereichert und nachhaltig geprägt.

中国，中国，中国……

埃里希·蒂斯　*Erich Thies*

1943年出生，1963—1970年在图宾根、海德堡、柏林学习哲学、日耳曼学、艺术史，1973年取得哲学博士学位。1976年成为海德堡教育学院哲学教授，1978—1986年任海德堡教育学院院长，1991年任柏林洪堡大学规划专员，1992—1998年担任柏林科学、研究及文化部国务秘书，1994年成为柏林洪堡大学哲学和教育学教授，2009年获得一等德意志联邦十字勋章，2010年成为同济大学荣誉教授，2011年成为北京外国语大学客座教授，2012年成为中国国家汉办高级顾问，2015年成为上海外国语大学客座教授，2019年为"德中对话论坛"成员。

Jahrgang 1943, 1963–1970 Studium der Philosophie, Germanistik, Kunstgeschichte in Tübingen, Heidelberg, Berlin–1973 Promotion in Philosophie–1976 Professor für Philosophie

- 45 -

五十年 五十人 50 Jahre 50 Menschen

an der Pädagogischen Hochschule Heidelberg–1978–1986 Rektor der Hochschule – 1991 Planungsbeauftragter an der Humboldt-Universität zu Berlin–1992–1998 Staatssekretär für Wissenschaft, Forschung und Kultur in Berlin–1994 Professor für Philosophie und Pädagogik an der Humboldt-Universität–2009 Bundesverdienstkreuz 1. Klasse–2010 Honorarprofessor an der Tongji-Universität–2011 Gastprofessor an der Beijing Foreign Studies University–2011 Gastprofessor an der Zhejiang-Universität, 2012 Senior Consultant von Hanban–2015 Gastprofessor an der Shanghai Foreign Studies University–2019 Mitglied des Deutsch-Chinesischen Dialogforums.

在长达20年的时间里，对于中国的印象、经验和经历在我的职业和个人生活中占据了一个重要的位置。它们的跨度相当大，从德国前总理库尔特·基辛格在1969年用施瓦本方言说："我只说一句——中国，中国，中国！"来警告所谓"黄色威胁"的那句话，到我在中国收获许多友谊和对中国的古老文化充满思慕的了解——从前就在寻找，现在仍在继续。这种充满张力的弧线一直到今天仍未改变！从杭州附近的寺庙里的茶道到每个十字路口闪烁的信号灯。在基辛格和那些十字路口之间，经过了约50年的时间，50年的德中政治。1972年，我的博士论文聚焦黑格尔和费尔巴哈，中德之间的协议对此没有任何意义。中国是陌生而遥远的——歌德在《复活节漫步》中说："当在身后遥远的土耳其／各民族打成一团……""黄色威胁"是不真实的。与之相对，那时的冷战是真实的，美苏两个阵营相互对峙；第二次世界大战及其对日常生活的影响仍未走远。中国一度无关紧要。

歌德在中国

我与中国的第一次接触是这样的：几位来自北京的中国日耳曼语言学的学者带着陌生的亚洲面孔和难以辨别的年龄访问了海德堡教育学院。他们说着一口美妙的、适合印在纸上的歌德式德语。这是一种既陌生而又亲切的德语，一种人们在19世纪文学作品中熟悉的，但却从未作为口语活跃使用的德语。这些来自北京的教授们以前还从未到过德国，他们的德语是在书本上学会的。他们就像来自上个世纪的学者。50年后，歌德全集的中译工作在一位朋友——上海外国语大学党委书记姜锋——的领导下开展。这一时间跨度里，不同的世界形成交集：开放、科研交流、对话、友好的接近。传统和政治变化，还有日益增加的问题……亦远亦近的感觉保留至今，这使我与中国的关系变得如此令人难以置信地激动人心和富有成效。

邂逅—交流—创造

我与（中国）教授、政治家和部委官员的第一次正式互动由各种仪式、宴请和正式声明组成。它们发生在北京、上海、南京和拉萨。这是各种代表团的常规活动。随后去了昆明、西安、深圳、青岛等城市……除了正式活动以及科学、研究和教育领域方面的看法和项目交流，我与中国人在私人层面的关系也逐渐建立起来，并打上了信任、可靠和共同利益的烙印。在25年内发展出了许多友谊、信任和人际的亲近关系，为德国和中国实施的众多共同项目奠定了基础：我与国家汉办主任许琳携手创立了多家孔子学院，还有教师交流、学生交流、在华夏令营，在德国中小学进行汉语教学、培训汉语教师，还包括国家考试、认证学历、合作办学，以及中国的德国学校、职业培训、联合研究项目、联合出版物等。这是一个德国文教部长联席会议、中华人民共和国大使馆以及两国教育机构之间密切合作的时期。德国大学的中国学生数量显著增加，选择汉语作为科目的德国中小学生人数也同样显著增加。之后甚至出现了德中幼儿园，孩子们得以在双语的环境中成长。这是一个成功的、充满希望的时期！许多人参与其中，姜锋和我有幸置身其中，塑造发展。

回报问候的灿烂笑容

穿过同济大学校园的一条跑道要经过一个幼儿园。当我有一次跑步经过时，简短地问候了一位正在照看孩子的女士。她回应我以灿烂的笑容，充满了坦诚和喜悦——无须任何语言。这种愉快的直接互动，毫不做作的情感，始终是使我与中国的联系持续活跃到今天的组成部分。从那时起，我收获了许多可靠的友谊，它们历久弥新，牢不可破——超越了一切障碍，也超越了决定今天中德关系不断变化的政治框架条件。

我在北京大学、同济大学和浙江大学做客的三个月的时间里，我与教授们和学生们进行了无数次的坦诚对话。诸多讲座和授课导致的问题和讨论远远超出了原定主题。我在德国从未见过像在中国这样强烈的学习和前进的好奇心。尤其当年轻人一旦克服了最初的羞涩，并找到共同语言时，人们的讨论就会转向海德格尔的"林中路"、黑格尔的"精神现象学"、伽达默尔的"诠释学"、康德和马克思的文本、当代艺术和文化、博士论文项目，还有日常生活的种种问题，当然也包括政治。

教授们的热情好客和学生们畅所欲言而又充分尊重的兴趣是巨大的。对彼此国家文化的兴趣通过问题展示出，我们彼此的生活经历是那么既近且远。与我交谈的教授们大多都在德国生活多年，在德国大学学习过，并定期访问"母校"，在那里举办讲座或准备出版物。他们中的大多数人与德国有着密切的关系，相对于德国人对德国的感情，他们（对德国）在情感上的投入明显更强烈。德国有超过4万名来自中国的大学生和近5000名身处大学和研究机构的中国研究人员。仅仅是来自中国的学生数量就相当于一所中等规模的大学学生数量。这些庞大的数字是中德科学和研究方面成功合作的明证。

北京大学位于国家和政治权力的中心城市，上海的同济大学拥有与德国在教学和研究方面的悠久联系。同济大学中德学院就是证明。浙江大学则拥有高标准的质量和设施。各地乐于提

五十年 五十人 50 Jahre 50 Menschen

供帮助的意愿与个人支持的程度令人感动。位于政治中心的北京大学,位于国际化的上海的同济大学,以及位于古老杭州中心的浙江大学老校区——体现出中国大学的三种不同的角度和特点。此外,我还受到了德语系实力雄厚的上海外国语大学的热情接待。

只有对话成就未来

当今时代在政治上变得更加复杂,各国的权力政治利益相互叠加,这给德中学者之间多年发展起来的科研合作和彼此的友好关系蒙上了阴影。新冠疫情也改变了以往情况。视频会议不能代替面对面的对话,在面对面的对话中,人们可以做那些成为所有科学先决条件的事情:论证,思考,必要时纠正自己。那么,每个人可以做些什么?在个体层面上,每个人都必须关注保持科学对话和友好关系,即使需要跨越空间和时间的距离。那么官方层面呢?几年前,德中两国政府建立了"德中对话论坛"。论坛的第一次会议在青岛举行,由两国的时任科技部部长安妮特·沙万和万钢主持。这次起步过后,新冠疫情就暴发了。我们不仅要继续德中对话的这一同样具有象征意义的重要途径,还要维持和加强它,这符合两国的利益。第一批项目——哈根远程大学和上海开放大学之间的合作,以及中德青年学院的成立已经在构想中。人们应当推动它们的实现,并保持和加强彼此间的关系。

China, China, China…

Gut zwei Jahrzehnte nehmen chinesische Eindrücke, Erfahrungen, Erlebnisse einen wichtigen Platz in meinem Beruf und meinem Privatleben ein. Ihre Spannweite ist erheblich: von Kanzler Kiesingers schwäbischen „Ich sage nur: Kina, Kina, Kina", mit dem er 1969 vor der gelben Gefahr warnte, bis zu Freundschaften und sehnsuchtsvoll Vertrautem in Chinas alter Kultur – das in China zu finden war und immer noch ist. Dieser spannungsvolle Bogen ist geblieben, und daran hat sich bis heute nichts geändert! Vom zeremoniellen Tee im Kloster bei Hangzhou bis zu den Kameras an jeder Kreuzung. Zwischen Kiesinger und den Kreuzungen liegen etwa fünfzig Jahre, fünf Jahrzehnte Deutsch-Chinesischer Politik. Im Jahr 1972 stand meine Dissertation über Hegel und Feuerbach im Mittelpunkt, und dafür war das Abkommen zwischen China und Deutschland ohne jede Bedeutung. China war fremd und weit weg – in Goethes Osterspaziergang heißt es: „Wenn hinten, fern, in der Türkei / Die Völker aufeinander schlagen…". Die „Gelbe Gefahr" war irreal. Real dagegen war damals der Kalte Krieg, in dem sich die Blöcke Vereinigte Staaten und Sowjetunion gegenüberstanden; nah war auch noch der Zweite Weltkrieg und dessen Folgen für das alltägliche Leben. China spielte keine Rolle.

Goethe in China

Die erste Begegnung mit China war dann allerdings prägend: Eine kleine Gruppe chinesischer Germanisten aus Peking, mit fremden asiatischen Gesichtern und undefinierbaren Alters, besuchte die Pädagogische Hochschule Heidelberg. Sie sprachen ein phantastisches, druckreifes Goethe-Deutsch. Ein fremdes und doch nahes Deutsch, ein Deutsch, das aus der Literatur des 19. Jahrhunderts vertraut war, aber doch nie als lebendig gesprochene Sprache. Die Professoren aus Peking waren vorher nicht in Deutschland gewesen und hatten ihr Deutsch durch Bücher gelernt. Sie schienen Gelehrte eines vergangenen Jahrhunderts zu sein. 50 Jahre später verantwortet ein Freund, JIANG Feng, Konzilsvorsitzender der SISU, die chinesische Übersetzung von Goethes Sämtlichen Werken. Welten liegen in dieser Zeitspanne: Öffnung, Austausch in Wissenschaft und Forschung, Gespräche, freundschaftliche Nähe. Tradition und politischer Wandel und auch wachsende Probleme… Das Fremde und zugleich Nahe ist geblieben, und

相识已久的三位教授：吴志强（左，同济大学）、笔者（中，柏林）、姜锋（右，上海外国语大学）相聚在北京

Drei Professoren, die sich lange kennen: WU Zhiqiang (Tongji Universität, links), Erich Thies (Berlin, in der Mitte), JIANG Feng (SISU, rechts) in der Großen Halle des Volkes in Peking

五十年 五十人 50 Jahre 50 Menschen

macht das Verhältnis zu China so unglaublich spannend und fruchtbar.

Begegnen - Austauschen - Gestalten

Die ersten offiziellen Begegnungen mit Professoren, Politikern und Ministerialbeamten waren bestimmt durch Zeremonien, Essen und förmliche Erklärungen. In Peking, Shanghai, Nanjing und Lhasa. Delegationsrituale. Es folgten Städte wie Kunming, Xian, Shenzhen, Tsingtao... Neben dem Förmlichen, dem Austausch von Positionen und Projekten in Wissenschaft, Forschung und Bildung, entwickelten sich allmählich persönliche Beziehungen, geprägt durch Vertrauen, Verlässlichkeit und gemeinsame Interessen. In 25 Jahren entstanden Freundschaften, Vertrauen und persönliche Nähe, die Grundlage waren für die Umsetzung gemeinsamer Projekte in Deutschland und China: Gründung von Konfuzius-Instituten mit XU Lin, der Leiterin von Hanban, Austausch von Lehrern, Schüleraustausch, Summercamps in China, Chinesischunterricht an deutschen Schulen, Ausbildung von Chinesisch-Lehrern samt Staatsexamen, Anerkennung von akademischen Abschlüssen, gemeinsame Studiengänge, Deutsche Schulen in China, Berufsbildung, gemeinsame Forschungsprojekte, gemeinsame Publikationen. Es war eine Zeit enger Kooperation zwischen der deutschen Kultusministerkonferenz, der Botschaft der Volksrepublik China und Bildungseinrichtungen beider Länder. Die Zahlen chinesischer Studenten in Deutschland stiegen deutlich, die Zahlen deutscher Schüler, die chinesisch als Schulfach wählten, ebenfalls. Seitdem gibt es sogar deutsch-chinesische Kindergärten, in denen Kinder bilingual aufwachsen. Es war eine erfolgreiche, zukunftsträchtige Zeit! Es gab viele Akteure, JIANG Feng und ich hatten das Glück, mitgestaltend dabei sein zu können.

Ein Strahlen für einen Gruß

Die Jogging-Strecke über den Campus der Tongji-Universität führte an einem Kindergarten vorbei. Im Vorbeilaufen gab es einen kurzen Gruß an eine Frau, die die Kinder betreute. Ihre Antwort war ein strahlendes Gesicht, voller Offenheit und Freude – frei von allen Sprachen. Die glückliche Unmittelbarkeit dieser Begegnung, ihre unverstellte Zugewandtheit ist bleibender Teil dessen, was die Verbindung mit China bis heute lebendig macht. Seitdem gibt es zuverlässige Freundschaften, die sich über einen längeren Zeitraum entwickelt haben und dann unverbrüchlich tragen – über alle Hindernisse hinweg, auch über wechselnde politische Rahmenbedingungen, wie sie die heutigen Beziehungen bestimmen.

Drei Monate als Gast der Peking Universität, der Tongji Universität und der Zhejiang Universität brachten zahllose offene Gespräche mit Professoren und Studenten mit sich. Vorträge und Lehrveranstaltungen führten zu Fragen und Diskussionen weit über das eigentliche Thema hinaus. In Deutschland habe ich keine solch intensive Neugier zu lernen und vorwärts zu kommen erlebt wie hier.

Wenn die anfängliche Schüchternheit, vor allem der Jungen, überwunden war, und man sich in einer gemeinsamen Sprache zurechtgefunden hatte, ging es um Heideggers „Feldweg", Hegels „Phänomenologie des Geistes", Gadamers „Hermeneutik", Texte von Kant und Marx, um zeitgenössische Kunst und Kultur, um Dissertationsprojekte und nicht zuletzt um Fragen des alltäglichen Lebens und natürlich um Politik.

Die Gastfreundschaft von Professoren und das unbefangene, zugleich respektvolle Interesse der Studierenden waren immens. Das Interesse an der Kultur des jeweils anderen Staates zeigte mit seinen Fragen, wie nah und zugleich fern die jeweiligen Lebenserfahrungen waren. Die meisten der Professoren, mit denen es zu Gesprächen kam, waren mehrere Jahre in Deutschland gewesen, hatten an einer deutschen Universität studiert und besuchten „ihre" Universität in regelmäßigen Abständen, hielten dort Vorträge oder bereiteten Publikationen vor. Die meisten von ihnen hatten ein intensives Verhältnis zu Deutschland, ihr emotionales Engagement war entschieden stärker als das, was unter Deutschen für Deutschland zu spüren war. Mehr als 40000 Studierende aus China an deutschen Universitäten, knapp 5000 chinesische Wissenschaftlerinnen und Wissenschaftler an den Universitäten und Forschungseinrichtungen. Das entspricht einer mittelgroßen Universität allein mit Studierenden aus China. Das sind große Zahlen und Beweis für eine erfolgreiche Zusammenarbeit in Wissenschaft und Forschung.

Die Peking Universität zeigte sich am Ort der staatlichen und politischen Macht, die Tongji Universität in Shanghai in ihrer langen Verbundenheit mit deutscher Lehre und Forschung. Die Chinesisch-Deutsche Hochschule der Tongji Universität belegt das. Und die Zhejiang Universität lebte ihr hohes Maß an Qualität und Ausstattung an ihren verschiedenen Standorten. Das Maß an Hilfsbereitschaft und persönlicher Unterstützung war berührend. Die Universität im Regierungszentrum, der besonders geprägte Standort eines internationalen Shanghai und der alte Zhejiang-Campus im Herzen des alten Hangzhou – drei verschiedene Perspektiven und Charaktere chinesischer Universitäten. Hinzu gekommen ist die Gastfreundschaft der Shanghai International Studies University mit einer starken Germanistischen Fakultät.

Nur Dialog verspricht Zukunft

Die Zeiten sind politisch komplizierter geworden, die machtpolitischen Interessen der Staaten überlagern und verschatten über viele Jahre gewachsene Strukturen der wissenschaftlichen Zusammenarbeit und auch freundschaftliche Verhältnisse zwischen deutschen und chinesischen Wissenschaftlern. Corona bewirkt ein Übriges. Videokonferenzen ersetzen kein persönliches Gespräch, in dem man das kann, was Voraussetzung jeder Wissenschaft ist: argumentieren, abwägen und sich gegebenenfalls zu korrigieren. Was also kann jeder Einzelne tun? Auf der persönlichen Ebene muss Jedem daran gelegen sein, auch über räumliche und zeitliche Abstände hinweg, den wissenschaftlichen Dialog und die freundschaftliche

Beziehung zu erhalten. Und offiziell? Vor wenigen Jahren wurde von den Regierungschefs beider Staaten, Angela Merkel und LI Keqiang, das „Deutsch-Chinesische Dialogforum" eingerichtet. Ein erstes Treffen fand in Tsingtao statt, geleitet von den beiden ehemaligen Wissenschaftsministern Annette Schavan und WAN Gang. Es war ein erster Aufschlag, dann kam die Pandemie. Es liegt im Interesse beider Staaten, dieses – auch symbolisch wichtige – Instrument des deutsch-chinesischen Dialogs nicht nur fortzusetzen, sondern zu pflegen und zu stärken. Erste Projekte, eine Kooperation der Fernuniversität Hagen und der Open University Shanghai sowie die Gründung einer Jungen chinesisch-deutschen Akademie sind konzipiert. Man sollte sie verwirklichen und die Beziehungen lebendig erhalten und stärken.

"老朋友"莫妮卡

莫妮卡·冯·鲍里斯　*Monika von Borries*

　　1946年出生于奥格斯堡，大学在海德堡学习教育学并于1972年取得硕士学位。在大学期间，她曾利用学期假期多次去往亚洲，那里的人们、生活习俗和古老文化强烈吸引着她。从1976年起，她协助在莱茵兰－普法尔茨州成立了德国儿童保护联盟，直到1986年，她一直担任多纳斯贝格地区协会主席，至今仍担任该协会的名誉主席。1985年，她和丈夫第一次去中国旅行。1988年，她加入了新成立的"多纳斯贝格地区德中友好协会"的理事会，并从1992年起担任该协会的主席。1989年以来，她定期前往中国，组织旅行，促进文化交流计划实施，与中国学生和公民建立联系，举办音乐会、朗读会、展览、讲座、捐赠活动等，并为可能失学的贫困农民子女寻找资助人。2005年，她被位于北京的中国人民对外友好协会授予"人民友好大使"称号。

　　Geb. 1946 in Augsburg, studierte Pädagogik in Heidelberg und schloss ihr Studium 1972 erfolgreich ab. Schon während der Studienzeit nutzte sie die Semesterferien zu ausgiebigen Aufenthalten in Asien, dessen Menschen, ihre Lebensgewohnheiten und alte Kulturen sie stark

五十年 五十人 50 Jahre 50 Menschen

faszinierten. Ab 1976 half sie den Deutschen Kinderschutzbund in Rheinland-Pfalz zu etablieren und war bis zum Jahr 1986 Vorsitzende des Donnersberger Vereins, deren Ehrenvorsitzende sie noch heute ist. 1985 reiste sie und ihr Mann zum ersten Mal nach China. 1988 trat sie dem Vorstand der neugegründeten „Deutsch-Chinesischen-Freundschaftsgesellschaft Donnersbergkreis e.V." bei und hat seit 1992 den Vorsitz in dieser Gesellschaft. Seit 1989 reist sie regelmäßig nach China, organisiert Reisen, fördert Kulturaustauschprogramme, stellt Kontakte zu chinesischen Studenten und Mitbürgern her, veranstaltet Konzerte, Lesungen, Ausstellungen, Vorträge, Benefizgesselligkeiten u.s.w., sucht Pateneltern für arme Bauernkinder, die ohne finanziellen Beitrag nicht in der Lage wären, die Schule zu besuchen. 2005 erhielt sie von der Zentrale der Freundschaftsgesellschaften mit dem Ausland in Beijing, den Titel „Botschafterin für die Völkerfreundschaft".

我和我丈夫很早的时候就感受到了亚洲的魔力。我们那时属于受到优待的学生（法学和教育学），能够利用奢侈的假期进行很多旅行。我们几乎去遍了所有亚洲国家。我们也和当时所有的亚洲迷一样梦想着去中国西藏。在1972年时，我们就已从尼泊尔看到边境对面的西藏了，但在很长一段时间内，去西藏旅行还是无法想象的。到了1985年，这在理论上似乎已经存在可能性，但其费用是个天文数字，而且几乎不可能拿到签证。那时去西藏总是要与去中国内地旅行结合在一起，当时，中国对外国游客来说仍是一个陌生的国度。但是，那些五颜六色的小册子散发着诱惑，让人忍不住预订一场乘坐蒸汽火车沿丝绸之路去往终点站广州的旅行。

那是多么美好的体验！多么令人印象深刻的风景和古老的遗址！美丽的青海湖，羊卓雍措湖，好客的牧民，还有著名的塔尔寺和日月山。当时的我并不知道，这座山会给自己的生活带来决定性的转折。因为我在那凛冽的风中"邂逅"了文成公主——一位前往西藏和亲并成为那里的王妃的中国女孩。虽然这个故事发生在公元641年著名的唐朝时期，我仍对这个年轻女孩感到无比同情，因为我们也能看到远处高耸的雪峰，它们一定阻挡过她前进的道路。难怪她在这里出于疲惫和愤怒摔碎了自己的日月宝镜，这就是这座山被称为"宝镜山"的原因。是否真的是她那破碎的镜子和她的故事击中了我的内心，使我无法停止探究和提问？（这个问题始终存在）直到我完全写出了一整本关于她的小说。一位伟大的王妃跃然纸上。如我后来得知的那样，她在西藏被尊为圣人，有"白度母"之称。她是一个光芒四射的形象，一位能够为民族间带来长时间和平的早期外交家。一个仁爱、宽容和美德的典范！

她仿佛拉着我的手，把我带进古老的文化中，让我不停地追问，并产生全新的思考。与此同时，我还知道了接替她成为下一位进藏和亲的悲剧性公主，并且如同第一本书在许多中国朋友的帮助下得以出版那样，我有机会出版了另一本关于金城公主的小说。这两本书也被翻译成了中文，受到公众的广泛关注。

在经历了五周令人难忘的旅行后回来时，我们还无法预见到所有这些后续发展，只是我们对于这个国家和中国人民的谦逊、宽容和好客的热情被点燃了。那时我们这些"大鼻子"在中国还不常见，特别是人们对我这样的金发女性的反应往往很有趣。祖母们高高抱起她们的孙子，好让他们更好地观察我；妇女们在与我稍微熟悉一些之后会问是否可以摸摸我的头发；一个骑自行车的人甚至和我撞了个满怀，因为他一直盯着我看，无法移开视线。我们总是在开朗真诚的笑声中带着对彼此的好感道别。

这个国家的古老文化、智慧和历史让我们好奇，我们对于这个伟大国家的无知和孤陋寡闻也促使我们去改变。因此，当一个德中友好协会1988年在多纳斯贝格地区成立时，我们就参与其中。从1992年起，我被正式选为该协会的主席。我们组织了各种讲座和展览，并从1985年开始组织会员的年度旅行。活动得到了中国大使馆和位于北京的中国人民对外友好协会的支持，后者的工作人员总是陪着我们旅行。他们都像我们一样有着对于民族间友谊及其意义的信念，毫不意外，我们很快成为亲密的朋友。

精彩的音乐会为我们提供了机会！我以主持人的身份和音乐家一起在莱茵兰-普法尔茨州巡演了几年。人们那时仍充满怀疑，因为中国音乐充其量只是通过京剧为人熟知。但我们很快就了解并爱上了美妙的中国传统音乐。我们让莱茵兰-普法尔茨州的"音乐别墅"基金会关注到这些音乐家。中德艺术家的年度交流活动得以专业且圆满地进行。为了表达感谢，一批又一批音乐家在我们的国家停留并来我们家做客。

通过旅行，我们所到之处的中国城市的外办为我们提供了协助。例如，西安和铜川的外办

2009年在福建　Fujian, 2009

五十年 五十人 50 Jahre 50 Menschen

多年来一直支持我们在1992年启动的儿童结对资助项目。约有200名儿童受益于我们对贫困农民子女的资助，得以高中毕业和上大学。每年我们都会邀请德国的资助人来探望这些孩子和他们的父母。这对所有人都是一个节日，这一天以及用坚果和茶招待我们的农民都深深刻在我们的记忆里！学校获得资助得以扩建图书馆、购置计算机和消毒设施。多纳斯贝格地区的一所小型乡村学校与铜川市柳林镇的一所学校建立了友好关系。该项目促进了对我们各自国家的了解，并将我们对彼此的友谊深化为长期的、如家人般的关系。铜川市为此向我颁发了"荣誉市民"称号。

我们的协会一直在进行捐款。在长江洪灾期间，我们给学校捐赠了帐篷；在四川地震后，除了捐款，我们还结对资助了三个孩子。他们都是农民工的子女，后来都顺利完成了高中学业，其中两人上了大学。该项目由成都友协的一名员工负责跟进，他也早已成为我们的朋友。（这只是人际"关系"的众多好例子之一！）有一个女孩甚至有机会在天津的大学学习医学。她作为最优秀的学生之一获得了前往德国交流的机会，并在此期间探访了我们。我们和很多孩子至今都通过微信或电子邮件保持着联系。

我们莱茵兰-普法尔茨州从1989年起就与福建省建立了伙伴关系。然而双方联系曾一度中断，州总理办公厅还为此寻求帮助。于是，我的丈夫在2004年筹备成立了"莱茵兰-普法尔茨州福建协会"。我们双方自然也在这里相互支持。因为我丈夫首先是一位艺术家，所以我们一开始与许多大学的艺术系就有深入的交流。艺术家们相互交流，并在我们的房子居住期间建立了深厚的友谊。后来，"莱茵兰-普法尔茨学院"成立了。这是福州大学与凯泽斯劳滕大学的伙伴合作项目，通过针对电气工程师和其他专业领域的"5+5项目"，学生可以在凯泽斯劳滕和福州获得中德两国的学位。

起初，有一些退休的德国高中教师去福州教德语。当"他们的学生"之后来到凯泽斯劳滕时，他们总会受到悉心的招待，并得到贯穿整个学习期间的陪伴。德国学生也利用了项目提供的机会——尽管对中国和中国人民充满热情，但对他们来说，学习另一门语言比起中国同龄人要更困难。

当第一批中国学生在1992年来到凯泽斯劳滕时，我们还是他们的"临时家长"。到了今天，我当然不能再邀请500名学生一起喝咖啡了。他们已经建立起了自己的"网络"，此外凯泽斯劳滕还有一个单独的协会负责照顾这些学生。这个协会是"莱茵兰-普法尔茨州中国协会联合会"的一部分，后者成立于2004年，是一个由大约12个中国协会组成的联合会，我自其成立以来一直领导联合会。

我们还参与了厦门市以及厦门大学与特里尔的合作，以及宁德市与沃尔姆斯及施佩耶尔建立的城市伙伴关系。2019年，多纳斯贝格县的负责人访问陕西，之后该县与铜川市建立了伙伴合作关系，但由于疫情的影响，仍仅限于媒体交流。直到新冠疫情暴发之前，多纳斯贝格县的一所中学和福州外国语学校每年都成功地举行学生交流。有25名中国学生正住在德国的寄宿学校里——他们已经有很长一段时间不能回家了。

在上文所述的37年间，我们参与见证了中国这些年的发展，并钦佩这个曾经如此贫穷的国家如今的发展成就。在中国的城市、机场等经济建设发展时，我们总是分享喜悦，尤其是当贫穷的农民工子女的生活状况得到改善，他们的家庭甚至最终能够参与大型搬迁计划之时。

多年以来，我们成果斐然！这些成果始终得到中国方面的高度认可。2005年，我获得了"人民友好使者"的荣誉称号，我的丈夫则获得了许多荣誉教授称号，并最终获得了福建省"荣誉市民"称号。中国人从不吝于表达感谢，哪怕是我们自认为并不是那么高的成就。我们的人生因为与中国的互动而得到了极大的丰富。我们本该是说感谢的人。因此，我们希望能回报自己在中国处处感受到的喜爱之情。

接下来要如何继续？就个人而言，我们继续通过微信和电子邮件与中国的朋友保持日常联系。在疫情期间，德中友协的工作变得困难。尽管如此，我们不会放松支持这种交流的价值。

然而，像我们上次于2019年在我们的州长、记者和政治家的陪同下进行的那种互动，可能在一段时间内还无法重现。与此同时，这样的个人经历对于政治气候来说是极其重要的，我们只能希望，我们过去与中国朋友们一起种下的种子能够继续开花结果，我们（的关系）不会重新落入冰点。

我们的经验使我个人充满信心。中国人和德国人天生就适合成为朋友：尽管存在一些文化差异，但我们对古老文化的推崇和相对谦逊的行为是非常相像的。让我们对经过长期积淀的长久的友谊抱有希望，我们的友谊将会经受住任何时期的考验。

„Lao pengyou" Monika

Der Zauber Asiens hatte meinen Mann und mich schon früh ergriffen. Wir gehörten noch zu den privilegierten Studenten (Jura und Pädagogik), die ihre üppigen Semesterferien zu ausgiebigen Reisen nutzen konnten. Es gab kaum ein asiatisches Land, das wir noch nicht bereist hatten. Und wir träumten - mit den Asienfans dieser Zeit - von Tibet. 1972 hatten wir schon mal einen Blick von Nepal aus über die tibetische Grenze werfen können. An eine Reise nach Tibet aber war lange nicht zu denken. 1985 schien es theoretisch möglich, war aber unendlich teuer und ein Visum zu bekommen war fast unmöglich. Eine solche Reise war zu dieser Zeit immer mit einer Reise im Inland Chinas kombiniert. Damals auch für Touristen noch ein unbekanntes Land. Die bunten Prospekte aber verlockten, eine Reise mit der Dampflokomotive entlang der Seidenstraße und einem Abschluss in Guangzhou zu buchen.

Was für ein Erlebnis! Was für imposante Landschaften und antike Stätten! Der wundervolle „Koko

五十年 五十人 50 Jahre 50 Menschen

笔者被授予"人民友好使者"称号
Ernennung zur „Botschafterin der Völkerfreundschaft" 2005

Nor", der „Blauen See", von gastfreundlichen Hirten und Nomaden bevölkert mit dem berühmten Kloster Kumbum und dem „Rhye Shan". Ich konnte noch nicht ahnen, dass dieser Berg meinem Leben eine entscheidende Wende geben sollte, denn dort oben in den grauen Winden „begegnete" ich Prinzessin Wencheng, einer Chinesin, einem Friedenspfand auf dem Weg nach Tibet, die dort Königin werden sollte. Obwohl sich die Geschichte, die wir dort oben erzählt bekamen, im Jahre 641 n. Chr. in der berühmten Tang-Zeit abgespielt hatte, ergriff mich ungeheures Mitleid mit dem jungen Mädchen, denn auch wir konnten in der Ferne die Eisriesen sehen, die sich ihr auf der Weiterreise in den Weg stellen würden. Kein Wunder, dass sie vor Erschöpfung und Zorn hier ihren Spiegel zerstörte, weshalb man den Berg „Jade Spiegel Berg" nennt. Hat mich tatsächlich ein Splitter ihres Spiegels, ihrer Geschichte, so getroffen, dass ich nicht aufhören konnte nachzuforschen, nachzufragen? Solange, bis ich einen ganzen Roman über sie veröffentlichen konnte. Eine große Königin, wurde wiedererweckt, die in Tibet, wie ich mich später vergewissern konnte, als Heilige, als „weiße Tara" hoch verehrt wird. Eine Lichtgestalt, eine frühe Diplomatin, die über lange Zeit den Frieden zwischen den Völkern stiften konnte. Ein Vorbild an Mitmenschlichkeit, Toleranz und Güte!

Sie nahm mich an die Hand, zog mich hinein in die alte Kultur, bewegte mich nachzufragen und mich mit neuem, fremden Denken zu beschäftigen. Auch ihre tragische, chinesische Nachfolgerin auf dem tibetischen Thron lernte ich dabei kennen und konnte - wie beim ersten Buch mit Hilfe vieler chinesischer Freunde - einen weiteren Roman über Prinzessin Jincheng veröffentlichen. Beide Bücher wurden auch ins Chinesische übersetzt und mit viel öffentlicher Aufmerksamkeit bedacht.

Als wir damals, beeindruckt nach einer fünfwöchigen Reise zurückkehrten, konnten wir all diese Folgen noch nicht ahnen. Nur unsere Begeisterung für dieses Land und Chinas Menschen mit Ihrer Bescheidenheit, Duldsamkeit, Gastfreundschaft war geweckt. Damals waren wir „Langnasen" noch ungewöhnliche Anblicke, die Reaktionen besonders auf eine so blonde Frau wie mich, waren oft lustig. Großmütter hoben ihre Enkel hoch, damit sie mich besser betrachten konnten. Frauen fragten - nachdem wir uns ein wenig angefreundet hatten - ob sie meine Haare anfassen dürften, ein Radfahrer fiel mir sogar in die Arme, weil er den Blick nicht von mir abwenden konnte. Immer schieden wir mit einem herzlichen, fröhlichen Lachen und gegenseitigen Sympathie.

Die alte Kultur und Weisheit, die Geschichte dieses Landes hatte uns neugierig gemacht. Unser Unwissen, die schlechten Informationen über dieses große Land forderte dazu auf, dem entgegen zu treten. 1988 waren wir deshalb dabei, als eine Deutsch-Chinesische Freundschaftsgesellschaft im Donnersbergkreis gegründet wurde. Ab 1992 war ich offiziell zur Vorsitzenden dieser Gesellschaft gewählt worden. Wir veranstalteten Vorträge, Ausstellungen und ab 1985 jährliche Mitgliederreisen. Unterstützt von der chinesischen Botschaft und von der Zentrale der Chinesischen Assoziation für die Freundschaft mit dem Ausland in Beijing, deren Mitarbeiter uns stets bei unseren Reisen begleiteten. Menschen wie wir, die von dem gleichen Gedanken der Völkerfreundschaft und ihrem Sinn getragen wurden. Kein Wunder, dass wir bald enge Freunde wurden.

Wundervolle Konzerte wurden uns so ermöglicht! Mit den Musikern bereiste ich einige Jahre moderierend Rheinland-Pfalz. Noch war man skeptisch, chinesische Musik war allenfalls durch die Beijing Oper bekannt. Bald aber lernten wir die wundervolle traditionelle Musik kennen und lieben. Wir konnten die „Villa Musica", eine Stiftung des Landes Rheinland-Pfalz auf die Musiker aufmerksam machen. Ein jährlicher Austausch von chinesischen und deutschen Künstlern konnte nun professionell und sehr erfolgreich stattfinden. Zum Dank aber bestanden Generationen von Musikern darauf, bei einem Aufenthalt in unserem Land auch in unserem Haus zu gastieren.

Gastgebende Foreign Affair Offices in anderen chinesischen Städten, kamen uns durch unsere Reisen entgegen. So unterstützen uns seit Jahren die Büros in Xi'an und Tongchuan bei unserem Patenkinderprojekt, das wir 1992 ins Leben riefen. Etwa 200 Kinder haben davon profitiert, dass wir arme Bauernkinder finanziell unterstützen, damit sie Abitur machen und studieren können. Jährlich haben wir die deutschen Pateneltern eingeladen die Kinder und ihre Eltern zu besuchen. Ein Festtag für alle, der uns - und den uns mit Nüssen und Tee bewirtenden - Bauern immer in Erinnerung bleiben wird! Die Schule bekam Unterstützung mit dem Ausbau einer Bibliothek, Computern, Desinfektionsanlagen usw. Eine kleine ländliche Schule im Donnersbergkreis pflegt die Freundschaft mit der Schule in Liulin (Tongchuan). Das Projekt fördert die Kenntnisse über unsere jeweiligen Länder und vertieft unsere gegenseitige Freundschaft in langjährige familiäre Beziehungen. Tongchuan hat mich dafür zur Ehrenbürgerin gemacht.

Unsere Gesellschaft spendete immer wieder Gelder, bei der Flut am Yangtze spendeten wir

Schulzelte und nach dem Erdbeben in Sichuan übernahmen wir – über die Geldzuwendungen hinaus - drei Patenkinder. Kinder von Wanderarbeitern, die dadurch sowohl das Abitur als auch zwei von Ihnen ein Studium absolvieren konnten. Betreut wurde das Projekt von einem Mitarbeiter der „Youxie" in Chengdu, den wir schon lange zu unseren Freunden rechnen dürfen. (Nur eines der vielen guten Beispiele für „guanxi"!) Ein Mädchen hatte sogar die Möglichkeit über die Universität in Tianjin, zur Medizinerin ausgebildet zu werden. Sie gewann als eine der besten Studentinnen einen Aufenthalt in Deutschland, bei dem sie uns besuchte. Mit vielen der Kinder besteht bis heute durch WeChat oder E-Mail Kontakt.

Unser Bundesland Rheinland-Pfalz hat seit 1989 eine Partnerschaft mit der Provinz Fujian. Allerdings war der Kontakt eingeschlafen und es wurde von der Staatskanzlei um Hilfe gebeten. Mein Mann übernahm es dann 2004 die „Rheinland-Pfälzische Fujian Gesellschaft e.V." zu gründen. Natürlich unterstützen wir uns auch hier gegenseitig. Anfangs gab es - weil mein Mann auch unter anderem Künstler ist - intensiven Austausch mit den Kunstabteilungen der Universitäten. Künstler tauschten sich aus und tiefe Freundschaften entwickelten sich bei den Aufenthalten in unserem Haus, aber auch zwischen den Austauschpartnern. Später wurde dann eine „Rheinland-Pfalz Akademie" gegründet. Eine Partnerschaft der Universität Fuzhou mit der Universität in Kaiserslautern. Durch das „5+5 Programm" für Elektrotechniker und andere Fachgebiete können Studenten sowohl in Kaiserslautern, als auch in Fuzhou einen deutsch-chinesischen Abschluss erwerben.

笔者和丈夫获得的荣誉
Ehrungen

Anfangs waren es pensionierte Gymnasiallehrer, die nach Fuzhou gingen um Deutsch zu unterrichten. Wenn „ihre Studenten" dann nach Kaiserslautern kamen, wurden sie stets liebevoll empfangen und durch ihr Studium begleitet. Auch deutsche Studenten nutzen diese Möglichkeit – allerdings fällt ihnen die fremde Sprache trotz aller Begeisterung für Land und Leute – doch schwerer als ihren chinesischen Altersgenossen.

Als die ersten chinesischen Studenten 1992 nach Kaiserslautern kamen, waren wir noch Ersatzeltern für sie. Heute kann man natürlich keine 500 Studenten mal eben zum Kaffee einladen. Sie haben inzwischen auch ihr eigenes „Netzwerk" gebildet und es gibt außerdem eine eigene Gesellschaft, die sich in Kaiserslautern um die Studenten kümmert. Dieser Förderverein gehört mit zu dem 2004 gegründeten „Landesverband der Chinagesellschaften in Rheinland-Pfalz e.V.", ein Zusammenschluss von ca. 12 Chinagesellschaften, die ich seit der Gründung leite.

Wir waren auch beteiligt bei der Kooperation der Stadt Xiamen und Universität mit Trier und an der Städtepartnerschaft mit Ningde + Worms und Speyer. Eine Partnerschaft mit Tongchuan und dem Donnersbergkreis wurde 2019 mit einem Besuch der Verantwortlichen des Donnersbergkreises in Shanxi begonnen, bleibt aber durch die Pandemie im Augenblick auf medialem Austausch beschränkt. Mit einem Gymnasium im Donnersbergkreis und der Fremdsprachenschule in Fuzhou gab es bis zur Pandemie einen erfolgreichen jährlichen Schüleraustausch. Im Internat der deutschen Schule leben 25 chinesische Schüler - die schon lange nicht mehr nachhause konnten.

In den beschriebenen 37 Jahren haben wir die Entwicklung Chinas in all den Jahren miterleben können und bewundern die Leistungen dieses zuvor so armen Landes. Immer haben wir uns mitgefreut, wenn die Städte sich entwickelten, die Flughäfen, die Wirtschaft. Besonders auch die Lebenssituation unserer armen Bauernkinder, deren Familien schließlich sogar an dem großen Umsiedlungsprogramm teilnehmen konnten.

In den vielen Jahren sind so viele Dinge zusammengekommen! Es häuft sich so vieles und wurde stets von chinesischer Seite sehr hoch anerkannt. So wurde ich 2005 zur „Botschafterin der Völkerfreundschaft" ernannt und mein Mann erhielt viele Ehren-professuren und schließlich die Ehrenbürgerschaft der Provinz Fujian. Man versteht es in China sich zu bedanken auch für Leistungen, die wir gar nicht so hoch ansiedeln. Unser Leben wurde durch die Begegnung mit China ungemein bereichert. Wir sind es eigentlich, die sich dafür bedanken müssen. So können wir nur hoffen, etwas von der Liebe und Zuneigung zurückgeben, mit der wir überall aufgenommen wurden.

Wie wird es weitergehen? Persönlich haben wir über WeChat und E-Mail weiter täglich Kontakte mit den chinesischen Freunden. Unsere Arbeit in den Freundschaftsgesellschaften sind in den Pandemiezeiten erschwert. Trotzdem werden wir nicht nachlassen, den Wert dieses Austausches zu unterstützen.

Begegnungen aber, wie wir sie zuletzt 2019 in der Begleitung unserer Minister-präsident/innen, Journalisten und Politiker durchführen konnten, wird es wohl noch eine Weile nicht mehr geben. Dabei sind solche persönlichen Erlebnisse für das politische Klima enorm wichtig und wir können nur hoffen, dass das, was wir in der Vergangenheit gemeinsam mit den chinesischen Freunden gesät haben, weiter blühen wird und wir nicht wieder in eine Eiszeit zurückfallen werden.

Unsere Erfahrung macht mich persönlich zuversichtlich. Chinesen und Deutsche sind eigentlich als Freunde prädestiniert, trotz mancher kulturelleren Unterschiede, sind wir uns in der Bewunderung alter Kulturen und einem relativ bescheidenen Verhalten sehr ähnlich. Pfunde, die wir in die Waagschale werfen können und uns Hoffnung auf eine langlebige Freundschaft machen, werden auch diese Zeiten des Sturms wieder überstehen.

游走在中国半个世纪的时代见证人
——超过五十年的研究和超过四十年的田野调查经历

托马斯·海贝勒　**Thomas Heberer**

中文名王海，1947年出生于美因河畔奥芬巴赫，曾在美因河畔的法兰克福大学、哥廷根大学、美因茨大学和海德堡大学学习社会人类学、政治学、哲学和汉学。20世纪60年代末起研究中国，1975年在撰写博士论文期间首次来到中国。1977年博士毕业后在中国外文局《北京周报》担任德文版翻译和审校四年之久（1977—1981），是70年代末中国实行改革开放政策初期的时代亲历者。1989年在不来梅大学政治学专业取得教授资格。之后分别在不来梅和特里尔担任大学教授，于1998年担任杜伊斯堡－埃森大学政治学（重点为东亚地区）教授。2013年荣休后，旋即被杜伊斯堡－埃森大学校长重新任命为"中国政治及社会资深教授"。他从此至今在多个第三方资助项目中从事基础研究。自1981年以来，直到2020年新冠疫情暴发，他几乎每年都在中国进行主题多样、涵盖地区广泛的田野调查，主要研究重点为中国政治、社会和制度变革的过程、结构和行为体。近年来出版的书籍主要涉及中国的地方政治、私营企业家的战略行为、作为现代化进程部分的社会法制、作为发展中国家的中国与德国、欧洲的地方外交和友好城市关系等。至今已经出版了60多本书，并在学术期刊和论文集上发表了数百篇文章。他长期在南开大学、浙江大学和人民大学担任客座教授。2013年

五十年 五十人 50 Jahre 50 Menschen

至2015年在浙江大学担任教授，2019年在北京大学担任客座教授。1983年至1990年曾担任德国德中友好协会的联邦理事会主席，并以此身份，于1986年在中南海对当时的中共中央总书记胡耀邦进行了一次长时间的采访。他曾以顾问身份陪同德国总统高克和多位德国总理访问中国。他于1979年与妻子王静在北京结婚，育有两个孩子。

Chinesischer Name Wang Hai, geb. 1947 in Offenbach/M., studierte Ethnologie, Politologie, Philosophie und Sinologie in Frankfurt/M., Göttingen, Mainz und Heidelberg. Seit Ende der 1960er Jahre beschäftigt er sich mit China, 1975 war er im Rahmen seiner Dissertation erstmals in China. Nach seiner Promotion im Jahre 1977 arbeitete er über vier Jahre (1977—1981) lang als Übersetzer und Lektor bei der deutschen Ausgabe der Wochenzeitschrift *Beijing Review* beim chinesischen Verlag für Fremdsprachige Literatur in Peking und war Zeitzeuge des Beginns der Reform- und Öffnungsprozesses ab Ende der 1970er Jahre. 1989 habilitierte er sich an der Universität Bremen im Fach Politikwissenschaft. Nach Professuren in Bremen und Trier übernahm er im Jahre 1998 den Lehrstuhl für Politikwissenschaft mit dem Schwerpunkt Ostasien an der Universität Duisburg-Essen. 2013 wurde er emeritiert, aber sogleich vom Rektor der Universität als „Seniorprofessor für Politik und Gesellschaft Chinas" reaktiviert. Seitdem beschäftigt er sich in Drittmittelprojekten hauptsächlich mit Grundlagenforschung. Seit 1981 führte er (bis zum Ausbruch der Pandemie 2020) auf nahezu jährlicher Basis Feldforschung in China zu unterschiedlichen Themen und in verschiedensten Regionen durch. Einer seiner Forschungsschwerpunkte sind die Prozesse, Strukturen und Akteure des politischen, sozialen und institutionellen Wandels in China. Seine Buchpublikationen in den letzten Jahren befassen sich u.a. mit lokaler Politik in China, dem strategischen Verhalten privater Unternehmer; der Sozialdisziplinierung als Teil des Modernisierungsprozesses, dem Entwicklungsstaat China und Kommunaler Diplomatie und Städtepartnerschaften zwischen Deutschland, Europa und China. Prof. Heberer hat über 60 Bücher und Hunderte von Beiträgen in wissenschaftlichen Zeitschriften und Sammelbänden veröffentlicht. Heberer ist Gastprofessor an der Nankai Universität, Zhejiang Universität und Renmin Universität China. Von 2013 bis 15 war er als ordentlicher Professor an der Zhejiang Universität tätig, 2019 als Gastprofessor an der Peking Universität. Von 1983 bis 1990 war er Bundesvorsitzender der deutschen „Gesellschaft für Deutsch-Chinesische Freundschaft". In dieser Funktion führte er 1986 ein langes Interview mit dem damaligen Generalsekretär der KPCh Hu Yaobang in Zhongnanhai. Er begleitete deutsche Ministerpräsidenten und Bundespräsident Gauck beratend nach China. Seit 1979 ist er mit Wang Jing verheiratet (Heirat in Peking). Das Paar hat zwei Kinder.

年少时，我曾问过自己一个问题：不同的民族和文化之间有哪些差异，又有哪些共同之处？它们如何能够克服巨大的差异和平共处？它们之间可以互相学习些什么？在1967年高中毕业后，我决定进入大学学习社会人类学，并辅修政治学、哲学和汉学。在修读社会人类学期间，我在

1969年选择了中国作为研究重点。我自己的第一次中国之旅是在1975年，那时我在中国停留了三个半星期。在这次旅行期间，我就已决定申请一份德语审校的工作，原因是我想通过在中国生活和工作几年，真正认识和了解这个国家和她的人民。从1977年7月1日至1981年8月，我为《北京周报》德文版担任审校和翻译。

作为一名在华工作的外国专家（1977—1981）

当时，在北京工作的外国专家基本上住在友谊宾馆的外国专家公寓楼里。院子实行封闭管理，大门有士兵站岗，只有可以出示工作单位正式通行证的中国人才能进入。这让我们觉得自己就像住在隔离区的人。虽然我们可以随时离开院子，但是在北京只有极少餐馆，它们通常晚上7点左右就全部关门。餐馆要凭票才能买到肉菜、米饭和啤酒。桌椅后面通常会排起长龙，排队的人催促着坐着的人快点吃，这样他们才能在关门前吃得上饭。

食品和日用品的供应量很少，几乎一切都要凭票购买。即使是在友谊宾馆的小日用品商店里——我们作为外国人受到优待，能找到的基本也只有罐头食品、矿泉水和汽水、大白菜和苹果。蔬菜只有寥寥几种。时不时会有瓶装啤酒，不过也是定量供应的。如果人们有什么想庆祝的，如生日，就必须向邻居"借"几瓶，以后再"还"回去。此外，我们只能在浴缸里提前冷冻啤酒，因为当时私人家里是没有冰箱的。

在头几个月里，《北京周报》的中国同事们都比较拘谨。要是我提出了什么超出工作范围的问题，就常常被告知"去问领导"，以至于我只能（沮丧地）有限地问几个问题。我也被告知不该和同事们说中文，因为"你们在这里是为了让同事们提高德语"。中国同事不时会到友谊宾馆看望我们。但他们总是三四人一组，带着正式的任务而来。后来我们了解到，每次探访都是有备而来，他们会提一些特定的问题（如"你对……有什么看法？"），之后也必须整理出对话记录。只有到了节假日，同事们才会邀请我们到家里去。他们会花好几天时间精心准备极为可口的待客大餐，气氛总是热情、亲切而欢乐。不过，自发地上门拜访同事却是不可能的。

但情况在发生转变。我们的部门是一个相当活跃的团体。这不仅体现在每周数次的政治学习会议上。显然，同事们变得比以前更加大胆，越来越不加掩饰地说出自己的想法，直至某个时候，这些会议完全终止。和中国同事的庆祝活动也变得更加轻松。1977年秋天，我在友谊宾馆的小公寓里和德语部同事们举行一次小型聚会，我们还播放了一盘华尔兹音乐磁带。突然，一位年龄较长的女同事喊道："我们来跳舞吧！"大家纷纷表示赞同。但我们的部门领导和党委书记说，这不行，这是资产阶级行为，堕落且不被允许。我们却和中国同事们一起劝说他们，直到不可思议的事情发生：两人宣布他们要走了，他们不想知道之后会发生什么。他们在政治上也不负任何责任。事实上，在他们离开后，我们就开始跳舞了，先是标准舞，然后是迪斯科，每个人都兴致勃勃地参与进来。我们是第一个打破政治上的舞蹈禁令的部门，也没有发生什么不良后果。要知道这可是在1977年！

五十年 五十人 50 Jahre 50 Menschen

当时还存在所谓的"五七干校"。所有干部和知识分子都被轮流送到一种国有农场从事体力劳动和接受"再教育"。知识分子要以这样的方式避免远离"人民群众"的生活。每个大型单位都有这样一所干校。外文出版社的中国同事都轮流被派往位于河北省的出版社干校待上半年。我也想去一次那里。于是我找到了部门领导,说我也是一个知识分子,也需要通过体力劳动接受再教育。"你不是中国人,你是外国专家,我们这里需要你,这里离不开你",他这样回答。"但是,张同志",我回答道,"如果要作好工作,我也必须更好地理解农村的生活。"他说他会考虑一下。一个星期后,他告诉我,出版社领导同意我短时间去出版社干校,去参加那里的农村劳动。

那是一个晴朗的五月的清晨,一辆载着出版社的中国同事和几名外国专家的大巴车把我们送到了出版社的五七干校。到达后,我们匆匆地吃了早饭,其间,我们见到了此时正在那里劳动的部门同事,然后就开始了劳作:人工收割冬小麦。小麦是手握大小镰刀收割的。割下来的麦杆被我们捆成麦捆。之后好几个麦捆会直接放在地里一起脱麦。只有在吃午饭的时候我们才会停下来休息一会儿。午饭简单但美味,有猪肉和许多蔬菜,猪是自己养的。我们这时候明白了,为什么同事们回来后我们感觉他们在干校吃得不错。劳作无疑很累人,尤其是我们这些外国人还不习惯在地里的辛苦。但与此同时,和中国同事们一起在地里干活,在这里分享他们的日常劳作,是非常有趣的。这让我们在某种程度上有了被平等对待的感觉。回来后,部门领导

在外文出版社的"五七干校","通过劳动接受再教育"(1978)

In der 7. Mai Kaderschule des Verlags für Fremdsprachige Literatur (1978):
„Umerziehung durch Arbeit"

问我们情况如何。"好极了，我们的确通过体力劳动受到了再教育。"我们很愿意再去干校一次，不过这到最后也没有实现，因为不久之后，干校就被取消了。

结婚(1979)——我的爱人王静

自从中国人可以不经单位批准就进入友谊宾馆之后，我就接触到了很多来自不同社会关系的中国年轻人。一天，一位中国朋友带来了一位名叫王静的漂亮女同事。她文静、聪明、开朗、特别精致，举止和外表非常得体。简而言之，我爱上了她，在认识一段时间并进行了许多交谈后，我们大胆地决定申请结婚。由于这是自20世纪60年代初以来外国人和中国女性的第一桩婚姻，因此谁也没有经验，也不知道结果会如何。我们不得不作好一切准备，并约定在最坏的情况下可以分开，但我们会一直等待对方。毕竟中国正处在一个改革开放的过程中。

1979年7月初的一个星期一的早上，我敲开了我所在部门领导的办公室，要求和他谈一谈。当时人们结婚必须得到所在工作单位的批准。"我打算结婚。"我说。"衷心祝贺"，他说，"对象是谁？""一个中国人。"我说。他用惊讶和难以置信的表情盯着我。"你们是在哪里认识的？"他问道。"这是个很长的故事。"我回答。

之后，显然我们两个人的单位互通了电话。两天后，我们部门的领导通知我，只要王静的单位出具相应的结婚许可证明，《北京周报》的领导就会批准。由此，皮球被踢到了对方一边。

几个星期过去了，什么也没有发生。本文由于篇幅有限，无法描述种种复杂的细节、纠缠和我们拿到结婚许可证的策略。不管怎样，在1979年8月底，我们终于从"海淀区革命委员会"那里拿到了结婚证。

有关我们婚后遇到的困难，我只简单地举一个我们随后去青岛蜜月旅行的例子。

在乘坐火车抵达青岛后，我们来到了我们单位提前预定的名为"王子饭店"的酒店。这座建筑建成于1911年，其曾用名为"海因里希王子酒店"，因德国皇帝的弟弟海因里希亲王得名，后者作为海军司令和访问中国的第一位欧洲王子，曾经在这栋房子里住过一段时间。这栋房子似乎也没有什么变化，包括卫生设施在内的室内陈设仍大部分来自德国。酒店可以看到大海，非常浪漫和舒适。不过，人们却没有张开双臂欢迎我们：一个外国人和一个中国女人同住一间房？酒店主管认为这前所未闻。尽管有结婚证和我所在单位的公函，但他一开始就拒绝给我们开一个房间。为此，我们打了一个电话给我妻子的姐夫，他是一名空军飞行员。过了一会儿，他到了酒店，然后和酒店主管进行了长时间的谈判。大约一个小时后，他成功地说服了酒店主管给我们俩开了一个房间，但对方最初只同意我们住一个晚上。他们以房间全满为由，给了我们一楼最差的房间——光线昏暗，看得到邋遢的后院，紧挨着接待处。第二天早上，我要求那个主管给我们换另一间好一点的海景房。他回答说，房间全都住满了。我一直等到一楼的服务员来打扫房间，问她们哪些房间是空的。她们说，差不多都是空的。然后我让人打开了一个空房间，并说道，我们从现在起就住在这里，再也不离开这个房间了，我让人转告主管，他大可

五十年 五十人 50 Jahre 50 Menschen

1979年拿到结婚证（"海淀区革命委员会"颁发）

Heirat 1979 (Revolutionskomitee des Stadtbezirks Haidian in Beijing)

以报警，反正我们是官方承认的合法夫妻。主管不情愿地让步了，把房间给了我们。

2017年，我们再一次到访青岛的这家"土于饭店"，根据地埋学家马维立的说法，该酒店在20世纪90年代末被拆除并重建，因此它对于我们已面目全非了。一位员工问我们为什么这么仔细地察看酒店，我们向她简单地解释了原因。不过，她的脸上毫无表情。她显然并不理解我们的故事，甚至觉得我们有些疯狂。

外国人——未知的存在

那时在中国旅行并不像今天这样容易。1978年春天，我开始了第一次独自旅行。我先是坐火车到坐落在山东省会济南以南约70公里的泰安市，去爬著名的泰山。泰山是中国最受景仰的名山，被誉为"天下第一山"，主要受到道教，以及佛教和儒家的尊崇。到达泰安后，我先入住了著名的岱庙旁边一家简单的小旅馆，岱庙是供奉泰山神灵的道观。据说它建于汉代。皇帝们曾在这里祭祀天地神灵和泰山神灵。此时的岱庙看起来很破落，尽管这里仍弥漫着一种宁静的气息。里面几乎没有游客。我在庙里待了几个小时，读到了与这里气氛相符的唐代诗篇。庙里基本空空如也，只有一些碎片散落四周。

第二天一大早，我就向高约1545米的泰山山顶进发了。泰山是道教五岳中最著名的一座山。孔子就曾对它大加推崇。三千多年来，人们一直在那里祭拜神灵。我用了大约三个小时才爬完这段9公里长、有6293级台阶的阶梯路。每一段路都有它自己的名字，道路两旁遍布着众多门楼和厅堂建筑。我不断遇到背着建筑材料、食物或饮料的搬运工人，他们要把这些东西背到山顶。他们赶着到达山顶，所以走得很快，我根本无法跟上他们的脚步。我既钦佩他们，同时也对他们深感同情。

来登这座神山的大多是老年女性香客。一群来自中国西北部省份陕西的老年妇女问我从哪里来。"我从德国来。"我说。"德国是在咱们国家哪个省?"她们问道。"在欧洲。"我解释说,希望她们至少知道这个概念。但随之而来的问题却是:"欧洲是在咱们国家哪个县?""咱们"这个词把说话人和说话对象都包括在内。因此证明她们以为我也是中国人,也许来自某个少数民族。我显然是她们一生中看到的第一个外国人。我试图向她们解释德国在哪里,但却发现,"外国"已经超出了她们的经验范畴和对世界的认知。在我离开时,她们中的一个人喃喃地说,我肯定来自某个"少数民族",一定是从很远的地方来的。

20世纪90年代,我在中国的多次旅行清楚地表明,尤其在较为偏远的地区,大多数人对外国的了解非常少。例如,在1999年,在我们从四川省甘洛县前往冕宁县的途中,因为我想买饮料,我们在石棉县的一个地方停了下来,大约70岁的商店老板娘问我从哪里来。"从德国来。"我说。"在德国说什么话?"她问道。"德语。"我说。她想了一会儿,然后说了一句让我吃惊的话:"你说的德语我完全能听懂。"我说的是中文,尽管带点口音,但她认为我说的就是德语,觉得德语一定与中文非常相似。

在中国的早期田野调查

在结束了《北京周报》的工作后,我马上进行了第一次长期田野调查。这项工作在1981年夏天把我和妻子带到了四川省凉山彝族自治州,那里对我此后的研究工作有着重要意义。在我的合同结束和离开北京前的几个月,我通过单位向国家民委提交了去凉山彝族自治州进行田野调查的申请。然后,我收到了面试邀请,我需要具体说明我的想法、我的研究方案和我的需求。面试后,国家民委批准了我的计划,之后我获得了四川省和凉山彝族自治州的批准。最后,我的研究获得了批准。

在成都待了几天后,我和妻子于1981年8月乘坐一架只有几个座位的小型螺旋桨飞机飞往凉山彝族自治州的首府西昌。在此前的几个月里,我已经查阅了关于彝族的已有文献,所以我对它们的历史、发展、风俗习惯等已经有了一些基本的了解。在几个星期的时间里,我们在五个县对当地干部、农民、熟悉彝族文化和社会的专家、家支头人和"毕摩"(传统的医师、祭司和巫师)进行了采访。我的研究主题以凉山彝族为例,研究少数民族地区的发展政策和自治政策。陪同我们的是一位彝族人,他担任翻译(汉语—彝语)和组织方面问题的联络人,我们还有一位汉族司机,他驾驶一辆由区政府提供的吉普车。并非所有的采访都一帆风顺。当我提出是否可以采访一些毕摩时,我们的翻译起先给出了否定的答复,他说:"如果你是中国的朋友,你就不要提这个要求了。"但是,当地众多的彝族干部也都认为,毕摩是彝族文化不可分割的一部分,要了解彝族,我也应该被允许与毕摩对话,最后他也同意了。之后我们采访了两位毕摩,他们是高大、强壮且自信的人物,通过长子继承制,他们的家族已经传承了很多代毕摩之位。他们认为,凉山彝族的精神和知识在他们身上统一起来。他们掌握传统的彝族文字,了解最重要的经典著作，可以预测天气，导引亡灵去往来世并控制鬼神。我问他们，和受到"西医"培训的公立医院医生相比，他们如何评价自己的治疗功效时，其中一位毕摩说："没错，他们也许能够控制流行病等疾病，但他们对90%被鬼魂折磨的病人都束手无策。只有我们毕摩有办法。"他们的知识传承数百年，代代相传，哪怕是对不时来采访他们的中国社会科学院的民族学家也丝毫不会泄露。这种知识始终是他们的秘密。今天，凉山再次出现了大量的毕摩，采访他们已经不再是问题。

许多采访对象，无论是干部、知识分子还是普通的农民，他们的坦诚在当时让我感到惊讶。关于经济和社会状况的数据很容易获得，人们较为公开地谈论过去和当前发展的种种问题。在农村进行访谈的一个主要障碍是传统习俗，即远道而来的"重要客人"必须得到隆重的欢迎。这意味着主人必须为客人宰杀一只山羊、一头猪，甚至一头牛。看着这一地区的巨大贫困，我觉得这对接受采访的彝族人来说是一个巨大的负担，所以我最后往往避免在农民家里采访他们。

村里的房子都是简单的泥瓦房，没有窗户，只有一个天井能透进些许光线。当时，农村的大多数房子都没有电，也没有自来水。牲畜常常也同在一个屋檐下饲养。进入屋子后，首先要喝一种用小米或玉米制成的高度数酒，以驱除来客可能带来的任何恶灵。然后，客人沿着传统的炉灶围坐在泥地上。此时，主人会宰杀一头较大型的牲口，去掉肠子，把肉切成大块放进水里煮。吃的时候还要配上连皮的土豆和一层薄薄的蒜汁。没有蔬菜，因为当地人认为，牲口吃草，所有的营养物质肉里都有。不过其背后的原因可能是，彝族以畜牧为传统，因此只种植很少的蔬菜。在客人吃饭时，主人会待在隔壁的房间，只有客人吃饱后才出来。然后他们吃剩下的食物。吃饭和采访会占用大约两个小时时间。如果我们每天进行四次采访，就意味着要吃四次这样的饭，长此以往，我们的胃是无法承受的。

我是几十年来第一个在那里出现的外国人，因此当我们穿过县城和乡镇时，大量人群聚集的事情也时常发生。很多人不会说或者只会说一点汉语，所以我们往往只能和年轻人交流。他们觉得我大大的鼻子尤其有趣。"要是你们从前能买我来当奴隶（彝族过去有奴隶交易市场，主要售卖他们袭击汉族村庄时掳上山的妇女儿童），我能卖多少钱？"我用汉语问几个中年男人。"至少20两银子。"其中一个说。"价钱这么高？"我反问道，"我可不是什么壮劳力。""不是因为力气"，他回答说，"是因为你的大鼻子。一个鼻子这么大的奴隶（我自己从来没觉得我的鼻子特别大——作者注）可了不得，每个人都会羡慕我拥有这么一个奴隶。"

随后的几十年间，我多次在彝族地区进行田野调查，2002年我还在德国筹集了25万马克，用于在附近的美姑县修建一所民族小学寄宿学校，为促进当地的教育事业作出了小小的贡献。

下一个大型的田野调查项目在1986年和1987年进行。当时我在不来梅大学作为即将取得教授资格的博士，在大众汽车基金会支持的第三方资助项目"个体经济对于劳动市场和城市经济的作用"中从事研究。在长达八个月的时间里，我在杭州、昆明、成都和兰州等城市进行了研究，并连带对衢州、山丹县、绵阳、江油和西昌的个体户进行了挨家挨户的采访。我在市场上和老城区的居民区里一共走访了超过1500多个家庭。这让我对不同社会群体的生活、日常和面对的问题有了深入的了解。这些人中的大部分是无业人员、残疾人、刑满释放人员、被国有企业和集体企业开除的人、从前的"阶级敌人"和"反动派"（大地主、资本家、国民党官员和军官，或仅仅是社会上的弱势群体或低收入人群）的亲属或后代。这项研究是由中国人民对外友好协会组织的，主要因为我当时担任德国中国友好协会（德中友协）联邦理事会主席，这一身份在中国受到高度尊重和认可。我的日常工作量和采访量极大。尽管天气很热，我还是在商业街和市场上挨家挨户进行访谈，从清晨一直忙到傍晚。通常有一名当地对外友协的年轻工作人员作为我的助手陪同我。例如，在成都，那位工作人员就完全累到筋疲力尽，以至于我不得不放慢步伐，更频繁地休息，好让他能够喘口气。

起初，这项研究完全没那么容易。研究的第一站是杭州。当地的工商管理部门负责组织现场的访谈。一位副主任告诉我，他们在这里找到了10位个体户，我可以采访他们。当我们进入房间时，受访者全部围坐在一张大桌子旁。那位副主任说，现在可以采访了，明天再去下一站。但这却不是我想要的。我试着耐心地解释，这样的采访方式并不是运用科学方法的研究。相反，我必须遵守特定的研究标准。当他问我想要什么方式时，我回答说："我想在各个市场或老城区一个接一个地挨家挨户访谈。""不可能。"他说。一时间，我想要成功进行田野调查的希望消失无踪。对外友协也不知所措，因为他们无法对行政部门施加压力。

一个幸运的状况带来了转机。在我离开北京之前，我曾给当时的中共中央总书记胡耀邦写

在凉山彝族自治州美姑县进行田野调查（2002）

Feldforschung im Landkreis Meigu, Autonomer Bezirk Liangshan der Yi, Provinz Sichuan (2002)

五十年 五十人 50 Jahre 50 Menschen

了一封信，说我想在田野调查结束回来后以德中友协理事会主席的身份采访他。我通过对外友协得到的答复是，胡耀邦总书记同意了，并批示等我回到北京后，可以在中南海进行采访，后来事实也的确如此。

从1981年以后，我几乎每年都会在中国各个省份进行各种主题的田野调查。由于篇幅所限，本文只好略过。

对当下的一些思考

中国的改革开放政策将这个20世纪70年代的贫穷国家变成了地球上第二大经济强国。今天的中国人比历史上任何时候都享有更大的自由。绝对贫困已经被消除，数以亿计的人摆脱了贫困。中国将在2049年前成为一个实现全面现代化的国家。一个有数亿人口规模的中产阶级已经形成，人们可以自由选择职业，每个人都可以出国旅游。根据世界银行的数据，中国目前已进入中等偏上收入国家行列。中国还准备成为高科技领域的全球领头羊。中国从1972年与德意志联邦共和国建立外交关系以来所取得的进步，却在我们的媒体中极少被提及。关于这个国家的报道大多是负面的，中国被形容为未来最具"威胁"的国家。相关分析大多没有历史依据，并且几乎千篇一律。著名的中国史学者费正清（哈佛大学）曾经写道，如果缺乏对中国历史的相当了解就试图判断今天的中国，就如同在山谷中闭着眼睛飞行。德国人对中国的所知始终非常有限，并且目前还建立在许多偏见之上。前总理默克尔在退休前曾说，与其寻找与中国的分歧，不如寻找与中国的共同点，加强和继续彼此的对话。希望这一点在未来重新得到更多的关注。与中国"脱钩"和一种"价值观驱动"的外交政策和对外科研政策是行不通的。我们也不应总是以绝对化的方式设定我们的价值观。正如德国前总理赫尔穆特·施密特曾经强调的那样：他绝对赞成维护我们的价值观，但反对将之强加于他人的意图。让我们期待，德国和欧洲的政策有朝一日将重回更加强烈的对话意愿。

Ein halbes Jahrhundert als Zeitzeuge in China unterwegs
Über 50 Jahre Forschung, über 40 Jahre Feldforschung

Schon als Jugendlicher hatte ich mir die Frage gestellt, wodurch sich die verschiedenen Völker und Kulturen unterscheiden und was ihnen gemeinsam ist. Wie können sie trotz gravierender Unterschiede friedlich miteinander auskommen? Und was können sie voneinander lernen? Nach dem Abitur im Jahre 1967 entschied ich mich für ein Studium der Ethnologie sowie der Fächer Politikwissenschaft, Philosophie und Sinologie. Im Rahmen meines Ethnologiestudiums wählte ich 1969 den Länderschwerpunkt China.

Ich selbst reiste 1975 das erste Mal 3½ Wochen durch China. Bereits auf dieser Reise beschloss ich, mich um eine Stelle als Lektor zu bewerben, denn ich wollte einige Jahre in China leben und arbeiten, um dieses Land und seine Menschen wirklich kennen und verstehen zu lernen. Vom 1. Juli 1977 bis August 1981 war ich dann als Lektor und Übersetzer bei der deutschsprachigen Ausgabe der *Peking Rundschau* tätig.

Als Ausländer in chinesischen Diensten (1977-81)

Die in chinesischen Diensten in Peking beschäftigten Ausländer wohnten damals in einem speziellen Wohnungskomplex auf dem Gelände des Freundschaftshotels. Zu dem streng abgeriegelten Gelände, dessen Haupteingang von Soldaten bewacht wurde, hatten damals nur diejenigen Chinesen Zutritt, die eine offizielle Genehmigung ihrer Arbeitseinheit vorweisen konnten. Von daher fühlten wir uns hier in einer Art Ghetto. Zwar konnten wir jederzeit das Gelände verlassen, aber es gab in größerer Entfernung nur wenige Restaurants, die in der Regel aber gegen 19 Uhr geschlossen wurden. Dort musste man Rationierungskarten vorweisen, um Fleischspeisen, Reis und Bier zu bekommen. Hinter den Tischen und Stühlen bildeten sich meist längere Warteschlangen, die die Sitzenden drängten schneller zu essen, so dass sie vor Schließung auch noch etwas zu sich nehmen könnten.

Das Angebot an Nahrungs-und täglichen Bedarfsartikeln war gering und fast alles rationiert. Selbst in dem kleinen Lebensmittelgeschäft im Freundschaftshotel-und wir Ausländer genossen Privilegien-bestand das Angebot überwiegend aus Dosenware, Mineralwasser und Limonade, Chinakohl und Äpfeln. Auch einige wenige Gemüsesorten wurden angeboten. Ab und zu gab es Flaschenbier, das jedoch ebenfalls rationiert war. Wollte man etwas feiern, z.B. Geburtstag, musste man sich von den Nachbarn Flaschen „leihen" und später „zurückzahlen". Das Bier wurde dann vorab in der Badewanne gekühlt, denn Kühlschränke gab es damals privat noch nicht.

Die ersten Monate über waren die chinesischen Kollegen der *Peking Rundschau* relativ zurückhaltend. Stellte ich Fragen über den Arbeitszusammenhang hinaus, hieß es nicht selten „frage die Leitung", so dass ich-frustriert-nur noch wenige Fragen stellte. Auch Chinesisch sollte ich nicht mit ihnen sprechen, da „ihr hier seid, damit die Kollegen ihr Deutsch verbessern". Ab und zu besuchten uns zwar chinesische Kollegen im Freundschaftshotel. Sie kamen aber stets in einer Gruppe von drei oder vier Personen und mit offiziellem Auftrag. Später erfuhren wir, dass jeder Besuch vorbereitet war, dass sie ganz bestimmte Fragen stellten bzw. stellen sollten (was meinst Du zu…) und anschließend ein Protokoll über das Gespräch verfassen mussten. Nur an Festtagen wurden wir zu Kollegen nach Hause eingeladen. Tagelang bereiteten Sie das aufwendige und jedes Mal höchste delikate Gastmahl vor, die Atmosphäre war herzlich und die Stimmung stets fröhlich und ausgelassen. Spontane Besuche bei Kollegen zu Hause

五十年 五十人　50 Jahre 50 Menschen

waren gleichwohl nicht möglich.

Doch die Zeiten änderten sich. Unsere Abteilung war ein durchaus lebhafter Haufen. Nicht nur bei den politischen Sitzungen, die mehrmals in der Woche stattfanden, ging es hoch her. Offensichtlich wurden die Kollegen mutiger, sagten immer unverblümter ihre Meinung, bis die Sitzungen dann irgendwann ganz eingestellt wurden. Auch das Feiern mit chinesischen Kollegen wurde unverkrampfter. Im Rahmen eines kleines Festes mit den Kollegen und Kolleginnen der deutschen Abteilung in meiner kleinen Wohnung im Freundschaftshotel im Herbst 1977 spielten wir auch eine Kassette mit Walzermusik ab. Da rief plötzlich eine ältere Kollegin: „Lasst uns tanzen!" Die Zustimmung war allgemein groß. Unser Abteilungsleiter und der Parteisekretär sagten, das ginge nicht, das sei bürgerlich, dekadent und nicht erlaubt. Gemeinsam mit den chinesischen Kollegen redeten wir jedoch auf sie ein, bis das schier Unmögliche eintrat: Die beiden erklärten, sie seien bereit zu gehen und sie wollten auch nicht wissen, was danach passiere. Politisch seien sie dafür nicht verantwortlich. In der Tat wurde nach ihrem Weggang getanzt, erst Standardtänze, dann Disko, alle beteiligten sich und waren in Hochstimmung. Wir waren die erste Abteilung, die das politische Tanztabu durchbrochen hatte, und ohne irgendwelche negative Folgen. Und das im Jahre 1977!

Damals gab es noch die „7. Mai-Kaderschulen". Sie waren 1968 eingerichtet worden auf Grund einer Weisung Maos vom 7. Mai 1966, kurz vor Beginn der Kulturrevolution, der zufolge alle Funktionäre und Intellektuellen rotationsmäßig zur körperlichen Arbeit und „Umerziehung" in eine Art staatliche Farm geschickt wurden. Auf diese Weise sollten die geistig Arbeitenden auch landwirtschaftliche Arbeit leisten, um sich dem Leben der „Massen" nicht zu entfremden. Jede größere Arbeitseinheit besaß eine solche Schule. Die chinesischen Kollegen des Verlags für Fremdsprachige Literatur wurden je ein halbes Jahr in die Kaderschule des Verlags in der Provinz Hebei geschickt. Ich wollte auch einmal dorthin. Also suchte ich unseren Abteilungsleiter auf und sagte, ich sei auch Akademiker und bedürfe ebenfalls der Umerziehung durch körperliche Arbeit. „Du bist kein Chinese, sondern ausländischer Experte, wir brauchen Dich hier und können Dich nicht entbehren", entgegnete er. „Aber, Genosse Zhang", erwiderte ich, wenn ich gute Arbeit leisten soll, muss auch ich das Leben der Bauern besser verstehen". Er werde darüber nachdenken, erklärte er. Eine Woche später teilte er mir mit, dass die Verlagsleitung einverstanden sei, dass ich kurzzeitig in die Kaderschule des Verlags fahren dürfe, um dort an der ländlichen Arbeit mitzuwirken.

Es war früh am Morgen an einem klaren Maitag, als ein Bus mit chinesischen VerlagsmitarbeiterInnen und einigen ausländischen Experten des Verlags uns in die 7. Mai-Kaderschule des Verlags brachte. Nach Ankunft gab es ein kurzes Frühstück, bei dem wir auch die gerade dort tätigen MitarbeiterInnen unserer Abteilung wiedersahen und dann ging es an die Arbeit: manuelle Ernte des Winterweizens. Die

与中国政治学奠基人北京大学赵宝煦教授（1922—2012）、北京大学俞可平教授（右一）及何增科教授（左一）合影 (2011)

Gruppenfoto mit dem befreundeten Prof. Zhao Baoxu (1922-2012), Peking Universität, der „Vater" der Politikwissenschaft in China, sowie den Politikwissenschaftlern Prof. Yu Keping und Prof. He Zengke, beide Peking Universität (2011)

Getreideernte erfolgte von Hand mittels Sichel oder Sense. Die abgemähten Getreidehalme banden wir zu Garben zusammen. Jeweils mehrere Garben wurden anschließend direkt auf dem Feld gedroschen. Die Arbeit wurde nur durch das einfache, aber schmackhaft zubereitete Mittagessen unterbrochen. Es gab Fleisch aus eigener Schweineproduktion und viel Gemüse. Jetzt begriffen wir, weshalb unsere KollegInnen so wohl genährt aus der Kaderschule zurückkehrten. Die Arbeit war zweifellos anstrengend, zumal wir Ausländer die harte Arbeit auf dem Feld nicht gewohnt waren. Zugleich machte es aber großen Spaß, mit den chinesischen Kolleginnen und Kollegen gemeinsam auf dem Feld zu arbeiten und ihren Arbeitsalltag hier zu teilen. Dies gab uns das Gefühl in gewisser Weise gleichberechtigt behandelt zu werden. Nach unserer Rückkehr fragte uns unser Abteilungsleiter wie es gewesen sei. „Es war toll und diente in der Tat unserer Umerziehung durch körperliche Arbeit". Wir würden gerne wieder einmal dorthin fahren. Daraus wurde allerdings nichts, denn kurze Zeit später wurden die Kaderschulen auf Weisung des Staatsrates abgeschafft.

Heirat: Meine große Liebe – Wang Jing (1979)

Nachdem Chinesen nun ohne Erlaubnis ihrer Einheit das Gelände des Freundschaftshotels betreten durften, kam ich in Kontakt mit zahlreichen jüngeren Chinesen aus unterschiedlichen gesellschaftlichen

五十年 五十人 50 Jahre 50 Menschen

Zusammenhängen. Eines Tages brachte ein chinesischer Freund eine hübsche Kollegin namens Wang Jing mit. Sie war ein ruhiges und doch zugleich kluges und aufgeschlossenes Wesen, wirkte ausgesprochen fein, hatte ein sehr gutes Benehmen und Auftreten. Kurz gesagt, ich verliebte mich in sie und nach längerem Kennenlernen und vielen Unterhaltungen beschlossen wir den Versuch zu wagen und eine Eheschließung zu beantragen. Da dies die erste Eheschließung zwischen einem Ausländer und einer Chinesin seit den frühen 1960er Jahren war, gab es keinerlei Erfahrung, wie das ausgehen könnte. Wir mussten mit allem rechnen und vereinbarten, dass wir im schlimmsten Fall getrennt werden könnten, aber immer aufeinander warten würden. China befinde sich schließlich in einem Veränderungsprozess.

An einem Montagmorgen Anfang Juli 1979 klopfte ich an die Bürotür meines Abteilungsleiters und bat um ein Gespräch. Heiraten mussten damals von den zuständigen Arbeitseinheiten genehmigt werden. „Ich beabsichtige zu heiraten", sagte ich. „Meinen herzlichen Glückwunsch", entgegnete er. „Um wen handelt es sich?" „Um eine chinesische Staatsbürgerin", sagte ich. Entsetzt und ungläubig starrte er mich an: „Wo habt Ihr Euch kennengelernt?", fragte er. „Das ist eine lange Geschichte", erwiderte ich.

Offensichtlich telefonierten dann unsere beiden Arbeitseinheiten miteinander. Nach zwei Tagen informierte mich unser Abteilungsleiter, dass die Leitung der *Peking Rundschau* eine Genehmigung ausstellen werde, sobald die Arbeitseinheit von Wang Jing eine entsprechende Heiratsgenehmigung erteilt habe. Sie hatten das Problem auf die Gegenseite verlagert.

Drei Wochen waren vergangen und nichts war geschehen. Es ist aus Gründen des beschränkten Platzes dieses Artikels nicht möglich, die komplizierten Details, Komplikationen und unsere Strategien zu schildern, die zur Genehmigung der Heirat geführt haben. Jedenfalls konnten wir Ende August 1979 beim „Revolutionskomitee des Bezirks Haidian" dann endlich die Heiratsurkunde entgegennehmen.

Auf welche Schwierigkeiten wir auch nach unserer Heirat stießen, soll nur kurz am Beispiel unserer anschließenden Hochzeitsreise nach Qingdao geschildert werden.

Nach unserer Ankunft mit dem Zug begaben wir uns zum vorab von meiner Arbeitseinheit reservierten Hotel namens „Wangzi Fandian" (Prinzhotel). Das Gebäude stammte noch aus der deutschen Kolonialzeit, wo es den Namen „Hotel Prinz Heinrich" getragen hatte. Es war 1911 fertiggestellt und nach dem Bruder des deutschen Kaisers Prinz Heinrich, der als Chef der Marine und erster europäischer Prinz China besucht und einige Zeit in diesem Haus verbracht hatte, benannt worden. Auch dieses Haus schien sich seit der deutschen Zeit nicht verändert zu haben. Die Einrichtung inklusive der sanitären Anlagen war noch immer weitgehend deutscher Herkunft. Mit Blick auf das Meer war das Hotel durchaus romantisch und gemütlich. Wir wurden allerdings keineswegs mit offenen Armen empfangen: ein Ausländer und eine Chinesin in einem Zimmer? Das hielt der Hoteldirektor für unerhört. Trotz der Heiratsurkunde und einem offiziellen Schreiben meiner Arbeitseinheit lehnte er es zunächst ab, uns überhaupt ein Zimmer zu überlassen. Wir riefen daher den Ehemann der Schwester meiner Frau an, ein Pilot der Luftwaffe, der nach einer Weile eintraf und nun langwierige Verhandlungen mit der Hotelleitung führte. Es gelang ihm nach etwa einer Stunde tatsächlich, die Hotelleitung zu bewegen, uns ein gemeinsames Zimmer zu geben, zunächst allerdings nur für eine Nacht. Mit dem Argument, alles sei belegt, gab man uns das schlechteste Zimmer im Erdgeschoss, dunkel und mit Blick auf den schmuddeligen Hinterhof, direkt neben der Rezeption. Am nächsten Morgen bat ich den Geschäftsführer, uns ein anderes und besseres Zimmer mit Meeresblick zu geben. Es sei keines frei, entgegnete er. Ich wartete, bis die Zimmermädchen im ersten Stock die Zimmer saubermachten und fragte sie, welche Zimmer frei seien. Praktisch alle, meinten sie. Also ließ ich mir ein freies Zimmer aufschließen und sagte, dass wir ab jetzt hier wohnen und dieses Zimmer nicht mehr verlassen würden. Dem Geschäftsführer ließ ich ausrichten, er möge ruhig die Polizei holen, schließlich seien wir offiziell und legal verheiratet. Widerwillig gab der Geschäftsführer nun nach und überließ uns die Räumlichkeit.

Im Jahre 2017 besuchten wir noch einmal das „Prinz Hotel" in Qingdao, das dem Geographen Wilhelm Matzat zufolge Ende der 1990er Jahren abgerissen und neu errichtet worden war und das wir daher nicht mehr wiedererkannten. Einer Angestellten, die sich erkundigte, weshalb wir das Hotel so eingehend mustern würden, erklärten wir kurz den Grund. Sie verzog allerdings keine Miene. Offenbar verstand sie unsere Geschichte nicht und hielt uns für etwas verrückt.

Der Ausländer – das unbekannte Wesen

Das Reisen in China war damals nicht so einfach wie heute. Im Frühjahr 1978 trat ich die erste Reise ohne Begleitung an. Zunächst fuhr ich mit dem Zug nach Tai'an in der Provinz Shandong, ca. 70 km südlich der Provinzhauptstadt Jinan, um den berühmten Taiberg (Taishan) zu besteigen. Er ist der meistverehrte Berg in China, der „erste unter dem Himmel", verehrt vor allem von den Daoisten, aber auch Buddhisten und Konfuzianern. In der Kreisstadt Tai'an eingetroffen, wohnte ich zunächst in einer kleinen, einfachen Herberge direkt neben dem berühmten Daimiao-Tempel, dem daoistischen Tempel der Gottheit des Taiberges. Er soll während der Han-Dynastie (260 vor – 220 unserer Zeit) erbaut worden sein. Die Kaiser hatten hier den Göttern des Himmels und der Erde sowie dem Taiberg-Gott Opfer gebracht. Der Tempel befand sich in einem Zustand des Verfalls, auch wenn von ihm noch immer eine Atmosphäre der Ruhe ausging. Es gab kaum Besucher. Ich verweilte einige Stunden darin und las Gedichte aus der Tang-Zeit, die zu der Atmosphäre passten. Das Innere des Tempels selbst war weitgehend leer. Lediglich einige Bruchstücke lagen herum. Die berühmten Skulpturen waren während der Kulturrevolution komplett zerstört worden. Dies verdeutlichte noch einmal die Exzesse jener Zeit, die unter dem Motto „zerstört die vier Alten" (alte Denkweisen, alte Kulturen, alte Gewohnheiten und alte Sitten) 1966, zu Beginn der Kulturrevolution, dazu aufrief, China von Altem zu befreien und Neues zu errichten.

Früh am nächsten Morgen machte ich mich auf den Weg zum Gipfel des Tai-Berges, der ca. 1545 Meter hoch war. Er ist der berühmteste der fünf heiligen Berge des Daoismus. Schon Konfuzius hatte von ihm geschwärmt. Seit über 3000 Jahren verehren die Menschen dort Gottheiten. Ich brauchte ca. drei Stunden, um die 9 km lange Treppe mit 6293 Stufen zu erklimmen. Jeder Abschnitt besaß eine eigene Bezeichnung und der Weg war gesäumt von zahlreichen Toren und Hallen. Immer wieder kamen mir Lastenträger entgegen, die Baumaterial, Lebensmittel oder Getränke auf dem Rücken zum Gipfel schleppten. Sie strebten relativ hurtig zum Gipfel hinauf und waren dabei so flink, dass es nicht möglich war, ihnen zu folgen. Für ihre gewaltige Leistung bewunderte und bedauerte ich sie zugleich.

Es waren überwiegend ältere Pilgerinnen, die zu dem heiligen Berg hinaufstiegen. Eine Gruppe älterer Frauen, die aus der nordwestchinesischen Provinz Shaanxi angereist waren, fragten mich, woher ich komme. „Aus Deutschland", sagte ich. „In welcher Provinz unseres Landes liegt Deutschland?", erwiderten sie. „In Europa", erklärte ich, in der Hoffnung, dass sie zumindest diesen Begriff kennen würden. Doch nun folgte die Frage „In welchem Kreis unseres Landes liegt Europa?" Die Verwendung der Silbe „zanmen" schließt den Angesprochenen und den Ansprechenden in den Begriff „wir" ein. Sie gingen also davon aus, dass ich auch Chinese, vielleicht ein Angehöriger einer ethnischen Minderheit sei. Ich war offensichtlich der erste Ausländer, den sie in ihrem Leben gesehen hatten. Nun versuchte ich ihnen zu erklären, wo Deutschland lag, bemerkte aber, dass sich „Ausland" außerhalb ihres Erfahrungskreises

以《大同书》德文版出版为契机在北京采访康有为孙女康宝娥（2018）

Interview mit der Enkelin von Kang Youwei, Kang Baoe, in Peking (2018), anlässlich der Neu-Herausgabe von Kang Youweis Datongshu in deutscher Sprache

und Weltbildes befand. Beim Weggehen murmelte eine von ihnen, ich gehöre wohl einer „nationalen Minderheit" an und müsse von weither gekommen sein.

Reisetätigkeiten in den 1990er Jahren verdeutlichten, dass vor allem in abgelegeneren Gebieten die Mehrheit der Menschen recht wenig über das Ausland wussten. Als wir z.B. 1999 auf dem Weg vom Kreis Ganluo in den Kreis Mianning in einer Gemeinde im Kreis Shimian (Provinz Sichuan) anhielten, weil ich Getränke kaufen wollte, fragte mich die ca. 70 Jahre alte Geschäftsinhaberin, woher ich komme. „Aus Deutschland", sagte ich. „Welche Sprache spricht man in Deutschland", wollte sie wissen. „Deutsch", erklärte ich. Sie überlegte einen Moment und sagte dann zu meiner Überraschung: „Ihr Deutsch kann ich vollständig verstehen." Obwohl ich Chinesisch sprach, wenn auch mit anderem Akzent, war sie der Meinung, ich spreche Deutsch und Deutsch müsse also dem Chinesischen sehr ähnlich sein.

Frühe Feldforschung in China

Meine erste längere Feldforschung fand unmittelbar nach Beendigung meiner Tätigkeit bei der *Peking Rundschau* statt. Sie führte mich und meine Frau im Sommer 1981 in den Autonomen Bezirk Liangshan der Yi in der Provinz Sichuan, der in meiner weiteren Forschungstätigkeit einen wichtigen Platz einnehmen sollte. Einige Monate vor Vertragsende und meiner Abreise von Peking stellte ich über meine Danwei bei der chinesischen Nationalitätenkommission einen Antrag auf Erlaubnis zur Durchführung von Feldforschung im Autonomen Bezirk Liangshan der Yi. Schließlich wurde ich zu einem Gespräch eingeladen, in dem ich meine Vorstellungen, mein Forschungskonzept und meine Wünsche präzisieren sollte. Nach dem Gespräch befürwortete die Nationalitätenkommission mein Vorhaben und holte sodann die Zustimmung der Provinz Sichuan sowie des autonomen Bezirks Liangshan der Yi ein. Schließlich erhielt ich die Forschungsgenehmigung.

Nach wenigen Tagen in der Provinzhauptstadt Chengdu flogen meine Frau und ich im August 1981 mit einer kleinen Propellermaschine mit nur wenigen Sitzplätzen nach Xichang, der Hauptstadt des Autonomen Bezirks Liangshan der Yi, weiter. Ich hatte mich in den Monaten davor mit der vorhandenen Literatur über die Yi vertraut gemacht, so dass ich bereits einige Grundkenntnisse von deren Geschichte, Entwicklung, Sitten und Bräuchen etc. besaß. Mehrere Wochen lang führten wir in fünf Landkreisen Interviews mit lokalen Funktionären, Bauern, Kennern der Yi-Kultur und -Gesellschaft, Clanführern und „Bimo", den traditionellen Heilern, Priestern und Schamanen durch. Thema der Forschung war die Entwicklungs- und Autonomiepolitik in Gebieten ethnischer Minderheiten am Beispiel der Liangshan-Yi. Begleitet wurden wir von einem Yi, der als Dolmetscher (Han-Yi) und Ansprechpartner für organisatorische Fragen fungierte sowie einem Han-Fahrer, der einen von der Bezirksregierung zur Verfügung gestellten Jeep chauffierte. Nicht alle Interviews waren einfach durchführbar. Meiner Frage, ob ich einige Bimo interviewen könnte, begegnete unser Dolmetscher zunächst abschlägig mit dem Worten: „Wenn Du ein Freund Chinas bist, siehst Du von dieser Bitte ab". Als jedoch auch zahlreiche lokale Yi-Kader argumentierten, Bimo seien untrennbarer Teil der Yi-Kultur und zum Verständnis der Yi sollte man mir auch gestatten mit Bimo zu sprechen, willigte er schließlich ein. Wir führten dann Interview mit zwei Bimo, großen, kräftigen, selbstbewussten Gestalten, deren Familien das Amt des Bimo seit Generationen an die ältesten Söhne weitervererbt hatten. In ihnen, so meinten sie, vereinige sich das geistige und intellektuelle Wissen der Liangshan-Yi. Sie beherrschten die traditionelle Yi-Schrift, würden die wichtigsten klassischen Schriften kennen, könnten Wettervorhersagen machen, die Seelen der Verstorbenen ins Jenseits geleiten und Geister beherrschen. „Ja", meinte einer auf die Frage wie sie ihre medizinische Funktion im Vergleich zu den Ärzten in den staatlichen Krankenhäusern einschätzen würden, die in „westlicher Medizin" ausgebildet seien: „Diese können vielleicht Krankheiten wie Epidemien in den Griff bekommen, aber 90% aller von Geistern befallenen Kranken vermögen sie nicht zu heilen. Das können nur wir Bimo." Ihr Wissen sei jahrhundertealt und von Generation zu Generation weitergegeben worden und dieses Wissen würden sie nicht preisgeben, nicht einmal den Ethnologen an der Chinesischen Akademie der Sozialwissenschaften in Peking, die immer wieder einmal Interviews mit ihnen durchführten. Dieses Wissen sei und bleibe ihr Geheimnis. Heute gibt es wieder eine große Zahl von Bimo im Liangshan, Interviews mit ihnen sind kein Problem mehr.

Die Offenheit vieler Interviewten, ob Kader, Intellektuelle oder einfache Bauern, hat mich damals überrascht. Daten zur Wirtschafts- und Soziallage waren einfach zu bekommen und die Menschen sprachen relativ offen über Probleme der vergangenen und aktuellen Entwicklung. Ein großes Hindernis bei Befragungen in den Dörfern war der traditionelle Brauch, dass „wichtige Gäste", die von weither angereist waren, festlich empfangen werden mussten. Das bedeutete, dass für die Gäste eine Ziege, ein Schwein oder gar ein Rind geschlachtet werden musste. Bei der gewaltigen Armut dieser Region empfand ich das als eine ungeheure Belastung für die zu befragenden Yi, so dass ich schließlich Interviews bei den Bauern zu Hause weitgehend zu vermeiden suchte.

Bei den dörflichen Häusern handelte es sich um einfache Lehmhäuser ohne Fenster, nur eine Öffnung im Dach ließ etwas Licht zu. Die meisten Häuser auf dem Lande besaßen damals noch keinen Strom und kein fließendes Wasser. Häufig war das Vieh ebenfalls im Haus mit untergebracht. Beim Betreten des Hauses wurde zunächst ein hochprozentiger Schnaps aus Hirse oder Mais gereicht, der die bösen Geister vertreiben sollte, die Besucher unter Umständen hätten mitbringen können. Dann wurden die Besucher um die traditionelle Feuerstelle herum auf den Lehmboden platziert. Derweil schlachteten die Gastgeber ein größeres Haustier, wobei die Därme entfernt und das Fleisch in grobe Stücke gehauen und in Wasser gekocht wurde. Dazu wurden Pellkartoffeln gereicht und eine dünne Knoblauchsuppe. Gemüse gab es nicht, weil, wie argumentiert wurde, das Vieh Kräuter als Nahrung aufnehme und daher alle Nährstoffe bereits im Fleisch enthalten seien. Der Hintergrund mag aber eher sein, dass die Yi traditionell Viehzüchter waren und daher nur wenig Gemüse angebaut wurde. Solange die Gäste aßen, hielten sich die Gastgeber im Nebenzimmer auf und kamen erst wieder heraus, wenn die Gäste satt waren. Sie verzehrten dann die Reste. Der kulinarische Teil und das Interview nahmen einen Zeitraum von ca. zwei Stunden ein. Führten wir am Tag vier Interviews durch, so bedeutete dies vier dieser stets gleichen Mahlzeiten, was unser Magen auf Dauer nicht ertrug.

Ich war der erste ausländische Besucher dort seit Jahrzehnten und so blieb es nicht aus, dass sich große Menschentrauben bildeten, wenn wir durch die Kreisstädte und Gemeinden liefen. Viele sprachen nicht oder nur wenig Han-Chinesisch, so dass wir meist nur mit Jüngeren kommunizieren konnten. Besonders interessant fanden Sie meine recht lange Nase. „Wenn Ihr mich früher als Sklaven hättet kaufen können" (bei den Yi gab es früher Sklavenmärkte, auf denen meist bei Überfällen auf Han-Dörfer Kinder und Frauen in die Berge verschleppt und verkauft wurden), wie hoch wäre wohl der Preis für mich gewesen?", fragte ich einige Männer mittleren Alters auf Chinesisch. „Mindestens 20 Tael Silber", sagte einer. „Ein so hoher Preis?", entgegnete ich. „Ich bin doch keine so starke Arbeitskraft". „Nicht wegen der Arbeitskraft", erwiderte er, „wegen der großen Nase." Ein Sklave mit einer solchen Nase [mir selbst kam sie niemals außergewöhnlich groß vor, Anm. T.H.] wäre eine riesige Sensation gewesen und alle hätten mich um diesen Besitz beneidet."

In den folgenden Jahrzehnten habe ich noch mehrmals Feldforschung bei den Yi durchgeführt und 2002 auch in Deutschland 250.000 DM für den Bau eines Grundschulinternats im angelegenen Kreis Meigu zusammengetragen, als kleiner Beitrag zur Förderung des dortigen Bildungswesens.

Das nächste große Feldforschungsvorhaben fand 1986 und 1987 statt. Ich war damals als Habilitand in einem von der Volkswagen-Stiftung geförderten Drittmittelprojekt zum Thema „Die Rolle der Individualwirtschaft für Arbeitsmarkt und Stadtwirtschaft" an der Universität Bremen tätig. Acht Monate lang führte ich in den Städten Hangzhou, Kunming, Chengdu und Lanzhou sowie begleitend in Quzhou, Shandan, Mianyang, Jiangyou und Xichang Haus-zu-Haus-Befragungen unter Einzelwirtschaftenden durch. Insgesamt befragte ich über 1.500 Haushalte auf Märkten und in Altstadt-Quartieren. Dies erlaubte mir einen tiefen Einblick in das Leben, den Alltag und die Probleme verschiedener sozialer Gruppen. Arbeitslose, Behinderte, entlassene Strafgefangene, Entlassene aus Staats- und Kollektivbetrieben, Angehörige bzw. Nachkommen ehemaliger „Klassenfeinde" und „Reaktionäre" (von Großgrundbesitzern, Kapitalisten, Guomindang-Beamten und -Offizieren oder einfach nur sozial Schwache oder Personen mit geringem Einkommen) machten den Löwenanteil dieser Personengruppe aus. Organisiert wurde die Forschung von der „Gesellschaft des Chinesischen Volkes für Freundschaft mit dem Ausland", vor allem auf Grund der Tatsache, dass ich damals Bundesvorsitzender der Gesellschaft für Deutsch-Chinesische Freundschaft (GDCF) war, eine Position, die in China hohes Ansehen und Anerkennung besaß. Mein tägliches Arbeits- und Befragungspensum war gewaltig. Trotz großer Hitze führte ich von frühmorgens bis spät abends in Geschäftsstraßen oder auf Märkten solche Stand-zu-Stand- bzw. Haus-zu-Haus-Befragungen durch. Begleitet wurde ich in der Regel von einem jungen lokalen Mitarbeiter der chinesischen Gesellschaft, der als Assistent fungierte. In Chengdu z.B. war dieser Mitarbeiter dadurch völlig erschöpft, so dass ich mein Tempo drosseln und öfter Pausen einlegen musste, damit er sich erholen konnte.

Dabei war der Beginn dieser Forschung gar nicht so einfach gewesen. Die erste Station war Hangzhou. Verantwortlich für die Vor-Ort Durchführung war das örtliche Verwaltungsamt für Industrie und Handel. Ein Vizedirektor erklärte mir, man habe hier zehn Einzelwirtschaftende versammelt, die ich befragen könne. Als wir den Raum betraten, saßen die zu Befragenden alle an einem großen Tisch. Der Vizedirektor sagte, ich könne diese jetzt befragen und morgen dann weiterreisen. Doch dies war nicht meine Intention. Geduldig versuchte ich zu erklären, dass eine solche Befragungsweise keine Forschung im Sinne wissenschaftlicher Methodik sei. Vielmehr müsse ich gewisse Forschungsstandards einhalten. Auf seine Frage, was ich denn erwarte, entgegnete ich Stand-zu-Stand- bzw. Haus-zu-Haus Befragungen auf verschiedenen Märkten oder in Altstadtquartieren. „Unmöglich", sagte er. Zunächst schwand meine Hoffnung auf erfolgreiche Feldforschung. Auch die Freundschaftsgesellschaft war ratlos, denn auf das Verwaltungsamt hätten sie keinen Einfluss.

Ein glücklicher Umstand brachte die Wendung. Bevor ich Peking verlassen hatte, hatte ich dem damaligen Generalsekretär der KPCh Hu Yaobang einen Brief geschrieben, dass ich ihn nach meiner Rückkehr von der Feldforschung in meiner Eigenschaft als Bundesvorsitzender der GDCF mit ihm ein Interview durchführen möchte. Über die „Gesellschaft des Chinesischen Volkes für Freundschaft mit dem Ausland" erhielt ich nun die Antwort, Hu habe zugestimmt und nach meiner Rückkehr nach Peking könne das Interview im Zhongnanhai stattfinden, was dann auch der Fall war.

Seit 1981 habe ich auf nahezu jährlicher Basis Feldforschung zu verschiedenen Themen und in allen Provinzen China durchgeführt. Aus Platzgründen kann ich jedoch nicht näher darauf eingehen.

Einige Gedanken zur Gegenwart

Die chinesische Reform- und Öffnungspolitik hat aus dem armen Land der 1970er Jahre die zweitgrößte Wirtschaftsmacht der Erde werden lassen. Chinesen besitzen heute größere Freiheiten als jemals zuvor in der Geschichte. Absolute Armut wurde beseitigt, Hunderte Millionen Menschen aus der Armut geführt. China schickt sich an bis 2049 ein umfassend modernisiertes Land zu werden. Eine

Mittelklasse mit Hunderten Millionen Menschen hat sich herausgebildet, es gibt freie Berufswahl und jeder kann ins Ausland reisen. Der Weltbank zufolge zählt China mittlerweile zu den Ländern mit oberem Mittel-Einkommen. Es schickt sich an, auch global die Führerschaft in Hochtechnologien zu übernehmen. Die Fortschritte, die China seit der Aufnahme diplomatischer Beziehungen zu Deutschland im Jahre 1972 erreicht hat, sind selten Gegenstand der Erwähnung in unseren Medien. Die Berichterstattung über das Land ist überwiegend negativ, China wird als das bedrohlichste Land der Zukunft dargestellt. Analysen sind überwiegend ahistorisch und wenig differenziert. Der berühmte China-Historiker J.K. Fairbank (Harvard Universität) hat einmal geschrieben, das China von heute ohne erhebliche Kenntnisse seiner Geschichte einordnen zu wollen, gleiche einem Blindflug im Gebirge. Das Wissen der Deutschen über China ist nach wie vor gering und basiert aktuell auf vielen Vorurteilen. Altbundeskanzlerin Merkel meinte noch vor ihrem Ruhestand, statt nach Unterschieden solle man nach Gemeinsamkeiten mit China suchen und den Dialog miteinander intensivieren und fortsetzen. Es bleibt zu hoffen, dass dies künftig wieder stärker in den Blickpunkt gestellt wird. „Abkopplung" von China und eine „wertegeleitete" Außenpolitik und Außenwissenschaftspolitik sind Sackgassen. Auch sollten wir unsere Werte nicht immer absolut setzen. Wie der ehemalige Bundeskanzler Helmut Schmidt einmal betont hat: Er sei absolut dafür unsere Werte zu bewahren, aber dagegen sie anderen aufzwingen zu wollen. Hoffen wir, dass die deutsche und die europäische Politik wieder zu größerer Dialogbereitschaft zurückkehren.

五十年 五十人 50 Jahre 50 Menschen

对于五十年德中关系的一些个人印象

鲁道夫·沙尔平 Rudolf Scharping

1947年出生，历任德国莱茵兰-普法尔茨州州长（1991—1994年）、社会民主党主席及议会党团主席（1993—1998年）、德国联邦国防部部长（至2002年）、1994年德国联邦议会选举总理候选人，从1995年3月至2001年5月任欧洲社会民主党主席。鲁道夫·沙尔平三十多年来一直致力于与中国合作。2003年，他创立了"鲁道夫·沙尔平战略咨询交流公司"，以中国为重点为企业和机构提供国内外环境中的战略发展和实施方面的咨询。

Rudolf Scharping, Jahrgang 1947, war Ministerpräsident des Landes Rheinland-Pfalz (1991-1994), SPD-Partei-und Fraktionsvorsitzender (zwischen 1993 und 1998), Bundesminister der Verteidigung (bis 2002), bei der Bundestagswahl 1994 Kanzlerkandidat und von März 1995 bis Mai 2001 Präsident der Sozialdemokratischen Partei Europas. Seit über dreißig Jahren engagiert sich Rudolf Scharping für die Zusammenarbeit mit China. Er gründete 2003 die „Rudolf Scharping Strategie Beratung Kommunikation AG" und berät Unternehmen und Institutionen bei der Entwicklung und Umsetzung von Strategien im nationalen und internationalen Umfeld, darunter mit Schwerpunkt China.

1972年是充满值得关注事件的一年。特别值得一提的是，中华人民共和国和德意志联邦共和国在这一年建立了外交关系。当时的国际形势充满了风险和危机，在这种复杂的情况下，中国和德国开始了交流，并发展成为越来越深入地了解，越来越紧密地合作，并最终建立了战略伙伴关系。

然而在最开始的时候，双方的关系还非常谨慎，并不引人注意。这种情况在20世纪80年代逐渐改变，这得益于德国前总理、诺贝尔和平奖得主威利·勃兰特对邓小平的访问。对我而言，这次访问产生的影响是我在当时几乎无法想象的。在弗里德里希·埃伯特基金会的组织下，中国共产党和德国社会民主党之间的交流定期将许多中国的代表团带到德国——特别是卡尔·马克思的出生地特里尔。作为莱茵兰-普法尔茨州的社会民主党主席，我的任务是接待这些代表团。就这样，我在1985年认识了时任中共中央书记处书记胡启立。尽管后来中国的发展经历了种种起伏和风雨，但他成为我终生的朋友。

中国克服了"文化大革命"的种种可怕的困难，邓小平开始了改革开放政策。这是中国历史上一个前所未有的转折点，其影响远达中国之外。

当我在1987年第一次访问中国时，处处可感受到生活的贫穷和物资的匮乏——这在北京或上海相对不明显，但在访问安徽省时是显而易见的。然而在加入世界贸易组织（WTO）以后，中国经历了一场在（经济）史上绝无先例的崛起。人均寿命几乎翻了一番，绝对贫困消失，人们在教育培训和卫生领域得到了保障。中国现在是世界上第二大经济体（按购买力平价计算甚至是最大的经济体）。然而，快速甚至称得上飞速的经济发展也带来了新的挑战。我们德国基于1949年后"经济奇迹"的经验，对此非常清楚。今天，作为拥有强大工业的发达经济体，两国必须为确保人类生活的全球基础得到保护作出明确的贡献。

2001年，我成为首位到访中国的德国国防部部长。这次访问使我记忆深刻，其中一个原因是与中国国家主席江泽民的谈话。我们不仅就国际形势，还就我们对世界稳定与和平发展的共同责任，以及中国对此的贡献交换了意见；我们还就安全政策的战略对话以及军事、政治专家之间的交流达成了一致。

我自2004年后就定期前往中国。在过去的17年里，我已经到过中国150多次，如果将这些时间全部叠加起来，我大概在中国待了6年。这使我能够长时间观察中国的发展，并看到其进步和挑战。这些进步和挑战都是巨大的。就个人而言，我可以说：我喜欢待在中国。

当2020年新冠疫情暴发时，我们都不知道这次疫情对人类交流，对文化和经济关系，对科学和政治关系将产生多么巨大而持久的影响。在那之后，我自己就去过中国五次——但我认为这只是对保持双方对话和良好关系的一个小小的贡献。

我们需要做更多的事。无论是在气候变化、受到危及的生物多样性、受到威胁的和平，还是战争或者全球公共卫生方面，我们都需要密切合作（以及重新拥有更多更深入地交流），以保持世界的宜居和健康。我们可以共同做到。

五十年 五十人 50 Jahre 50 Menschen

Einige persönliche Eindrücke zu 50 Jahren deutsch-chinesischer Beziehungen

1972 ist ein Jahr bemerkenswerter Ereignisse. Besonders bemerkenswert ist die Aufnahme diplomatischer Beziehungen zwischen der Volksrepublik China und der Bundesrepublik Deutschland. Die internationale Lage war voller Risiken und Gefahren. In dieser komplexen Situation begannen China und Deutschland ein Austausch, der zu immer mehr Verständnis, zu engerer Zusammenarbeit und schließlich zu einer strategischen Partnerschaft wuchsen.

Am Beginn aber waren die Beziehungen vorsichtig und wenig ausgeprägt. Das änderte sich allmählich in den 1980er Jahren, auch durch den Besuch des früheren Bundeskanzlers und Träger des Friedensnobelpreises, Willy Brandt bei Deng Xiaoping. Für mich hatte dieser Besuch eine Wirkung, von der ich damals kaum etwas ahnen konnte. Denn der Austausch zwischen der KPCh und der SPD, organisiert mit Hilfe der Friedrich-Ebert-Stiftung, brachte regelmäßig Delegationen aus China nach Deutschland – und nach Trier, der Geburtsstadt von Karl Marx. Dort hatte ich, als Vorsitzender der SPD in Rheinland-Pfalz, die Aufgabe, diese Delegationen zu empfangen. So traf ich 1985 Hu Qili, damals Sekretär des Ständigen Ausschusses des ZK. Er wurde ein lebenslanger Freund, dem Auf und Ab der Entwicklung und den Stürmen in China zum Trotz.

China hatte die Schrecknisse der Kulturrevolution überstanden und Deng Xiaoping hatte die Politik von Reform und Öffnung begonnen. Das war und ist ein Wendepunkt in der chinesischen Geschichte und weit über China hinaus.

Als ich 1987 zum ersten Mal China besuchte, waren ärmliche Lebensbedingungen und Mangel zu spüren – weniger in Beijing oder Shanghai, wohl aber bei den Besuchen in Anhui Provinz. Seitdem – und vor allem seit dem Beitritt Chinas in die Welthandelsorganisation WTO - hat China einen Aufstieg erlebt, der ohne Beispiel ist in der (wirtschaftlichen) Geschichte. Die Lebenserwartung hat sich fast verdoppelt, die absolute Armut ist verschwunden, der Zugang zu Bildung, Erziehung und dem Gesundheitswesen ist gewährleistet. China ist heute die zweitgrößte Volkswirtschaft der Erde (in Kaufkraft-Paritäten sogar die größte). Schnelle, ja rasante wirtschaftliche Entwicklung bringt aber auch neue Herausforderungen hervor; wir wissen das in Deutschland ganz gut aus den Erfahrungen unseres „Wirtschaftswunders" nach 1949. Heute müssen beide Länder als entwickelte Volkswirtschaften mit starkem industriellem Anteil einen entschiedenen Beitrag leisten, dass die weltweiten Grundlagen für das menschliche Leben geschützt werden.

2001 kam ich als erster deutscher Verteidigungsminister nach China. Dieser Besuch bleibt mir in tiefer Erinnerung, auch wegen eines Gesprächs mit Jiang Zemin; wir konnten uns nicht nur austauschen zur internationalen Lage und zu der gemeinsamen Verantwortung und dem chinesischen Beitrag für eine stabile und friedliche Entwicklung der Welt; wir vereinbarten auch einen strategischen Dialog zur Sicherheitspolitik und einen Austausch zwischen militärischen und politischen Experten.

Seit 2004 komme ich regelmäßig nach China; in den letzten 17 Jahren war ich mehr als 150 Mal in China und wenn ich alles zusammenrechne, habe ich wohl sechs Jahre in China verbracht. Das erlaubt mir, über eine lange Zeit die Entwicklung zu beobachten und Fortschritte sowie Herausforderungen zu sehen. Die Fortschritte sind gewaltig, die neuen Herausforderungen auch. Ganz persönlich kann ich sagen: ich bin gerne in China.

Als 2020 in Wuhan die Corona-Pandemie ausbrach, ahnten wir alle nicht, wie sehr und wie lange diese Pandemie sich auswirken würde: auf den menschlichen Austausch, auf die kulturellen und wirtschaftlichen, auf die wissenschaftlichen und politischen Beziehungen. Ich selbst war seither fünf Mal in China – aber das betrachte ich nur als einen kleinen Beitrag, um Gespräche und gute Kontakte aufrecht zu erhalten.

Wir alle müssen mehr tun. Wir brauchen eine enge Zusammenarbeit (und wieder mehr und intensivere Begegnungen), damit unsere Welt lebenswert und gesund bleibt, ob wir jetzt an den Klimawandel denken oder an die gefährdete Bio-Diversität, an den bedrohten Frieden, die Kriege oder an die weltweite Gesundheit. Wir können das gemeinsam schaffen.

五十年 五十人 50 Jahre 50 Menschen

重回『零和游戏』？

史蒂芬·巴龙 *Stefan Baron*

|

　　1948年出生，1969—1975年在科隆大学和巴黎政治学院完成国民经济学、政治学和社会心理学学业，1975年任加利福尼亚海豹滩康复计划服务公司研究助理，1976—1978年任基尔世界经济研究所发展中国家研究系助理研究员，1978—1981年在杜塞尔多夫任《经济周刊》政经版块副主管，1982—1985年在汉堡任《明镜周刊》经济编辑，1985—1989年在法兰克福任《明镜周刊》国际金融记者，1990—1991年在杜塞尔多夫任《经济周刊》副主编，1991—2007年在杜塞尔多夫任《经济周刊》主编，2007—2012年在法兰克福任德意志银行沟通与社会责任部门全球主管，2012年至今在科隆任"巴龙自有通讯"的作家和独立通讯顾问。主要获得以下奖项："年度经济图书"（《中国人》，2018年）、"年度经济记者"（2016年）、"年度公关经理"（2010年）、"弗里德里希·李斯特奖"（2004年）、"路德维希·艾哈德经济政策奖"（1997年）。2006年为第一届德中对话论坛成员，2007年为世界经济论坛全球100位媒体领袖之一；2012年为美国当代德国研究所理事会成员。

Jahrgang 1948, von 1969 bis 1975 studierte er Volkswirtschaft, politische Wissenschaft und Sozialpsychologie an der Albertus-Magnus-Universität Köln und am Institut d' Etudes Politiques, Paris. Er war 1975 Wissenschaftlicher Mitarbeiter, Rehabilitation Program Services Inc., Seal Beach, California; 1976-1978 Wissenschaftlicher Mitarbeiter, Abteilung für Entwicklungsländerforschung, Institut für Weltwirtschaft, Kiel; 1978-1981 Stellvertretender Ressortleiter Wirtschaft+Politik von *WirtschaftsWoche,* Düsseldorf; 1982-1985 Wirtschaftsredakteur, *Der Spiegel,* Hamburg; 1985-1989 Internationaler Finanzkorrespondent von *Der Spiegel,* Frankfurt; 1990-1991 Stellv. Chefredakteur der *WirtschaftsWoche,* Düsseldorf; 1991-2007 Chefredakteur der *WirtschaftsWoche,* Düsseldorf; 2007-2012 Globaler Leiter Kommunikation und Gesellschaftliche Verantwortung, Deutsche Bank, Frankfurt. Seit 2012 ist er Autor und selbständiger Kommunikationsberater, Baron's Own Communications, Köln. Zu seinen Auszeichnungen zählen u.a. „Wirtschaftsbuch des Jahres" für „Die Chinesen– Psychogramm einer Weltmacht" (2018), „Wirtschaftsjournalist des Jahres" für das journalistische Lebenswerk (2016), „PR-Manager des Jahres" (2010), Friedrich-List-Medaille (2004) und „Ludwig-Erhard-Preis für Wirtschaftspolitik" (1997). Er war bis 2006 Mitglied des 1. Deutsch-Chinesisches Dialogforums, bis 2007 Mitglied der WEF Global 100 Media Leaders und bis 2012 Board of Trustees, American Institute for Contemporary German Studies.

当我从个人角度审视过去50年的德中关系时，有一个突出的矛盾无法回避：一方面，德国和中国之间的接触、联系和纽带在这期间以倍数增长。2014年，两国甚至结成了"全方位战略伙伴关系"。或许没有哪个国家比德国在这些年从中国的（重新）崛起中受益更多，同时德国的未来也从未像今天这样与中国紧密相连。

但另一方面，德国人对中国的认识和理解却完全没有跟上这一发展趋势。一直到这个社会的顶层，德国社会对这个人口最多、国民经济体量和强大程度仅次于美国的国家都缺乏最基本的了解。除了极少数人之外，中国的历史、文化和语言对德国人来说是陌生的，中国人的思想、情感和行动仍然是一个谜：也许它是吸引人的，但却看不透，无法理解。德语中一直常用的词语"Fachchinesisch"（字面意思为"专业汉语"——译注）意指一切无法理解的事物，就充分说明了这一点。

在德国中小学的历史课上，中国几乎毫无存在感。目前学习中文的德国中小学生甚至不超过5000人——仅为法国学习中文者的十分之一，趋势还在下行。在德国的大学里，汉学一向更侧重于古代而不是现代中国的研究，并越发成为标新立异的专业。与此同时，注册学习韩国学的德国年轻人反而更多。德国甚至只有一家专门研究中国问题的大型研究机构。科研竞争作为发现真理的方式非常匮乏，导致政治上相应的垄断性政策扭曲。在我们的媒体中，对中国的专家意见大部分贫乏得令人吃惊。主要新闻节目的播音员和主持人常常连中国人的名字和姓氏都分不清。与对待其他语言不同的是，他们几乎没有努力去发出起码一半正确的发音。而尤其重要的是，与中国对我们国家突出的经济和政治重要性相比，德国媒体发自中国和关于中国的报道在数量上和质量上都有很大的不足。其无知和文化及意识形态上的偏见反映了观众的无知和偏见，而后者在相当大的程度上是由其自身造成的。

尽管两国之间的联系一直在发展，但中国基本上仍然是德国人自己心理状况的一种投射。人们只用自己的视角来观察，并用自己的标准来衡量。旧的偏见和刻板印象继续占据上风。大多数德国人认为，中国人是一个吃苦耐劳、强调集体主义的民族，中国某种程度上是民主德国的放大版。因此，中国惊人的（重新）崛起对他们来说不仅是无法理解的，还是可怕的。这些感觉新近还加上了"威胁感"。

在2018年民意调查机构的一份调查中，赞成与中国进一步拉近距离的德国人还占40%，仅有20%的人认为要保持距离；而到2020年，结果出现反转，46%的人赞成"摆脱"中国，只有20%的人赞成更加接近中国。最新的情况是，60%—80%的德国人对中国持有负面看法。

造成这一发展态势有多个原因。首先也是最重要的原因是，这是人们对自己的经济下行越发恐惧的结果。越来越多的德国人感觉到，德国与中国的经济分工即将走到尽头，这种分工在过去几十年里恰恰对德国非常有利。中国正日益从一个简单及廉价产品的供应者以及昂贵和高质量商品的大买家变成该领域的一个真正的竞争对手。但是，恐惧只能得出糟糕的看法。特别是在中国的情况中，这种恐惧基本上是由知识和理解的缺乏造成的。其结果是误解、对意识形态映射的无力抵抗、不信任和对抗越发加剧。

反过来，繁荣与和平的基础是合作与信任。特别是在一个日益多极化的、不再被人们在文化上仅仅熟悉的西方主导的世界中，繁荣与和平比以往任何时候都更依赖于理解有着不同文化的其他民族的思想、情感和行动的意愿和能力。与此同时，努力去理解某件事情并不意味着要去赞同它。无论如何，这需要审视自己相信的事情，同时能够站在他人的立场上看问题。

毫无疑问的是，中国越来越作为一个竞争者对德国形成挑战。但是，这个国家令人印象深刻的成功是我们惧怕它，甚至把它视为一种威胁的理由吗？众所周知，竞争刺激事物发展，并被普遍认为是进步的核心源泉。因此，只有在故步自封，并在未来技术领域忽视自己的竞争力时，德国人才需要"惧怕"中国。

遗憾的是，这一点恰恰是令人担忧的。在经历了四分之三个世纪稳定增长的繁荣之后，德国已经变得自我满足而迟钝。德国显然缺乏成功应对来自中国的竞争所需的新变革的意愿和必要力量。与之相反，德国似乎希望借助保护主义和孤立中国，与中国"脱钩"和"遏制"中国，不那么费力地去捍卫它已经取得的富足。因此，值得担忧的不是中国的挑战，而是对这种挑战的回应。

为了应对这一挑战，以及为了抵御无疑与之紧密相关的危险，同时也为了利用机遇，德国首先必须克服确实存在的那种不对称的无知，学会以一种内行的、无偏见的、清醒和独立的方式来评价中国，然后独立采取以自己国家利益为导向的相应行动。在我看来，这只能意味着将其外交政策的重点从大西洋转移到欧亚大陆。但有别于美国，这样做的目的不是阻止或中断中国的继续崛起，而是为了自己能够最大化地利用这一机遇。随着世界秩序从以美国主导的单极秩序向多极秩序的转变，以及竞争但和平的必然思维，德国（连同欧盟）的经济不仅可以继续从中国的崛起中受益，同时还可以巩固欧洲共同体，重要的是还有助于防止东西方之间出现新冷战，乃至第三次世界大战。①

在德意志联邦共和国和中华人民共和国建立外交关系半个世纪后的今天，令人遗憾的是，几乎每天都有越来越多的证据表明，柏林对北京或多或少希望采取与华盛顿同样的对抗性路线。德中关系再次面临时代的转折点。经过50年的互利（双赢）政策之后，我们正在面对重回"零和游戏"时代的风险。

Zurück zum „Nullsummenspiel"?

Wenn ich die vergangenen 50 Jahre deutsch-chinesischer Beziehungen aus persönlicher Sicht Revue passieren lasse, sticht mir vor allem ein eklatanter Widerspruch ins Auge: Einerseits haben sich die Kontakte, Verbindungen und Bindungen zwischen Deutschland und China in dieser Zeit vervielfacht. 2014 vereinbarten beide sogar eine „umfassende strategische Partnerschaft". Wohl kein anderes Land hat in diesen Jahren von Chinas (Wieder-)Aufstieg mehr profitiert als Deutschland und nie zuvor war dessen Zukunft enger mit China verknüpft als heute.

Gleichzeitig jedoch haben Kenntnis und Verständnis der Deutschen von China mit dieser Entwicklung nicht annähernd Schritt gehalten. Bis hinein in die Spitzen der Gesellschaft mangelt es selbst an rudimentärem Wissen über das volkreichste Land, die neben den USA größte Volkswirtschaft und mächtigste Nation der Welt. Bis auf eine verschwindend kleine Minderheit sind Chinas Geschichte, Kultur und Sprache den Deutschen fremd, das Denken, Fühlen und Handeln seiner Bürger ein Rätsel geblieben: Faszinierend vielleicht, aber undurchsichtig und unbegreiflich. Der nach wie vor geläufige Ausdruck „Fachchinesisch" für alles Unverständliche spricht Bände.

Im Geschichtsunterricht an deutschen Schulen spielt China nach wie vor so gut wie keine Rolle. Nicht einmal 5000 Deutsche lernen derzeit Chinesisch – ein Zehntel der Zahl etwa in Frankreich. Tendenz: fallend.

---

① 我在最近的两本书《中国人——一个世界大国的心理版图》（我与妻子尹广燕合著）和《美国人回家——对世界的重新衡量》中详细论证了这一立场。

五十年 五十人 50 Jahre 50 Menschen

Das Studienfach Sinologie, an deutschen Universitäten ohnehin schon immer meist mehr Altertums- als moderne Chinakunde, wird immer mehr zum Exotenfach. Inzwischen immatrikulieren sich sogar mehr junge Deutsche im Fach Koreanistik. In Deutschland zählt nur ein einziges großes Forschungsinstitut, das sich speziell mit China beschäftigt. Der fehlende wissenschaftliche Wettbewerb als Entdeckungsverfahren der Wahrheit führt zu entsprechend monopolistischen Verzerrungen in der Politik. Die China-Expertise in unseren Medien ist zum großen Teil geradezu atemberaubend unterentwickelt. Sprecher und Moderatoren der Hauptnachrichtensendungen vermögen meist nicht einmal chinesische Vor- und Nachnamen auseinander zu halten. Anders als bei anderen Sprachen geben sie sich auch kaum Mühe, sie wenigstens halbwegs richtig auszusprechen. Vor allem aber: Gemessen an der überragenden wirtschaftlichen und politischen Bedeutung für unser Land lässt die Berichterstattung deutscher Medien aus und über China sowohl quantitativ wie qualitativ sehr zu wünschen übrig. Ihre Ignoranz und kulturelle wie ideologische Voreingenommenheit spiegeln die Ignoranz und Voreingenommenheit des Publikums, die sie zu einem guten Teil selbst erzeugt hat.

China ist den Deutschen trotz der gewachsenen Verbindungen so im Grunde Projektionsfläche für die eigenen Befindlichkeiten geblieben. Es wird nur mit den eigenen Augen gesehen und den eigenen Maßstäben gemessen. Althergebrachte Vorurteile und Stereotype dominieren unverändert. Die meisten Deutschen halten die Chinesen für ein konformistisches Ameisenvolk und das Land für eine Art riesige DDR. Deshalb ist ihnen Chinas stupender (Wieder-) Aufstieg nicht nur unbegreiflich, sondern unheimlich. Und neuerdings auch bedrohlich.

Hatten sich in einer Umfrage des Meinungsforschungsinstituts Civey 2018 noch 40 Prozent der Deutschen dafür ausgesprochen, sich China stärker anzunähern und nur 20 Prozent dafür, eher auf Distanz zu gehen, fiel das Ergebnis schon 2020 genau andersherum aus. 46 Prozent plädierten für ein Abrücken von China und nur noch 20 Prozent für eine größere Nähe. Aktuell äußern sogar konstant 60 bis 80 Prozent der Deutschen eine negative Einstellung zu China.

Diese Entwicklung hat mehrere Ursachen. Allen voran aber ist sie Ausfluss von wachsender Angst vor dem eigenen wirtschaftlichen Abstieg. Immer mehr Deutsche spüren, dass die gerade für ihr Land so vorteilhafte ökonomische Arbeitsteilung mit China aus den vergangenen Jahrzehnten zu Ende geht. Dass China vom Lieferanten einfacher und billiger Produkte und Großabnehmer teurer und hochwertiger Güter zunehmend zu einem ernsthaften Wettbewerber auf diesem Gebiet wird. Angst ist jedoch ein schlechter Ratgeber. Vor allem, wenn sie sich, wie im Falle Chinas, wesentlich aus mangelndem Wissen und Verständnis speist. Die Folge sind zunehmende Missverständnisse, Anfälligkeit für ideologische Einflüsterungen, Misstrauen und Konfrontation.

Wohlstand und Frieden basieren dagegen auf Kooperation und Vertrauen. Gerade in einer zunehmend multipolaren Welt, die nicht mehr allein von dem ihnen kulturell vertrauten Westen dominiert wird, hängen diese mehr denn je von dem Willen und der Fähigkeit ab, das Denken, Fühlen und Handeln anderer Völker mit anderen Kulturen zu verstehen. Sich um Verständnis von etwas bemühen heißt dabei mitnichten es auch gut zu heißen. Es setzt allerdings die Bereitschaft voraus, die eigenen Selbstgewissheiten zu hinterfragen und die Dinge auch mit den Augen des Anderen zu sehen.

Kein Zweifel: China fordert Deutschland zunehmend als Konkurrent heraus. Aber ist der beeindruckende Erfolg des Landes ein Grund, Angst vor ihm zu haben, es gar als Bedrohung zu empfinden? Wettbewerb belebt bekanntlich das Geschäft und gilt allgemein als die zentrale Quelle des Fortschritts. Ängstigen müssen sich die Deutschen vor China demnach nur, wenn sie sich auf dem Erreichten ausruhen wollen und die eigene Konkurrenzfähigkeit besonders im Hinblick auf Zukunftstechnologien vernachlässigen.

Leider steht genau dies zu befürchten. Nach einem dreiviertel Jahrhundert beständig wachsenden Wohlstands ist Deutschland satt und träge geworden. Zu dem Neu-Aufbruch, dessen es bedarf um dem Wettbewerb aus China erfolgreich zu begegnen, fehlt dem Land offenbar sowohl der Wille wie die nötige Kraft. Stattdessen hofft es anscheinend, den erreichten Wohlstand weniger anstrengend mithilfe von Protektionismus und Abschottung gegen sowie Entkoppelung und Eindämmung von China verteidigen zu können. Anlass zur Sorge bietet also weniger die chinesische Herausforderung als die Reaktion darauf.

Um dieser Herausforderung gerecht zu werden, die zweifellos damit verbundenen Gefahren abwehren, aber auch die Chancen nutzen zu können, muss Deutschland zunächst einmal die konstatierte asymmetrische Ignoranz überwinden, China sachkundig und vorurteilslos, nüchtern und unabhängig beurteilen lernen – und dann allein an seinen eigenen nationalen Interessen orientiert entsprechend handeln. In der Konsequenz kann dies aus meiner Sicht nur bedeuten, den Schwerpunkt seiner Außenpolitik vom Atlantik nach Eurasien zu verlagern. Anders als Amerika allerdings nicht in der Absicht, Chinas weiteren Aufstieg zu bremsen oder zu stoppen, sondern diesen optimal für sich selbst zu nutzen. Mit einer Abkehr von der unipolaren, von den USA dominierten Weltordnung zugunsten einer multipolaren Ordnung und einer Fernostpolitik der kompetitiven, aber friedlichen Koexistenz kann Deutschland (im Verbund mit der EU) nicht nur weiter wirtschaftlich vom Aufstieg Chinas profitieren, sondern auch die europäische Gemeinschaft festigen und nicht zuletzt dazu beitragen, einen neuen Kalten Krieg zwischen West und Ost oder gar einen Dritten Weltkrieg zu verhindern.[1]

Ein halbes Jahrhundert nach Aufnahme der diplomatischen Beziehungen zwischen der Bundesrepublik Deutschland und der Volksrepublik China mehren sich bedauerlicherweise derzeit jedoch fast täglich die

---

[1] Diese Position habe ich in zwei aktuellen Büchern ausführlich begründet: „Die Chinesen – Psychogramm einer Weltmacht" (zusammen mit meiner Frau Guangyan Yin) und „Ami go home – Eine Neuvermessung der Welt".

五十年 五十人 50 Jahre 50 Menschen

Belege dafür, dass Berlin gegenüber Peking mehr oder weniger denselben Konfrontationskurs gegenüber China einschlagen will wie Washington. Die deutsch-chinesischen Beziehungen stehen erneut vor einer Zeitenwende. Nach 50 Jahren einer Politik der wechselseitigen Nutzenmehrung (win-win) droht ein Rückfall in die Zeiten des Nullsummenspiels.

我与中国的故事
（一九七四年至二〇二二年）

罗梅君　　Mechthild Leutner

　　1948年出生，柏林自由大学"当代中国的国家、社会和文化"荣休教授。主要研究领域为中国近现代史和当代史，发表的大量著作主要研究社会史与妇女史、政治史、殖民主义、德中关系、德国的中国形象以及汉学史。自1974年以来，在中国有着为数众多的学习和访学经历。担任北京大学、南京大学和南开大学客座教授，《柏林中国研究》丛书以及柏林《中国研究》期刊主编。最新出版物有：《中国佛教的新发现：沃尔特·利本塔尔（1886—1982）——流放中的研究生活》（与R. 利本塔尔合著，柏林，2021）、《殖民政策与知识生产：卡尔·阿伦特（1838—1902）与中国学的发展》（明斯特/柏林，2016）。中文著作有：《政治与科学之间的历史编纂：30年代和40年代中国马克思主义历史学的形成》（孙立新译，济南，1997年）、《北京的生育、婚姻和丧葬：19世纪至当代的民间文化和上层文化》（王燕生等译，北京，2001年），以及《回首四十年：一个女汉学家的逐梦之旅——德国校友罗梅君教授口述》（臧健，北京，2018年）。

五十年 五十人　50 Jahre 50 Menschen

Jahrgang 1948, emeritierte Professorin für Staat, Gesellschaft und Kultur des modernen China an der Freien Universität Berlin. Forschungsschwerpunkt: Neuere Geschichte Chinas und Zeitgeschichte, mit einer Vielzahl von Publikationen u.a. zu Sozial- und Frauengeschichte, politische Geschichte, Kolonialismus, deutsch-chinesische Beziehungen, deutschen Chinabildern und zur Geschichte der Sinologie. Zahlreiche Studien- und Forschungsaufenthalte in China seit 1974. Gastprofessorin ehrenhalber der Peking-Universität, der Nanjing-Universität und der Nankai-Universität, Tianjin. Herausgeberin der Reihe *Berliner China-Studien* und der Zeitschrift *Berliner China-Hefte*. Neuere Publikationen: *Die Entdeckung des chinesischen Buddhismus: Walter Liebenthal (1886-1982) – Ein Forscherleben im Exil* (mit R. Liebenthal; Berlin 2021) und Kolonialpolitik und *Wissensproduktion. Carl Arendt (1838-1902) und die Entwicklung der Chinawissenschaft* (Münster/Berlin 2016).

我和中国的故事始于中国和德意志联邦共和国建立外交关系后不久。1974年1月11日，日尔曼学学者、负责辅导首批（来自西德的）交流学生的齐树仁老师在北京机场迎接我和其他六位同学。我们当时乘坐的是法航飞机，因为此时德国和中国之间尚无直达航班。经过长途飞行后我们已疲惫不堪，北京的寒冷天气也让我们猝不及防。还好齐老师已提前为我们备好了棉大衣。除了棉大衣，齐老师还为我们接下来几个月在北京语言学院（今北京语言大学）尽可能顺利地生活和学习提供了很多帮助。因为我们是两国建交后第一批被德意志学术交流中心选中并获准在中国学习的大学生。尽管我们已经努力为第一次接触真实的中国作了准备，但对于正在等待着我们的是什么，对于在这个国家学习和生活的环境，我们几乎一无所知。我之前在波鸿的鲁尔大学学习过中国近现代史，也研究过新中国，并学习了中文——特别是当时（对于德国汉学）还很普遍的文言文，我还可以在字典的帮助下翻译中文文本。但是用中文进行口头交流并不在我们的课程设置之内。

此时，亲身在中国学习：我对课程充满好奇，无论如何想要提高我的中文水平。我对这个国家，对中国的日常生活，对中国的人民更感好奇。我想要探索这一切，想要拓宽我对中国及其历史和当代社会的知识。在夏天到来之前，我已学到了很多，我的中文也有了提高。被稻田包围和靠近五道口村的校园日常生活，那些手艺人和小商店，分散各处的小吃店，都变得熟悉起来。要是在学校外面吃饭，我们还得用食品券——当时最重要的食品仍要配给，诸如咖啡等所谓的西方食品则只有在友谊商店才有。我偶尔会在友谊商店或附近的国际俱乐部犒劳一下自己，吃吃想念多时的只有那里才有的"西式"面包或一块苹果派——为此我要骑上16公里的自行车才能到达。

我逛遍了整座北京城，包括它的胡同、琉璃厂、前门附近的商业区以及鼓楼地区，主要交通工具是自行车。在和中国老师的一同出游中，我们认识了故宫、颐和园、雍和宫和天坛。在北京大学北边的田野里，我们偶然发现了许多大块的石头和柱子的遗迹，它们都是圆明园西洋建筑的遗迹，这些建筑在1860年被英国和法国的军队洗劫后焚烧摧毁。这幅殖民破坏的画面牢牢地定格在我的脑海里——我在（德国）1968年学生运动期间，早已清晰地认识到了西方的殖民历史，包括德国对灾难性的第二次世界大战的责任。让我倍感高兴的是，从20世纪80年代末开始，圆明园这片地方不再被历史遗忘，并重新转变为民众的纪念场所和休闲场所。对我来说，它始终是北京的一个非常特别的地方。

北京语言学院还为我们提供了去南京、杭州和上海的游历机会。我们特意参观了一家石油化工厂和一家丝绸工厂，并由此对"单位"在每个中国人的工作生活和社会生活中的重要性有了印象。我自己对女工数量之多印象特别深刻——这在当时的联邦德国几乎不可想象。在参观杭州附近的一个茶园时——这里的一切仍然是手工作业——我们还和一户农民进行了交谈。这些对中国人民工作和生活的全面了解，极大地拓宽了我对于中国，对于中国人民对1949年解放后取得成就的自豪，对于他们为继续改善生活条件不断奋斗的视野。我在加深了解中国的同时，也对德国社会有了更深刻的认识，甚至在假期里短暂回到德国时，突然变得有些陌生。我对自己提出了关于自我和他者之间关系的问题，开始思考联邦德国所感受到的中国现实和"西方"现实与欧洲中心主义方式之间的关系。这些问题直到今天仍驱动着我，我在一系列的学术文章中也对此进行了讨论。

当我1974年9月开始在北京大学学习近现代史时，这一反思和学习的过程进一步得到加深。在与中国学生，特别是我们的中国室友的密切交流中，并在卓越的历史学家张寄谦的指导下，我得以加深了我的历史和语言知识——至今我仍保留着那些讲义笔记。无论对于专业还是个人，我们在二七机车厂参加"开门办学"的那两周都至关重要：我们在一个工作队帮忙，参加讨论小组的集会，倾听1923年第一次铁路工人大罢工亲历者的报告。对于我这个学习历史的学生来说，这是一次独一无二的经历。告别时，工人合唱团举行了一场大型音乐会，我们这些外国学生也被请到台上，一起唱起了全世界最著名的反法西斯工人歌曲之一《红旗》。另一段重要经历是由留办主任柯高带领的出游，他带我们去了风景如画的桂林、长沙的革命历史遗址和韶山的毛泽东出生地，还去了商贸繁忙和拥有许多小商店及作坊的广州。

1974—1975年的中国是一个贫穷的发展中国家，几乎没有工业，处处充满着人们努力建设国家、改善生活条件的气息，在这一年多的经历是我在日后近五十年间研究中国、分析中国发展的起点。老师、辅导员和同学们的友善关怀，以及给我在学习和日常生活上几乎各个方面的帮助支持，也成为后来我们的私交和发展出许多合作关系的重要因素。

就在1978年，我随一个研究小组又回到中国待了三个星期——此时我的身份变成了柏林自由大学一名刚刚入职的汉学科研人员。此时的中国城市已变得更加多彩和繁华：更多小餐馆，更多商品供应，更多建筑工地——北京的第一座摩天大楼是十五层高的北京饭店（东侧新楼），它昭示着一个新时代的到来。大学也在发生变化：外国学生和学者的数量增多，出现了众多学

五十年 五十人 50 Jahre 50 Menschen

1985年与胡绳教授合影
Mit Professor Hu Sheng in Peking 1985

生辩论俱乐部，教学大纲得到拓展。这是我在1980年夏季学期的体验，此时我在北京大学期间为自己关于20世纪30年代至40年代的马克思主义史学的博士论文进行资料收集。我非常有幸能与两位马克思主义史学的先驱胡绳和侯外庐谈论我的观点，并征求他们的意见。

此后的数十年里，我每隔一两年就会定期访问中国，或从事较长时间的科研访问，或参加会议。我往往都在北京大学。早在1981年，北京大学就与我继续从事教学和研究的柏林自由大学签订了合作协议。这是两校深入的学术交往和学生交流的开始，特别是对于柏林自由大学的汉学和北京大学的日耳曼学而言。我的众多研究项目和出版物多在北京大学同事的支持下得以实现。如果没有北京大学在行政上提供的帮助和同事们使我大为受益的专业知识，我在20世纪80年代在北京进行的反映19世纪以来中国社会历史变迁的出生、婚姻和死亡的资料收集和深入的田野调查，几乎是不可能实现的。

从1991年开始，我在柏林自由大学担任现代中国研究教授——德国与中国的合作全面扩大。我与中国同事的合作也得到了加强，并且通过紧密的共同发展以及诸多研究和出版项目的面世，合作质量登上了一个新台阶。总体而言，中国的高校和科研领域发生了巨大的变化。这些变化与中国的经济、政治和社会的快速发展同时发生，它们由改革开放政策引起，并通过中国在2001年加入世界贸易组织进一步得到加强。我们分别与南开大学、北京师范大学、南京大学和北京大学的同事们建立起社会史和历史学的双方合作项目，以及一个由北京大学、哈佛大学和加州大学伯克利分校的历史学家们参与的德－中－美三方项目，致力于研究方法论和理论问题。德中关系也多次成为我们的合作和联合出版物的主题。

从20世纪90年代开始，我越来越多地把精力放在女性在学术界的平等地位，以及女性在历史中的可见度的研究上面。因此，我非常关注促进与中国相关的女性研究领域的学术交流。我很高兴能与我在北京大学的富于干劲的同事——1974—1975年的同学臧健合作。我们与来自中国、德国和拉丁美洲的同事一起组织了多次研讨会，进行了很多讨论，并合作出版。臧健在口述史方面经验丰富，她熟悉我的学术观点，还记录下了我的自述《回首四十年　一个女汉学家的逐梦之旅　德国校友罗梅君教授口述》，该自传于2018年作为"北京大学新中国留华校友口述实录丛书"之一出版。

我与中国的悠长故事是一段学术及个人与中国所有阶层的人士相遇和互动的历史，后者一起经历并参与塑造了这一发展过程，这一过程在他们没有共同经历的阶段中，至少在我的家庭和社会记忆中曾经并仍然存在。同时，这也是一段对于德国如何对待和感受中国，以及对其自身固有的和重新"抬头"的欧洲中心主义立场进行批判性反思的历史。它同时是一段研究中国自19世纪殖民主义以来，经过种种革命斗争，建设社会主义国家，直到作为当代的全球性力量融入国际化的历史。中国人民的伟大成就在此显而易见：与贫困作斗争的成功和随之而来的生活水平的根本性提高，令人印象深刻的经济技术成就，最顶尖的大学在全球众多"思想帝国"（威廉·柯比）中的排名。

在这个史无前例的成功故事中——如对比印度——中国与包括德国在内的外国不断发展的关系也扮演了重要的角色。尤其是德中关系在此起到了重要作用。在国家和私人的各个层面，这一关系都得到了扩展。两国的经济、贸易和科学等领域的合作得到深化，双方都从中获益。恰恰鉴于日渐增多的全球危机——饥荒和气候灾难、大流行病、政治不稳定和战争——对整个世界和每个国家正产生越来越大的破坏性影响，促进两国在所有领域的合作，加强德中关系非常重要，这符合两国的利益。中国和德国是重要的全球行为体。两国的合作对于解决全球性问题同样不可或缺。

五十年 五十人 50 Jahre 50 Menschen

Meine persönliche Geschichte mit China, 1974 bis 2022

Meine persönliche Geschichte mit China beginnt kurz nach Etablierung der diplomatischen Beziehungen zwischen China und der Bundesrepublik. Am 11. Januar 1974 begrüßte Qi Shuren, Germanist und Betreuer der ersten (west)deutschen AustauschstudentInnen, meine sechs KommilitonInnen und mich auf dem Pekinger Flughafen. Wir waren mit Air France geflogen, eine direkte Flugverbindung zwischen Deutschland und China gab es zu diesem Zeitpunkt noch nicht. Vom langen Flug übermüdet, waren wir überhaupt nicht auf die Kälte vorbereitet. Unser Betreuer aber hatte vorsorglich wattierte Mäntel für uns mitgebracht. Ebenso wie mit den Mänteln, so sorgte Lehrer Qi auch in den folgenden Monaten, die wir am Pekinger Spracheninstitut lebten und studierten, für einen möglichst reibungslosen Alltag. Denn wir waren die ersten vom DAAD ausgewählten Studierenden, die nach Etablierung der diplomatischen Beziehungen in der VR China studieren durften. Trotz der Bemühungen, uns auf diesen ersten Kontakt mit dem realen China vorzubereiten, hatten wir wenig Ahnung von dem, was uns erwartete, von den Studien- und Lebensbedingungen in diesem Land überhaupt. Ich hatte an der Ruhr-Universität Bochum neuere chinesische Geschichte studiert, hatte mich auch mit der Volksrepublik befasst und Chinesisch gelernt, vor allem auch, wie damals üblich, klassisches Chinesisch, und ich konnte chinesische Texte mit Hilfe des Wörterbuchs übersetzen. Mündliche Kommunikation in chinesischer Sprache hatte dagegen nicht auf dem Studienplan gestanden.

Nun also Studieren in China, vor Ort: Ich war neugierig auf den Unterricht und wollte unbedingt mein Chinesisch verbessern. Noch neugieriger war ich auf das Land, auf den Alltag in China, auf die Menschen. All das wollte ich erkunden, wollte mein Wissen über das Land, seine Geschichte und die Gesellschaft der Gegenwart erweitern. Ich lernte viel bis zum Sommer, mein Chinesisch verbesserte sich. Das Alltagsleben auf dem Campus, umgeben von Reisfeldern und nahe beim Dorf Wudaokou, die Handwerker und kleinen Läden, vereinzelt ein Imbiss, wurden mir vertraut. Um außerhalb des Campus zu essen, brauchten auch wir Essensmarken – die wichtigsten Lebensmittel waren noch rationiert, sog. westliche Lebensmittel wie Kaffee etwa waren nur im „Freundschaftsladen" zu haben. Manchmal gönnte ich mir dort oder im nahe gelegenen Internationalen Club das so vermisste und nur dort erhältliche „westliche" Brot oder ein Stück Apfelkuchen – 16 Kilometer musste ich mit dem Fahrrad dorthin fahren.

Ich erkundete ganz Peking mit seinen Hutongs, der Liulichang und dem Geschäftsviertel rund um das Qianmen und am Trommelturm vor allem mit dem Fahrrad. Kaiserpalast und Sommerpalast, Lamatempel und Tiantan lernten wir bei unseren Studienausflügen mit unseren chinesischen Lehrern und Lehrerinnen kennen. Nur durch Zufall entdeckten wir bei unseren Erkundungen in den Feldern nördlich der Peking Universität (PKU) Steinbrocken und Reste von Säulen, traurige Überbleibsel der sogenannten westlichen Gebäude des alten Sommerpalastes (Yuanmingyuan), der 1860 durch die britischen und französische Truppen ausgeraubt und dann zerstört worden war. Dieses Bild kolonialer Zerstörung hat sich mir fest eingebrannt – die koloniale Vergangenheit des Westens, auch die deutsche Verantwortung für den verhängnisvollen Zweiten Weltkrieg, war mir bereits im Zuge der Studentenbewegung von 1968 deutlich geworden. Es freute mich sehr, dass ab den späten 1980er Jahren das Gebiet des Yuanmingyuan dem historischen Vergessen entrissen und als Erinnerungs- und Erholungsort für die Bevölkerung umgestaltet wurde. Er ist für mich ein ganz besonderer Ort in Peking geblieben.

Das Spracheninstitut (Yuyan Xueyuan) bot uns auch eine Studienreise nach Nanjing, Hangzhou und Shanghai an. Wir besichtigten u. a. eine petrochemische Anlage, eine Seidenfabrik und gewannen so einen Eindruck von der Bedeutung, die die „Einheit" im beruflichen und sozialen Leben jedes Einzelnen spielte. Ich persönlich war besonders beeindruckt von der hohen Zahl der Arbeiterinnen – etwas für die damalige Bundesrepublik kaum Denkbares. Beim Besuch einer Teeplantage in der Nähe Hangzhous – alles war hier noch Handarbeit – konnten wir auch mit einer Bauernfamilie sprechen. Diese umfassenden Einblicke in Arbeit und Leben der Menschen erweiterten meine Perspektive auf China immens, auf den Stolz der Menschen über das seit der Befreiung 1949 Erreichte, auf ihren andauernden Kampf um eine weitere Verbesserung ihrer Lebensbedingungen. Ich lernte viel über China, zugleich aber auch viel über die deutsche Gesellschaft, die mir bei einem kurzen Besuch in den Semesterferien plötzlich ein wenig fremd erschien. Fragen nach dem Verhältnis von Eigenem und Fremdem stellten sich mir, erste Überlegungen zum Verhältnis von chinesischer und „westlicher" Realität bundesdeutscher Wahrnehmung und eurozentrischer Herangehensweise drängten sich mir auf. Es sind Fragen, die mich bis heute beschäftigen und die ich in einer Reihe von wissenschaftlichen Beiträgen thematisiert habe.

Dieser Reflektions- und Lernprozess vertiefte sich, als ich im September 1974 an der PKU neuere Geschichte zu studieren begann. In engem Austausch mit chinesischen Studierenden, besonders unseren chinesischen Zimmerkolleginnen, betreut von der hervorragenden Historikerin Zhang Jiqian, konnte ich meine Geschichts- und sprachlichen Fachkenntnisse vertiefen – noch heute bewahre ich die Mitschriften auf. Ein Höhepunkt in fachlicher wie persönlicher Hinsicht waren die zwei Wochen, die wir im Rahmen des kaimen banxue („Open-Door Education") in der Lokomotiv-Fabrik 7. Februar verbrachten: Wir konnten in einer Arbeitsbrigade mithelfen, an Versammlungen von Diskussionsgruppen teilnehmen, Zeitzeugenberichte von Arbeitern hören, die 1923 beim ersten großen Bahnarbeiterstreik dabei waren. Ein einmaliges Erlebnis für mich als Geschichtsstudentin. Zum Abschied gab es ein großes Konzert des

五十年 五十人　50 Jahre 50 Menschen

Arbeiterchores, auch wir ausländische Studierende wurden auf die Bühne gebeten und sangen gemeinsam Bandiera rossa, eines der weltweit bekanntesten antifaschistischen Arbeiterlieder. Ein weiterer Höhepunkt war die Studienreise, geleitet vom Leiter des Liuban (Auslandsamt), Ke Gao, die uns in das landschaftlich reizvolle Guilin, an die historischen revolutionären Stätten Changshas und den Geburtsort Mao Zedongs in Shaoshan sowie nach Guangzhou mit seinen geschäftigen Händlern und vielen kleinen Läden und Werkstätten führte.

Die Erfahrungen meines Studienaufenthaltes 1974/75 in China, einem armen Entwicklungsland, kaum industrialisiert und geprägt von den Bemühungen der Menschen, ihr Land aufzubauen und ihre Lebensverhältnisse zu verbessern, waren es, die fortan, in den fast fünf Jahrzehnten, in denen ich mich nun wissenschaftlich mit China beschäftige, als Ausgangspunkt für meine Analyse der Entwicklungen in China diente. Die freundliche Fürsorge der Lehrer, Betreuer und Kommilitoninnen, ihre hilfreiche Unterstützung beim Studium und bei nahezu allen Dingen des täglichen Lebens waren zudem wichtige prägende Faktoren für spätere vielfältige persönliche und kollegiale Beziehungen.

Bereits 1978 kehrte ich für drei Wochen – nun als frisch gebackene wissenschaftliche Mitarbeiterin im Fach Sinologie an der Freien Universität Berlin (FU) – mit einer Studiengruppe nach China zurück. Das Stadtbild war bunter und geschäftiger geworden: mehr kleine Restaurants, ein größeres Warenangebot, mehr Baustellen – Pekings erstes Hochhaus, das 15stöckige Peking-Hotel, kündete vom Anbruch einer neuen Zeit. Auch die Hochschulen veränderten sich: die Zahl ausländischer Studierender und WissenschaftlerInnen stieg, studentische Debattierclubs entstanden, Curricula erweitert. Das erlebte ich im Sommersemester 1980, als ich während eines Forschungsaufenthaltes an der PKU für meine Dissertation zur marxistischen Geschichtsschreibung während der 1930er und 1940er Jahre recherchieren konnte. Ich hatte die große Ehre, mit zwei Pionieren marxistischer Geschichtswissenschaft, Hu Sheng und Hou Wailu, über meine Thesen zu sprechen und ihren Rat einzuholen.

In den nachfolgenden Jahrzehnten besuchte ich regelmäßig alle ein oder zwei Jahre China, zu längeren Studien- und Forschungsaufenthalten oder zu Konferenzen. Meist war ich an der PKU. Bereits 1981 hatte diese mit der FU, an der ich weiter lehrte und forschte, ein Kooperationsabkommen geschlossen. Das war der Beginn eines intensiven akademischen und studentischen Austausches, insbesondere für die Sinologie der FU und die Germanistik der PKU. Meine Forschungsprojekte und Publikationen sind vielfach mit Unterstützung der KollegInnen der Peking-Universität realisiert worden. Die in den 1980er Jahren durchgeführte Materialrecherche und intensive Feldforschung über Geburt, Heirat und Tod in Peking, die den sozialhistorischen Wandel seit dem 19. Jahrhundert analysiert, wäre ohne die administrative Hilfe der Peking-Universität und die hilfreiche Expertise der KollegInnen kaum möglich gewesen.

In den 1990er Jahren – ab 1991 war ich an der FU Professorin für das moderne China – wurden

1992年罗梅君和当年历史系的同学张彦玲（左）、臧健（右）在北京大学南门
Mit früheren Kommilitoninnen Zhang Yanling (links) und Zang Jian (rechts) am Eingang der Peking-Universität, 1992

die deutschen Kooperationen mit China insgesamt ausgeweitet. Auch meine Zusammenarbeit mit Kolleginnen in China wurde verstärkt und bekam nun durch die enge gemeinsame Entwicklung und Umsetzung von Forschungs- und Publikationsprojekten eine neue Qualität. Insgesamt fanden im Hochschul- und Wissenschaftsbereich in China enorme Veränderungen statt. Diese wiederum liefen dem rasanten Wandel in Wirtschaft, Politik und Gesellschaft parallel, ausgelöst durch die Reform- und Öffnungspolitik und weiter verstärkt durch den Beitritt Chinas in die Welthandelsorganisation 2001. Bilaterale Projekte zur Sozialgeschichte und Geschichte mit Kollegen jeweils der Nankai-Universität, der Beijing Normal University (Shifan Daxue), der Nanjing-Universität und der PKU sowie ein deutsch-chinesisch-amerikanisches Projekt mit HistorikerInnen ebenfalls der PKU sowie der Harvard-Universität und der University of California, Berkeley widmeten sich methodisch-theoretischen Fragen. Auch die deutsch-chinesischen Beziehungen waren mehrfach Gegenstand von Kooperationen und gemeinsamen Publikationen.

Für die Gleichstellung von Frauen auch in der Wissenschaft und die Sichtbarmachung von Frauen in der Geschichte habe ich mich ab den 1990er Jahren verstärkt engagiert. So war es mir ein Herzensanliegen, den wissenschaftlichen Austausch im Bereich der chinabezogenen Frauenforschung zu fördern. Hier war ich froh, mit meiner engagierten Kollegin der PKU – und Kommilitonin von 1974/75 – Zang Jian kooperieren zu können. Wir veranstalteten Workshops mit Kolleginnen aus China, Deutschland und Lateinamerika, diskutierten viel und publizierten gemeinsam. Zang Jian, erfahren in Oral History und vertraut mit meinen wissenschaftlichen Positionen, schrieb auch meine Autobiographie nieder, erschienen 2018 in der Autobiographie-Reihe ehemaliger Austauschstudierender der PKU.

Meine lange Geschichte mit China ist eine Geschichte akademischer und persönlicher Begegnungen und Interaktionen mit Menschen aus allen Bevölkerungsschichten, die diesen Entwicklungsprozess miterlebten, mitgestalteten und die frühe, nicht miterlebte Phasen zumindest im Familien- und gesellschaftlichen Gedächtnis präsent hatten und haben. Sie ist zugleich eine Geschichte kritischer Reflektion des Umgangs und der Wahrnehmung Chinas in Deutschland, eigener Herangehensweisen und alter und neu belebter eurozentrischer Positionen. Nicht zuletzt ist sie eine Geschichte der Erforschung des Entwicklungsprozesses Chinas seit dem kolonialen 19. Jahrhundert über die revolutionären Kämpfe und den Aufbau eines sozialistischen Landes bis hin zur internationalen Einbindung als globaler Akteur der Gegenwart. Hier werden die großen Leistungen des chinesischen Volkes sichtbar: die Erfolge im Kampf gegen die Armut und damit einhergehend die grundlegende Hebung des Lebensstandards, die beeindruckenden wirtschaftlich-technologischen Errungenschaften, die Einreihung ihrer besten Universitäten unter die globalen „empires of ideas" (William Kirby).

Bei dieser beispiellosen Erfolgsstory – etwa mit Indien als Vergleich – haben auch Chinas sich stetig entwickelnde Beziehungen mit dem Ausland, auch mit Deutschland, eine wichtige Rolle gespielt. Gerade die deutsch-chinesischen Beziehungen haben hier eine wichtige Rolle gespielt. Sie wurden auf allen Ebenen, staatlichen wie privaten, ausgebaut. Wirtschafts-, Handels- und Wissenschaftskooperationen vertieften sich, ein Gewinn für beide Seiten. Gerade angesichts zunehmender globaler Krisen – Hunger- und Klimakatastrophen, Pandemien, politische Destabilisierung und Kriege – mit ihren zunehmenden und verheerenden Auswirkungen auf die Welt insgesamt wie auf die Länder im Einzelnen, gilt es Kooperationen in allen Bereichen zu befördern und die deutsch-chinesischen Beziehungen zu verstärken, im Interesse beider Länder. Deutschland und China sind wichtige globale Akteure. Ihre Zusammenarbeit auch zur Lösung globaler Probleme ist unabdingbar.

德国印象

德国印象

庞学铨

1948年出生，哲学博士，浙江大学外国哲学和休闲学教授、博士生导师。现任浙江大学发展委员会副主席、浙江大学旅游与休闲研究院院长。曾任杭州大学、浙江大学党委副书记，兼任杭州市决策咨询委员会副主任，浙江大学德国文化研究所所长，浙江大学亚太休闲教育研究中心主任，浙江省学科评议组哲学－历史学科组召集人，浙江省哲学、历史学教学指导委员会主任，浙江省休闲学会会长，浙江省哲学学会副会长，全国现代哲学学会副理事长，教育部哲学教学指导委员会委员等。1989—1990年，在德国基尔大学哲学系访问进修，在新现象学理论创建者赫尔曼·施密茨教授指导下开始接触新现象学，作为德国新现象学协会成员，多次赴德国大学和研究机构工作访问、合作研究和访问学习。

五十年 五十人 50 Jahre 50 Menschen

1986年，浙江省与德国石荷州结为友好省州，与此同时，原杭州大学、浙江医科大学与基尔大学建立友好合作关系，开始了密切的国际交流与合作。1989年下半年，我作为杭州大学派遣的高访学者赴德国基尔大学哲学系，在系主任、新现象学理论创立者赫尔曼·施密茨（Hermann Schmitz）教授指导下进修学习。这是我第一次去德国，也自此与德国结缘。

回国后，由于工作和专业的需要，我在两个方面延续了与德国的缘分。

第一，在工作上与德国高教界有了更多的接触。1994年开始，学校领导要我参与并主持成立于1988年的杭州大学中德翻译中心的工作；该中心于新浙江大学建立后的1999年3月，重新组建成立德国文化研究所，我又兼任了若干年所长。2000年5月，由于与德国成人教育研究所合作的需要，浙江大学成立了中德成人教育研究所，学校让我同时负责该所工作，至2008年年底。其间，我和同事们一起与德国巴伐利亚州文教部和有关高校及研究机构在教育研究领域开展了富有成效的合作。同时，我策划、主编出版了《浙江高等教育》《德国巴伐利亚州教育制度》《德国巴伐利亚州高校概览》《中德教化、教养比较研究》《中德成人教育比较研究》《面向二十一世纪的继续教育》等著作，并与德方联合举办了多次相关的研讨会。

第二，我调整了专业方向。第一次去德国前，我学习的是古代希腊哲学，到基尔大学哲学系后，我注意到一个很明显的现象，就是德国哲学界对古代希腊哲学和文化的研究，特别是文本考证和研究、资料发掘和整理方面，已经做得非常系统、深入、全面；同时也发现，当时一些活跃的德国哲学家对希腊哲学的研究，通常以自己的理论或观点观照和解释希腊哲学，把古代哲学家的思想作为阐述自己理论的思想资源。这从当时与指导我学习进修的系主任赫尔曼·施密茨教授及他的博士研究生的接触中有非常直接的感受。先生是德国新现象学理论的创始人，其理论的原则与方法是现象学的，但其许多重要的概念、观点则是在对从巴门尼德到德谟克利特，从柏拉图到亚里士多德（当然也包括古典哲学家康德、费希特，现象学家胡塞尔、海德格尔、梅洛-庞蒂等）的重新解读或批判吸收中形成或论证的。德国哲学家们的这种研究方法与路径打开了我的学术视野，也激发起我了解当代德国哲学的愿望和兴趣。通过阅读德国《哲学信息》《哲学评论》《哲学年鉴》等杂志，对当时德国哲学研究的情形有了初步的了解。后来又通过图宾根柏拉图学派的创始人汉斯·克雷默教授的联系，与当代德国一些著名哲学家如哈贝马斯、迪特·亨利希、罗伯特·施佩曼、赫尔曼·吕勃、奥特弗里德·赫费等建立了联系，并幸运地得到了他们赠送的一些重要著作，其中有若干本选入后来与我的同事合作主编的两套译丛，即上海译文出版社出版的《哲学的转向：语言与实践》和浙江大学出版社出版的《当代外国人文学术译丛》。在此期间，我与当代德国著名政治哲学家、图宾根大学的赫费教授有了较多联系，曾二次邀请他来浙江大学参加学术会议和讲学，并在工作之余，最先将他的代表作《政治的正义性》和另一部重要著作《全球化时代的民主》译介进国内。与此同时，我也把学习和研究的重点从原来的古代希腊哲学转向当代德国哲学，特别是施密茨的新现象学。此后每次去德国，我都有意识地注意了解这方面的新进展新情况，也陆续发表了一些关于当代德国哲学研究状况的文章，近几年继续着力于当代德语哲学的译介与研究，主编出版"当代德国哲学前沿丛书"。希望通过这点滴工作，有助于我们更多地了解德国当代哲学发生的重要变化和取得的新成就；有助于我们进一步拓展视野，为汉语哲学界和当代德语哲学界之间的对话提供一些思想资源。

由于上述机缘，我先后多次去德国，或代表学校和所在的研究机构对德国有关高校、文教部门及研究机构进行工作访问，参加会议和合作交流活动；或利用假期赴德国多所高校进行短期研究工作；也接待一些来校访问的德国客人。其间，对德国的了解也慢慢多了起来，逐渐形成并加深了一些对德国的特别记忆与印象。

一

德国人爱书和爱读书，这是到德国后最初感受到的最突出的印象，大致可以用"三多"来概括这个印象。

一是爱书和爱读书的人多。在旅途的火车上，在上下班的地铁中，在咖啡馆（吧）里，在公园的草坪上，随处可以看到手捧书本、旁若无人、专注读书的景象，几乎在任何场所，几乎是各个年龄段尤其是年轻人，一有闲暇，人们就会从背包或口袋中拿出书来安静地读。德国人的多数家庭都有自己的藏书，有的家庭藏书之多堪称"家庭图书馆"，走进德国同行朋友的家，最显眼的便是满书房的书籍和书籍散发出来的书香。人们认为，一个家庭若没有藏书，就好比一个房子没有窗户。德国的很多社区附近设有免费书报亭或流动书架，社区家庭会经常把自己看过或多余的书捐献出来，所以，即便任人拿取，亭子或书架中的书却不会减少。德国人喜欢买书读书，就像他们喜欢喝啤酒一样，成了日常生活不可或缺的组成部分，书也成了朋友间交往最常见最受欢迎的礼品。

二是出版社和书店多。德国是世界上人文社会科学和自然科学最发达的国家之一，也是世界上出版图书最多的国家之一，法兰克福国际图书博览会就是公认的世界上规模最大、最具影响力的图书出版界的盛会。这与德国高度发达的出版业直接相关，我们同样可以说，德国是拥有各类专业出版社最多的国家之一。爱读书的人多，出版社多，书店也就多。无论是在城市还是在乡村，找书店买书，在德国是最方便的事了。大型书店往往位于城市商业中心，买书的人流量大，极具人气。1990年8月在柏林期间，我曾参观过一家名叫拱形（Bücherbogen）的书店，当时吸引我去的不是因为它以专卖艺术、建筑和时尚书籍闻名，而是它的建筑形状。书店位于夏洛滕堡区萨维尼广场火车站的出口处的城市轻轨铁路高架桥下，原来是一家只占一个桥墩空间的汽车维修店，1980年，拱形书店以该维修店为基础扩展为五个桥墩的空间，书店大门依据桥墩设计成拱形并因此得名。内部各个房间也由圆形拱门相连接，每个房间由两条置于顶部的交叉长灯带提供照明，室内宽敞明亮，书店内外整体结构由棕黄色的砖块构成，店内全部书架桌椅都是铁制品，是柏林占地面积最大、售卖书籍最多的书店之一。拱形书店以其独特的设计

五十年 五十人 50 Jahre 50 Menschen

2005年,与来访的维尔茨堡大学时任校长在西湖游船上

和形象被誉为欧洲"最美书店"。除了遍布各地的书店,还有图书跳蚤市场和旧书市场,喜欢书的人们很可能在这里淘到几经寻找而不得的心仪图书呢。

三是读书活动多。在德国,十分流行"朗读会"、书友会和读书沙龙之类的活动,在各种特色书店和读书主题的咖啡屋,书友们经常自发举办各种读书心得交流和好书推荐活动。德国人非常重视儿童和青少年的读书及其良好阅读习惯的养成。父母从婴儿开始就培养他们对书籍的兴趣,很多孩子人生见到的第一个玩具就是图书。中学和大学时代,老师布置作业或课堂讨论需要学生阅读大量书籍材料才能顺利完成,这更促进了青少年读书习惯的养成。不但家庭、父母重视儿童的读书,政府也特别重视,把阅读作为一项儿童启蒙教育的社会工程,鼓励出版社出版儿童读物,支持各地设立儿童书店。互联网阅读和电子书的兴起,虽然对传统的阅读造成了很大冲击,但并没有动摇德国人对纸质书的喜爱,纸质阅读仍是人们读书的主要方式,与此同时,电子书在德国也成为最赚钱的市场之一。这种"双赢"状态,与德国人爱书和爱读书的传统完全分不开。

可以说,整个德国流溢着书香。正是这种书香,滋润着德国的文化,造就了德国的伟大,使当今的德国在动荡的世界中仍显得理性、稳定与平和。

二

我对德国的另一个深刻印象是德国人对历史具有自觉反省的态度与精神。

2013年3月17日,柏林市政当局为一个新建住宅项目,计划拆除位于克罗伊茨贝格区、从火车东站至华沙大街之间、沿着斯普雷河东岸的一段柏林墙遗址。但此事引发了柏林民众的抗议,爆发了声势浩大的"保护柏林墙运动",迫使该项拆除计划停止,已拆开的一个约1.5米宽的空洞被封上了木板。民众在木板上贴了各种抗议标语和涂鸦，有人将仿制的巨幅欧元和其他讽刺标语贴在木板上，表达了对政府的不满。参加抗议的市民问道：请市政当局好好想想，如果没有了柏林墙遗址，柏林还是那座世人熟知的城市吗？问得好！是的，没有了柏林墙的遗址，柏林就不是人们熟悉的柏林了。

柏林墙是20世纪冷战时代最前沿的历史见证。二战结束，德国战败，柏林也成了一片废墟。根据《波茨坦协定》，柏林同整个德国一样被瓜分，由苏、美、英、法四国分区占领。1948年，美、英、法占领区合并，成立了"三联战区"。1949年，联邦德国（西德）和民主德国（东德）先后成立，苏联控制的东柏林成了东德的首都，西柏林在三国的控制下成立了市政府，它虽然在司法、经济、财政、货币和社会制度等方面同联邦德国一体化，国际组织和国际会议中其利益可由西德代表，但它不是西德的组成部分，而且处于东德区域内，与西德最近的距离也有180公里，成了一个特殊的"孤岛""飞地"。自此进入分裂的东西柏林时代。

20世纪50年代，东欧（其中主要是东德）逃往西德的民众不下300万，大多数是通过柏林逃亡的。为了阻止这样的逃亡，1961年8月13日，一夜之间，东柏林在东西柏林之间建立了一道墙，开始是比较简易的电线和路障，后改成水泥钢筋，直至1989年11月9日倒塌。30年间，柏林墙成了隔离东西柏林的屏障，又是连接两个柏林的界线，见证了"一城两制"的竞争与发展。

与整个西德一样，西柏林的变化日新月异，重建速度之快让人惊讶。库达姆大街商铺林立，时装店、百货店、咖啡厅、剧院、画廊，白天车来人往，夜晚火树银花，堪比巴黎的香舍里榭大街；维腾贝格广场上的卡迪威百货公司称得上是欧洲大陆最大的购物中心之一，在多达八层的购物空间中，国际顶尖品牌的最新潮流时尚商品，应有尽有，琳琅满目；大街上行走着来自世界各国的人们，行驶着来自世界各国的汽车；博物馆、艺术馆、图书馆多得数不胜数；那些被炸毁的建筑，也都或复原或重建。30年后的西柏林，从城市面貌到市民生活都富裕而自由，已经达到西方发达社会的程度，也没有一点战火的遗迹了，除了那座被特意保存下来的威廉大帝纪念教堂的钟塔。钟塔被炸去了整个顶部，塔身焦黑，被视为柏林最美的残缺，成为告诫国人勿忘战争之残酷与恐怖的永久纪念碑，也是国外观光客必到之处，凡参观过此塔的人，无不受到强烈的心灵震撼。

与此同时，柏林墙的东边，也进行着战后的重建。苏联控制的东柏林，虽然只占柏林的小半部分，却是老柏林的中心区，柏林原有的古老辉煌的大建筑，多数集中在这里。雄伟的勃兰登堡门，曾集中显现18世纪的荣光、被视为柏林最中心的菩提树大道，巍然耸立的国家歌剧院，气魄宏伟的大剧院，世界上最早的现代大学洪堡大学，藏品丰富的佩尔加蒙博物馆，还有雍容华美的法国大教堂和德国大教堂，都在一座座慢慢地恢复和重建。东柏林在城市的恢复和重建上，不但投入大量的资金，还拥有巨大的魄力，也取得了公认的成就，整体地重现了昔日普鲁士的荣耀和老柏林的原有趣味。可以说，当时的东德虽然是苏联的附庸国，但东德人拥有的日耳曼

五十年 五十人　50 Jahre 50 Menschen

民族的自豪气概和德意志精神，却没有被完全扼杀。当然，作为东德的"首都"，显然有与西柏林竞争的因素在起作用。一个例子可资说明：1954年，看到西德大众公司造了甲壳虫小型家用汽车，当时东德的一位领导人提议，东德也要制造类似的汽车。1958年，终于生产出了名为"卫星"（Trabant）的小汽车。这种汽车造型简单而瘦小，而且零部件短缺，修理费用昂贵，动力不足，价格对于多数人来说也是奢侈品，还要排队等候多年才可能买到，但人们还是耐心等待，因为没有别的车可买。到1985年，东德一半人家有了这样的家用小汽车。当时的东德，国民收入高于意大利，电视机的平均拥有率甚至比法国还高。普通百姓有汽车、基本生活物资受政府物价补贴，教育和医疗有保障。2006年，我在柏林参观了一座新开的私人博物馆——东德社会博物馆。馆内再现了东德时期的社会和生活，所展览的日常生活用品也显示，当时东德民众的生活水平是高于东欧其他国家的。

然而，30年间，无数东德人依然冒着生命危险采用各种办法越过这堵高九米、灰色丑陋的墙，逃往西德，其中的原因，实在值得我们反复思考。直到1989年，随着苏联解体，东欧剧变，时代如一股不可阻挡的洪流将柏林墙冲开了一个大缺口，柏林墙终于倒塌了。

1990年夏，我从基尔到柏林看望朋友时，曾穿过倒塌的柏林墙从西柏林来到东柏林。也许正处于特殊的时期，东柏林的街道冷冷清清，商店空空如也，餐馆里用兑换来的一个东德马克可以喝到味道不错的牛肉汤。印象特别深的是，街上行驶的全是东德产的"卫星"汽车，尾巴上冒出的黑烟直刺人的眼鼻，污染严重，大批东德人就开着"卫星"汽车穿过柏林墙的倒塌处涌向西德。记得当时西德政府还给每个穿过柏林墙的东德人一百西德马克的"见面礼"。柏林墙的建立、存在和倒塌，最直接地见证了东西柏林两个迥然不同的世界，见证了柏林乃至德国的分裂、对峙与统一的过程。它是德国当代史的重要组成部分，从柏林墙，德国人对这一历史有了感性的了解；从柏林墙，德国人可以清晰地回忆起自己所熟悉的柏林的过去和现在。

记住历史，反省历史，德国才重新赢得了世界的尊重，才有了今天的德国。

1970年12月7日，在东欧最寒冷的一天，联邦德国总理勃兰特冒着凛冽的寒风来到华沙犹太人遇难者纪念碑下，在向纪念碑献上花圈后，肃穆垂首，突然双腿下跪，并发出祈祷："上帝饶恕我们吧，愿苦难的灵魂得到安宁。"勃兰特这惊世一跪，掀开了德波和解新的一页，被誉为"欧洲约一千年来最强烈的谢罪表现"。德国领导人的举动，赢得了世界各国爱好和平者的尊敬，获得了二战时期被纳粹德国侵略迫害的国家和人民的谅解。此后，德国政府坚持走和平发展的道路，继续这种反思的态度。后来的总理施罗德曾亲自去波兰，为刻有下跪谢罪情景的勃兰特纪念碑揭幕。德国还在首都柏林著名的勃兰登堡门附近建立起纳粹大屠杀受害者纪念馆，在欧洲纪念反法西斯战争胜利60周年之际开放。我参观过这个纪念馆，并为它的独特设计和留给参观者的痛苦回忆所震撼。纪念馆的地面部分由2711块高低不一的灰色巨型水泥墩所组成，各个水泥墩间的地面高低不平，并以不同的角度微微倾斜，走在中间，感觉似进入一座迷宫，会产生一种迷失方向的孤独感，也迫使你必须在这个水泥墩构成的丛林和迷宫中寻找出路。纪念馆集中展示了希特勒时代屠杀犹太人的暴行，是对德国历史上一场浩劫的记录，也是对这场浩劫的反思。正如时任德国总统克勒在德国纪念二战结束60周年仪式上所说的：德国有责任永远清醒地保持对纳粹罪行及其产生根源的记忆，决不允许其再次发生，德国对历史的反思没有终结，不能在某个时刻就一笔勾销。他还强调，如果没有从过去历史中吸取教训，就不可能有战后德国的变化和成就。

40年后，与勃兰特在华沙犹太人遇难者纪念碑前下跪同一天，2010年12月7日，时任德国总统武尔夫再度来到华沙犹太人遇难者纪念碑前敬献花环，称勃兰特这一历史性的下跪是伟大的和解。当天，他在德国艾伯特基金会主办的活动中发表讲话，称颂勃兰特通过他的一跪，代表德国人向数百万大屠杀受害者表达了无与伦比的尊重，由此产生了一个不同的德国人形象、一个不同的、自由民主和平的德国形象。

2013年8月20日，德国总理默克尔访问了位于德国慕尼黑附近的达豪纳粹集中营纪念馆，这是在职德国政府首脑首次访问达豪纳粹集中营纪念馆。她在会见纳粹大屠杀幸存者代表时表示，凭吊纳粹大屠杀遇难者对她来说是一个特殊时刻，"想起那些在集中营里失去生命的人，我深深地感到悲痛和羞愧。达豪纳粹集中营纪念馆就是提醒我们不要忘记那段历史"。

柏林墙倒塌了，也完全失去了它原先存在的那种意义。每次去柏林，我都要专门去看看那段残存的被称为"东部画廊"的墙体，像城中威廉大帝纪念教堂的钟塔那样，它以残缺的美告诫人们勿忘曾经的柏林，彰显着德国人自觉记忆和反思历史的精神。正是这种精神，使战后德国和平崛起，并为欧洲的联合与和平作出了重大贡献，受到了世界的广泛赞誉，也使它重新走上世界大国强国的舞台。

三

对我而言，最深刻的自然是对德国大学的印象了。这也许和我一直在高校工作，与德国大学的联系和合作较多有直接关系。关于德国大学的历史发展和所创造的辉煌，已有大量的研究和资料，在这里我只想说一点极简略的印象和亲身感受。

18世纪末的德意志大学教育还非常落后，唯一一所具有现代特征的哈勒大学也在19世纪初被法国占领者撤消了。然而，正是法国大革命和拿破仑的入侵推动了德意志的现代化改革，其中最成功最突出的则是大学的改革。1810年，洪堡（Willian Von Humboldt）主持创建的柏林大学以新人文主义的教育理念，确立了现代大学制度的基本框架。这种基本框架包括两方面基本内容：一是大学的法律制度和治理结构。大学作为独立法人，在遵守宪法、法律的前提下具有充分的办学独立性与自主性。二是大学的学术制度。学术的独立和自由，既是法律制度的实现，更是大学内部开展学术活动的基本原则，也是处理大学与政府、社会之间关系的尺度，这是大学思想和科学创新的基础。洪堡主张和推行的学术制度，核心要素大致有三：其一，大学的主要任务是探求科学。这里的科学指的是纯科学。科学是一种未竟之事，意味着研究、探索和发现新知识。科学又是一个整体，任何专业的知识都必须建立在对世界和生命的基本原则及意义的认识基础上。科学以探求纯知识纯学理为自身的目的，不以实用为主要目的。科学研究无权威和禁区。大学必须坚持教学与研究相结合，教师和学生要有为科学献身的精神。其二，大学基本任务之一是道德和个性的修养。修养是人的各种潜能完全协调的发展，是个性全面发展的结果，也是人之为人应有的素质，与专门的技艺和能力无直接关系。其三，大学为了尽可能面对和获得纯科学，寂寞与自由应成为居支配地位的原则。这种"寂寞与自由"，一方面是对大学机构本身而言。大学是独立的自主的办学机构，政府和社会应尽可能限制对大学的干预。寂寞和自由能促进大学的繁荣，而繁荣的大学和发达的科学正是国家的利益所在。这三个核心要素，集中到一点，就是学术的自主与自由：教授开课和研究的自主与自由，学生选课和学习的自主与自由。晚年的爱因斯坦曾深有感触地说：自由行动和自我负责的教育，比起那种依赖训练、外界权力和追名逐利的教育来，是多么的优越啊！大学正是以在这种学术自由的氛围中所源源不断地创造的思想、知识与科学为国家服务，这是大学与国家的根本关系。对这种关系，洪堡有一句话表述得极明白：大学是一种最高手段，通过它，普鲁士才能为自己赢得在德意志世界以及全世界的尊重，从而取得真正的启蒙和精神教育上的世界领先地位。这种大学与国家的关系，也适用于大学与社会经济生活的关系。另一方面也是对大学的主体即教师和学生而言。大学教师应甘于寂寞，专心于科学和学术，不为世俗事务所干扰，国家保障他们的生活达到社会中上层的水平。在德国，大学教授是一个受人尊敬的职业，而只有不断探索、进行原创性研究者才可能成为大学教授。

　　洪堡从提出到建成柏林大学的时间只有一年多一点，但在新人文主义观念指导下建立起来的柏林大学，则成为世界上第一所现代意义的大学，并且极大地推动了德国大学的发展。至第一次世界大战前，德国已拥有多所世界一流大学，成为世界科学的中心，引领着世界高等教育，柏林大学更是会聚了大批精英，独领风骚。德国近现代在各个领域产生了那么多世界性的重大成就，出现了那么多伟大的思想家、科学家、艺术家，都与大学联在一起。

　　从现实状况看，今天的美国大学，体制更加灵活，科学研究更有活力，世界顶尖水平的研究成果也大大超过德国大学。然而，即便是美国那些顶尖大学的代表人物，也仍然承认自己是洪堡的继承人，将大学的成功和胜利归功于洪堡确立的现代大学观念。即使在德国，今天也已不存在像当年柏林大学那样打有深深的洪堡烙印的大学，但是洪堡在建立柏林大学时确立的大学观念、大学精神与学术制度仍深刻地影响着德国的大学。举一个例子：2002年5月，我受学校指派参加维尔茨堡大学庆祝建校600周年活动。在庆祝大会上作主旨演讲的，不是联邦政府或巴伐利亚州或维尔茨堡市当局的长官，而是该市的主教、哲学博士保罗－威尔纳·希勒。他在题为"大学与人类状况"的演讲中，没有讲述600年来该校的历史与辉煌，而是重申了该校建立之初所赋予的"使人类幸福"这一使命和目标，认为这是大学的首要基础。希勒分析了当今世界发生的巨大而深刻的变化，指出大学要在对这些变化及其带来的复杂问题作出新解释的同时，坚持科学研究这个根本任务，而关于人、关于人性的科学是所有科学中最紧迫且最困难的任务。他呼吁必须"把大学扩展到我们这个时代对人类的所有关怀上"，这是未来大学的任务。希勒的演讲没有漂亮空洞的口号，没有吸人眼球的辞藻，却让人清晰地意识到大学的使命和责任，是我所听过的所有校庆演讲中记忆和印象最深的。在庆祝大会结束后，我即向校方要了这个演讲的文本，并译成中文在国内期刊上发表。可以毫不夸张地说，德国的大学既为德意志民族赢得了世界性的辉煌，也改变了整个世界的命运。

在这里，我愿意用在基尔大学哲学系进修学习时的几个亲身感受的例子来印证上述对德国大学的印象。

先以施密茨教授为例，来看教授们对传统学术制度的坚守和践行。施密茨教授生于1928年，自从来到基尔大学哲学系，从普通教授到担任系主任再到成为被人研究的知名教授，直至2021年5月逝世，一直生活在这个城市。当今的德国，已很少有人建构系统的理论体系了，他却建立了一个涵括广泛内容的庞大体系，奠基之作就取名《哲学体系》，洋洋五卷十本，计五千余页。当今的德国，教授一般都驾车出行，他则安步当车几十年，经常提着一个硕大的皮包，内中装满大小厚薄不一的书本，气定神闲，行走在哲学系与寓所之间不远的马路上。读书、教书、写书，几乎构成了他的全部生活，赋予其生命的特殊意义。1990年，施密茨教授已年届六十有二，每星期系里的教学工作是两次各两节的大课、两次各两节的讨论课，还有两个晚上接待学生或与学生约谈，时间长短看与学生谈话的情形而定。基尔地处德国北边，冬天特别寒冷。记得我每次去他的办公室请教时，进门后的第一件事，就是他起身帮我脱去外面的大衣，这动作，这神情，至今仍记忆犹新，难以忘怀。现在，社会处于竞争中，大学也处于竞争中，特别是一些高水平大学的老师，要求高、压力大，我们也常常会听到一些人，特别是年轻人的叫苦或抱怨声。每当这时候，我就会想起施密茨教授：那高挑单薄的身材，那又大又沉的皮包，那排得满满的课程；那在书柜中整齐地排列着的他写的书和刊载着他文章的大量杂志；那些在我回国及他退休后，几乎每年都会收到的他新写的书；还有每年收到的于1992年成立的以他所创立的思想命名的学术研究团体——德国新现象学协会——学术年会的邀请函，以及从协会网站上看到的关于他在德国各处讲演的报道；就会想起2019年91岁高龄的他（逝世前两年）出版的最后一本著作《人如何来到世界上：关于自我形成之历史的研究》，想起他一生留给后人的57本书和200多篇文章。在德国，学术自由是教授创造性工作的基础，教授们何尝不是以严谨的态度来对待和承载这种自由！在德国，全社会尊重大学教授，教授们又何尝不是以自己的勤勉来回馈和珍惜这种尊重！又如，当时的基尔大学哲学系只有一个行政人员，一位精干的女士。她一个人，就能井井有条地处理好系办公室的日常事务，还管理着规模不小的系图书资料室。显然，这样的情形只有在德国大学的治理结构与学术制度下才有可能，若要处理或管理整个教与学的过程以及各种各样的事务，一个再精干的人，也是难以想象的。再如，学生在学习上的自主自由。我曾参加过施密茨教授开设的一个哲学讨论班。参加讨论课的有哲学专业的学生，他们自然是主要的讨论发言者，另有几位年龄明显较大的参加者。课间休息时，由于好奇我曾问其中的一位，得知他退休不久，原来是个工程师，工学博士，每次开车40多公里前来。问他为何参加这个讨论班，回答十分干脆，却让我惊叹不已：对哲学感兴趣，退休了，有时间。

四

现在再来说一下在较深层次上我对德国的印象。

凡在德国生活过的人都能真切地感受到，德国人勤勉、务实、严谨、守法、诚信。勤勉和务实以及与之相关的节俭，是德国人所具有的最为显著的品质。无论是一般的工作或生活，通常的交往或交流，或者日常的饮食或购物，我们都可以看到德国人表现出来的这种品质。节约时间，不摆阔气，力求实用，成为多数人行为处事的潜意识潜规则。同样，凡与德国人打过交道的都会对他们的严谨有深切感受：人们在工作时，严肃认真、循规蹈矩、不苟言笑、有条不紊；公交车站的站牌上写着一天中每个班次的时间，精确到几点几分，届时公交车必会准时出现；火车时刻表上标明每班次火车所经每个站点到站离站的精确时间，实际上也绝少有误点的状况；团体开会、主客会见、亲友互访，都会按约定的时间到达，无特殊情况绝不轻易改变，如有特殊原因无法准时赴约，都会表示歉意。我们也许都有这样的体验：有些在我们看来已有严重文牍主义状况的文书表格，在德国人看来却是自然而必需的。与严谨相关，人们思想追求独立自由，理论要求系统深刻，做事讲究精确准时。守法是德国人一种突出的意识和习惯，遵守公共规则，一切按章办事，维护社会和公共生活秩序，是他们的一个基本道德标准和生活准则。有人说：半夜里只要看到有人在红灯前站着，那就一定是个德国人。这不是调侃，而是事实。德国人不但在社会和公共生活中遵守规则、强调秩序，甚至一个城市的教堂、街道、商店和民居的搭配，也十分注意和谐协调；人们自己的日常生活、环境安排、工作节奏、做客约会，以至庭院花草的整理，也渗透着规则和秩序的意识与习惯。万物有序，各守其位，世界才会和谐，社会才有安宁，这是理性主义的追求与向往，注重和擅长理性思维的德国人，如此推崇规则和秩序，也就可以理解了。讲求诚信是德国人的另一个值得称道的品质。德国人讲究诚信守信，表里一致，不弄虚作假，不耍弄花招，在市场上几乎没有德国制造的假冒伪劣商品，德国的售货员也不会为了生意而瞎编胡吹，在商谈合作时，讲求实效，重在务实，力求弄清每个细节乃每个用语的含义，一旦承诺，就不会轻易变卦。

以上列举的，可以说是德意志精神的主要特征。德意志精神是在德意志民族发展过程中逐渐形成的。我们知道，德意志民族是在对内对外的战争中逐步发展起来的。对内，在各邦国诸侯为争夺德国的霸权而展开的长期战争中实现了统一。对外，为争取独立自由的权利与罗马、奥地利、法国等邻国也进行了长期的战争。长期的残酷战争和严格的军事生活，形成了具有上述特征的德意志民族精神。正是这种精神，内在地推动着德国现代化的发展。换句话说，德意志精神不但无形地渗透于人们的日常生活中，规范着人们的思维方式、行为习惯，深刻地影响着人们的意义标准、价值系统和文化取向，而且同样体现在德国社会发展和经济建设的各个方面。

若要举例，火车站便是体现务实、实用精神的最好例子。德国火车站一般都只是一个候车大棚，铁路和站台就在大棚之内，大棚也是上下车、进出站的主要空间。换句话说，一个火车站就是一个大棚，大棚的大小意味着火车站规模的大小。即使像慕尼黑火车总站那样德国南部最大的火车站，主体也是一个候车大棚，担当几乎所有长途列车和区间列车的始发和终到业务，除了部分列车的始发和终到业务由两翼的两个小火车站（分别设有总站的部分站台）分担。新建的柏林中央火车站，更是堪称现代化建筑与务实精神、实用原则相结合的经典样本。

柏林中央火车站于2006年5月28日正式建成通车。火车站所在地原先叫莱特火车站，由当年普鲁士国王威廉一世命名。莱特火车站曾是柏林最重要的火车站。1872年，德国第一辆时速90公里的火车就是从这里开出。1930年，时速为230公里的火车也是从这里出发试车。二战后，由于它靠近柏林墙，逐渐失去了作为柏林枢纽火车站的功能，此后，西柏林开始主要使用"动物园火车站"，而东柏林主要使用"柏林东火车站"，两个火车站空间狭窄，设施陈旧，地点也较偏僻，已远远不能适应统一后的柏林城市发展和交通需要。两德统一后，柏林市政府决定将莱特火车站改建成柏林中央火车站，使之成为欧洲最大最现代化的火车站。

柏林中央火车站的确是一座非常现代化的火车站。火车站建造历时11年，总建筑面积达5万平方米。建筑主体采用钢架结构和大面积玻璃外墙，看去恰似一座透明的宫殿。它的正前方是两德统一后新建设的联邦议会大厦和总理府，这两座标志着德国统一的新建筑被称为联邦的纽带，而柏林的标志性古典建筑帝国大厦与之遥相呼应，构成了一幅古典与现代完美结合的恢宏的建筑图画。柏林城内蜿蜒曲折的施普雷河从这座透明的宫殿前缓缓流过，正门前碧绿宽阔的草坪使它更显得壮观美丽。火车站的西南方，是以胜利柱为中心的一大片茂密的森林，那便是著名的蒂尔加滕公园。围绕火车站周围的是纵横交错、四通八达的公路和街道，交通十分便利。火车站主体设计为5层，分南北两个站台。地面层是南北两个主出入口，出入口大厅有49部升降电梯、54部滚梯连接各层。主体站台是一个用钢架支撑起的大棚，棚顶由弧线状玻璃构成，上面覆盖了近8000块太阳能电池板，加上采用了大面积玻璃自然采光，极大地节约了电能消耗。连接南北站台的是分立主体建筑两侧的两座桥型建筑，旅客可以通过电梯从南站台走到北站台，桥型建筑的南北通道两边是售票厅、货物储运、商店、餐厅、酒吧、书店等4万余平方米的工作面积。

这又是一座极其实用、极富人性化设计的火车站。站台的上层是连接东西方向城市的长途铁路干线和柏林市内轻轨，开往巴黎和莫斯科等城市的火车就在这里进出。地下各层是连接南北方向城市的长途铁路干线，来往于哥本哈根和雅典等城市的火车就在距地面15米的最底层停靠。两个方向的铁路干线在站内各层形成十字交会，使车站达到最佳利用率。地下同时设有三层特大型停车场。按设计能力，火车站每天过往停靠车辆最多可达1100车次，运输旅客30万人次。不仅如此，站内的功能和细节设计也极周到而富人性化：通往上下层的滚梯和通道的金属扶手上，刻有专门的盲文帮助盲人引路。整座建筑空间分割十分复杂，功能布局极其完整，但各处路标指示却非常清晰易辨，大量标识明确的电子显示牌，使不懂德语的乘客也能通过完全国际化的标识符号很方便地找到想要去的地方和站台。站台段内的铁轨路基用水泥浇注，取代普通的碎石路基，使车辆驶入的噪声大大减轻，每车道铁轨之间筑有水泥隔离墩，以防止一旦车辆出轨殃及临近车道的车辆。无论是穿行于建筑物的内部还是远眺建筑物的外观，都看不到感觉不到那种为了纯粹的装饰或美观而附着上去的多余和累赘。

　　柏林中央火车站是一座集交通、生活、生态于一体的特大型综合体。它是继帝国议会大厦和勃兰登堡门后柏林市的第三座标志性建筑，也是欧洲最时尚最现代化的火车站。它向世人展示了德国杰出的建筑思想、设计理念、工程技术、基础设施和施工水平；而它的实用性和人性化设计的追求，显然又是与德国民族的传统精神与现代意识相一致。2006年夏天我在柏林时，曾在这座火车站里细细参观了差不多整整一天，由衷地为它的如此现代化综合性而惊叹，又为它的如此实用性人性化而折服。

　　一个产生过那么多伟大思想家、科学家的国家，一个为世界科学技术作出那么多重大贡献的国家，一个在战后能直面历史、反省历史的国家，我们有理由期待和相信，它能够继续对未来的世界和平与人类命运共同体作出自己的贡献。

与中国的互动和对于欧洲的展望

施寒微　Helwig Schmidt-Glintzer

1948年出生，德国汉学家、时事评论家。2016年起担任德国图宾根大学资深教授、图宾根中国中心创始主任。曾在慕尼黑大学攻读汉学、哲学、社会学，1973年获哲学博士学位，博士论文题目为《〈弘明集〉与佛教在中国的接受》。随后在中国台湾地区和日本从事研究。1979年在波恩大学获得教授资格。1981年至1993年担任慕尼黑大学东亚文化学与语言学教授。1993年至2015年担任位于沃尔芬比特尔的奥古斯特公爵图书馆馆长，同时担任哥廷根大学东亚文学与文化学教授。2014年起任世界孔子协会副会长。2015年获得中华图书特殊贡献奖。1980年以来，施寒微定期在中国旅行和访学。他是多个研究院和协会的成员。他的研究方向是：中国历史（尤其是中国文官的地位）；欧洲对中国的研究；价值领域转移视角下现代化进程的非同时性；佛教作为跨国性的宗教运动。最新著作有：《中国的认同与全球现代性》（2018年）、《中国的精英及其道德指引》（2022年）。

五十年 五十人 50 Jahre 50 Menschen

Jahrgang 1948, ist Sinologe und Publizist, seit 2016 Seniorprofessor der Universität Tübingen und Gründungsdirektor des China Centrum Tübingen (CCT). Nach dem Studium der Sinologie, Philosophie und Soziologie 1973 Promotion an der Universität München zum Thema »Das Hongming ji und die Aufnahme des Buddhismus in China«. Anschließend Forschungsaufenthalte in Taiwan und Japan. 1979 Habilitation an der Universität Bonn. 1981 bis 1993 Inhaber des Lehrstuhls für Ostasiatische Kultur- und Sprachwissenschaft an der Universität München. 1993 bis 2015 Direktor der Herzog August Bibliothek Wolfenbüttel und Professor für Ostasiatische Literatur- und Kulturwissenschaft an der Universität Göttingen. Seit 2014 Vizepräsident der Internationalen Konfuzius-Gesellschaft. 2015 Staatspreis der Volksrepublik China für besondere Verdienste um die chinesische Buchkultur. Seit 1980 regelmäßige Reisen und Forschungsaufenthalte in China. Mitglied verschiedener Akademien und Vereinigungen. Seine Forschungsthemen sind: Geschichte Chinas, insbesondere die Stellung der Literatenbeamten, sowie die europäische Beschäftigung mit China; Ungleichzeitigkeit von Modernisierungsprozessen unter besonderer Berücksichtigung von Wertsphärenverschiebungen; der Buddhismus als transnationale Religionsbewegung. Zuletzt erschien *Chinas leere Mitte. Die Identität Chinas und die globale Moderne* (2018), sowie *Der Edle und der Ochse. Chinas Eliten und ihr moralischer Kompass* (2022).

中国和中国文化从我很小的时候就已经出现在我的生活中，我见到过一些有关中国的照片，在我家附近住着一位从中国回来的退休传教士，还有我父亲的针灸实践，他有一家很大的诊所，但这些却并没有让我特别沉迷其中。在德博翻译的《道德经》中，老子话语的神秘感吸引着我和我的同学彼得·科勒。我们一句句地朗读那些像谜一样的话。当然，中国也出现在与贝尔托·布莱希特相关的阅读材料中。在1967年夏天高中毕业后，我开始清楚地意识到，世界和居住其中的人并非仅仅由欧洲组成。我不想成为一名日耳曼学学者或神学家，而是想了解一些欧洲之外的东西。因此，我成为一名汉学家，学习了现代汉语和古汉语。我还对中国古典文学和哲学产生了兴趣，并致力于研究与中国有关的一切，从历史和经济史再到20世纪发生的现代化进程。

许多人无法理解这一点。他们认为研究中国是一件无用之事，因为它首先是一门"没有面包的艺术"。我对自身文化环境，对尤尔根·哈贝马斯和对多个哲学政治流派，以及对于德国内政问题的关注持续不断。作为一个德国人和欧洲人，我对中国的研究使我一再思考常常被称为"西方"的欧洲的特别之处。由于我第一次去中国的尝试无功而返，我先是在慕尼黑大学完成了学业，辅修专业是政治学和社会学。一位在北京的德国老师给我寄来了20世纪六七十年代中国的出版物。我在1972年提交的博士论文研究对象是《弘明集》，聚焦中国南北朝时期的佛教教义之争。正如我的一些老师们所说，你不一定非要去中国才能研究古代中国。事实上，慕尼黑大学东亚文化与语言专业为研究中国丰富的文学传统提供了理想的条件，同时也为研究汉学文献和19世纪至20世纪欧洲对中国的关注提供了路径。

前往东亚的佛教地点

后来，德意志人民研究基金会提供的丰厚海外学习奖学金让我有机会前往中国，并得以探访那些东亚佛教历史上的重要地方。为此，我尤其要感谢我的博士生导师沃尔夫冈·鲍尔，同时也要感谢傅海波，他们一直鼓励并支持我实现我的种种研究计划。由此，我在1973年第一次直接接触到中国。我经香港去往台北，并在那里完成了汉语口语的训练。之后我前往台北南港区的"台北研究院"，以进入傅斯年图书馆研究中国佛教史的著作——我住在"台北研究院"的宾馆"蔡元培馆"。1973—1974年冬季学期，我继续前往日本京都大学，并在傅海波的推荐下，进入了研究敦煌文献的大学者藤枝晃的团队，这使我很快熟悉了京都极为活跃的佛教研究。慕尼黑的马克斯·韦伯档案馆的负责人约翰内斯·温克尔曼在我出发之前曾让我关注日本的马克斯·韦伯研究，因此我在东京和京都见到了研究马克斯·韦伯著作的专家。经过在慕尼黑的五年学习，我已经通过图书馆和老师们了解了中国历史和文化的许多方面。直到此时，我才得以更为直接地体验这一文化世界的各个组成部分，我几乎每天都去逛各种书店和古董店，以进一步确定自己的方向，并在晚上观看民间歌舞表演。我把我觉得重要的东西全部买了下来，并把无数个装满书籍的箱子寄到我父母家。即使一切当代问题都让我产生了浓厚的兴趣，我对深厚的中国文化的赞叹和兴趣却依然不减。我试图更好地了解近现代中国的生活世界，同时也与当代中国学者和知识分子建立了联系。从他们那里我听到了很多人们在过去几年至几十年的经历，感受到人们对社会新发展寄予的许多希望，但也有对过快远离传统生活世界的担忧。

从中国到欧洲的漫漫长路

我的归程先是经过韩国，回到台北和香港之后，再从泰国北部到缅甸，在缅甸我参观了曼德勒和勃固。从加尔各答开始，我经由陆路前往印度的佛教发祥地，然后沿着亚历山大大帝和马可·波罗的路线，经过巴基斯坦、阿富汗、伊朗和土耳其，最后回到西欧。回到慕尼黑后，我翻译了与孔子对立的墨子的著作，我还拜访了柏林的布莱希特档案馆，以便更好地理解贝托尔特·布莱希特在斯文堡时期对墨子的关注。佛教史仍然是我的研究课题，即使在1976年陶德文将我带到波恩大学担任研究助理时也是如此，我很快就在那里通过一项关于中国佛教流派的认同和佛教通史的研究，获得了大学教授任职资格。在那里，我第一次经历了中国领导人的来访，即1979年10月华国锋的对德访问，他赞成德国统一的言谈引起了轰动。当我在1981年接过慕尼黑大学东亚文化与语言专业的教席，并成为当时巴伐利亚州最年轻的全职教授时，我很快就获得了前往中华人民共和国的机会，并在1980年年底对广州、北京和重庆的访问中，以及在此后不断地直接接触中见证了改革开放政策的逐步实施。在1985年寒冷的3月，我还参加了杨

五十年 五十人 50 Jahre 50 Menschen

来自北京的信，1968年
Brief aus Peking, 1968

武能和德博共同在重庆举办的主题为"中国与席勒，席勒与中国"的学术研讨会。

当时还无人能预料得到，中国的经济和工业发展会有怎样的动力。因此，我们很快就惊讶于中国的发展速度，但同时也震惊于这对生态日益增长的挑战，这使我们忧心忡忡，但同时也钦佩不已。1980年以后的独生子女政策等社会法规引发了种种矛盾心理。不过，在我们对于20世纪种种改革运动的认知背景下，这条发展道路在我们看来是可以理解的。我尤其感兴趣于中国帝制时代的"公共领域结构转型"、浙江地区的现代化及其前史，并始终对中国的文学传统保持兴趣，这也是我撰写《中国文学史》一书的原因。这本书于1990年首次出版，从2022年起有了中译本。

对于中国和欧洲文化历史的兴趣

不久，我作为汉学（人们将之理解为欧洲的中国研究）的代表，加入了许多研究讨论，其中包括马克斯·韦伯全集的出版人群体。即使在我担任位于沃尔芬比特尔的奥古斯特公爵图书馆（欧洲文化史的一个研究中心）馆长期间，我也没有远离中国，而是像奥托·福兰阁曾经描述他的生活那样，始终是"两个世界之间的旅行者"。在该图书馆的历任馆长中，我最有名的前任之一是戈特弗里德·威廉·莱布尼茨，他在生命的最后几十年里将大部分注意力都投向了中国。

在过去的50年里，中国一直是我思考和感受的一部分。通过与在中国和在世界各地的中国人的友谊，通过与中国重要的文学家和历史学家的接触，以及通过与来自世界各地的汉学家的接触，我感到自己是中国世界中的一部分，是她远距离的观察者，同时也是她的知己。如同一些汉学前辈一样，我把自己视为两个世界之间的旅行者。同时，由于美国的中国研究日渐发展，再加上奥古斯特公爵图书馆是"独立研究图书馆联盟"的成员，我也和美国的同行保持一种长期的密切关系。众所周知，德国和中国之间的关系可以追溯到很久以前。17世纪，科隆的汤若望等著名的耶稣会传教士就为中国和欧洲之间最先进的知识交流作出了贡献，在科学、技术，以及重要的工业方面，双方的多方位联系一直延续到今天。作为西方阵营的一部分，德意志联邦共和国在中美的"乒乓外交"之后与中国建立了外交关系。1990年10月3日，在德意志民主共和国加入德意志联邦共和国之后，德国在"一个中国政策"等问题上也与中国继续保持亲近。如果没有非常清醒的教育政策和科学政策，中国在过去几十年间的发展和成功的经济及工业政策是不可想象的。快速的发展使中国在世界上承担了新的角色，并需要各方面进行相应的调整。中国和美国越来越紧密地联系在一起，但与此同时，欧洲还没有找到自己的角色，也没有充分认识到与中国进一步加深合作的机会。加强欧洲的一体化并不能提供解决方案，欧洲应像过去一样，通过对其历史上支离破碎状况的自我认知，在国际关系中最好地发挥其力量，与此同时必须不断适时调整与俄罗斯及其东欧—亚洲地区帝国传统的距离，同时保持自己相对于美国的独立性。由于欧洲从近代早期起便拥有现代化的经验，这比世界上任何地区都更长，因此它的任务在于发展出多极化的后现代方案，其中除了强大，还应包含说服力和道德可靠性等基本要素。对于欧洲近代早期历史（同时是世界当代史前史的一部分）的重构，再加上对于包括中国传统在内的多种传统形态的承认，可以发展为一种新的相互理解基础。因为我的人生一直面向中国和东亚，而我后来也因担任奥古斯特公爵图书馆馆长而关注对于欧洲近代早期的研究，所以保持欧洲的自觉意识和与中国交流的愉悦对我来说已经成为理所当然的事情。在国际儒学联合会的会议上，通过与来自世界各地的中国专家的接触，这种交流得到了延伸。

Begegnungen mit China und Perspektiven für Europa

China und die chinesische Kultur waren seit frühester Kindheit in meinem Leben präsent, ohne mich besonders zu beschäftigen. Es gab Bilder und einen in der Nähe wohnenden aus China zurückgekehrten Missionar im Ruhestand, es gab die Praktizierung der Akupunktur durch meinen Vater, der eine große Arztpraxis führte. Die Rätselhaftigkeit der Worte des Laozi in dem Werk *Daodejing* in der Übersetzung von Günther Debon beschäftigte mich und meinen Schulfreund Peter Kölle. Wir lasen uns einzelne der Rätsel vor. Natürlich war China präsent bei der Lektüre von Bertolt Brecht. Nach dem Abitur im Sommer des Jahres 1967 wurde mir klar, dass die Welt und die sie bewohnende Menschheit nicht nur aus Europa besteht. Ich wollte nicht Germanist oder Theologe werden, sondern mich jenseits von Europas Grenzen umtun. So wurde ich Sinologe, lernte die moderne chinesische Hochsprache ebenso wie das klassische Chinesisch, interessierte mich für die klassische Literatur und Philosophie und beschäftigte mich mit allem, was mit China zusammenhängt, Geschichte und Wirtschaftsgeschichte bis hin zu den

五十年 五十人 50 Jahre 50 Menschen

Modernisierungen im 20. Jahrhundert.

Bei vielen traf dies auf Unverständnis. Beschäftigung mit China sei doch eine nutzlose Sache, vor allem eine „brotlose Kunst". Die Auseinandersetzung mit dem eigenen geistigen Umfeld, mit Jürgen Habermas und den philosophisch-politischen Strömungen, aber auch mit Fragen der deutschen Innenpolitik gingen weiter. Als Deutschen und Europäer führte mich die Beschäftigung mit China immer wieder auch zum Nachdenken über die Besonderheiten Europas, das oft auch als „der Westen" oder als das Abendland bezeichnet wird. Da erste Versuche, in die Volksrepublik zu gehen, scheiterten, beendete ich zunächst mein Studium an der Münchner Ludwig-Maximilians-Universität mit den Nebenfächern Politik und Soziologie. Eine deutsche Lehrerin in Peking schickte mir neueste Publikationen aus dem China der Kulturrevolution. Die 1972 eingereichte Dissertation beschäftigte sich mit dem *Hongming* Ji und setzte sich mit den Auseinandersetzungen um die Lehren des Buddhismus in der Zeit der Teilung Chinas in Nördliche und Südliche Dynastien auseinander. Für die Beschäftigung mit dem alten China müsse man, so manche meiner Lehrer, ja auch nicht unbedingt nach China gehen. Und tatsächlich bot das Münchner Seminar für ostasiatische Kultur- und Sprachwissenschaft ideale Bedingungen zum Studium der reichen literarischen Überlieferung Chinas und bot zugleich Zugang zur sinologischen Literatur und zur europäischen Beschäftigung mit China im 19. und 20. Jahrhundert.

Zu den buddhistischen Stätten Ostasiens

Dann aber gab mir ein großzügiges Überseestipendium der Studienstiftung des deutschen Volkes die Gelegenheit, nach China zu reisen und noch weitere für die Geschichte des Buddhismus in Ostasien wichtige Orte aufzusuchen. Hier ist Wolfgang Bauer vor allem zu danken, meinem Doktorvater, aber auch Herbert Franke, die mich förderten und mich bei der Umsetzung meiner Pläne unterstützten. So kam es zur ersten direkten Begegnung mit der chinesischen Welt im Jahre 1973. Ich reiste über Hongkong nach Taiwan, wo ich ein Training in der Umgangssprache absolvierte, bevor ich an die Academia Sinica in Nangang bei Taipei zog, um dort in der Fu Sinian-Bibliothek – ich wohnte im Cai Yuanpei Guan, dem Gästehaus der Akademie – Werke zur Geschichte des Buddhismus in China zu studieren. Im Winter 1973/1974 zog ich weiter nach Japan an die Universität Kyoto, wo mich auf Empfehlung Herbert Frankes Fujieda Akira, der große Kenner der Dunhuang-Dokumente, unter seine Fittiche nahm und mit der äußerst aktiven Buddhismus-Forschung in Kyoto vertraut machte. Der Leiter des Münchner Max-Weber-Archivs, Johannes Winckelmann, hatte mich vor meiner Abreise noch auf die japanische Max Weber-Forschung aufmerksam gemacht, und so traf ich Experten für das Werk Max Webers in Tokyo und Kyoto. Nach den fünf Jahren des Studierens in München war ich durch die Bibliothek und meine Lehrer bereits mit vielen Aspekten der Geschichte und Kultur Chinas vertraut. Nun aber konnte ich Teile dieser Kulturwelt unmittelbarer erfahren und besuchte fast täglich Buchhandlungen und Antiquariate, um mich weiter zu orientieren, und sah nachts die volkstümlichen Singspielaufführungen. Was mir wichtig schien, erwarb ich und schickte ungezählte Kisten mit Büchern in mein Elternhaus. Auch wenn mich alle Gegenwartsfragen brennend interessierten, galt meine Bewunderung und mein Interesse doch weiterhin der reichen chinesischen Kultur. Ich suchte nach einem besseren Verständnis der Lebenswelten im älteren China und verband mich zugleich mit den Gelehrten und Intellektuellen des gegenwärtigen China. Viel hörte ich über die Erfahrungen der letzten Jahre und Jahrzehnte, die Entbehrungen der Kulturrevolution und spürte die in die Neuentwicklung gesetzten Hoffnungen, aber auch die Skepsis gegenüber einer allzu schnellen Entfernung von der traditionellen Lebenswelt.

Der lange Weg von China nach Europa

Meine Rückreise führte mich über Korea zurück nach Taiwan und Hongkong, und dann von Nordthailand nach Burma, wo ich Mandalay und Pegu (heute Bago) besuchte. Von Calcutta aus begann ich die Reise über Land zu den Ursprungsstätten des Buddhismus in Indien und reiste dann auf den Wegen Alexanders des Großen und Marco Polos über Pakistan, Afghanistan, Persien und die Türkei zurück nach Westeuropa. Zurück in München übersetzte ich die Werke des gegen Konfuzius polemisierenden Mo Di und um Bertolt Brechts Beschäftigung mit Mo Di in seiner Svendborger Zeit besser zu verstehen, besuchte ich das Brecht-Archiv in Berlin. Die buddhistische Geschichtsschreibung blieb mein Thema, auch als mich Rolf Trauzettel 1976 als Assistent an die Universität Bonn holte, wo ich mich bald mit einer Arbeit zur Identität der buddhistischen Schulen und der buddhistischen Universalgeschichtsschreibung in China habilitierte. Dort erlebte ich erste chinesische Staatsbesuche, etwa den von Hua Guofeng im

1985年3月,参加在重庆举行的"中国与席勒"学术研讨会

Auf einer Sitzung des Symposium „China und Schiller" in Chongqing im März 1985

Oktober 1979, der durch sein Plädoyer für eine deutsche Wiedervereinigung Aufsehen erregte. Als ich 1981 den Lehrstuhl für Ostasiatische Kultur- und Sprachwissenschaft an der Münchner Universität übernahm und damals jüngster Ordinarius in Bayern war, erhielt ich bald Gelegenheiten zu Reisen in die Volksrepublik China, wo ich die Schritte der Öffnungspolitik unmittelbar miterlebte, bei einem Besuch Ende 1980 in Guangzhou, Peking und Chongqing, und dann immer wieder, etwa bei dem Symposium, welches Yang Wuneng zusammen mit Günther Debon organisiert hatte unter dem Thema „China und Schiller, Schiller und China" in Chongqing im kalten März des Jahres 1985.

Welche Dynamik die wirtschaftliche-industrielle Entwicklung in China entfalten würde, konnte damals noch keiner ahnen, und so wurden wir bald von einer Entwicklungsgeschwindigkeit, aber auch von wachsenden ökologischen Herausforderungen überrascht, die uns mit Sorgen erfüllte und die wir zugleich bewunderten. Soziale Regelungen wie etwa seit 1980 die Ein-Kind-Politik riefen ambivalente Gefühle hervor. Und doch erschien uns vor dem Hintergrund unserer Kenntnisse der Reformbewegungen des 20. Jahrhunderts dieser Entwicklungspfad plausibel. Mich interessierte der „Strukturwandel der Öffentlichkeit" im China der Kaiserzeit, die Modernisierung und ihre Vorgeschichte in der Zhejiang-Region, und immer wieder die literarischen Traditionen, weswegen ich auch eine Geschichte der chinesischen Literatur verfasste, die erstmals 1990 erschien und seit 2022 nun auch in chinesischer Übersetzung vorliegt.

Das Interesse an China und die europäische Kulturgeschichte

Es dauerte nicht lange, dass ich als Repräsentant der Sinologie, worunter man die europäische Beschäftigung mit China versteht, in vielerlei Diskurse einbezogen wurde, darunter in die Gruppe der Herausgeber der Max-Weber-Gesamtausgabe. So wandte ich mich dann auch in meiner Zeit als Direktor der Herzog August Bibliothek in Wolfenbüttel, einer Forschungsstätte für europäische Kulturgeschichte, nicht von China ab, sondern blieb ein „Wanderer zwischen zwei Welten", wie einmal Otto Franke sein Leben gekennzeichnet hatte. Auch hatte ja einer meiner berühmtesten Vorgänger im Amt des Bibliothekars, Gottfried Wilhelm Leibniz, in den letzten Jahrzehnten seines Lebens China nahezu ungeteilte Aufmerksamkeit geschenkt.

In den letzten 50 Jahren war China immer Teil meines Denkens und Fühlens, und durch die Freundschaft mit Chinesinnen und Chinesen in China und weltweit, durch Begegnungen mit bedeutenden chinesischen Literaten und Historikern, aber auch mit Sinologen aus aller Welt empfinde ich mich als Teil der chinesischen Welt, als deren distanzierter Beobachter und zugleich als Vertrauter. Wie manche sinologischen Vorgänger verstand ich mich als Wanderer zwischen zwei Welten, hatte zugleich aber auch durch die sich intensivierende amerikanische Chinawissenschaft, dann aber auch durch die Mitgliedschaft der Herzog August Bibliothek im Verbund der Independent Research Libraries eine dauerhaft große Nähe zu den Vereinigten Staaten. Die Beziehungen zwischen Deutschland und China reichen bekanntlich weit zurück. Im 17. Jahrhundert trugen bedeutende Jesuiten wie der Kölner Adam Schall von Bell zum Austausch des fortgeschrittensten Wissens zwischen China und Europa bei, und bis in die Gegenwart reichen vielfältige Kontakte in den Wissenschaften, den Künsten und natürlich und nicht zuletzt in der Industrie. Die Bundesrepublik Deutschland hat als Teil des westlichen Bündnisses in der Folge der Ping-Pong-Diplomatie Henry Kissingers diplomatische Beziehungen zu China aufgenommen. Nach dem Beitritt der Deutschen Demokratischen Republik zur Bundesrepublik am 3. Oktober 1990 fühlte sich Deutschland mit China auch im Hinblick auf die Ein-China-Politik weiter verbunden. Die Entwicklungen der letzten Jahrzehnte und die erfolgreiche Wirtschafts- und Industriepolitik, die ohne eine sehr kluge Bildungs- und Wissenschaftspolitik nicht denkbar gewesen wären, führen zu einer neuen Rolle Chinas in der Welt und erfordern von allen Seiten entsprechende Anpassung. Während sich China und die Vereinigten Staaten immer stärker aufeinander beziehen, hat Europa noch nicht seine Rolle gefunden und noch nicht in vollem Umfang die Chancen einer intensiveren Zusammenarbeit mit China erkannt. Nicht eine stärkere Uniformierung Europas wird jedoch die Lösung bringen, sondern wie in der Vergangenheit wird Europa seine Stärke in die internationalen Beziehungen am besten mit Hilfe der Selbstwahrnehmung seiner historischen Fragmentierung einbringen und muss dabei seine Distanz zu Russland und dessen osteuropäisch-asiatischen imperialen Traditionen immer wieder von Neuem ebenso justieren wie seine Unabhängigkeit gegenüber den Vereinigten Staaten wahren. Da Europa mit seinen Erfahrungen aus der Frühen Neuzeit mehr als irgendein anderer Teil der Welt die längsten Erfahrungen mit Modernisierung hat, ist es seine Aufgabe, Konzepte einer multipolaren Postmoderne zu entwickeln, bei der nicht nur Stärke, sondern auch Überzeugungskraft und moralische Glaubwürdigkeit wesentliche Elemente darstellen. Die Rekonstruktion der europäischen Frühen Neuzeit, die zugleich ein Teil der Vorgeschichte der gegenwärtigen Welt ist, kann zusammen mit der Anerkennung vielfältiger Traditionsbildungen, darunter auch der Traditionen Chinas, zur Grundlage für eine neue Verständigung werden. Da sich mein Leben sowohl nach China und Ostasien hin orientiert hat, ich dann aber durch meine Zeit als Direktor der Herzog August Bibliothek auch auf die Erforschung der europäischen Frühen Neuzeit aufmerksam gemacht wurde, sind für mich die Pflege europäischen Selbstbewusstseins und Freude am Austausch mit China zur Selbstverständlichkeit geworden. Dieser Austausch wurde bei den Treffen der Internationalen Vereinigung für Konfuziusstudien erweitert durch Begegnungen mit Chinakennern aus aller Welt.

五十年 五十人 50 Jahre 50 Menschen

我通往中国之路

博喜文　*Michael Borchmann*

1949年出生，法学博士，德国黑森州欧洲及国际事务司前司长。1968年至1973年在德国法兰克福大学攻读法学。1973年至1975年在英国剑桥大学留学，并取得法学博士学位。毕业后先在政府部门负责科研，后在位于施派尔的德国管理学大学任教授助理。1980年以后一直在黑森州级政府任职，先后任职于州政府办公厅、州经济部、州内政部、州司法部，最后回到州政府办公厅，并于2015年退休。他的最后一个公职是黑森州欧洲及国际事务司司长，并兼任黑森州司法考试办公室成员。在公职之外，他还在1977年至1985年担任家乡地区利德巴赫议会的议员。2007年至2015年，他作为预备役军官，在位于汉堡的德国联邦国防军指挥学院为参加培训的外国高级军官授课。

Jahrgang 1949, ist Ministerialdirigent a.D. Hessen. Er studierte Rechtswissenschaften an der Frankfurter Johann-Wolfgang-Goethe-Universität von 1968 bis 1973. Von 1973 bis 1975 befasste er sich mit seiner Promotion zum Dr. jur. und einem postgraduierten Studienaufenthalt an der Universität Cambridge/England. Seine berufliche Tätigkeit begann mit einer Tätigkeit als Forschungsreferent und anschließend als Lehrstuhlassistent an der Deutschen Universität für Verwaltungswissenschaften Speyer. Seit 1980 war er in obersten Landesbehörden Hessens tätig, zunächst in der Staatskanzlei, anschließend im Hessischen Wirtschaftsministerium, im Hessischen Innenministerium, im Hessischen Justizministerium und endlich wieder in der Staatskanzlei, in der er 2015 in den gesetzlichen Ruhestand trat. Seine letzte staatliche Funktion war die eines Abteilungsleiters für Europa und internationale Angelegenheiten und im Nebenamt eines Mitgliedes des Justizprüfungsamtes Hessen. Außerhalb der dienstlichen Tätigkeit war er von 1977 bis 1985 Abgeordneter im Parlament seiner damaligen Heimatgemeinde Liederbach. In den Jahren 2007 bis 2015 wirkte er als Reserveoffizier an der Ausbildung hochrangiger ausländischer Offiziere an der Führungsakademie der Bundeswehr in Hamburg mit.

直至2015年，我一直在为黑森州政府服务，最后担任的职务是黑森州欧洲及国际事务司司长。卸任后，中国商务部投资促进事务局任命我为名誉顾问。此外，我还定期为中国国际广播电台和中国互联网络信息中心撰写评论文章。

在收到撰写这篇文章的邀请时，我并未考虑太久就欣然应允。同样在一年前，当非常活跃的博登湖德中友协要求我就相关主题做一个演讲时，我也没有过多犹豫便欣然答允。早在那时，我就已把"我通往中国之路"从记忆中详细地提取出来了。

我在工作上与中国打交道只有15年左右，但在这段时间里，我却一直非常深入地参与中国事务。中国从未在我的生活中缺席，我从童年起就一再接触"中国"。这始于一本关于一只名叫"默奇"的刺猬的童书，该书在当时的德国非常流行，这只刺猬有着变成各种童话角色和去往外国历险的种种经历。在艺术家威廉·彼得森精美的描绘下，那些国家里也包括中国。在参加一次儿童化装舞会时，我选择了穿着一件传统的中式长袍。后来我不时在一个乒乓球俱乐部打球，所有人都在私下谈论一位我们认为无敌的天才中国运动员——庄则栋。在大学期间，我和当时的许多大学生一样，手里自然也有《毛泽东语录》这本红色小册子。许多年后，在《华山道士》这本书的启发下，兴趣驱使我接触了亚洲武术，具体而言是道家的内功。我甚至有几次专门跟随一位来自武当山的师父学习，后者也在德国开设课程。最后，通过道家的武术，我还领略到了中国思想史的博大精深，尤其是伟大的思想家老子的《道德经》和庄子的《南华经》。

但在职业生涯中，直到15年前，我主要处理的仍是欧洲事务，并未参与中国事务。

五十年 五十人　50 Jahre 50 Menschen

　　我最初开始和中国打交道的背景是，当时在黑森州发生了一些事件，使得中国驻柏林的大使馆或驻法兰克福总领事馆采取了所谓的外交措施。当时尽管我负责的是欧洲事务，某一天，我接到了一位级别非常高的官员的电话和请求："博喜文，中国人想再次提出抗议。虽然大使馆的这些人都很友好，不过我现在尽管有意愿，却找不到时间跟他们长时间交谈。您善于外交，也很有亲和力，所以请您代替我。"显然，这次谈话是成功的，这带给我的结果是，每当需要与中方代表商讨棘手的问题时，我都被委派为一种"特使"的身份。

　　在一段时间后，当我自己也成为该司的领导时，我问自己："为什么我只在出现棘手事件的时候和中国打交道？"我把对我而言非常重要的与中国的良好关系视作自己工作的一个重点。我的工作主要包括接待中国代表团，与中华人民共和国的领事代表和外交代表定期会谈，以及间或组织代表团前往中国。我尤其与中国的多位领事和外交代表之间，发展出了友好和充满信任的关系，在此无法尽述。

　　以下两个方面对我来说也非常重要。首先，法兰克福地区有一个较大的华人社群。这个社群组织了许多活动，我经常受邀去作"代表政府"的致辞。我几乎从未拒绝过这样的邀请，时而也与中国朋友们一起共度美好的夜晚。对此，有一个名字不得不提，他就是时任中国东方航空公司驻法兰克福的负责人卢徐煌，他是一个为华人社区赢得赞誉的积极而坚定的"催化剂"

2010年4月作为时任黑森州副州长约尔格-乌韦·哈恩访问湖南的代表团成员，参观韶山的毛泽东故居

Besuch des Geburtsorts von Mao Zedong in Shaoshan im April 2010 im Rahmen einer Delegationsreise des damaligen Hessischen Vize-Ministerpräsidenten Jörg-Uwe Hahn nach Hunan

角色。此外，与法兰克福孔子学院以及华茵中文学校的合作同样使我收获良多。

我也不会忘记位于伊德施泰因的费森尤斯大学的一个项目，当时该校与中国有一个很好的学生交流项目。在该项目框架内，每年有20名至30名来自中国各大学的学生来到伊德施泰因，学习企业管理、对外德语、商务英语，并完成他们的实习。我帮助该学校在政府部门安排了此类实习机会，每次还在我的工作部门里接收一位女学生。这个项目甚至引起了《图片报》的兴趣，该报在一篇标题为《我们是政府办公厅的中国女学生》的报道中详细介绍了其中的两名学生。

我总共正式访问过中国四次，两次陪同部长出访，两次由我自己带领小型代表团出访。前两次"部长之旅"把我带到了湖南和江西，这两个省都与黑森州有着特殊的联系。对于我的第一次中国之行目的地湖南而言，诗人赫尔曼·黑塞的名言自然适用："每一个开始都充满魔力。"江西之行的特殊之处则在于，出发前几天我已经独自前往上海，并在2010年中国国际友好城市大会上与江西的朋友们一起接受对于江西省与黑森州建立友好关系25周年的表彰。

另外两次访问把我带到了大连和河南。在所有这些旅行中，我领略了中方待客之道的特殊友好和关怀，这给我留下了深刻的印象。特别是河南省政府不遗余力地带我们领略了该省最著名的景点。

当我在2015年卸任政府职务时，中国再一次为这次告别增添了特殊的色彩。当时的中华人民共和国驻法兰克福总领事梁建全为我举行了一个隆重的告别招待会，来自商界、学界、文化界和社会各界的人士应邀前来。我不会忘记他当时令我非常感动的话。他强调了我为中德双边关系所作的巨大努力。特别是我总频繁到场参与大型华人社群的活动，这并不是一件理所当然的事情。恰恰是这一点得到了中方的高度赞赏，我在这个华人社群中为黑森州赢得了赞誉。梁总领事为此向我真诚地致谢，并表示期望我在未来继续维持对中国事务的高参与度。最后，他嘴角带着微笑说道："现在你有更多的时间留给我们中国人了。"

不过，我自己则开始了一段不断思考的时间。当然，我会继续到场参与华人社群的活动。而这个社群的成员也会继续在中国代表团来访时把我当成贵客来邀请。但我还能再去中国吗？出于这种顾虑，我在2015年11月就已决定参加一个代表团访问中国。2016年1月，一位非常友好的浙江省代表安排我与一位中小企业界代表一起访问了这个美丽的省份，以促进各个城市与德国建立联系。

我在2016年11月享受了一次特别深刻的"沉浸式中国之旅"。通过与我近段时间关系密切的《欧洲时报》（德国版）总编辑胡旭东的牵线，在中国国际广播电台的邀请下，我得以与其他14位来自美洲、欧洲、阿拉伯地区和亚洲的中国研究专家和活动家一起在北京中关村和合肥体验中国的经济变革，体验从"扩展工作台"到未来科技的转变。此外，我还与中国国际广播电台德语编辑部建立了一种友好的、堪称亲切的联系，随后我开始为他们撰写报告和评论。第二年，中国国际广播电台的一个高级代表团甚至拜访了我的住所，以在一些当地名人的见证下正式表彰与我的合作。不只是中国国际广播电台，其他中国媒体，如中国互联网络信息中心、中国国际电视台和中央电视台也成为我的合作对象。

还有一件我认为非常好的事：在我退休后，中国国际投资促进中心（德国）主任徐耀军早早就找到我，邀请我担任他所在机构的荣誉顾问。我欣然接受了这一邀请，并在2016年4月底在北京得到了商务部投资促进事务局的正式任命。这一新职务极大地拓展了我进一步与中国相关的活动。我参加了许多访问中国的代表团，如关于投资和并购合作，关于智能生产以及在南京和南昌举行的第二届中德汽车大会。同时我也参与商务部投资促进事务局在一年一度的汉诺威博览会上的活动以及其他活动，如与马格德堡市的合作。与让人感到宾至如归的商务部投资促进事务局团队一起工作充满快乐。位于北京的领导层也让我在所有的交往中感受到了他们的亲切和好意。我还收到了来自太仓市——中国的"德企之乡"的一份特殊的好意。鉴于我在商务部投资促进事务局框架下与这座城市的代表的紧密合作，时任副市长胡捷正式授予我"太仓友好人士"荣誉称号。

我个人也接到了一些在中国做主旨演讲的私人友好邀请，比如2017年到盘锦，2018年受邀前往杭州参加第三届全球展览浙江（西湖）论坛，参加2018电子与智能制造博览会，前往深圳宝安参加第三届产业转型与技能提升论坛，以及参加在柳州举行的广西壮族自治区建区周年庆。

尽管无法一一列举，但可以从我上文的描述中看到，中国已经成为我人生的一部分，而且是使我受益良多的一部分。在中德建立双边外交关系的50年间，双方都取得了许多成就。中德两国都从越来越紧密的关系中获益巨大。直到前不久，德国还拥有一位认识到并促进这一点的总理。我希望，两国能沿着这条道路继续大步迈进。然而，令我感到担忧的是，目前德国似乎有一些政治行为体正在制造不和谐的声音，这或许受到了一些嫉妒中国成功的力量影响。而我仍然希望，在不远的将来，我们将重回安吉拉·默克尔的审慎之道。

Mein Weg zu China

Bis zum Jahre 2015 stand ich im Dienste des Landes Hessen, zuletzt als Chef der Abteilung für Europa- und internationale Angelegenheiten. Nach dem Ausscheiden aus dieser Funktion bestellte mich die China International Investment Promotion Agency (CIIPA) des chinesischen Handelsministeriums zum Ehrenberater. Ferner schreibe ich regelmäßig Kommentare für China Radio International (CRI) und das China Internet Information Center.

Als ich die freundliche Einladung zu diesem Beitrag erhielt, musste ich mit meinem „Ja" nicht allzu lange zögern. Ebenso wenig wie bei meinem „Ja" vor gut einem Jahr zu der sehr aktiven Deutsch Chinesischen Gesellschaft Bodensee, die mich um einen Vortrag zu einem entsprechenden Thema gebeten

我通往中国之路

胡捷副市长于2018年5月29日在法兰克福的中国国际投资促进中心向笔者（右）授予"太仓友好人士"称号

Ernennung zum Freund der Stadt Taicang in den Räumen der CIIPA in Frankfurt durch Frau Vize-Bürgermeisterin Hu Jie am 29. Mai 2018

hatte. Bereits damals musste ich mir „meinen Weg zu China" ausführlich aus den Erinnerungen holen.

Beruflich bin ich zwar erst seit ca. 15 Jahren mit China befasst, aber in dieser Zeit doch sehr intensiv. Aber: Ganz ausgeblendet war China in meinem Leben niemals, bereits seit der Kindheit stieß ich immer wieder auf „China". Das begann bereits bei den in Deutschland damals sehr beliebten Kinderbüchern über einen Igel namens „Mecki", der Abenteuer-Reisen sowohl zu Märchenfiguren als auch in fremde Länder unternahm. Hierzu gehörte – wunderschön illustriert durch den Künstler Wilhelm Petersen – eben auch China. Und: Beim Besuch eines Kindermaskenballes wählte ich mir ein traditionelles chinesisches Gewand als Kleidung. Später – als ich zeitweise in einem Tischtennisverein spielte – flüsterten alle den Namen eines genialen chinesischen Spielers, den wir für unschlagbar hielten: Zhuang Zedong. Während meines Studiums erwarb ich dann wie viele anderen Studenten damals auch natürlich das kleine rote Büchlein Worte des Vorsitzenden Mao Zedong. Und schließlich gelangte ich viele Jahre später über mein Interesse an asiatischen Kampfkünsten namentlich zu den inneren Kampfkünsten des Daoismus, inspiriert durch eine Trilogie Der Taoist vom Huashan. Ja ich besuchte sogar das eine und andere Seminar bei einem Meister aus dem Wudang Gebirge, der auch in Deutschland Kurse gab. Und schließlich: Über die daoistischen (taoistischen) Kampfkünste erschlossen sich mir denn auch die Größe und Tiefe der chinesischen Geistesgeschichte, namentlich in Form des großartigen *Daodejing* von Laozi, aber auch des *Nanhuajing* von Zhuangzi.

Beruflich aber war ich bis vor 15 Jahren primär mit Europaangelegenheiten befasst, China lag im Aufgabenbereich anderer.

Erstmals mit China zu tun bekam ich vor dem Hintergrund, dass es im Land Hessen das eine oder andere Geschehnis gab, das die chinesische Botschaft in Berlin oder das Generalkonsulat in Frankfurt zu einer sogenannten Demarche veranlasste. Nun, und – obwohl mit Europaangelegenheiten befasst – erhielt ich eines Tages den Anruf eines sehr hochrangigen Beamten mit der Bitte: „Borchmann, die Chinesen wollen wieder einmal einen Einspruch vortragen. Das sind zwar sehr nette Leute in der Botschaft, aber ich habe beim besten Willen keine Zeit jetzt für ein längeres Gespräch. Sie sind doch diplomatisch gewandt und freundlich, deshalb übernehmen Sie das bitte für mich." Offenbar verlief das Gespräch in der Tat erfolgreich, mit der Folge für mich, dass ich als eine Art „Sonderbeauftragter" immer zum Einsatz kam, wenn schwierige Fragen mit den Vertretern Chinas zu erörtern waren.

Nun, als ich dann einige Zeit später selbst die Leitung der Abteilung übernahm, sagte ich mir: „Warum soll ich mich nur in problematischen Fällen mit China befassen?" Und ich machte die mir so wichtig erscheinenden guten Beziehungen zu China zu einem Schwerpunkt meiner Arbeit. Diese Arbeit bestand vornehmlich in dem Empfang chinesischer Delegationen sowie regelmäßigen Gesprächen mit den konsularischen und diplomatischen Vertretern der VR China, hinzu kamen auch die eine und andere Delegationsreise in die VR China. Gerade zu den konsularischen und diplomatischen Vertretungen bildeten sich zahlreiche freundschaftliche und vertrauensvolle Beziehungen heraus, die ich hier nicht alle nennen kann.

Wichtig erscheinen mir aber auch noch folgende zwei Aspekte: Zum einen lebt im Raum Frankfurt eine große chinesische Community. Und diese Community organisierte zahlreiche Veranstaltungen, zu denen man mich regelmäßig um ein „staatliches" Grußwort bat. Und da sagte ich praktisch niemals Nein und verbrachte manchen Abend im Kreis der chinesischen Freunde. Auch hier nur einen Namen: Lu Xuhuang, der als damaliger Chef von China Eastern in Frankfurt ein rühriger, engagierter „Katalysator" für das gewinnende Gesicht der chinesischen Community war. Oder: Die Zusammenarbeit mit dem Frankfurter Konfuzius-Institut bereicherte mich ebenso wie die mit der Sprachschule Huayin.

Nicht vergessen möchte ich auch ein Projekt mit der Hochschule-Fresenius in Idstein, die damals ein schönes Studentenaustauschprogramm mit China pflegte. Im Rahmen dieses Programms kamen ca. 20-30 Studenten von verschiedenen Hochschulen aus China jährlich nach Idstein und studierten hier Betriebswirtschaft, Deutsch als Fremdsprache, Business English und absolvierten Betriebspraktika. Hier half ich der Hochschule bei der Beschaffung solcher Praktika in der Verwaltung und nahm auch jeweils eine Studentin in meinen Arbeitsbereich auf. Dies Projekt erregte sogar das Interesse der BILD-Zeitung, die in einem größeren Bericht zwei der Studentinnen unter der Schlagzeile „Wir sind die China-Studentinnen der Staatskanzlei" vorstellte.

Dienstliche Reisen nach China gab es insgesamt vier, zwei in Begleitung von Ministern und zwei unter meiner Leitung mit einer eigenen kleinen Delegation. Die ersten beiden „Minister-Reisen" führten mich nach

Hunan und Jiangxi, beide mit dem Land Hessen in besonderem Maße verbunden. Für Hunan, als erste Reise nach China, gilt natürlich das berühmte Zitat des Dichters Hermann Hesse: „Und jedem Anfang wohnt ein Zauber inne." Und die Jiangxi-Reise wies die Besonderheit auf, dass ich bereits einige Tage zuvor alleine nach Shanghai anreisen durfte, um gemeinsam mit den Freunden aus Jiangxi auf der China International Friendship Cities Conference 2010 eine würdevolle Ehrung für 25 Jahre Partnerschaft zwischen Jiangxi und Hessen entgegennehmen zu dürfen.

Die beiden anderen Reisen führten mich nach Dalian und nach Henan. Und auf all diesen Reisen lernte ich die besondere Freundlichkeit und Fürsorge der chinesischen Gastgeber kennen, die mich schon beeindruckte. Namentlich die Provinzverwaltung von Henan scheute keine Mühe, uns zu den bedeutendsten Sehenswürdigkeiten der Provinz zu fahren.

Als ich 2015 aus dem staatlichen Dienst ausschied, war es erneut China, das diesem Ausscheiden eine besondere Note verlieh. Der damalige Generalkonsul der VR China in Frankfurt Liang Jianquan gewährte mir einen feierlichen Abschiedsempfang, zu dem er Gäste aus Wirtschaft, Wissenschaft, Kultur und Gesellschaft eingeladen hatte. Seine mich sehr bewegenden Worte damals werde ich nicht vergessen. Er hob mein großes Engagement für die bilateralen Beziehungen hervor. Meine hohe Präsenz namentlich auch bei Veranstaltungen der großen chinesischen Community sei keine Selbstverständlichkeit. Gerade dies sei aber von chinesischer Seite in hohem Maße geschätzt worden, ich hätte dem Land Hessen bei dieser Community ein Gesicht gegeben. Hierfür dankte Generalkonsul Liang mir herzlich und äußerte die Erwartung, dass ich bei diesem Einsatz auch in Zukunft nicht nachlasse. Er schloss mit einem Lächeln auf den Lippen mit dem Satz: „Sie haben ja jetzt noch mehr Zeit für uns Chinesen."

Für mich selbst begann aber zunächst eine nachdenklich stimmende Zeit. Klar, ich war auch weiter bei der chinesischen Community präsent. Und Mitglieder dieser Community sorgten auch dafür, dass ich weiter als Ehrengast beim Empfang von Delegationen aus China eingeladen wurde. Aber würde ich je wieder nach China kommen? Aus dieser Sorge heraus entschloss ich mich noch im November 2015 zur Teilnahme an einer doch sehr kostenintensiven Delegationsreise nach China. Aber es sollte dann doch bald weniger belastend für mein Bankkonto werden. Bereits im Januar 2016 sorgte ein ausgesprochen liebenswürdiger Vertreter der Provinz Zhejiang dafür, dass ich gemeinsam mit einem Vertreter der mittelständischen Wirtschaft diese schöne Provinz besuchen durfte, um in verschiedenen Städten Kontakte zu Deutschland herzustellen.

Und ein besonders tiefes „Eintauchen in China" durfte ich im November dieses Jahres 2016 genießen. Auf Vermittlung des Chefredakteurs der China Rundschau Hu Xudong, mit dem mich schon einige Zeit ein reger Kontakt verband, durfte ich in Zhongguancun und Hefei Chinas wirtschaftlichen Umbruch, den Weg von der „verlängerten Werkbank" in die Technologien der Zukunft auf Einladung von China Radio International (CRI) gemeinsam mit 14 weiteren Chinaexperten und Kommunikatoren aus Amerika und Europa ebenso

五十年 五十人 50 Jahre 50 Menschen

2019年11月新冠疫情暴发前，参与商务部投资促进事务局代表团访问期间，我们参观了重庆附近的大足石窟，并与中国的青少年进行了真诚的互动

Besuch der Grotten von Dazu bei Chongqing und dort herzliche Begegnung mit Chinas Zukunft im November 2019 im Rahmen der letzten CIIPA-Delegationsreise vor der Corona-Unterbrechung

wie aus Arabien und Asien erleben. Und zudem entstand ein freundschaftlicher, ja herzlicher Kontakt zu Mitgliedern von CRI, namentlich der Deutschland-Redaktion, für die ich anschließend begann, Berichte und Kommentare zu verfassen. Und im folgenden Jahr besuchte mich sogar eine hochrangige Delegation von CRI an meinem Wohnort, um mich für meine Zusammenarbeit förmlich in Anwesenheit einiger lokaler Prominenz zu ehren. Und es blieb nicht bei der Arbeit mit CRI. Andere chinesische Medien wie etwa das China Internet Information Center oder auch CGTN und CCTV traten hinzu.

Besonders schön für mich war auch, dass frühzeitig nach meinem Ausscheiden aus dem Dienst der Direktor der Deutschland-Niederlassung der China International Investment Promotion Agency (CIIPA), Xu Yaojun, an mich herantrat und mir die Funktion eines Ehrenberaters seiner Agentur vorschlug. Gerne sagte ich zu, Ende April 2016 wurde ich in einem förmlichen Akt durch den Stellv. Leiter der CIIPA in Beijing Li Yong förmlich ernannt. Und diese neue Funktion bereicherte meine weiteren China-Aktivitäten ungemein. Man beteiligte mich an zahlreichen Delegationsreisen nach China, beispielsweise zu Investitions- und M&A-Kooperationen, zu Intelligenter Produktion oder auch zum 2. Deutsch-Chinesischen Automobilkongress in Nanjing und Nanchang. Aber auch in die engagierte Teilnahme der CIIPA an der jährlichen Hannover-Messe wurde ich eingebunden ebenso wie sonstige Aktivitäten hier wie etwa mit der Stadt Magdeburg. Es machte einfach Spaß, mit dem CIIPA-Team in einer nahezu familiären Atmosphäre zusammenzuarbeiten. Auch die Leitung in Beijing, Leiter Liu Dianxun und Vize Li Yong ließen mich bei allen Begegnungen ihr freundliches Wohlwollen spüren. Und besonderes Wohlwollen wurde mir auch von der Stadt Taicang zuteil, der „Hauptstadt der deutschen Unternehmen" in China. Aufgrund meiner engen Kooperation mit deren Vertretern unter dem Dach der CIIPA verlieh mir die damalige Vize-Bürgermeisterin Hu Jie die förmliche Ehrenbezeichnung „Freund der Stadt Taicang".

Aber auch individuell hatte ich einige schöne Einladungen zu Keynote-Reden nach China zu verzeichnen, wie etwa 2017 nach Panjin oder 2018 zum 3. „Zhejiang (West Lake) Forum of Global Exhibition" nach Hangzhou, zur Expo 2018 Elektronik und Intelligent Manufacturing sowie zum 3. Forum zur industriellen Transformation und Höherqualifizierung nach Shenzhen-Bao'an oder zum Provinzjubiläum Guangxi nach Liuzhou.

Es gäbe aus meiner Sicht noch viel zu erzählen, aber entnehmen Sie aus meinen vorstehenden Schilderungen, dass China ein Teil meines Lebens geworden ist, und zwar ein sehr bereichernder. In den 50 Jahren des Bestehens bilateraler diplomatischer Beziehungen ist sehr vieles für beide Seiten erreicht worden. Deutschland und China haben beide enorm von den immer enger werdenden Beziehungen profitiert. Und mein Land hatte bis vor kurzer Zeit eine Bundeskanzlerin, die das erkannt und gefördert hat. Ich würde mir wünschen, dass auf diesem Weg kraftvoll weiter vorangeschritten wird. Allerdings besorgt es mich, dass es in Deutschland inzwischen einige politische Akteure zu geben scheint, die für Misstöne sorgen, möglicherweise beeinflusst von Kräften, die China seine Erfolge neiden. Meine Hoffnung bleibt, dass wir doch in nicht zu ferner Zukunft auf den Weg der Besonnenheit einer Angela Merkel zurückkehren.

五十年 五十人 50 Jahre 50 Menschen

探索中国，找到自己
——外交关系层面以及人与人之间

聂黎曦 *Jörg Michael Nerlich*

1949年出生于加米施－帕滕基兴，为中国的高校和出版社工作超过40年。在完成了记者培训并在大学学习日耳曼学和汉学之后，他于1980年作为德意志学术交流中心的特派教师进入北京外国语大学。他的主要工作重点是编写《新汉德词典》（商务印书馆1985年版）。此外，他还承担了本科高年级和硕士阶段德国文学和修辞学的教学任务。1987年，他转向本科基础课程教学，参与编写《德语教程》（北京大学出版社1988年及之后版）和《当代大学德语》（外语教学与研究出版社2005年及之后版）等教材。自2011年以来，他一直致力于编写一本新的《新世纪汉德大词典》。除了这些主业之外，聂黎曦还发表与中国相关的文章，并为中国现代文学的翻译工作担任编辑和出版人。从1980年到1996年，聂黎曦完全生活在中国，此后他搬到了法国居住。从2001年到2020年受到新冠疫情影响中断之前，他每年都在中国停留约6个月，主要在外语教学与研究出版社工作。

Geboren 1949 in Garmisch-Partenkirchen, arbeitet seit über 40 Jahren für chinesische Hochschulen und Verlage. Nach einer Journalistenausbildung und dem Studium der Germanistik und Sinologie ging er 1980 als Lektor des Deutschen Akademischen Austauschdiensts an die Fremdsprachenuniversität Beijing. Sein Arbeitsschwerpunkt war *Das neue chinesisch-deutsche Wörterbuch* (Commercial Press, 1985). Daneben übernahm er Lehraufgaben im Bereich deutsche Literatur und Stilistik im Haupt- und Masterstudium. 1987 wandte er sich der Grundstudiumsdidaktik zu und wurde Mitverfasser der Lehrwerke *Grundstudium Deutsch* (Peking University Press, 1988 ff.) und *Studienweg Deutsch* (Foreign Language Teaching and Research Press, 2005ff.). Seit 2011 arbeitet er an einem neuen chinesisch-deutschen Großwörterbuch. Neben diesen seinen beruflichen Hauptaufgaben veröffentlicht Nerlich chinabezogene Aufsätze und war redaktioneller Mitarbeiter und -herausgeber von Übersetzungen moderner chinesischer Literatur. Jörg Michael Nerlich lebte von 1980 bis 1996 ganz in China und verlegte dann seinen Wohnsitz nach Frankreich. Er war jedoch von 2001 bis zur covid-bedingten Unterbrechung 2020 jährlich etwa 6 Monate in China und überwiegend an der Foreign Language Teaching and Research Press tätig.

当国家、民族和文化之间建立正式关系时，这通常意味着摆脱历史的负担，开始政治正常化，加强贸易和思想交流，以及开启双方在国际上共存的新阶段。所有这一切都在50年前中华人民共和国和德意志联邦共和国建立外交关系之时发生了。

当来自不同国家和文化的个体相遇时，一个双重探索的过程开始了：对他者的感知，对不一样的传统、惯例、思维和行为方式的感知，以及与自己的比较。人们在获得新知的同时，也从一个新的角度认识了自己，这往往是无意识的。如果这种探索在没有偏见、没有抵触的情况下取得成功，那就是对双方而言新的身份认同的起点。世界旅行家赫尔曼·格拉夫·凯泽林（1880—1946）在其1919年出版的《一个哲学家的旅行日记》中说："通往自己的最短路程是环绕世界。"

今天，文化社会学家在谈论互动的"第三空间"，在这个空间里，本文化和异文化并存和相互渗透，人们在其中重新体验自己和既有的世界——这种经历就发生在我身上。1980年8月20日，我乘坐中国民航局的一架伊留申飞机，从西柏林经法兰克福、布加勒斯特和乌鲁木齐飞行25小时后，抵达北京。

我的探索获得了成功，我从那时起直到今天一直生活在这种"第三空间"里，我总是参与反思中国、中国的现实和中国的思想，并感到非常充实，我感谢与中国人民40多年的合作和友谊。我尤其感谢曾经被称为"北京第一外国语学院"的北京外国语大学，以及外语教学与研究出版社的同事们。我也感谢德意志学术交流中心，它在两国政府间语言和文化传播的框架下将

五十年 五十人 50 Jahre 50 Menschen

《新汉德词典》编辑团队，1982年。后排右一为笔者

Die Redaktion des Neuen Chinesisch-Deutschen Wörterbuches, 1982. Hintere Reihe von links: Yuan Zengyou, Dou Xuefu, Chen Huiying, Xu Zhenmin, Jörg Michael Nerlich

我派到中国担任外语教师和大学讲师，为我在中国数十年的职业工作提供了经济支持。由此我的几乎整个职业生涯也要间接地感谢两国在50年前的建交。

事实上，我对中国的关注始于50多年前。我属于所谓的"68一代"，即在1968年受到政治化影响的学生。当时的学生们积极参加和平运动，参加反对越南战争的运动，清理德国的法西斯主义，并参加左翼的"议会外反对党"。后者很快就出现了想法的分歧：一些人想改革资产阶级议会民主制；一些人倾向于民主德国和苏联那样的"实际存在的社会主义"；另一些人则变成了无政府主义者和激进分子，还有相当多的人被中国的"文化大革命"和"不断革命"的思想吸引（确切地说，这是我们当时对"文化大革命"有限的认知之一），并变成了"毛泽东主义者"。我对中国很着迷，开始在大学辅修汉学，可能也正因此而没有成为西方的那些毛泽东主义者之一。由于我在学业之外还参与"伤痕文学"故事的最早出版，我从一些中文来源中知道了这些可怕的事情。因此，我幸运地没有像许多人那样成为前毛泽东主义者或者反毛泽东主义者，就像许多人一样，从革命浪漫主义转向反面，他们对中国失望的情绪导致了对中国体制的全面抗拒。而我还保持着对这个国家的喜爱，保持着对它战胜帝国主义和在权力阵营之间坚持独立自主——这是周恩来在1955年万隆会议上表述和主张的——的尊重，保持着对它在建设新中国过程中对于自己力量和智慧信心的钦佩。

在被派到这个政治上极其不同，但经济上非常有趣的国家之前，我们这些最早的德意志学术交流中心的外语教师和专业讲师就参加了多个课程的培训，我甚至（也许是因为我作为"68一代"的过去）在德国外交部的外交学校接受了几个星期的培训。人们尤其想通过这些预备课程来缓冲我们的文化震荡，这种震荡在面对异国环境时很常见，会使人产生防御性，导致出现心理问题及职业问题。然而:"陌生人只在异乡显得陌生。"

这是巴伐利亚幽默大师卡尔·瓦伦汀(1882—1948)说过的话,他影响了贝尔托·布莱希特,乃至塞缪尔·贝克特,至今仍是德国幽默表演的典范。我的文化震荡并没有发生;从1980年起就在体验的北京对我来说,并不比一所外交学校更陌生。有些东西对我来说甚至再熟悉不过了。

当时只有大约30名德国人住在北京,其中大部分是使馆工作人员,其他则是大学教师和有德语出版物的出版社编辑,大家和几乎所有的外国专家一样住在友谊宾馆。小小的宾馆内各种政治立场云集,这也是当时柏林学术界的缩影:左翼的"议院外反对党"的老资格们,不再具有左翼倾向的前毛泽东主义者,正在思考改革德国、中国和全世界的资本主义和社会主义可能性的左翼自由主义者,以及认为自己不关心政治但在意识形态上深受联邦德国制度影响的保守派。一些人只是将在中国的生活作为他们德语教师生涯的一个有趣插曲来享受,或者预计国外的经历将对他们的职业前景有所帮助。在不同想法的混杂里,人们在友谊宾馆的房间或屋顶平台上无休止地讨论。这家酒店俯视着当时大多是单层建筑的北京——它远离中国人的实际生活。对一些人来说,中国始终只在下边,遥不可及。

在北京友谊宾馆,我们确实有着超越正常北京生活的特权,尤其是在物质方面。对于研究所和机构,即我们的单位来说,我们这些专家是非常昂贵的。我们的住处每日产生的费用大约是一名助理教授的月薪,我们的工资大约是他们的十倍。但我们的生活成本却很低。此外,我们的学生、同事和其他中国熟人在来访时必须登记。我们中的许多人感到自己不仅出于安全原因被隔绝,而且也感受到了排斥和抗拒,他们眼中的友谊宾馆就是一个舒适但封闭的外国人聚居区。

实际上,一辆自行车就足以克服这种隔阂。我在(到北京的)第二天就从一个将要离开中国的德国学生那里买了一辆凤凰牌自行车,并在第一个周末开始了我长达一年的探索北京之旅。我可以不受限制地四处走动,即使晚上独自在街上我也感到很安全,我不记得与北京人有过任何不友好的接触。人们都太友好、太有礼貌了。可能有那么两三次,有孩子指着我说"看,有个洋鬼子",然后就立即被成年人斥责了。的确,我们不再被等同于那些想把中国变成殖民地,并在多次战争中行为十分邪恶的西方侵略者。我是一个"老外",一个外国人,一个"外国朋友",有时甚至是一个"外国同志",在商店里会得到特殊的服务。我总是受到优待,这也是这种特权待遇的一部分。在这座那时还不习惯陌生人的城市里,我的确显得有些陌生。

很快,我就走遍了半个北京,十年后,我差不多走遍了整个北京,比起我的大多数同事和学生们(他们中的大多数人买不起自行车),我知道更多的胡同。购买一辆"凤凰""飞鸽"或"永久"等名牌的新自行车要花去我们大学里的老师三到四个月的工资。所以他们大多骑的是家里的老旧自行车。

30年后,校园里的自行车已经变得稀少了:地铁和公交网络建立起来,许多教师也已经开着汽车到大学来。我对北京从自行车向汽车的转型感到遗憾，因为污染，也因为从汽车驾驶员的角度来看，对于身边的环境、街边景致、街头生活、人的生活只剩下了匆匆而过的感受。骑自行车可以体验城市，开车则只能体验城市交通。但突然之间，在37年后——我在欧洲待了几个月之后——成千上万的共享自行车就像从天而降一样出现在（中国的）街头，在较宽的道路上标出了自行车道。这是对现代过度机动化的积极反击，在全世界开创了先例。只有这些共享自行车的骑行者在嘈杂而烟尘滚滚的汽车边上骑行。

那时，我仍然骑着一辆1979年制造的凤凰牌自行车，它可靠、沉重、快速，所有螺丝都生锈了，几乎经不起任何修理。我对仍然存在的旧住宅区和那些胡同及小巷的了解，还在帮助我骑车出行，穿过巨大的环线和其他八车道、十车道、十二车道的主路沿线的许多胡同和通道，在北京内城仍然很像棋盘格的纵横交错的道路上找到捷径。40年前，在骡马队、驴车、三轮车、手推车和数量很少但一直夸张地按喇叭的公务汽车和出租车之间穿行，在北京骑自行车的经历自然是更加舒服的，并能获得最符合语义的"体验"。中高地德语中的"ervarn"最初的意思也只是"兜风""旅行"，直到后来才有了今天意义上的"认识某事物""体验某事物"的含义。

我常常不让自己的想法徘徊在35年或40年前的北京。因为过去的一切绝不比现在更好。过去的中国是贫穷的，任何亲眼看到或亲身经历过贫穷的人肯定会同意诗人莱纳·玛利亚·里尔克（1875—1926）在《贫穷与死亡之书》（1903）中的这句话："贫穷不是内心的荣光。"贫穷是依赖，是窘迫，是困境，是耻辱和羞怯。我在胡同里经常遇到这种羞怯，当然这也是面对一个外国人的羞怯，觉得后者来自一个无法想象的富裕国家（人们总会猜是美国），乘坐飞机从一个完全不同的世界飞到这里，人们见过的飞机只是天空中的一个小点，或者只是出现在周围数量极少的电视机里。许多人在人行道上洗头、理发、刷牙或者看牙，他们极少坐过汽车，许多孩子甚至从未坐过汽车，他们中的一些人也许在"文化大革命"期间上山下乡时曾坐过火车。但人们并不喜欢回忆这些经历。那时，人们通常只待在自己居住的城区，只有在其他地方有工作时才会离开。当我注意到这种羞怯时，我会迅速地把目光移开，而不是好奇地望进匆匆关闭的四合院大门，在这些四合院大门后面早已不是院子，而是许多加建的房间和搭建的平房挤在一起，创造着急需的生活空间。

人们本毫无必要向我掩饰贫穷。我结识了两位画家，我喜欢他们的油画，他们两个人合住在一个四合院的小房间里，他们在这里作画，他们的画堆放在一起，以至于房间里只剩下一把椅子、一张小桌子和一张窄床的空间。他们几乎只吃馒头就咸菜，喝的是白开水，他们没有钱买茶，把仅有的一点钱花在购买画布和颜料上。12年后，他们作为中国前卫艺术的代表参加了在柏林举行的一个展览。我的一个好朋友是另一所大学的教授和党委书记，他也只能在和妻子、女儿共同居住的一个胡同里的房间里接待我，水槽和灶台在门外的一条狭窄的走廊里，四家人在一个水泥台子上做饭、洗碗，用唯一的水龙头取水。厕所在50米之外，由几十个家庭共用。

今天，人们总能读到外国人对老北京胡同的回忆，这些回忆把胡同里的生活描绘得很浪漫。

探索中国，找到自己

2011年与梁敏教授共同获得颁发给《当代大学德语》的荣誉
2011 mit Frau Prof. Liang Min bei der Verleihung einer Auszeichnung für das Lehrwerk Studienweg Deutsch

的确，今天的"高楼沙漠"显得冰冷，在城市规划方面也很糟糕，但那时的贫穷、窘迫、逼仄的生活空间是更为可怕的。当然，我在北京并没有看到真正落后的中国，我是在从新疆到普陀山、从哈尔滨到西双版纳、从山东到拉萨的多次旅行中，体验到了作为一个贫穷的发展中国家的中国。但我在任何地方都没有感受到人们听天由命的情绪，我没有看到像其他所谓第三世界国家那样充斥着绝望的贫民窟，我在中国感受到了乐观和建设国家的意愿，一种为了开启一个中国与富裕的西方平起平坐的新时代的意愿。

1996年，中国的经济上升势头正如火如荼。我去法国待了五年。当我在2001年回来的时候，一切都完全变样了。一个年轻人——我同事的儿子——用他的北京吉普车载着我在新北京转了一圈，并告诉我，在他六岁的时候，我曾邀请他和他的父母到友谊宾馆的屋顶平台，并慷慨地请他喝了第一瓶可口可乐。可乐的味道是那么好，以至于他梦想着以后自己也能买得起这么好的东西。很快，他的北京吉普车就变成了一辆"宝马"汽车，今天我们再一起出去吃饭时，通常是他请客，他坚持（尽管我反对）一定要点上一瓶法国酒来配菜。我的一名学生在20世纪80年代去德国读博士期间，只能吃得起食堂里最便宜的1.2马克的饭菜（只有在结婚当天他们才去吃更好的2.1马克的饭菜），在1996年已经可以向我展示自己购买的公寓。2001年，他们买下了一所房子，今天他们已有多所房子和两辆保时捷汽车。一位80年代在北京当德语教师的同事常常回到北京，他在2005年告诉一个从前的学生，他在德国买了一所房子，当然是贷款买的。大约十年他就可以还清贷款了。"你"，他从前的学生对他说，"要是需要钱的话，我现在可以借给你一些。"这位德语教师说，在那一刻，他知道中国已经成功了。

以我这个"68一代"的人对物质价值取向和资本主义的厌恶，我无论如何都希望中国在我见证的时间里创造的不仅仅是财富。让我感到高兴的是，人们在物质上得到了改善，许多人可以环游世界，他们的经验视野得到了拓宽。我也为自己能够参与这一发展而感到些许自豪，无

- 141 -

论我通过传递语言和文化知识所作的贡献有多么微不足道。在大量细微的知识堆积和将之付诸实践的智慧中,曾经被帝国主义、殖民主义、内战和政治经济混乱几乎毁掉的中国,今天成为世界的强国。

莎士比亚时代的哲学家弗朗西斯·培根(1561—1626)说"知识就是力量",社会主义者威廉·李卜克内西(1826—1900)为工人运动提出了"知识就是力量,力量就是知识"的口号。但人们必须有能力和知识打交道。

知识就是力量,自以为是却是无能。

50年前两国建立的外交关系为外语教师、大学讲师和技术专家(来华),为第一批商人和公司代表探索合资企业的可能性铺平了道路。中国将我们请进来,以从我们的知识中获益。但在此期间,如果我再一次回想我们在80年代小小的"友谊宾馆"世界,我们并不仅仅是知识的传播者。我们统统都是"自以为是的西德人"。这个混合词由"自以为是者"和"西德人"(戏谑语"Wessi")组成,是在1990年联邦德国全面接管了民主德国后首次出现的,当时西德人出现在新联邦州,仿佛他们有解决所有转型问题的专利配方,甚至似乎代表着一种优越的文明。我们这些来自西欧和美国的西方"专家"在对待中国的态度上难道不是与这些人似曾相识?当中国学生对知识如饥似渴时,当几乎每个中国人都带着感兴趣的问题谦逊地接近我们时,来自西方的老师很高兴。但反过来呢?极少有西方人想从中国那里学到什么:自以为是的西方人什么也不学。学习什么呢?难道我们的生活水平不是更高,我们的经济不是更有效率,我们的技术不是更发达,我们的文化和生活方式因此不是一定比中国优越吗?

中国在50年前对外打开了大门,吸收信息,评估信息,根据其对自身建设的用处进行分类、采纳或扬弃它们。书店里摆满了从古到今的西方作家的译作、重要人物的传记、专业著作,人们可以一天24小时从收音机里收听西方古典音乐。然而,西方在精神上却是故步自封的。除了孔子和老子的名字,几乎无人知晓古老的中国文化,新的中国文学作品少有出版,无人问津,更没有人了解中国音乐。只有中医引起了人们的兴趣,太极拳在瑜伽和禅宗旁边找到了一席之地。西方的知识优势就这样消失了,中国经历了她的经济奇迹,超过了日本,很快又超过了德国,我们起初是惊叹,后来是充满嫉妒的猜疑。

人们在德国媒体上读到和听到,中国人先是抄袭我们的技术,现在又用他们的产品把我们挤出市场,这些话是无能的表现。早在30年前,一家德国汽车公司的董事会成员就对记者提出的中国产品盗版问题给出了一个诚实而有远见的回答:一辆在路上行驶的汽车已经不再是什么秘密。在他的公司里,每辆新的丰田、奔驰或劳斯莱斯等品牌的汽车也都被拆卸、测试并寻找值得模仿的价值。他说,中国汽车制造商现在仍在采用德国技术。但总有一天,我们德国人会复制中国的技术。现在这个时代到来了,在电动汽车、太阳能技术、互联网技术的许多领域都是如此。

但时代的特征也越来越多地指向激烈的竞争和保护主义,后者作为来自西方和中国之间的冰冷的经济战争的概念，似乎不再是夸大其词。它蔓延到文化中，并延伸到个人领域。孔子学院的工作受到阻碍，反过来，德意志学术交流中心和歌德学院的工作也受到阻碍。在中国的德语教师抱怨不被信任和受到审查，几乎我所有的中国朋友来到德国时也都感受到了敌意，更不用说德国媒体对中国怀有敌意的报道。

因此，在德意志联邦共和国和中国建交50年之后，人们不得不遗憾地在孔子的"五十而知天命"（《论语》第二篇第四节）的话后面画上一个大大的问号：

人真的五十而知天命吗？

世界已经变小到一目了然，它被种种信息和通信网络所湮没，在经济和政治上休戚与共。它也因为世界人口的增长而变得拥挤，在过去50年里，世界人口翻了一番，从不到40亿增加到近80亿。我们要学会把整个地球理解为一个超越文化的、超越国家的一体化存在，这是天命，是人类赖以生存下去的理性要求。当自以为是、沙文主义、民族中心主义和民族主义强权思维在我们的小世界里毒害全球关系时，奥地利作家弗朗茨·格里帕泽（1791—1872）的话（2022年是他逝世150周年）今天仍然振聋发聩："新的教育道路从人性通过民族性走向兽性。"他以此发出警告，在哈布斯堡王朝这个当时处于瓦解中的多民族国家里，要防止各种特殊利益的冲突爆发。

外交关系只是一种形式，它必须用内容来填充，以创造一个空间，让各国和各种文化不仅和平共处，相互宽容，还要积极地相互影响，并在此过程中发生变化。我相信，我已经在我小小的、个人的德中世界中找到了这个空间。它还必须在全球范围内被找到。一种新的超国家认同必须在共存中出现，在为人类的生存而采取的携手行动中出现；一种多民族和多国家的新认同，正如妇女权利活动家及和平主义者海德薇·多姆（1831—1919）在第一次世界大战期间所说的那样，"对人的爱和对国家的爱将融为一体"。

China suchen und sich finden

Von diplomatischen und menschlichen Beziehungen

Wenn Staaten, Völker und Kulturen formal in Beziehung zueinander treten, so bedeutet dies meist ein Abwerfen historischer Last, die Einleitung einer politischen Normalisierung, eine Intensivierung des Waren- und Gedankenaustauschs, den Aufbruch in eine neue Phase internationalen Zusammenlebens. All dies geschah vor 50 Jahren mit der Aufnahme diplomatischer Beziehungen zwischen der Volksrepublik China und der Bundesrepublik Deutschland.

Wenn einzelne Menschen verschiedener Nationalitäten und Kulturen aufeinander treffen, so beginnt ein Prozess doppelter Erkundung: die Wahrnehmung des Anderen, der anderen Traditionen, Konventionen, Denk- und Verhaltensweisen, und der Vergleich mit dem Eigenen. Man lernt etwas Neues kennen und erkennt gleichzeitig, oft unbewusst, sich selbst aus einer neuen Perspektive. Gelingt dieses Erkunden ohne Vorurteil, ohne Abwehr, so ist es ein Aufbruch zu neuen Identitäten beiderseits. Der Weltreisende Hermann Graf Keyserling (1880-1946) sagte 1919 in seinem Reisetagebuch eines Philosophen:

„Der kürzeste Weg zu sich selbst führt um die Welt herum."

Kultursoziologen sprechen heute von einem dritten Raum der Interaktion, in dem Eigen- und Fremdkultur nebeneinander bestehen und sich durchdringen, in dem die Personen sich und ihre angestammte Welt neu erfahren. – Dies geschah mir und mit mir, nachdem ich am 20. August 1980 in einer Iljuschin der CAAC nach 25-stündigem Flug von Westberlin über Frankfurt, Bukarest und Urumtschi in Beijing angekommen war.

Dass mein Erkunden gelang, dass ich fortan und bis heute in einem dritten Raum lebe und China, chinesische Realität und chinesisches Denken stets mitreflektiere und mich dadurch sehr bereichert fühle, danke ich den über 40 Jahren der Zusammenarbeit und Freundschaft mit Chinesen. Ich danke es vor allem meinen Kolleginnen und Kollegen der Beijing Foreign Studies University (BFSU), damals noch Erstes Fremdsprachinstitut Beijing, und des Verlags Foreign Language Teaching and Research Press (FLTRP). Ich danke es auch dem Deutschen Akademischen Austauschdienst (DAAD), der mich als Lektor und Dozent im Rahmen des zwischenstaatlichen Sprach- und Kulturtransfers nach China schickte und mir die jahrzehntelange berufliche Arbeit in China finanziell ermöglichte. Ich danke also indirekt fast mein ganzes Berufsleben der Aufnahme diplomatischer Beziehungen vor 50 Jahren.

Tatsächlich begann meine Beschäftigung mit China schon vor mehr als 50 Jahren. Ich gehöre zur sogenannten 68er-Generation, zu den Schülern, die 1968 politisiert wurden, aktiv waren in der Friedensbewegung, in den Kampagnen gegen den Vietnamkrieg, bei der Aufarbeitung des deutschen Faschismus und in der APO, der linken Außerparlamentarischen Opposition. In dieser schieden sich bald die Geister: Einige wollten die bürgerlich-parlamentarische Demokratie reformieren, andere orientierten sich am real existierenden Sozialismus der DDR und der UdSSR, wieder andere wurden Anarchisten, Spontis, und nicht wenige waren von der Kulturrevolution in China und der Idee einer permanenten Revolution fasziniert (genauer: von dem wenigen, was wir damals über die Kulturrevolution wussten) und wurden Maoisten. Fasziniert von China begann ich ein Nebenfachstudium der Sinologie und wurde wohl deswegen keiner von diesen Maoisten des Westens. Da ich neben dem Studium an den ersten Veröffentlichungen von Geschichten der Narbenliteratur mitarbeitete, erfuhr ich Erschreckendes aus chinesischen Quellen. So wurde ich glücklicherweise auch kein Ex- und Anti-Maoist, wie viele, deren Revolutionsromantik ins Gegenteil umschlug, deren enttäuschter China-Enthusiasmus zu pauschaler Ablehnung des chinesischen Systems führte. Ich behielt meine Sympathie für das Land, meine Hochachtung vor seinem Sieg über den Imperialismus und seiner Eigenständigkeit zwischen den Machtblöcken, die Zhou Enlai 1955 auf der Bandung-Konferenz formuliert und vertreten hatte, behielt meine Bewunderung für das Vertrauen auf die eigene Kraft und Intelligenz beim Aufbau des neuen China.

In vielen Seminaren wurden wir ersten DAAD-Lektoren und Fach-Dozenten vor der Entsendung in dieses politisch ganz andere, wirtschaftlich aber hochinteressante Land eingeführt, ich sogar (vielleicht wegen meiner 68er-Vergangenheit) ein paar Wochen in der Diplomatenschule des Auswärtigen Amtes. Vor allem wollte man durch unsere Vorbereitung auf China den Kulturschock abfedern, der bei der Konfrontation mit einer fremden Umwelt häufig ist, Abwehr erzeugt, zu psychischen und damit beruflichen Problemen führt. Doch:

„Fremd ist der Fremde nur in der Fremde" witzelte der bayerische Humorist Karl Valentin (1882-1948), der Bertold Brecht und sogar Samuel Becket beeinflusst hat und bis heute ein Vorbild des deutschen Kabaretts ist. Mein Kulturschock blieb aus, das Beijing, das ich ab 1980 erlebte, war mir nicht fremder als eine Diplomatenschule. Manches war mir allzu vertraut.

Nur etwa 30 Deutsche lebten damals in Beijing, die meisten davon Botschaftsangehörige, die anderen waren Lektoren an Hochschulen und Verlagen mit deutschsprachigen Publikationen und wohnten wie fast alle ausländischen Experten im Freundschaftshotel, dem „Youyi". Die Enge des Hotels führte im Kleinen das politische Spektrum zusammen, das auch für das damalige akademische Berlin typisch war: linke APO-Veteranen neben nicht mehr linken Ex-Maoisten, Linksliberale, die über mögliche Reformen von Kapitalismus und Sozialismus in Deutschland, China und der ganzen Welt nachdachten, neben Konservativen, die sich für unpolitisch hielten, aber ideologisch fest im System der BRD verwurzelt waren. Einige genossen den China-Aufenthalt auch nur als interessante Unterbrechung in ihrem deutschen Lehrerleben oder versprachen sich von der Auslandserfahrung Vorteile für ihre berufliche Zukunft. In dieser Mischung traf man sich zu endlosen Diskussionen in den Youyi-Wohnungen oder auf der Dachterrasse des Hotels, die hoch über dem damals überwiegend eingeschossigen Beijing lag – weit vom China der Chinesen entfernt. Für manche blieb China dort unten, unnahbar.

Wir waren im Beijinger Freundschaftshotel tatsächlich aus dem normalen Beijinger Leben hinausprivilegiert, vor allem materiell. Für die Institute und Institutionen, unsere Danweis, waren wir Experten sehr teuer. Unsere Wohnungen kosteten pro Tag etwa den Monatslohn eines Assistenzprofessors, unser Gehalt betrug etwa das Zehnfache. Wir aber lebten sehr billig. Zudem mussten sich unsere Studentinnen und Studenten, Kolleginnen und Kollegen und andere chinesische Bekannte registrieren lassen, wenn sie uns besuchten. Viele von uns empfanden sich nicht nur aus Sicherheitsgründen abgeschirmt, sondern ausgegrenzt und abgelehnt, empfanden das Freundschaftshotel als komfortables, aber exteritoriales Ausländergetto.

Dabei reichte eigentlich ein Fahrrad, um die Getto-Mauern zu überwinden. Ich hatte schon am zweiten Tag einer abreisenden deutschen Studentin ein Fenghuang-Rad abgekauft und begann am ersten Wochenende meine jahrelangen Erkundungsfahrten durch Beijing. Ich konnte mich unkontrolliert bewegen, fühlte mich auch nachts allein auf der Straße sicher, kann mich an keine unfreundliche Begegnung mit Beijingern erinnern. Die Leute waren eher zu freundlich, zu höflich. Zwei-, dreimal vielleicht deutete ein Kind auf mich und sagte „Schau mal, ein Yangguizi", ein ausländischer Teufel, und wurde sofort von einem Erwachsenen zurechtgewiesen. Nein, wir wurden nicht mehr mit westlichen Invasoren gleichgesetzt, die China zur Kolonie hatten machen wollen und sich in mehreren Kriegen wahrhaft teuflisch benahmen. Ich war ein „Laowai", ein Ausländer, ein „Waiguo" Pengyou, ein ausländischer Freund, manchmal sogar ein Waiguo Tongzhi, ein ausländischer Genosse, und wurde in Geschäften bevorzugt bedient. Ich wurde immer und überhaupt zu bevorzugt behandelt, was wieder zu dieser Hinausprivilegierung gehörte. Ein wenig fremd war ich doch in dieser damals noch nicht an Fremde gewöhnten Stadt.

Bald hatte ich mir halb Beijing erfahren, nach zehn Jahres fast das ganze, kannte mehr Gassen als die meisten meiner Kolleginnen und Kollegen und natürlich als meine Studentinnen und Studenten, die sich in der Mehrzahl kein Fahrrad leisten konnten. Ein neues Rad der Nobelmarken Fenghuang, Feige oder Yongjiu kostete drei bis vier Monatsgehälter von an unserer Uni Lehrenden. Diese fuhren meist alte Räder aus Familienbesitz.

Dreißig Jahre später waren die Fahrräder spärlich geworden auf dem Campus: Ein U-Bahn- und Omnibusnetz war entstanden, doch viele Lehrerinnen und Lehrer kamen schon mit dem eigenen Auto zur Hochschule. Dass Beijing vom Fahrrad aufs Auto umgestiegen war, bedauerte ich, der Umweltverschmutzung wegen und weil die unmittelbare Umwelt, der Straßenrand, das Straßenleben, das Wohnen der Menschen aus der Autofahrerperspektive nur noch flüchtig wahrgenommen werden. Mit dem Fahrrad erlebt man die Stadt, im Auto den Stadtverkehr. Doch da standen plötzlich, 37 Jahre später, – ich war nur ein paar Monate in Europa gewesen – wie vom Himmel gefallen zig-tausend Fahrräder am Straßenrand, Leihräder, und auf größeren Straßen waren Fahrradwege markiert. Eine positive Gegenbewegung gegen die moderne Übermotorisierung, die weltweit Schule machen sollte. Nur fuhren die Leihradfahrer am Rand lauten, qualmenden Verkehrs.

Ich fuhr noch immer ein Fenghuang, Baujahr 1979, verlässlich, schwer und schnell, alle Schrauben eingerostet und daher kaum mehr reparaturanfällig. Auch half mir meine Kenntnis der noch bestehenden alten Wohnviertel und ihrer Gassen und Sträßchen, mich bei meinen Fahrradfahrten durch Hutongs und an Kanälen entlang weitgehend an den gigantischen Ringautobahnen und an den anderen acht-, zehn-, zwölfspurigen Hauptstraßen im noch immer ziemlich rechtwinkeligen Wegeschachbrett der Beijinger Innenstadt vorbei zu mogeln. Damals vor 40 Jahren zwischen Maultiergespannen, Esels-, Dreirad- und Handkarren und nur wenigen wichtigtuerisch dauerhupenden Dienstwagen und Taxis war es freilich angenehmer in Beijing Fahrrad zu fahren und dabei im wahrsten Sinne des Wortes Erfahrungen zu machen. Denn das mittelhochdeutsche Wort ervarn bedeutete zunächst nichts anderes als herumfahren, reisen, bevor es die Nebenbedeutung etwas kennenlernen, etwas erfahren im heutigen Sinn bekam.

Meistens verbiete ich meinen Gedanken nostalgisch zurück ins Beijing vor 35, 40 Jahren zu schweifen. Denn früher war keinesweg alles besser. Früher war China arm und wer Armut gesehen oder selbst erlebt hat, wird den Satz aus dem Buch von der Armut und vom Tode (1903) des Dichters Rainer Maria Rilke (1875-1926) bestimmt nur verneint gelten lassen: „Armut ist (k)ein großer Glanz aus Innen." Armut ist Abhängigkeit, Enge, Not, ist Scham und Scheu. Die Scheu, der ich in den Hutongs oft begegnete, war sicher auch Ausdruck von Scham gegenüber einem Ausländer, der aus einem unvorstellbar reichen Land (immer vermutete man Amerika) kam, aus einer ganz anderen Welt hierher geflogen war in einem Flugzeug, das man nur als Punkt am Himmel kannte oder aus einem der wenigen Fernseher in der Nachbarschaft. Viele von denen, die sich auf dem Bürgersteig die Haare wuschen und schneiden ließen, die Zähne putzten, sich hier auch von einem Hilfszahnarzt behandeln ließen, waren selten in einem Auto gefahren, viele Kinder sicher überhaupt noch nicht, in einem Zug vielleicht während der Kulturrevolution, als manche aus den Städten aufs Land gingen oder gehen mussten. Aber daran erinnerte man sich ungern. Nun blieb man normalerweise in seinem Stadtviertel und verließ es nur, wenn man anderswo Arbeit hatte. Ich schaute schnell weg, wenn ich diese Scheu bemerkte, schaute nicht neugierig durch das eilig geschlossene Tor eines vierflügeligen Hofhauses, eines Siheyuan, hinter dem längst kein Hof mehr war, sondern sich angebaute Zimmer und eingebaute Häuschen drängten und dringend benötigten Wohnraum schufen.

Man hätte vor mir die Armut nicht verbergen müssen. Ich hatte mich mit zwei Malern angefreundet, deren Ölbilder ich mochte, und die zu zweit in einem kleinen Siheyuan-Zimmer wohnten und malten und ihre Bilder stapelten, so dass nur noch Platz für einen Stuhl, ein Tischchen und ein schmales Bett blieb. Sie aßen fast nur Mantou und Salzgemüse und tranken Wasser, für Tee hatten sie kein Geld, gaben ihr weniges für Leinwand und Farbe aus. Zwölf Jahre später waren sie Repräsentanten der chinesischen Avantgarde in einer Ausstellung in Berlin. Ein guter Freund, Professor und Parteisekretär an einer anderen Hochschule, konnte mich auch nur in dem einem Hutong-Zimmer empfangen, in dem er mit Frau und Tochter lebte, Waschbecken und Kochstelle waren in einem schmalen Gang draußen vor der Tür, wo auf einem Betonsims vier Familien kochten, Geschirr wuschen und aus einem einzigen Hahn Wasser bekamen. Die Toiletten waren 50 Meter entfernt und wurden von mehreren Dutzend Familien benützt.

五十年 五十人　50 Jahre 50 Menschen

Man liest heute immer wieder Erinnerungen von Ausländern an die Hutongs des alten Beijing, die das Gassenleben romantisch verklären. Es ist richtig, dass die heutigen Hochhauswüsten kalt wirken und städtebaulich schrecklich sind, aber die Armut, die fehlende Intimität, die Enge damals war als Lebensraum schrecklicher. Das wirklich rückständige China sah ich natürlich nicht in Beijing, ich erlebte China als armes Entwicklungsland auf den vielen Reisen von Xinjiang bis Putuoshan, von Harbin bis Xishuangbanna, von Shandong bis Lhasa. Ich erlebte aber nirgendwo Resignation, sah keine Slums wie in anderen Ländern der sogenannte Dritten Welt, in denen die Hoffnungslosigkeit wohnte, spürte hier Optimismus und den Willen zum Aufbau des Landes, zum Aufbruch in eine neue Zeit, in der China dem reichen Westen ebenbürtig sein würde.

1996 war der wirtschaftliche Aufschwung in vollem Gange. Da ging ich für fünf Jahre nach Frankreich. Und als ich im Jahr 2001 zurückkam, war alles ganz anders. Ein jungen Mann, Sohn eines Kollegen, chauffierte mich in seinem Beijing-Jeep durchs neue Beijing und erzählte: Als er sechs Jahre alt war, hätte ich ihn mit seinen Eltern auf die Dachterrasse des „Youyi" eingeladen und ihm seine erste Coca Cola spendiert. Die schmeckte so gut, dass er davon träumte, sich so etwas Gutes später mal selbst leisten zu können. Bald war aus seinem Beijing-Jeep ein BMW geworden und heute bin meistens ich sein Gast, wenn wir zusammen essen gehen und er (gegen meinen Willen) unbedingt einen französischen Wein dazu spendieren will. Studenten von mir aus den 1980er Jahren, die sich während ihres Promotionsstudiums in Deutschland nur das billigste Essen in der Mensa für 1,20 DM hatten leisten können (nur an ihrem Hochzeitstag aßen sie das bessere für 2,10 DM), hatten mir schon 1996 ihre eigene Wohnung gezeigt. 2001 kauften sie ein Haus, heute haben sie mehrere Häuser und zwei Porsche. Ein deutscher Lektor aus den 80er Jahren, der immer wieder mal nach Beijing kommt, erzählte 2005 einem ehemaligen Studenten,

2018年作为评委参加外研社组织的教学竞赛
2018 als Jury-Mitglied bei einem Unterrichtswettbewerb der Foreign Language Teaching and Research Press

er habe in Deutschland ein Haus gekauft, natürlich mit Krediten. In etwa zehn Jahren sei er schuldenfrei. „Du", sagte sein früherer Student zu ihm, „wenn Du Geld brauchst, ich kann dir schon etwas leihen." Da, so meinte der Lektor, habe er gewusst, China hat es geschafft.

Ich hoffe mit meiner alten 68er-Abneigung gegen die Orientierung an materiellen Werten und gegen den Kapitalismus sowieso, dass China in der von mir miterlebten Zeit mehr geschaffen hat als Reichtum. Ich freue mich aber, dass es den Menschen materiell besser geht, viele die Welt bereisen können, dass sich ihr Erfahrungshorizont erweitert hat. Ich bin auch ein wenig stolz, dass ich an dieser Entwicklung hatte mitarbeiten dürfen, wie winzig klein mein Beitrag durch Vermittlung sprachlichen und kulturellen Wissens auch sein mag. Aber aus vielen Wissens-Winzigkeiten und viel Intelligenz bei deren Umsetzung in die Praxis erstand aus dem durch Imperialismus, Kolonialismus, Bürgerkrieg und politisches und wirtschaftliches Chaos fast zugrunde gerichteten China die heutige Weltmacht.

„Knowledge is power", sagte der Philosoph der Shakespeare-Zeit Francis Bacon (1561-1626) und der Sozialist Wilhelm Liebknecht (1826-1900) griff den Slogan „Wissen ist Macht" für die Arbeiterbewegung auf. Doch man muss mit Wissen umgehen können.

Wissen ist Macht, Besserwissen zeigt Ohnmacht.

Die vor 50 Jahren aufgenommenen diplomatischen Beziehungen ebneten den Weg für Lektoren, Dozenten und technische Experten, für die ersten Geschäftsleute und Firmenvertreter, die Joint-Venture-Möglichkeiten ausloteten. China hatte uns ins Land geholt, um von unserem Wissen zu profitieren. Dabei waren wir, wenn ich noch einmal an unsere kleine Youyi-Welt der 1980er Jahre zurückdenke, nicht nur Wissensvermittler. Wir waren allesamt Besserwessis. Dieses Kofferwort aus Besserwisser und Westdeutscher, salopp Wessi, wurde zwar erst nach der Übernahme der DDR durch die BRD 1990 geprägt, als Westdeutsche in den neuen ostdeutschen Bundesländern auftraten, als hätten sie Patentrezepte für die Lösung aller Transformationsprobleme oder verträten überhaupt eine überlegene Zivilisation. Waren wir westlichen Experten aus Westeuropa und den USA in unserer Haltung gegenüber China diesen nicht ähnlich? Wusste nicht jeder ganz genau, wie man China entwickeln und modernisieren müsse und was die Chinesen noch alles falsch machten? Die Lehrerin, der Lehrer aus dem Westen freuten sich, wenn die chinesischen Studenten lernbegierig an ihren Lippen hingen, wenn fast jeder Chinese einem bescheiden und mit interessierten Fragen entgegentrat. Aber umgekehrt? Die wenigsten der Westler wollten etwas von China lernen: Besserwessis lernen nichts. Was lernen? War nicht unser Lebensstandard höher, unsere Wirtschaft effizienter, unsere Technologie entwickelter und unsere Kultur und Lebensweise daher notwendigerweise der chinesischen überlegen?

China öffnete sich vor 50 Jahren, saugte Informationen auf, bewertete sie, sortierte sie nach dem Nutzen für den eigenen Aufbau, übernahm oder verwarf sie. Die Buchläden waren voll von Übersetzungen westlicher Schriftsteller von der Antike bis zur Moderne, von Biographien bedeutender Persönlichkeiten, von Fachliteratur, im Radio konnte man 24 Stunden am Tag klassische westliche Musik hören. Der Westen aber blieb geistig abgeschottet. Die alte chinesische Kultur war bis auf die Namen Konfuzius und Laozi fast unbekannt, neue chinesische Literatur wurde wenig verlegt und so gut wie gar nicht gelesen, chinesische Musik kannte niemand. Nur die chinesische Medizin stieß auf Interesse und Taijiquan fand einen Platz neben Yoga und Zen. So verschwand der Wissensvorsprung des Westens, China erlebte sein Wirtschaftswunder, überholte Japan, bald danach Deutschland, zunächst bestaunt, dann neidvoll beargwöhnt.

Es ist ein Ausdruck der Ohnmacht, wenn man in den deutschen Medien liest und hört, erst hätten die Chinesen unsere Technologie kopiert und jetzt verdrängten sie uns mit ihren Produkten vom Markt. Ein Vorstandsmitglied eines deutschen Automobilunternehmens gab auf die Frage eines Journalisten nach der chinesischen Produktpiraterie schon vor 30 Jahren eine ehrliche und weitsichtige Antwort: Ein Auto, das auf der Straße fährt, sei kein Geheimnis mehr. Auch in seinem Unternehmen werde jeder neue Toyota, Chrysler oder Rolls-Royce auseinander genommen, getestet und nach Nachahmenswerten untersucht. Noch übernähmen chinesische Autobauer deutsche Technik. Es werde aber eine Zeit kommen, da wir Deutsche chinesische Technik kopieren. – Die Zeit ist da, bei Elektroautos, bei der Solartechnologie, in vielen Bereichen der IT-Branche.

Die Zeichen der Zeit stehen aber auch immer mehr auf erbitterte Konkurrenz und Protektionismus, der Begriff eines kalten Wirtschaftskriegs zwischen dem Westen und China scheint nicht mehr übertrieben. Dieser greift auf die Kultur über und geht bis ins Persönliche. Die Arbeit der Konfuzius-Institute wird behindert und im Gegegenzug die von DAAD und Goethe-Instituten. Deutsche Lektoren in China klagen über Misstrauen und Kontrolle, fast alle meine chinesischen Freunde spüren Feindseligkeit, wenn sie nach Deutschland kommen, von der feindseligen China-Berichterstattung deutscher Medien ganz zu schweigen.

So muss man nach 50 Jahren diplomatischer Beziehungen zwischen der Bundesrepublik Deutschland und China leider ein dickes Fragezeichen setzen hinter den Satz von Konfuzius „... mit fünfzig war mir das Gesetz des Himmels kund ..." (Gespäche, 2.4.) über das moralische und geistige Reifen in der Zeit:

Kennt man mit 50 die Gesetze des Himmels?

Die Welt ist klein und überschaubar geworden, überzogen von Informations- und Kommunikationsnetzen, wirtschaftlich und politisch buchstäblich auf Gedeih und Verderb verbunden. Sie ist auch eng geworden durch die wachsende Weltbevölkerung, die sich in den letzten 50 Jahren von knapp vier auf fast acht Milliarden Menschen verdoppelt hat. Es ist ein Gesetz des Himmels, ein Gebot der Vernunft, von dem das Überleben der Menschheit abhängt, dass wir die ganze Erde als überkulturelle, übernationale Einheit verstehen lernen. Wenn in unserer kleinen Welt Besserwissertum, chauvinistischer Dünkel, nationaler Eigennutz und nationalistisches Machtdenken die globalen Beziehungen vergiften, gilt auch heute in aller Härte das Wort des österreichischen Schriftstellers Franz Grillparzer (1791-1872), dessen Todestag sich in diesem Jahr zum 150. Mal jährt: „Der Weg der neuen Bildung geht von Humanität durch Nationalität zur Bestialität." Er warnte damit vor dem Aufeinanderprallen von Partikularinteressen im zerfallenden Vielvölkerstaat der Habsburger.

Diplomatische Beziehungen sind nur eine Form, die mit Inhalt gefüllt werden muss, damit ein Raum entsteht, in dem Länder und Kulturen nicht nur friedlich koexistieren und sich tolerieren, sondern sich positiv beeinflussen und sich dabei verändern. Ich glaube, in meiner kleinen, persönlichen deutsch-chinesischen Welt habe ich diesen Raum gefunden. Er muss auch global gefunden werden. Es muss eine neue übernationale Identität im Miteinander, im gemeinsamen Handeln für das Überleben der Menschheit entstehen, eine neue Identität der Völker und Nationen, in der, wie mitten im Ersten Weltkrieg die Frauenrechtlerin und Pazifistin Hedwig Dohm (1831-1919) formulierte, „Menschen- und Vaterlandsliebe eins sein werden".

五十年 五十人 50 Jahre 50 Menschen

我是德国高等教育的受益者

王京平

1950年出生，现任中国海洋大学外语学院外聘教授，硕士生导师。1990—1994年在德国埃森大学攻读日耳曼语言文学专业，获得硕士学位。退休前曾任北京第二外国语学院德语系主任。2005—2011年为国际日耳曼学会成员和中国翻译协会成员。2007—2012年任教育部外语指导委员会德语分会委员。研究方向为语言学、翻译理论与实践、外语教学。主要成果为教材《德语语言学教程》及《新德汉翻译教程》，慕课"德语语言学导论"获得"国家级一流线上精品课程"称号，在德国和国内核心刊物发表论文三十余篇。

我是德国高等教育的受益者

在中德建交50周年之际，我很愿意用自己的亲身经历和大家分享德国高等教育对我的帮助，为促进两国友好关系建言出力。大致算来，我生命中有大约10年的时间是在德国度过的，称德国是我的第二故乡也不为过。长期旅居德国的经历开阔了我的学术视野，改变了我的思维模式，影响了我的人生轨迹。旅居德国生活中最重要的一段，莫过于我在德国求学的经历。

我是个"50后"，和所有的同龄人一样，因为"文化大革命"中断了学业，没有上成大学。但我又是同龄人中的幸运儿，改革开放给了我机会，让我在不惑之年能到德国留学，读完了本硕连读课程（德语国家称为Magisterstudiengang），并最终取得了日耳曼语言文学专业的硕士学位（M.A.）。

1990年年初，在德国朋友的帮助下，我来到了位于德国西部的波鸿大学，开始修读德语专业，第二学期转学到埃森大学继续学习，直至毕业。由于我在中国没有上过大学，因此必须从头读起，一门课程也不能免修，一切都和其他刚入学的学生一样，要完完整整地修满所有规定的课程并取得足够的学分后，才有资格申请参加毕业考试。

当时的本硕连读课程分基础阶段（Grundstudium）和专业阶段（Hauptstudium），在基础阶段要分别完成规定的课程，取得足够的学分并通过中期考试后才能进入专业阶段。通过不懈努力，我按照学校规定的学制，在第九个学期顺利完成了各门课程和考试，于1994年8月正式毕业。这段求学经历让我对德国高等教育有了较为全面的认识和切身体会。

在德国高校我认识并理解了什么是"studieren"（大学学习／研究），怎么"studieren"。如果有人问我留学德国最大的收获是什么？我的回答是：首先是掌握获取知识的能力，其次才是获取专业知识。这种针对学习能力的培养模式让我受益终身。

我于1995年学成回国，第二年便来到北京第二外国语学院，走上了教师岗位。当我第一天站在讲台前上课时，已经是快46岁的人了。面对朝气蓬勃的青年学生，我自称是"年迈的新老师"。当时的我断断不会想到，我这个半路出家的新手，竟然能在日后的教学工作中逐步成长为中国德语教学的贡献者。

那么，是什么成就了今天的我呢？我想，除了自身的主观因素之外，首先要归功于德国高等教育的办学理念和教育思想。

德国高等教育的核心在于能力培养。高校让学生在大学阶段学会独立学习、掌握科学工作的方法，逐步成长为某个领域的专业人才。

德国高等教育能力培养的宗旨主要体现在以下三个方面。

一是让学生有独立安排学习的充分自由。由学生自己决定每学期的课表、完成多少学分以及何时毕业，由此培养学生对自己负责的意识。

二是培养学生自主学习的能力。图书馆是大学学习的重要组成部分。德国大学的规章上不称寒暑假为"假期"（Ferien），而是"自修期"（vorlesungsfreie Zeit），也就是说，学期里学生在课堂上学习，无课的"假期"是学生自修的时间，可以用来读书、写论文和实践。我清楚地记得，在我刚入学的第一次课上，老师领着我们新生去图书馆做导览，介绍搜集文献资料的方法。课后作业是，找10本书，记录它们的文献信息。我后来才认识到，搜集、筛选、做笔记是科学工作方法的基本训练内容，更是作报告、写论文的基础。

三是德国大学培养学术能力的主要课型是研讨课（Seminar），当时分"初级研讨课"（Proseminar）和"高级研讨课"（Hauptseminar），上述课型贯穿大学学习的始终。其中最让学生受益的是作报告和写论文的准备过程，这是培养学生独立学习研究的最佳模式，让人学会选题、读书、构思、阐述和讨论。我在这类课上认识到了一种新型的师生关系，即合作关系：老师不再是知识的拥有者，而是和学生一样，在课堂讨论中不断扩充自己的知识。在这种模式下，老师们不再代表不容置疑的"权威"，遇到学生提出的回答不了的问题，他们不是敷衍，而是大方地承认自己不知道，并会在课后去寻找答案。他们的行为，让我认识到学者对知识应当采取的诚实态度。开学时，老师会提供给学生一份书单作为研讨课的参考书目，并且坦言，他们自己也没有将每本书都研究透，书单是提供给师生共同学习的。这种"知识面前人人都是学生"的科学态度，对我回国后从事德语教学工作影响很大，我本人也从中受益匪浅。

出国留学前，我曾经在北京的一家研究所从事科技翻译工作。大学课堂教学对我来说是一个全新的课题。因为我既没有教过大学生，自己也因为"文化大革命"的原因没有当过大学生。但是为了不荒废我在德国学到的知识，回国后我毅然决定改行去高校教书。

虽然我起步很晚，但是德国留学赋予了我获取知识、开拓陌生领域的勇气和能力。我高效地去备课、做笔记、准备教案，还针对每一门课设立教学档案，主要项目包括教学目标、教学计划、执行记录、课程调查问卷和课程总结。在每次课程结束时，我收获的不仅是完整的教案，还有记录教学过程和体会的教学档案，它们成为我下一轮开课前的重要参考资料，更是我后来总结梳理教学成果的重要基础。回顾教学生涯，做教学记录已经内化为我的习惯，它帮助我回忆教学过程中的每一个细节，让我少些失败，多些成功。由于我没有在国内上过大学，头脑不受条条框框的限制，设计每门课程时都融入了德国的教学理念，在所开设的各门课中努力尝试能力培养的新路，让学生获得"自己下海捕鱼"的本领。我在20多年的教学过程中总结出我的课堂教学原则：学生能做的老师不做，课下能做的课上不做，努力提高课堂教学的含金量。

从2000年开始，我着手开设德语语言学课程的准备工作。结合在德国留学所掌握的专业知识和回国从教四年来的教学体会，我认为不能照搬德国的语言学课程，而要"接地气"一些，让这门理论课立足于中国的国情。为此，我设定了四个基本点。

一、以语言学课程为平台，让学生认识科学的基本要素；

二、贯彻授之以"渔"的理念，以传授方法为主，让学生们在这门课上学到获取和运用知识的方法，培养他们独立研究的能力；

三、用语言学知识指导学生的德语学习，帮助他们认识语言的普遍规律和德语的特有属性，树立健康的外语学习观念，纠正认知误区，提高外语学习的效果；

四、通过这门专业课缩短我国德语教学与德国大学教学层次上的差距，为学生出国深造奠定基础。

我从以上四点出发，参照中国德语专业的培养方案，根据学生的认知需求设计了德语语言学的教学计划，摸索着上了三轮课。从最初的失败到逐渐被学生接受后，我撰写了中国德语专业第一本语言学本土教材《德语语言学教程》，于2003年由北京的外语教学与研究出版社出版。这本教材问世近20年来，经过不断修订，被很多院校的德语专业选为必修教材。2017年，我以这本教材为基础，带领我的团队建设并开设了中国德语专业的第一门慕课——《德语语言学导论》，2020年被评为"国家级一流本科课程"。

要问我这个德语教学战线的新兵，是从哪里得到的勇气和智慧，让我迅速成长，并能为国内德语专业的教学作出一些贡献呢？我的回答是，这一切都源自我在德国受到的教育，它让我学到了学生在大学里应该首先学到的东西，而这对教师提出了新的要求。

首先，教师要积极培养学生获取知识的能力。笛卡尔说："最有价值的知识是关于方法的知识。"德国大学教育注重培养学生的科学工作方法和独立工作能力，这是最有价值的教育，能让学生受益终身。我们作为教育者必须清楚，大学四年里传授再多的知识也是有限的，能力培养才是大学教育的第一要务。罗素曾批评只传授知识的大学是最低层次的大学。德国大学注重过程，在学习过程中去启迪活跃学生的思想，陶冶学者的情操。变知识型教育为能力型教育是个长远课题，需要历经几代人的努力才能实现。

其次，教师要秉持孜孜不倦的求知态度。要想教好学生，首先老师要具有强烈的求知愿望。德国大学规定，教师没有新的科研成果，就没有资格登上讲台。这一点我在留学期间感受颇深。当时埃森大学的一位老师专长是构词法，他在新学期里却开设了语言与文化课程，我问他为什么换了方向，他的回答很简单："我想知道得更多（Ich möchte noch mehr wissen）。"在研讨课上，老师坐在学生中间，听学生报告，和学生一起讨论，他们的发言有时不是为了启发学生，而是想让自己搞明白。这种师生平等、教学相长的合作伙伴关系（Partnerschaft）让我深受教育，在我从教的20多年里一直奉行这一理念，努力在教学中做到师生互学，不断提高自己的认识。

和德国的高等教育理念相比，我国高等教育虽然在近几十年的改革中有了极为长足的进步，但是知识型教育的传统观念和根植于东方文化的"一言堂"式教育模式仍旧根深蒂固，传授知识、考查知识仍然是教学的基本模式，分数排名的导向作用引导学生考什么、背什么，培养出的往往是高分低能、不能胜任工作要求的不合格"产品"。我们在人才培养的道路上应该向德国学习，探索一条适合中国国情和学情的德语教学之路。

他山之石，可以攻玉。走进德国高等教育，才看到自己的不足。虽然德国高等教育并非完美无缺的标杆，但是他们取得无数育人成果所仰赖的能力培养的根本宗旨，却无疑值得我们学习、研究和借鉴。

五十年 五十人 50 Jahre 50 Menschen

与中国的科研合作
——经验与前景

哈罗德·富克斯 *Harald Fuchs*

1951年出生,德国明斯特大学实验物理学教授。在德国萨尔布吕肯大学师从赫伯特·格莱特教授取得博士学位后,他于1984年在瑞士苏黎世的IBM实验室杰德·宾宁和海因里希·罗勒团队从事博士后研究。1985年,他加入德国路德维希港巴斯夫公司的聚合物研究实验室。1993年,他被任命为明斯特大学物理研究所终身教授及所长。在那里,他建立了纳米技术中心(CeNTech)并主管该中心的研究。富克斯的研究活动聚焦科学与技术。他的研究团队已发表了超过650篇通过同行评审的论文,并提交了58项专利申请,他在全球范围内受邀举行了350多场演讲。富克斯获得了众多奖项,其中包括"中国国际科技合作奖"和"中国政府友谊奖"。他还是德国一级联邦荣誉勋章获得者,并拥有多项技术转化奖。富克斯是德国国家科学院(利奥波第那科学院)院士、德国国家工程院院士以及发展中国家科学院院士。

Harald Fuchs, Jahrgang 1951, ist Professor für Experimentalphysik an der Westfälischen Wilhelms-Universität Münster. Nach seinem Promotionsprojekt bei Prof. H. Gleiter, Universität Saarbrücken, Deutschland, verbrachte er 1984 ein Postdoktorandenjahr am IBM Research Laboratory, Zürich, Schweiz, in der Gruppe von G. Binnig & H. Rohrer, wo er an der Entwicklung der Rastertunnelmikroskopie mitarbeitete. 1985 trat er in das Polymerforschungslabor der BASF AG, Ludwigshafen, Deutschland, ein. 1993 wurde er als Lehrstuhlinhaber und Direktor des Physikalischen Institutes der Westfälischen Wilhelms-Universität Münster berufen. Dort initiierte er im Jahre 2000 das Zentrum für Nanotechnologie (CeNTech) und wurde dessen wissenschaftlicher Leiter. Die Forschungsaktivitäten von Fuchs liegen im Bereich der Nanowissenschaften und Nanotechnologie. Seine Gruppe hat bisher über 650 Peer-Reviewed-Artikel veröffentlicht und 58 Patentanmeldungen eingereicht. Er hat weltweit über 350 eingeladene Vorträge gehalten. Fuchs erhielt eine Reihe von Auszeichnungen und Technologietransferpreisen, darunter den International Science and Technology Cooperation Award of China und den Chinese Friendship Award. Er ist Träger des deutschen Bundesverdienstkreuzes und Mitbegründer mehrerer Nanotechnologiefirmen. Er ist gewähltes Mitglied der Deutschen Akademie der Wissenschaften „Leopoldina", der Deutschen Akademie der Technikwissenschaften „acatech" und auswärtiges Mitglied der TWAS.

中德之间持续时间最长的、对于双方均卓有成效的合作起源于大工业领域——西门子公司早在150年前、巴斯夫公司早在136年前就已开始与中国合作。自50年前中德两国建立外交关系以来，在其他许多领域也有了开展更密切合作的机会。除了传统大工业领域之外，自20世纪70年代以来，伴随高科技领域的迅速发展，双方都产生了在基础研究和共同研发新技术方面更紧密合作的意愿，以便将人们负担得起的新产品供应各自市场。两国科研合作的基础是1978年签订的《中华人民共和国政府和德意志联邦共和国政府科学技术合作协定》。在此协定和其他相关协议的基础上，中国研究人员与德国诸多学术机构（如高校和马克斯·普朗克研究所）之间的合作日益增加。德国科学基金会、德意志学术交流中心和弗劳恩霍夫协会目前在中国都设有常驻代表机构。

2000年，中德科学中心成立，它是德国科学基金会和中国国家自然科学基金委员会共同成立的科研资助机构，坐落在北京，并拥有独立的办公楼。中德科学中心的任务是支持德国和中国之间的科研合作，重点为自然科学、生命科学、工程科学和管理科学等领域。这种架构迄今为止独一无二。从德方的角度来看，中国多年来早已是国际留学生的最主要来源国。

现在我想谈谈我与中国的机构及专业同行们进行科研合作的一些个人经历。

在中德建交以来的50年中，其中超过一半的时间里，我都作为时代见证者参与并共同塑造

五十年 五十人 50 Jahre 50 Menschen

与庞世谨教授合影
Mit Prof. Pang Shijin (rechts)

高鸿钧教授在明斯特
Prof. Gao Hongjun nach seiner Ankunft in Münster

了一个振奋人心的基础科学领域——纳米科学。

我第一次访问中国是应庞世谨教授的邀请,参加了他于1996年在北京组织的中国首届国际纳米技术会议。庞教授当时负责中国科学院的真空实验室。在参观他的实验室时,他向我介绍了一位年轻的教授高鸿钧,并在此后派他到明斯特访学了一段时间。高先生如今已是一位在中国和国际上享有盛誉的著名学者,他是中国科学院物理研究所所长和院士,也是中国科学院的副院长之一,同时在后者的职位上负责建设雁栖湖畔的中国科学院大学。我们与他在中国科学院物理研究所的团队的合作一直持续到今天。多年来,我们的博士研究生和博士后的双向交流一直非常富有成效,联合出版物也受到国际关注。

1996年,中国给我留下的第一印象是令人惊叹的。中国的科学家们和整个国家一样处于一种变革氛围之中,在纳米材料领域尤其充满了各种全新的想法。由于当时中国研究机构的仪器设备大多还无法与西方相提并论(与今天相反),研究方向为化学和物质的中国同行与我在明斯特的研究方向为表面分析的团队之间进行了紧密的合作,并在顶级学术期刊上发表了许多合作研究成果。

在1996年之后的四年里,基于共同的研究兴趣,我们主要与中国科学院物理研究所、中国科学院化学研究所和位于长春的吉林大学进行了实验室层面的双边合作。在此之前,我们已经有一些短期来访的中国学者,还有一位长期共事的中国同事,即我在明斯特所在系的迟力峰博士,她与吉林大学保持着密切的联系,在来德国攻读博士学位之前,她曾在吉林大学获得了硕士学位。

在20世纪90年代末纳米技术迅猛发展的过程中,我们从北威州研究与科技部获得了从2000年开始扩大与对华合作及人员交流的第一次正式合作机会。基于与中国科学院的协议,我们首先与中国科学院化学研究所建立了合作。合作伙伴为朱道本教授,他是一位思想开放、富有远见的科学家,当时担任中国科学院化学研究所的所长,后来还担任了中国国家自然科学基金委员会的副主任。这个项目成为迅速扩大与其他中国伙伴合作的催化剂。我们很快与更多的顶尖科学家建立了良好的联系,如中国科学院(院长)白春礼、北京大学(校长,曾任中国科学院物理研究所所长)王恩哥,以及清华大学张希(现在是吉林大学的校长)。

随后,我们有了更多的合作项目,如与赵宇亮(现任位于北京的中国国家纳米科学中心主任)和国家纳米科学中心的陈春英合作,这是由德意志联邦共和国教育与研究部和中华人民共和国科学技术部共同批准的纳米医学领域合作项目。我和张希从2008年起共同主持由德国科学基金会和中国国家自然科学基金委员会联合设立的首个"特别研究领域重大项目(SFB)"(TRR61),该项目周期长达12年,是德国科学基金会提供的最大合作形式。北京和明斯特的22个中德小组的合作范围由此大大加强,双方合作机构的资助框架也得到了显著拓展。

我们与中国的科研合作取得了一系列非常积极的成果。曾作为博士生或博士后在我位于明斯特的纳米技术中心(CeNTech)的课题组工作较长时间的年轻中国科学家中,大约有20位今天在中国已经获得了自己的教授职位。迟力峰女士如今还是中国科学院院士。迄今为止,总共约70名中国学者曾在我的团队中工作过较长时间。

在进行这些专业合作的同时,德国国家科学院(利奥波第那科学院)和中国科学院之间也很早就开始了关于彼此更紧密合作的初步会谈。双方最早在北京和德国举行了非正式会面,例如,2009年在德国国家科学院的外部理事会议的框架下举行的明斯特"纳米技术中心"会议。中国科学院的代表是时任副院长白春礼,我和他早在1986年就已建立了学术上的联系。

2012年10月,赫伯特·格莱特纳米科技研究所作为一个"特别单位"在南京理工大学成立,这是中德进一步合作在架构上的亮点。借助该研究所,南京的格莱特纳米科技研究所、卡尔斯鲁厄理工学院纳米技术研究所和明斯特的纳米技术中心之间建立了国际交流网络,一个"云端"

与中国科学院化学研究所的合作(居中者为朱道本教授)

zusamnenarbeit mit der Institut fiir chemie, Chinesische Akademie der Wissenschaft (In der Mitte steht Professor Zhu Daoben)

的国际纳米技术研究所成为现实。

之后的一系列交流也给我留下了非常深刻的印象,如2015年与黄维教授的会谈。他是一位充满热情的科学家和出色的组织者,作为时任南京工业大学校长,他创建了南京工业大学先进材料研究院,几年后他调到西北工业大学,又在那里成功建立了一个新的柔性电子研究院。

2019年是我个人经历极为丰富的一年,这一年以1月去北京参加中国科技部举行的国际专家会议开始,并以受邀参加在位于北京的人民大会堂与时任国务院总理李克强及几位副总理的对话结束。

2019年9月9日,德中科学界迎来了第二个合作高峰时刻。在这一天,中国科学院院长白春礼和德国国家科学院院长约尔格·哈克签署了《北京宣言》。这是两个科学院的联合宣言,旨在加强和促进作为开发新技术造福社会的先决条件的国际基础研究。签字仪式在位于北京北部的美丽的雁栖湖风景区举行,并在一个以"科学面向未来"为主题的高级科学会议上进行,两位诺贝尔奖得主克劳斯·冯·克里津和杨振宁出席了会议。会上进行了众多来自不同领域的一流和极具启发性的演讲,从现代纳米技术研究、核粒子物理学、气候与海洋研究,到太空旅行、量子技术和人工智能。杨振宁教授以其关于物理哲学的演讲吸引了众多学生和学者。未来在该领域的德中交流将每隔两年在德国和中国轮流举行。

同一个月,在2019年9月30日,我在人民大会堂被授予中国政府友谊奖。所有获奖者都被邀请参加2019年10月1日的中华人民共和国成立70周年阅兵仪式,并参加晚上的庆典,当天活动以壮观的烟花表演结束。

从某种程度上说,2019年对我而言是神奇的一年,不仅在于我与中国伙伴合作的科研成果,还在于我的获奖经历和全新的个人经历。这一年以12月初我对中国的最后一次访问结束。当时没有人能预料到,仅仅几个星期后,一场疫情会使人们暂时无法再次旅行。2020年,我还被授予"中华人民共和国国际科技合作奖",该奖不久前由中国驻德国大使吴恳在柏林隆重颁发给我。

毫无疑问,在过去20年间,中国不仅在经济上位居世界前列,而且在科研上也达到了世界领先水平。在过去的两个十年间,中国在科学技术上的迅速发展和全国范围内现代基础设施的快速建设尤其引人注目,并在整个国家创造了一种持续的革新氛围,这种氛围一直延续到今天。通过科研领域的诸多特别计划,并凭借非常好的资助计划和条件,中国成功地将许多曾在美国和欧洲工作的优秀中国研究人员吸引回来,这对迅速提高科研质量标准和学生培养质量作出了巨大贡献。

本文提到了26年来我个人与中国同行们进行的极富成效的合作范例,它们基于我与该领域中一些最优秀的中国科学家们的许多(其中一部分是偶然的)互动。对于纳米科学跨学科研究问题上的共同兴趣从一开始就对双方极具激励性。在我工作领域里的中国同事和新生代学者积极性都很高,他们不仅致力于以知识为导向和"无特定目的"的基础研究,还思考成果在新技术方面的潜在应用和实施，这是一种非常高的要求。

我们希望，中国和德国之间的科研人员交流能够尽快再次进行，并继续扩大。因为优秀的合作伙伴之间在平等基础上的跨国科学合作一直是为全球社会复杂而紧迫的问题制订解决方案的重要支柱，这些解决方案尤其可以对各国人民的和平和繁荣共处作出重大贡献。这在21世纪尤其如此，因为现在出现了前所未有的全球性挑战，如气候变化的危机、为以后的代际确保能源的可持续供应、世界粮食供应，以及随着人口日益老龄化而出现的全球卫生问题。这些挑战每一个都非常严峻，必须结合各优势国家的所有科学技术力量，共享各伙伴国已有的最佳技术方法，以赢得与时间的赛跑。其中包括欧亚大陆，特别是中国和德国，两国有着长期的相互经济交织和成功的合作关系，正如本文一开始提到的，两国在电气和化学工业领域的合作分别可以追溯到约150年前和136年前。

这种合作中的智慧也恰如其分地蕴含在物理学家、诺贝尔奖获得者维尔纳·海森堡后来所说的一句话里："最富有成效的发展总是发生在两种不同思维方式相遇的地方。"

Wissenschaftliche Kooperation mit China
– Erfahrungen und Perspektiven

Die ältesten kontinuierlichen und für beide Seiten sehr fruchtbaren Kooperation zwischen Deutschland und China entstanden im Bereich der Großindustrie, mit Siemens bereits vor 150 Jahren, und BASF vor 136 Jahren. Seit der Aufnahme diplomatischer Beziehungen zwischen China und Deutschland vor nunmehr 50 Jahren eröffnete sich die Möglichkeit, auch in vielen anderen Bereichen enger zu kooperieren. Neben der klassischen Großindustrie entstand seit den 70er Jahren mit den rasch wachsenden Hochtechnologiebereichen auch der beiderseitige Wunsch nach einer engeren Zusammenarbeit in der Grundlagenforschung und der gemeinsamen Entwicklung neuer Technologien, um die lokalen Märkte auf beiden Seiten mit neuen und erschwinglichen Produkten zu bedienen. Grundlage der Forschungskooperation beider Länder ist ein Regierungsabkommen über die wissenschaftlich-technologische Zusammenarbeit aus dem Jahr 1978. Auf dieser Basis und weiteren Abkommen entstanden verstärkt Kooperationen zwischen chinesischen Forschern und Forschern deutscher akademischer Einrichtungen, wie den Universitäten und Max Planck Instituten. Die Deutsche Forschungsgemeinschaft, DFG, der Deutsche Akademische Auslandsdienst, DAAD, und die Fraunhofer-Gesellschaft verfügen inzwischen über ständige Repräsentanzen in China.

Im Jahre 2000 wurde das Chinesisch-Deutsche Zentrum für Wissenschaftsförderung (CDZ/SGC)

五十年 五十人　50 Jahre 50 Menschen

Sino-German Transregio Project (TRR61) Annual Meeting 2014

在苏州召开的TRR61年度会议（由迟力峰组织）的合影

Einen Eindruck von der Zahl der in diesem bilateralen Projekt beteiligten Personen gibt das obige Gruppenbild von einem der jährlichen TRR 61-meetings, in diesem Fall aus Suzhou, das von Chi Lifeng organisiert wurde

als eine gemeinsame Forschungsförderungseinrichtung der Deutschen Forschungsgemeinschaft und der National Natural Science Foundation of China, NSFC, mit einer eigens errichteten Gebäudestruktur mit Sitz in Peking gegründet. Die Aufgabe des CDZ ist die Förderung der wissenschaftlichen Zusammenarbeit zwischen Deutschland und China mit dem Schwerpunkt der Förderung in den Natur-, Lebens-, Ingenieur- sowie den Managementwissenschaften. Diese Struktur ist bisher einzigartig. Aus deutscher Perspektive belegt China als Herkunftsland für internationale Studierende seit längerem den Spitzenplatz in Deutschland.

Nun etwas zu meinen persönlichen Erfahrungen in der wissenschaftlichen Zusammenarbeit mit chinesischen Institutionen und Fachkollegen und Fachkolleginnen.

Von den 50 Jahren seit der Aufnahme diplomatischer Beziehungen zwischen Deutschland und China konnte ich etwas mehr als die Hälfte dieser Zeit als Zeitzeuge einen spannenden Bereich der Grundlagenwissenschaft, den Nanowissenschaften, begleiten und mitgestalten.

Mein erster Besuch in China erfolgte auf Einladung von Prof. Pang Shijin zur ersten internationalen Nanotechnologie-Konferenz in China im Jahre 1996 in Beijing, und die Prof. Pang organisierte. Herr Pang leitete seinerzeit das Vakuum Labor der CAS. Während der Besichtigung seines Labors stellte er mir einen jungen Professor vor, Gao Hongjun und schickte ihn danach für einige Zeit nach Münster. Heute ist Herr Gao China-weit und international als ein vielbeschäftigter Direktor und Academician am IOP/CAS in Beijing und einer der Vizepräsidenten der CAS bekannt, und ist in letzterer Position u.a. zuständig für den Aufbau der UCAS am Yanqi Lake. Unsere Kooperation mit seiner Gruppe am IOP besteht bis heute. Es gab über die Jahre hinweg immer wieder einen sehr fruchtbaren Personalaustausch von Doktoranden und Postdocs in beide Richtungen und gemeinsame international beachtete Publikationen.

Der erste Eindruck von China im Jahre 1996 war überwältigend. Die chinesischen Wissenschaftler waren in Aufbruchsstimmung, wie das ganze Land, und voller neuer Ideen, insbesondere im Bereich der Nanomaterialien. Da die apparative Ausstattung in den chinesischen Instituten zu dieser Zeit meist noch nicht westliche Standards erreicht hatte (im Gegensatz zu heute), bot sich eine enge Kooperation zwischen den chemisch/material-orientierten chinesischen Kollegen und meiner oberflächen-analytisch orientierten Gruppe in Münster an. Daraus entstanden viele gemeinsame Arbeiten in wissenschaftlichen Top-Journalen.

In den ersten vier Jahren nach 1996 hatten wir im Wesentlichen bilaterale Kooperationen auf Laborebene mit dem IOP, dem ICCAS und der Jilin Universität in Changchun, die durch gemeinsame wissenschaftliche Interessen zustande kamen. Zuvor hatten wir bereits chinesische Gäste zu Kurzaufenthalten und eine dauerhafte chinesische Mitarbeiterin, Dr. Chi Lifeng in meiner Abteilung in Münster, die in engem Kontakt mit der Jilin Universität stand wo sie Ihren Master-Abschluss machte, bevor sie zur Promotion nach Deutschland kam.

Im Zuge der rasch wachsenden Nanotechnologie Ende der neunziger Jahre erhielten wir durch unser Landesministerium für Forschung und Technologie in NRW eine erste formelle Möglichkeit zur Erweiterung der Kooperation und personellen Austausch mit China ab dem Jahr 2000. Sie gestaltete sich im Rahmen eines Abkommens mit der CAS, zunächst zum Aufbau einer Kooperation mit dem Chemie-Institut der CAS (ICCAS). Der Kooperationspartner war Prof. Zhu Daoben, ein offener und visionärer Wissenschaftler des Instituts für organische Chemie/CAS das er leitete, und der später auch als einer der Vizepräsidenten der NSFC tätig war. Dieses Projekt wurde zum Katalysator für den raschen Ausbau der Kooperationen mit weiteren chinesischen Partnern. Schnell ergaben sich gute Kontakte auch zu anderen führenden Wissenschaftlern, z.B. wie Bai Chunli, CAS, Wang Enge, IOP und später Beijing Universität, und Zhang Xi, Tsinghua Universität. (inzwischen Präsident der Jilin Universität.)

In der Folge hatten wir weitere gemeinsame Projekte die z. B. gemeinsam von BMBF/MOST im Bereich der Nanomedizin in Kooperation mit Zhao Yuliang (heute Leiter des NCNST, Beijing) und Chen Chunying, NCNST, bewilligt wurden. Mit Zhang Xi zusammen habe ich ab 2008 den ersten gemeinsam von DFG und NSFC eingerichteten Sonderforschungsbereich SFB/TRR 61 geleitet, der über 12 Jahre angelegt war und das größte kollaborative Format darstellt, das die DFG anbietet. Dadurch wurde der Umfang der gemeinsamen Arbeiten in 22 deutsch-chinesischen Gruppen in Beijing und Münster wesentlich gestärkt und auch der finanzielle Rahmen für beide Partnerinstitutionen signifikant erweitert.

Unsere wissenschaftliche Zusammenarbeit mit China hat eine Reihe von sehr positiven Ergebnissen erbracht. Etwa 20 junge chinesischen Wissenschaftlern, die als Doktoranden oder Postdocs für längere Zeit in meiner Gruppe in Münster im Center for Nanotechnology (CeNTech) tätig waren, haben heute eigene Professuren in China. Frau Chi ist inzwischen Mitglied der CAS. Insgesamt waren bisher etwa 70 chinesische Wissenschaftler für längere Aufenthalte in meiner Gruppe in Münster.

Zeitlich parallel zu diesen fachlichen Kooperationen gab es sehr früh auch erste Gespräche zwischen der deutschen Nationalen Akademie der Wissenschaften, Leopoldina und der Chinesischen Akademie der Wissenschaften (CAS) über eine engere Zusammenarbeit. Es gab zunächst informelle Treffen in Beijing und in Deutschland, wie z.B. 2009 in Münster im CeNTech im Rahmen einer externen Vorstandssitzung der Leopoldina. Die CAS war vertreten durch den damaligen Vizepräsidenten Bai Chunli, mit dem ich bereits seit 1986 wissenschaftlich verbunden bin.

Ein weiteres, diesmal strukturelles, Highlight in der deutsch-chinesischen Kooperation folgte im Oktober 2012 mit der Einrichtung des Herbert Gleiter Institutes (HGI) als „special unit" an der NJUST in Nanjing. Mit diesem Institut wurde eine internationale Vernetzung zwischen dem HGI, Nanjing, dem

照片中左二为白春礼，他右边分别为：明斯特大学校长内勒斯教授；德国国家科学院院长特－穆棱教授；德国国家科学院秘书长施尼策－温格芙教授；右一为沈阳材料科学国家（联合）实验室的卢柯，他当时作为德国国家科学院的年轻外籍院士成员陪同中国代表团出访

Bai Chunli im Bild zweiter von links, rechts daneben: Prof. U. Nelles, Rektorin der WWU Münster, Prof. V. ter Meulen, Präsident der Leopoldina, Prof. J. Schnitzer-Ungefug, Generalsekretärin der Leopoldina; ganz rechts: LU Ke vom IMRE, Shenyang, der die chinesische Delegation als damals noch junges auswärtiges Mitglied der Leopoldina begleitete

INT/KIT, Karlsruhe, und CeNTech in Münster zu einem virtuellen internationalen Nanotechnologie-Institut realisiert.

Es folgte eine Reihe von weiteren, für mich sehr eindrucksvollen Begegnungen, wie mit Prof. Huang Wei im Jahre 2015, ein begeisterter Wissenschaftler und exzellenter Organisator, der zu dieser Zeit als Präsident der Nanjing Tech Universität das „Institute für Advanced Materials (IAM)" gründete und nach seinem Wechsel nach Xi'an an die NWPU einige Jahre später dort ein neues Institut für flexible Elektronik ebenso erfolgreich etablierte.

Ein persönlich höchst ereignisreiches Jahr war für mich 2019. Es begann im Januar 2019 im Rahmen eines „International Experts" Treffens im MOST, Beijing, das mit einer Einladung in der Großen des Volkes in Beijing und Diskussion mit dem Ministerpräsiden, Li Keqiang, und einigen anwesenden Vizeministerpräsidenten abschloss.

Am. 9. September 2019 gab es ein zweites Highlight, diesmal in der deutsch-chinesischen Wissenschaftsgemeinde. An diesem Tag erfolgte die Unterzeichnung der sog. „Beijing Declaration" durch die beiden Präsidenten der CAS, Bai Chunli, und der Leopoldina, Jörg Hacker. Es handelt sich hierbei um eine gemeinsame Deklaration der beiden Akademien zur Stärkung und Förderung der internationalen Grundlagenforschung als Voraussetzung zur Entwicklung neuer Technologien zum Wohle der Gesellschaft. Die Unterzeichnung erfolgte am Yanqi Lake nördlich von Beijing - einer wunderschöne Landschaft - im Rahmen einer hochkarätig besetzten wissenschaftlichen Konferenz mit dem Motto „Sience for Future (SfF)" unter Anwesenheit zweier Nobelpreisträger, K. v. Klitzing und Chen-Ning Yang. Es gab erstklassige und höchst inspirierende Vorträge aus unterschiedlichsten Wissensgebieten, angefangen von modernen Nanotechnologie-Forschung, Kernteilchenphysik, Klima- und Meeresforschung bis hin zu Raumfahrt, Quantentechnologie und künstlicher Intelligenz (AI). Prof. Chen-Ning Yang zog nicht nur die Studierenden mit seinen physikalisch-philosophisch angelegten Beitrag in seinen Bann. Der zukünftige deutsch-chinesische Austausch in diesem Bereich soll zukünftig alle zwei Jahre abwechselnd in Deutschland und China stattfinden.

Im gleichen Monat, am 30.9.2019, wurde mir Chinesische Freundschaftspreis, wiederum in der Großen Halle des Volkes, verliehen. Alle Preisträger waren am 1.10.2019 zur Parade zum 70. Jahrestag der Gründung der VR China, und zum abendlichen Festival mit einem gigantischen Feuerwerk zum Ausklang eingeladen.

So war das Jahr 2019 gewissermaßen ein magisches Jahr für mich, sowohl was die wissenschaftlichen Ergebnisse in der Kooperation mit chinesischen Partnern, als auch die Auszeichnungen und besonderen neuen persönlichen Erfahrungen anging. Das Jahr schloss einem letzten Besuch in China Anfang Dezember ab. Niemand ahnte zu dieser Zeit, dass nur wenige Wochen später eine Pandemie weitere

2019年9月9日，德国国家科学院与中国科学院共同签署发布了《北京宣言》
Leopoldina – CAS: Beijing Declaration 2019

Reisen vorerst unmöglich machen würde. Im Jahr 2020 wurde mir auch der „International Cooperation Award for Science and Technology der VR China" zuerkannt, der mir vom Chinesischen Botschafter Wu Ken kürzlich in Berlin feierlich überreicht wurde.

Zweifelsfrei hat China in den beiden vergangenen Jahrzehnten nicht nur wirtschaftlich in die Weltspitze geschafft, sondern steht inzwischen auch wissenschaftlich mit an der Weltspitze. Bemerkenswert waren in den letzten beiden Dekaden vor allem die schnellen technologischen Umsetzungen und der rasche Ausbau moderner Infrastrukturen im ganzen Land, die eine bis heute andauernde Aufbruchsstimmung im ganzen Land erzeugten. Durch Sonderprogramme im Wissenschaftsbereich gelang es China, zahlreiche exzellente chinesische Forscher, die in der USA und Europa tätig waren, mit sehr guten Förderprogrammen und Angeboten zurück zu holen, was wesentlich dazu beitrug, die wissenschaftlichen Qualitätsstandards und auch die Qualität der Ausbildung von Studenten rasch zu erhöhen.

Die in diesem Artikel erwähnten persönlichen Beispiele der außerordentlich fruchtbaren Kooperationen mit chinesischen Kollegen und Kolleginnen über 26 Jahre beruhen auf vielen, zum Teil zufälligen, Begegnungen mit einigen der besten chinesischen Wissenschaftler in unserem Arbeitsgebiet. Das gemeinsame Interesse an interdisziplinären Fragestellungen der Nanowissenschaften zu arbeiten hat beide Seiten von Anfang an sehr inspiriert. Die chinesischen Kollegen in meinem Arbeitsfeld und auch der wissenschaftliche Nachwuchs sind hoch motiviert und bestrebt, neben der Erkenntnis-orientierten und „zweckfreien" Grundlagenforschung, zugleich auch die möglichen Anwendungen und Umsetzungen ihrer Ergebnisse in neuen Technologien anzudenken, was einen sehr hohen Anspruch darstellt.

Wir hoffen, dass der persönliche Austausch von Wissenschaftlern zwischen China und Deutschland bald wieder stattfinden und weiter ausgebaut werden kann. Denn die internationale wissenschaftliche Kooperation von exzellenten Partnern auf Augenhöhe ist seit jeher ein wichtiger Pfeiler für die Entwicklung von Lösungen für komplexe drängende Fragestellungen der Weltgesellschaft – Lösungen, die nicht zuletzt zum friedlichen und gedeihlichen Zusammenleben der Völker wesentlich beitragen können. Dies gilt ganz besonders im 21. Jahrhundert, da inzwischen zuvor nie dagewesene globale Herausforderungen entstanden sind, wie die Klimakrise, die Sicherstellung einer nachhaltigen Energieversorgung für die nächsten Generationen, die Welternährung sowie globale Gesundheitsfragen bei zunehmenden demoskopischen Verschiebungen zu höherem Lebensalter.

Diese Herausforderungen sind bereits einzeln betrachtet so gewaltig, dass es unumgänglich scheint, alle wissenschaftlich-technologischen Kräfte der starken Staaten bündeln, und den jeweils besten vorhandenen technologischen Lösungsansatz eines Partnerlandes gemeinsam zu nutzen, um den Wettlauf gegen die Zeit zu gewinnen. Hierzu gehören auf dem Eurasischen Kontinent insbesondere China und Deutschland mit ihrer langjährigen gegenseitigen wirtschaftlichen Verflechtung und erfolgreichen Kooperation, die, wie eingangs erwähnt, in den Bereichen der Elektro- und Chemieindustrie inzwischen schon über 150 bzw. 135 ereignisreiche Jahre zurückreicht.

Darin steckt wohl schon die Weisheit, die der Physiker und Nobelpreisträger Werner Heisenberg später so treffend formulierte: „Die fruchtbarsten Entwicklungen haben sich überall dort ergeben, wo zwei unterschiedliche Arten des Denkens zusammentrafen."

五十年 五十人 50 Jahre 50 Menschen

中德建交五十周年感言

贾建新

1951年出生，北京外国语大学德语学院毕业。曾任新华通讯社《参考消息》编辑部编译、驻民主德国大使馆文化秘书、驻奥地利大使馆文化参赞、中国对外艺术展览公司副总经理、德国柏林中国文化中心主任。1999年4月，荣获由奥地利总统克莱斯蒂尔颁发的"奥地利国家艺术与科学荣誉十字勋章"。现任上海公共外交研究院首届专家咨询委员会委员。

1972年秋天，我作为北京外国语大学在"文化大革命"后期招收的首批大学生从湖北沙洋干校回到了北京。10月11日，我从中央人民广播电台新闻广播中知悉，中华人民共和国与德意志联邦共和国建立了大使级外交关系。作为北外东欧语系德语专业的学生，我心中多少还是有些高兴的。记得当时的德语外教告诉我们这些学生：德国是马克思、恩格斯的故乡，是马克思主义诞生的地方。追溯历史，中德之间虽相隔万里，但两国之间接触和交往的关系却是源远流长，其间既有欺凌和怨恨，也有互惠和友谊。自从1972年10月两国建立外交关系以来，这个位于亚洲东部的大国与位于欧洲中部的强国都在努力克服地理上的"远距离"，建立认知和感情上的"近距离"。

从北外毕业以后，我有幸从事对德语国家的文化交流工作，联邦德国则是这些国家中的重中之重。在20世纪80年代和90年代，我陪同中国京剧团、中国杂技团、中国歌舞团、四川歌舞团、西藏歌舞团等团体出访联邦德国，几乎走遍了德国的大小城市，所到之处都受到了德国民众的热烈欢迎，精湛的中国表演艺术也折服了德国的观众。

2010年，我赴德国任柏林中国文化中心主任。这个工作使我有机会近距离地接触德国的民众，触摸德国的社会。我们把柏林中国文化中心当作对德开展文化交流的平台与传播中国文化和中华文明的窗口，并积极配合国家整体外交活动，发挥了自身的独特作用。柏林中国文化中心在展示中国优秀的传统文化和当代艺术的同时，还举办汉语和其他内容的教学培训，举办介绍中国文化的系列讲座。通过举办这些活动使中国文化大国的形象在德国人心目中具体化，促进了德国民众对中国的了解，缩短了德国民众与中国的心理距离，深化了中德友好关系，让许多不了解中国的德国人慢慢地熟悉中国，让了解熟悉中国的德国人更加热爱中国。

中国和德国拥有各自独特的文化和传统，两国的"同和异"，构成丰富多元的文明景象，为中德两国的政治交往、贸易往来和文化交流奠定了坚实的基础，提供了无限的动力。

目前世界正处在百年未有之大变局中，面对波谲云诡、局势动荡的国际环境，我们需要更多的对外交往和文化交流，需要更加努力地让中国走向世界，让世界拥抱中国。我们希望今后能有更多的有志青年加入对外文化交流的队伍中来，为传播中国文化和中华文明，发展对外友好关系贡献自己的力量。

2022年10月11日是中国与联邦德国建交50周年纪念日。半个世纪如白驹过隙，弹指一挥间，许多往事已成故事。

2011年是我出任德国柏林中国文化中心主任的第二年。根据文化部的安排，陕西省文化厅与柏林中国文化中心联手在德国弘扬中华文明、传播中国文化，践行中央文化部门与地方省市文化厅局的合作计划。陕西是中华民族文明和华夏文化的重要发祥地，也是我国历史上建都朝代最多和时代最长的省份。省内地上地下文物遗存极为丰富。陕西也是我国对外开放最早的地区之一。大约在3000多年前，陕西长安就同海内外不少国家有政治和经济方面的交往。著名的"丝绸之路"就是以古长安为起点直达地中海区域，大唐高僧玄奘西天取经的故事更是家喻户晓。

五十年 五十人 50 Jahre 50 Menschen

一、精心策划、认真选择

2011年1月，我从柏林回北京参加全国文化厅局长会议后，专程赴西安拜会了陕西省文化厅厅长余华青，并与文化厅对外文化处处长陆相林商榷实施央地合作事宜。当讨论到陕西文化厅要组派出什么样的艺术团体，演出什么样的节目，才能使德国民众接受并产生共鸣时，大家都不约而同地想到了久负盛名的陕西关中皮影戏。这种不谋而合的想法最终使我和陕西省文化厅的同志们达成了一致的看法，就是要借用陕西古老的皮影戏来行传播中国文化之事。中国皮影戏最早诞生在2000多年前的西汉，发祥地就在陕西。皮影是采用动物皮革为材料制成的，出于坚固性和透明性的考虑又以牛皮和驴皮为佳。上色时主要使用红、黄、青、绿、黑等五种纯色的透明颜料。正是由于这些特殊的材质使得皮影人物及道具在后背强光的照耀下，投到布幕上的影子具有了韵味独特的造型和晶莹剔透的美感。演皮影戏的设备非常简单轻便，不论在剧场里还是在广场上，庭院里以至普通厅室内，架起布幕和灯箱就能开戏。一个戏班六七个人和一箱皮影人物就能演四五十出戏。演出完毕，全部行头装箱就走，转场十分便捷。皮影戏传递的信息量大，花费较少，性价比也高，比较适合到德国各地巡回演出。

说到中国皮影戏，其实德国人对它也并不陌生。公元13世纪，蒙古铁骑发动了三次西征。进入欧洲莱茵河地区的蒙古骑兵闲暇之际就在军营里看皮影戏演出。这种表演艺术随着蒙古军队的征战和海陆贸易的交往也逐渐传入了波斯、土耳其、地中海沿岸和欧洲各地，向东传至百济、日本、向南传至暹罗、缅甸和马来群岛。18世纪中叶中国皮影戏艺术再次传入西欧。据记载，1767年法国传教士把中国皮影戏带到了法国，并在巴黎、马赛等地演出，被称为"中国灯影"，轰动一时。后经法国人改造，成为"法兰西灯影"。德国大文豪歌德曾经迷恋过中国皮影戏。歌德于1749年出生在莱茵河畔的法兰克福，4岁时，祖母就在圣诞节前夕给他演出皮影戏看。"她手提皮影戏人物上场，演幻成了一出出的悲剧，引起了我们幼稚的遐想，尤其是我对这种皮影戏的观感，一生受用无穷。慈祥的祖母随后又让我们自己来演皮影戏。我们倚仗着自己的小聪明，操纵这些皮影人物使得他们栩栩如生、生气盎然……"(《歌德自传》)1781年8月28日，歌德在自己生日庆典上，用中国皮影戏演出《米纳娃的生平》，并在同年11月24日又演出《米达斯的判断》。当时歌德已是萤声德意志文坛的大文豪，他如此热情地推崇中国皮影戏艺术，无疑推动了中国皮影戏在欧洲的传播。在歌德的影响下，很多德国戏剧专家和学者热衷于研究中国皮影戏。他们严谨治学，百年不辍，取得了令人瞩目的成就。从1901年起，德国文化学者格汝柏先生和他的学生着手翻译中国皮影戏剧本，终于在1915年译成了68册。1932年，德国克尔文学研究院演出了两部中国皮影戏，受到德国各界人士的好评。1933年，德国克尔大学教授燕生博士还把中国皮影戏剧本《盘丝洞》译成德文出版。另外，值得一提的还有一位德国戏剧博士比尔曼先生，他终生致力于皮影戏研究，并且组织了一个"三梅花"皮影戏剧团，专门演出《白蛇传》等中国传统剧目，很受德国观众的欢迎。1991年德国重新统一后，首都柏林特

中德建交五十周年感言

刘英英女士教德国少年表演皮影戏

地成立了专演皮影戏和木偶戏的小剧院，常常演出一些根据德国格林童话和丹麦安徒生童话以及欧洲古典歌剧改编的皮影戏和木偶戏。精彩的演出和动听的音乐吸引了许多喜爱看皮影戏和木偶戏的德国儿童，使他们成为小剧院的常客。

我到柏林后专程拜访过这家小剧院，并邀请该院的皮影戏表演专家埃费琳·盖勒女士来中国文化中心献艺。2010年11月12日，盖勒女士在我中心多功能大厅里演出了德国传统皮影戏《夜莺》。这是一出根据安徒生童话改编的故事，讲述一位中国皇帝和一只夜莺的恩恩怨怨。简易的舞台、美妙的演出、生动的道白吸引了很多德国儿童和家长前往观看。在演出过程中，盖勒女士还向德国小朋友和家长们讲述皮影戏的表演程序和技巧，博得了德国观众的热烈欢迎。

有了上面这些逸事做铺垫，估计德国观众接受中国皮影戏演出不成问题，但演出什么样的皮影戏节目能让德国观众产生共鸣，还需要我们精心策划、认真选择。

西安是丝绸之路的一个起点，大唐高僧玄奘就是从这里出发赴西域取经，从而演化成中国古典小说《西游记》。20世纪60年代，中国彩色动画片《大闹天宫》也在德国风靡多年，美猴王孙悟空的故事在德国也是家喻户晓。许多人至今谈起来仍津津乐道。如选用《西游记》的人物做主线，把整个晚会演出节目串联起来，表演就有了灵魂。陕西民间艺术剧院皮影戏剧团也赞成这种想法。陕西省文化厅对外文化处处长陆相林还建议，可用大型杖头木偶唐僧和孙悟空来串场，突出西游记故事的趣味性。

二、首演柏林，初战告捷

5月5日，陕西省民间艺术剧院皮影戏团一路风尘辗转抵达柏林。全部道具也完好无损地运到柏林中国文化中心。5月6日，皮影团在柏林中国文化中心举行首场演出。当天下午5位演员用了一个多小时，就在文化中心的多功能厅内搭起了一座皮影戏演出舞台。皮影戏的演出屏幕大约有6平方米，用白纱布做成。白纱布经过鱼油打磨后，变得挺括透亮。

中国皮影戏将在中国文化中心演出的信息，刚刚发布在中国文化中心的网页上，申请报名观看的德国观众就打爆了文化中心的外联电话。当天晚上演出尚未开始，德国观众已挤满了文化中心的多功能大厅，后来的观众只能站在两边的过道上，许多德国小孩在大厅里跑来跑去找不到座位。我看到这个情况后急中生智，立马让中心工作人员将楼上舞蹈教室练功用的软垫子搬下来，铺放在前排地板上，不一会儿上面就坐满了方才活蹦乱跳的德国和中国小朋友。晚上19时大厅里的灯光渐暗，我以柏林中国文化中心主任的名义致了个简短的欢迎词，随后便请德籍项目经理穆岸凝女士用德语介绍今天的演出剧情。在咚咚锵锵的锣鼓声中，陕西省民间艺术剧团的周泰女士和张航先生手执大型杖头木偶孙悟空和唐僧从幕后透迤而出。他们和大木偶刚一亮相，就博得了德国观众的满堂喝彩。他们的诙谐对白"师傅您看，我们取经已来到德国首都柏林了"更是赢得了一片会意的笑声。陕西皮影保留着民间说书的种种痕迹，也是近代陕西多种地方戏曲的前身，它造型质朴单纯，富于装饰性，同时又具有精工细作的工艺特色。陕西皮影戏人物造型轮廓完整，线条优美，有势有韵，静动益彰。在轮廓内部以镂空为主，又适当留实，做到繁简得宜、虚实相生。皮影人物、道具、配景的各个部位，常常饰有不同的图案花纹，整体效果繁丽而不拖沓，简练而不虚空。今晚他们表演的经典传统节目《降妖马》《猪八戒背媳妇》《鹤与龟》不仅生动活泼，而且栩栩如生。银幕上的皮影人物精致、耐看，既充实又生动，形成完美的艺术整体。中国传统古老的皮影表演艺术博得了德国观众的阵阵掌声，近乎原生态的唱腔和锣鼓音乐也让他们听得怦然心动。首场演出在300多位德国观众的热烈掌声中落下帷幕。演出刚一结束，德国观众纷纷涌向后台，想一探中国皮影戏的秘密。在工业及信息媒介高度发达的德国，观看和欣赏这种纯粹用双手操作的皮影戏实在是不容易。陕西皮影戏艺术家刘英英女士在后台又为德国观众作了现场展示。她用五根竹棍操纵一个皮影，左腾右挪，上下翻滚，耍得如臂使指，看得德国观众眼花缭乱。她不仅手上功夫绝妙高超，嘴上还要说、念、唱、吼，脚下还要敲锣击鼓。刘英英女士的一番演示让德国观众佩服得五体投地。首场演出的成功给陕西皮影戏剧团的艺术家们和中国文化中心的同事们带来了无限的欢乐和兴奋。

三、再演汉堡，豫园异彩

汉堡是德国北部一座美丽的港口城市，也是德国的第二大城市。它位于德国东北部易北河岸，被誉为"德国通往世界的大门"。世界各地的远洋轮来德国时，大多会在汉堡港停泊。1986年，汉堡与上海结成友好姊妹城市。上海市政府在2009年特意将该市的标志性建筑物老城隍庙"豫园"复制了一套赠送给汉堡市。柏林中国文化中心通过与汉堡大学孔子学院的精诚合作，为陕西皮影剧团在汉堡豫园争取到了最佳的演出时间。

5月8日，皮影剧团抵达汉堡后，在豫园的二楼礼堂里搭建舞台。二楼礼堂南北走向，是全木质结构，百余张真皮木椅排列有序。但由于汉堡市地处德国北部，纬度高，傍晚的太阳依然十分耀眼，阳光直射礼堂西边的窗子上，礼堂中式木格玻璃窗上又没有窗帘，无法遮光。礼堂里太明亮肯定会影响皮影戏的演出效果。怎么办呢？汉堡大学孔子学院院长耿保生教授提出用学校的旧报纸把玻璃窗户糊上，就能遮挡光线。于是大伙儿七手八脚地忙开了，不一会儿就把玻璃窗户给遮挡好了。礼堂里果然暗了许多。这时汉堡的德国观众也陆续来到礼堂。开演前汉堡孔子学院院长耿保生教授致欢迎词，同时他也问现场的德国观众，有谁曾看过中国皮影戏或德国皮影戏。百余名观众中竟无人举手回答。最后有一名德国观众站起来说，他不久前曾在汉堡电视节目里看过中国皮影戏的介绍，觉得很有意思，今天就带着全家人过来了。开场戏照例是唐僧和孙悟空出来亮相。当美猴王在空中翻了个跟头又眨眼时，坐在前排的中国小孩子们就沸腾起来，小手拍得呱呱作响。看样子《西游记》中的齐天大圣已跨越了时空，跨越了地域，跨越了语言的障碍，扎根在这些海外生活的中国孩子心中。《龟与鹤》《两个朋友》《闹元宵》的演出照例诙谐幽默，逗得大家直乐，掌声及叫好声连绵不断。《降妖马》是今天演出的高潮。这是出大型神话剧。戏中有马轿车船、奇妖怪兽。这些神仙和怪兽都能飞天入地、喷烟吐火、劈山倒海、枪来剑往、上下翻腾，场面热闹非常。由于演出中使用了碘钨灯，戏中的神仙和怪兽还可隐身变形、忽大忽小。这也印证了演出大型神话剧的奇幻场面之绝在百戏中非皮影戏莫属。

演出后德国汉堡《欧洲新报》的记者现场采访演员。累得满头大汗的刘英英女士告诉记者，陕西皮影人物是影戏主体，它的结构是颇具巧思的。为了动作灵活无碍，一个完整皮影人物的形体，从头到脚通常有头颅、胸、腹、双腿、双臂、双肘、双手，共计十一个部件。头部包括颜面、帽、须及颈部，下端为楔子，演出时插入胸上部的卡口内，不用时则卸下保管。胸部上装置卡口，以备插皮影人头用。胸上两侧同点钉有两臂，各分为大小臂两节，小臂下有手相联。上腹部与胸相联，下腹部与双腿相联，腿部与足为一个整体，其中包括靴鞋在内。皮影人物各个关节部分都要刻出轮盘式的枢纽，叫作"花轮"或"空花"。为避免肢体叠合处出现过多重影。连接骨缝的点叫"骨眼"。骨眼的选定关系到影人的造型美感，选择恰当会有精神抖擞之相，反之则显得佝偻垂死，萎靡不振。选好骨眼后，用牛皮刻成的硬钉或细牛皮条搓成的线绳穿结成型，十一个主要部件就这样装成了一个完整的皮影人。为了表演的需要，还要装上三根竹棍做签子。文戏人物在胸部的上方装置一根签子，铁丝连接之，使影人能反转活动，再给双手处各装置一根签子，便于双手舞动。而武戏人物胸部签子的位置在胸后上部（即后肩上部），以便于武打，使皮影人物能做出跑、立、坐、卧、躺、滚、爬、打等动作。刘英英女士手执皮影随意演示了一下，惊得这些记者目瞪口呆。中国驻汉堡总领事陈红梅女士也来到豫园观看演出。她感谢陕西皮影戏艺术家为传播中国文化所做的努力，并高兴地告诉大家，今晚的演出非常成功，她和德国朋友看了都很激动。她还说，文化交流的作用功不可没，一场精彩演出的作用和影响力胜于无数次外事交谈。在返回柏林的路上，夜已经很深了，弯弯的上弦月高高地挂在天上，非常的明亮，非常的清澈。大家虽然都感到很疲倦，但心情确是通透的愉快。

五十年 五十人 50 Jahre 50 Menschen

四、古城献艺，渐入佳境

2001年，德国友好人士、著名电影制片人杜尼约克先生倡议在曼海姆电视塔下的露易丝公园里修建一座中式花园。曼海姆市市长艾克先生和市议会对此大加赞许。江苏省镇江国际建筑公司负责修建了这座具有苏州园林风格的中国花园。落成之日，江苏省镇江市还专门送来了一座精美的石牌坊和两只中国石狮子。如今这里已成为曼海姆市民休闲、赏景和品茗的好去处。来自古城西安的孟树丽女士当时是中国花园的主管经理。在她的努力和安排下，陕西皮影戏艺术家们才得以在曼海姆古城展示才艺。曼海姆的露易丝公园占地45公顷，中国花园处在公园的东北角。中国花园里的露天小戏台修建得很别致，绿檐红柱、雕梁画栋，三面回廊环抱，一面戏台临水，是苏州园林建筑中典型的昆曲小戏台，也有点像鲁迅在小说《社戏》里描述过的江南勾栏。当晚的演出是本地名流组织的一场文化沙龙活动。诸多文化名人在活动中品茗茶、尝佳肴、观皮影，充分享受东方情调的韵味。

5月13日，当落日的余晖给这片地处异国他乡的中国建筑涂上了一层迷幻的橙红色时，德国嘉宾们也坐满了小戏台对面的庭院。聘请来的德国厨师大显身手，现场为嘉宾烹制中国菜肴，他们在庭院的小石桌上铺上洁白的桌布，并错落有致地摆放好晶莹透亮的葡萄酒杯和闪闪发亮的刀叉。活动的程序为：先品茶，用前餐，尝葡萄酒，上主餐，看皮影戏，听戏曲音乐，用餐后甜点。为适应当晚活动，演出的节目也做了相应的调整。陕西艺术家们把描写流行于盛唐宫廷与民间的斗鸡故事《鸡冠花红》和《闹元宵》惟妙惟肖地展示给了曼海姆的嘉宾，博得了他

唐僧和孙悟空取经来到德国

们热烈的掌声。《鸡冠花红》里雍容华贵的杨贵妃无论在色彩上还是造型上都较之大唐宫廷的仪仗人物醒目，其线条的细密繁复、疏密层次以及细致的工艺都使得德国嘉宾为之惊叹。在皮影戏的白幕上，虽然舞动的都是平面偶人之影，但其音乐与唱腔却能使人情绪起伏，喜能让人兴高采烈，悲能催人泪下。曼海姆的嘉宾或许根本听不懂唱词的内容，但其铿锵高昂、如诉如泣、悲喜缠绵、时缓时急的音乐旋律也确实打动了他们。曼海姆老市长诺伯特·艾格尔博士事后专门给我写信，高度赞扬陕西皮影戏艺术家们的精彩表演和敬业精神，并把观赏当晚的演出赞誉为在曼海姆古城享受到了来自中国古都的文化盛宴。

五、终场演出，再现高潮

弗莱贝格市与曼海姆市同属巴登符腾堡州，相距不到200公里。当地的德国民众对东方古老的文化特别感兴趣。早在20世纪90年代，弗莱贝格市政府就投资兴建了一座东方花园，随后又与中方合资修建了一座中国宫殿。如今这座宫殿与花园已成为当地一道亮丽的风景线。2011年5月15日，修葺一新的中国宫殿与花园更名为"明园"，并以其独特的东方风韵迎来了八方宾客。此时经营这座"明园"的经理是来自北京的造型艺术家明泽先生。得知陕西皮影戏要来德国巡演的事后，明泽先生就积极与柏林中国文化中心联系，希望陕西皮影戏能参加弗莱贝格市"明园"的开幕典礼。这也和柏林中国文化中心希望陕西皮影戏团能在德国多演几场的设想不谋而合。在中国驻法兰克福总领馆文化秘书张立无先生的协助下，柏林中国文化中心与"明园"协调，安排了这场演出。

5月15日，弗莱贝格市市长施德勒先生主持了"明园"的开幕典礼。兴许弗莱贝格市的德国观众从来没有见过中国皮影戏，不一会儿观众就挤满了二楼大厅，他们怀着新鲜好奇的心情等待着开场。今天出场的唐三藏知道这是在德国的最后一场演出，就命孙悟空特别给力地翻跟头，逗得前排的德国小观众一直鼓掌叫好。告别演出的节目个个都受到了德国观众的热烈欢迎，《鹤与龟》也再次把现场的气氛推向了高潮。池塘边生活着一只白鹤，一只乌龟和两只青蛙。青蛙每天在池塘边唱歌、跳舞，快乐地生活着，讨厌的乌龟却经常跑出来欺侮青蛙。有一天，青蛙们正在玩耍，乌龟偷偷游过来咬住了青蛙的腿，白鹤见后啄了乌龟一下，保护了青蛙。乌龟开始恼恨白鹤，白鹤正在湖边休息时，乌龟又来偷袭白鹤。静谧的池塘边，白鹤与乌龟展开了我啄你咬的争斗。据说这出戏最初是由湖南老艺人创作的，以动物表演细腻而闻名。陕西民间艺术剧院皮影戏团将它移植过来，配以秦腔调的伴奏音乐，别有一番滋味。该剧没有语言对白，全靠动作表现，德国观众既看得投入又看得明白，个别德国观众甚至于惊喜得拍案叫绝。

这一天最忙的可能是德国巴登符腾堡州电视台的记者了。他们先是在大厅里拍皮影戏演出，但是很快就觉得正面拍摄不过瘾。就想到后台来拍。在征得剧团同意后，他们扛着摄影机在幕后专心致志地拍了起来。不到幕后看看，还真不知道皮影是如何操纵的。皮影戏高手一人能控制三四个皮影人物，但大多数皮影戏人物要两个人同时操纵。演皮影大戏人物多，道具多，就要多人配合。皮影戏演员张石头个子高，演出时操纵皮影戏人物的上半身，女演员王瑾操纵皮影戏人物的腿和脚，他们步伐一致，上下一致，前后一致，使得演出珠联璧合、天衣无缝。演出结束后，德国观众们仍意犹未尽，纷纷围着演员们合影留念。德国小孩子们更是兴趣盎然，不肯离去，大胆的德国小孩还用小手轻轻抚摸着躺着的皮影人物，但又生怕把它们惊醒。

　　看着渐渐散去的观众，看着演员手里的鲜花，大家内心感触颇深。柏林中国文化中心自建成之日起，即举办了许多文化活动，但像这一次驱车2500多公里，送皮影戏团到德国北部、中部和西部四个城市演出还是第一次。陕西皮影戏的演出在这四个城市产生的影响和受欢迎的程度也超出了我的想象。这次活动给我带来的启发就是：柏林中国文化中心不仅要成为传播和推广中国文化的基地，还要成为传播和推广中国文化的大本营。不但要组织好在文化中心里的文化活动，还要努力地把文化活动送出去，以点带面，影响一大片。来德国巡演的中国文艺团组一定要短小精悍，演出的节目要能吸引德国观众，能抓住德国观众，能让德国观众有"大幕一开，眼前一亮"的感觉。陕西皮影戏在德国的成功巡演也给演员带来了很多启发。

　　目前，皮影戏在国内的现状不容乐观，越来越多的娱乐方式使皮影戏的地位一落千丈，制作和表演艺人如今也都年事已高，这门精湛的技艺弄不好就会失传。虽说皮影戏已被列为国家非物质文化遗产，并得到了重视。但如何将皮影戏传承下去，并且有所创新和发展，也是许多深爱皮影戏艺术专家常常思考的问题。陕西省民间艺术剧院皮影戏团刘英英女士通过这次在德巡演也产生了"众里寻他千百度，蓦然回首，那人却在灯火阑珊处"的新思维。今后陕西皮影戏兴许要用中国的故事诠释中华文化，用外国的故事解构皮影戏艺术，更能重新赋予这门璀璨的艺术全新的生命力，并让这朵艺术奇葩绽放出更加绚丽多彩的光辉。

与中国的四十载交往和经历

约亨·威特 *Jochen Witt*

1952年出生，2007年起担任全球贸易展览及会议行业领先的咨询企业科隆JWC有限公司首席执行官。1998年至2007年担任"科隆展览"首席执行官。1999年至2007年担任国际展览业协会欧洲负责人及主席。1998年之前，他在巴斯夫股份公司担任过多个职位，先是在Wintershall股份公司和Kali und Salz股份公司担任税务部门负责人，后在1993年至1998年期间担任总部位于加拿大多伦多的加拿大钾肥公司的首席执行官。他法学专业大学毕业，1983年至1986年在汉堡做律师。1983年第一次到中国旅游。1998年至2007年先后多次到访中国，并在科隆接待中国代表团，与部分中国企业有密切合作。2007年以来为中国企业提供了许多管理咨询。2012年起为中国大量展览中心的规划和建设提供咨询，并为各地方政府和企业提供战略咨询。2015年起在深圳为全球最大的展览中心深圳世界会展中心提供战略、规划、建设和运转等方面的咨询。

五十年 五十人 50 Jahre 50 Menschen

Jahrgang 1952, ist seit 2007 Vorsitzender der Geschäftsführung der jwc GmbH, Köln, ein führendes Beratungsunternehmen für die globale Messe- und Kongresswirtschaft. Witt war von 1998 bis 2007 Vorsitzender der Geschäftsführung der Koelnmesses und in den Jahren 1999 bis 2007 Chairman des European Chapter und Präsident von UFI, dem Weltverband der Messewirtschaft. Vor 1998 war er in verschiedenen Positionen für die BASF AG tätig, zunächst bei der Wintershall AG und Kali und Salz AG als Leiter der Steuerabteilungen und von 1993 bis 1998 als Vorsitzender der Geschäftsführung der Potash Company of Canada mit Sitz in Toronto, Canada. Witt ist ausgebildeter Jurist und war von 1983 bis 1986 Rechtsanwalt in Hamburg. 1983 hat er seine erste Reise nach China zu touristischen Zwecken gemacht. 1998-2007 folgten vielfache Besuche in China, Empfang von chinesischen Delegationen in Köln, teilweise enge Kooperationen mit Chinesischen Unternehmen. Seit 2007 betreut er eine Vielzahl von Projekten in der Management Beratung für chinesische Unternehmen. Seit 2012 bietet er Beratung bei der Planung und dem Bau einer Vielzahl von Messegeländen in China und Strategieberatung für kommunale Regierungen und Unternehmen. Seit 2015 berät er bei der Strategie, der Planung, dem Bau und der Inbetriebnahme des größten Messegeländes der Welt, Shenzhen World, in Shenzhen.

我与中国的第一次接触发生在20世纪60年代初我父母的客厅里。书柜里有一本约瑟夫·库尔施纳在1901年写的书，书名为《中国——对奋斗者和世界政治的纪念》。那是一本近1400页厚的书，有着令人印象深刻的布料封面，上面描绘了一条中国龙和形形色色的中国人。年少时的我在很大程度上还读不懂书中带有强烈殖民主义的内容，但其中许多色彩斑斓的地图、艺术品照片和纺织品插图吸引了我，包括关于"天津法租界的中国街道""南京瓷塔"及明朝墓碑、长江重庆段端午节上的赛龙舟、北京天坛和"长城南口关"的照片。这本书对我产生了意想不到的吸引力，并激发了我进一步了解这个国家的强烈愿望。

因此，我在1981年与这个国家发生了第二次接触，尽管只是间接接触。我的妻子和我当时都是汉堡的见习律师，作为我们完成培训的一部分，我们有机会在一个德国官方机构完成所谓的国外见习期。我们向德国驻北京大使馆申请了一个为期4个月的见习职位。对方回复得很快，但结果让我们很失望：他们虽然很想给我们提供这样的职位，但中国法律当时尚不允许。在大使馆的建议下，我们最终舍弃北京，去了德国驻斯里兰卡大使馆。

与中国的第三次接触发生在1983年8月至9月的一次旅行中。我和妻子在8月底飞到了香港，在那里，我们获得了前往中国的签证。

从香港到广州的旅程很顺利。穿过罗湖桥后，我们到达了深圳。当时的深圳是一个拥有30—40万居民的城市。我当时完全想不到，大约35年后，我会在这座拥有约2800万居民的大都市中度过自己职业生涯中最重要的部分。

与中国的四十载交往和经历

在广州，我们经历了中国经济自由化的最早迹象。农产品散布在街道上，被少量地出售。

我们继续经由梧州、桂林到达重庆，并从那里乘船穿越长江，穿过著名的三峡去往武汉，然后再到洛阳、西安、太原、大同和北京。这是一次引人入胜、让人印象深刻的，同时也是艰辛而劳累的旅程。

旅途中可供住宿的选择很少，在偏僻的地方偶尔有一个或两个"宾馆"，但工作人员却往往不知道他们是否可以接待来自西方的散客。这使得有一次，我们不得不等待对方持续打了一连串约两个小时的电话，电话的内容显然是申请允许我们住宿。在另一次经历中，我们被拒绝了所有过夜的要求，直到在我们示威性地在前台的地板上把自己装进睡袋后，才被允许进入一间大寝室。

人们的乐于助人、好奇心、想要（甚至是身体上）接近我们的愿望总是让我们印象深刻。这有时会导致稀奇古怪的情况出现。我们在深夜乘大巴车抵达重庆，几乎一下车，我们就被一大群人围住了，我们向他们示意要找地方住。可惜没有人真正能懂我们想干什么。我翻开背包上的小字典，不断重复说着"人民宾馆"，以为字典给出了正确的汉语发音。可惜这也没有用，然后我就把这几个汉字给了一个围观的人看，他对着人群喊了几句，他说的话在我听起来和"人民宾馆"这几个字毫无关联。结果是，整群人在大半夜和我们一起穿过重庆，在走了大约30分

从广州的白天鹅宾馆俯览，1983年9月
Blick vom White Swan Hotel auf Guangzhou im September 1983

钟的路以后，我们到达了期盼已久的旅店。

当时中国的旅游基础设施还不发达，总要靠灵活想办法才能解决问题。北京几乎没有给散客提供过夜的地方，所以北京饭店很干脆地打开了楼上的一条走廊和大厅的一部分，让散客们一个挨着一个铺开他们的睡袋。将近20年后，就在这家北京饭店，当我在北京和科隆的伙伴城市会议上发表讲话并提起这段往事时，在场根本无人能够想象（这一点）。

中国有着和我们不同的文化和价值理念，人们对于集体主义和个体权利有不同的理解，他们的短期和长期思维也与我们有很大的不同——这些状况决定了社会制度、人与人的共处及人民与政府的关系。在我的旅途中，中国人和欧洲人在性格和文化上的差异多次以一种非常令人难忘的方式凸显出来。在参观西安的秦始皇兵马俑时，我们问一位导游，为什么人们还没有挖掘秦始皇的墓室。他的回答显现了中国人对时间独一无二的观念——这种观念在一些关于中国文化的文章中常常被用"未来就是历史"来描述：后代仍有时间，所以不急于一时。这个答案给我们留下了非常深刻的印象，因为它清晰地展示了中国人的长期思维，这种思维是由传统和集体意识共同塑造的。

在随后的几年里，我和中国的接触主要是在工作上的。作为一家生产钾肥的加拿大公司的负责人，我和许多中国客户以及竞争性生产商都有密切联系。即使我那时以为自己对中国已经有很多了解，但我也不得不发现，我自以为的"很多"其实是不够的。建立人与人的信任关系需要时间，客户不可能被迅速赢得。谈判中的耐心至关重要，任何形式的性急或缺乏克制，通常都会取得与预期相反的效果。面子是中国谈判文化中的一个基本组成部分，因此人们应该避免让对方面对毫无准备的问题。

从20世纪90年代末开始，我与中国的接触显著增多了，我经常去中国，先是以"科隆展览"负责人的身份，后来是以我自己的咨询公司所有人的身份。去中国最密集的时间是2016年到2020年，我们在深圳为这里规划和兴建世界最大的展览中心全程提供咨询。在约30年的时间里，深圳从一个小地方发展为一个拥有约2800万居民的充满活力的大都市。与这座城市的发展同样令人惊叹的是中方建设展览中心的速度。当我们在德国待了三四周后再回到深圳时，总是一再惊讶于项目的火速进展。在这段日子里，我还注意到，合作的特点出现了一些变化。形式主义的东西减少了，人们希望快速交流，项目会议不再有预演，我们的会谈对象的面部表情和肢体语言显然比过去更容易读懂——在这里，中国和欧洲的谈话文化出现了明显的接近。

在我以工作或私人的身份多次去往中国的近40年里，中国约有8亿人摆脱了极端贫困，我认为这是过去几十年中最伟大的成就之一。就算外界对于这个国家存在着不少批评声音，但对这一方面的赞扬怎样都不过分。对我来说，能够见证它从"文化大革命"结束后不久到今天的这一发展，是一种莫大的荣幸。

北京，1983年9月　Beijing im September 1983　　到达重庆　Ankunft in Chongqing

40 Jahre China – Begegnungen und Erlebnisse

Meine erste Begegnung mit China fand zu Beginn der 1960er Jahre im Wohnzimmer meiner Eltern statt. Im Bücherschrank stand ein Buch von Joseph Kürschner aus dem Jahr 1901 mit dem Titel China – Ein Denkmal den Streitern und der Weltpolitik. Das Buch, knapp 1400 Seiten dick, hatte einen beeindruckenden Stoffeinband, auf dem ein chinesischer Drache und Chinesen bei verschiedenen Aktivitäten dargestellt waren. Der stark kolonialistisch geprägte Inhalt des Buches blieb mir als Jugendlicher weitestgehend verborgen, mich faszinierten die vielen farbigen Karten, Kunstblätter und Textilillustrationen mit Bildern von der „Chinesischen Straße im französischen Settlement in Tientsin (Tianjin)", vom Porzellanturm in Nanjing oder von den Grabdenkmälern der Ming-Dynastie, dem Drachenbootfest auf dem Jangtsekiang in Chongqing, dem Tempel des Himmels in Beijing und der „Großen Mauer am Nankonpaß".

Das Buch hat eine ungeahnte Faszination auf mich ausgeübt und den tiefen Wunsch ausgelöst, das Land näher kennenzulernen.

So war es dann das Jahr 1981, in dem die zweite, wenn auch indirekte, Begegnung mit dem Land stattfand. Die Kulturevolution war seit fünf Jahren beendet und es hatten sich unter Hua Guofeng und Deng Xiaoping erste Liberalisierungstendenzen gezeigt. Meine Frau und ich waren damals Rechtsreferandare in Hamburg und im Rahmen unserer Ausbildung bestand die Möglichkeit, eine sog. Auslandsstation bei einer deutschen Behörde zu absolvieren. In der Hoffnung, die anstehende Liberalisierung in China nutzen zu können, bewarben wir uns bei der Deutschen Botschaft in Peking um eine 4-monatige Stelle als Referendare. Die Antwort kam schnell, war aber für uns enttäuschend: Man hätte uns sehr gerne eine solche Stelle angeboten, aber das Chinesische Recht würde so etwas zurzeit noch nicht ermöglichen. Auf Empfehlung der Botschaft landeten wir dann anstelle in Peking beim Vertrauensanwalt der Deutschen Botschaft in Sri Lanka.

Die Begegnung Nummer drei mit China fand dann real in Form einer Reise im August und September 1983 statt und war deutlich intensiver und aufregender als alle Begegnungen vorher. In einem Reisemagazin hatte ich einen kurzen Hinweis darauf gelesen, dass man mit etwas Glück in Hong Kong ein Monatsvisum für eine Individualreise nach China erhalten könne. Meine Frau und ich flogen also Ende August 1983 nach Hong Kong und machten uns dort auf die Suche nach der für die Visumausstellung zuständigen Stelle. Nach einigem Fragen und Suchen erhielten wir die Information, dass wir uns in den 16. Stock der Chungking Mansions in der Nathan Road begeben sollten, dort würde ein Visum gegen 50 US$ pro Person erhältlich sein. Die Auskunft entsprach den Tatsachen, das Ganze mutete allerdings etwas seltsam an, da es sich bei der „Stelle" erkennbar weder um ein offizielles Chinesisches Büro noch um ein autorisiertes Reisebüro handelte. Wir ließen dennoch die geforderten 100 US$ dort und erhielten tatsächlich nach drei Tagen Wartezeit die ersehnten Visa.

Die Fahrt von Hong Kong nach Guangzhou verlief problemlos. Nach Passieren der Lo Wu Brücke erreichten wir Shenzhen, seinerzeit eine Stadt von 300.000-400.000 Einwohnern. Ich ahnte damals nicht, dass ich etwa 35 Jahre später einen wesentlichen Teil meiner beruflichen Tätigkeit hier in einer Metropole von ca. 28 Mio. Einwohnern verbringen würde.

In Guangzhou erlebten wir die ersten Anzeichen der wirtschaftlichen Liberalisierung des Landes. Landwirtschaftliche Erzeugnisse wurden - ausgebreitet auf der Straße - in kleinen Mengen zum Kauf angeboten.

Unsere Fahrt durch das Land ging weiter über Wuzhou und Guilin nach Chongqing von dort mit dem Boot über den Yangtse durch die berühmten drei Schluchten nach Wuhan, und weiter nach Luoyang, Xi'an, Taiyuan, Datong und Beijing.

Es war eine faszinierende, beeindruckende, aber auch fordernde und anstrengende Reise.

Uns war schon vor Antritt der „Chinareise auf eigene Faust" klar, dass dies kein Urlaub sein würde, wir hatten aber dennoch die Hürden unterschätzt, die ein Individualreisender damals zu überwinden hatte. In jeder Stadt mussten wir uns an- und wieder abmelden; alleine die Suche nach der dafür zuständigen Polizeistation war aufwändig, zumal nur wenig Menschen Englisch sprachen.

Die Übernachtungsmöglichkeiten waren rar, in entlegenen Ortschaften gab es vereinzelt ein oder zwei „Guesthouses", bei denen das Management allerdings oft nicht wusste, ob man westliche

Individualreisende überhaupt aufnehmen durfte. Dies führte dazu, dass wir in einem Fall eine Serie von Telefonaten über ca. 2 Sunden abwarten mussten, mittels derer offensichtlich um Erlaubnis ersucht wurde, uns zu beherbergen. In einem anderen Fall verweigerte man jegliche Übernachtungsmöglichkeit und erst nachdem wir uns demonstrativ vor der Rezeption auf dem Fußboden in unsere Schlafsäcke gerollt hatten, erhielten wir Zugang zu einem Schlafsaal.

Auffallend war immer die Hilfsbereitschaft der Menschen, ihre Neugier, ihr Wunsch, uns – auch physisch – nahe zu sein. Das führte zu teilweise bizarren Situationen. Wir kamen in Chongqing spät nachts mit dem Bus an und schon kurz nach dem Aussteigen umringte uns eine große Menschenmenge, der wir bedeuteten, dass wir auf der Suche nach einer Übernachtungsmöglichkeit waren. Leider verstand niemand so richtig was wir wollten. Ich kramte mein kleines Wörterbuch auf dem Rucksack und wiederholte immer wieder „Renmin binguan" (laut Wörterbuch: „Volkshotel") in der Annahme, dass das Wörterbuch die Lautschrift richtig wiedergegeben hatte. Leider klappte auch das nicht und so zeigte ich dann einem der Umstehenden die chinesischen Schriftzeichen, woraufhin dieser in die Menge etwas rief, was nach meinem Empfinden nicht im Entferntesten mit den Worten „Renmin binguan" zu tun hatte. Das Ergebnis war jedenfalls, dass der gesamte Tross an Menschen mit uns mitten in der Nacht durch Chongqing zog und wir nach ca. 30 Minuten Fußmarsch ein ersehntes Guesthouse erreichten.

Die seinerzeit noch nicht ausgebaute touristische Infrastruktur im Land wurde immer wieder durch die Fähigkeit zur Improvisation kompensiert. In Beijing gab es kaum Übernachtungsmöglichkeiten für

在长城前，1983年9月
Vor der Großen Mauer, September 1983

五十年 五十人　50 Jahre 50 Menschen

Individualreisende, das Beijing Hotel öffnete daher kurzerhand einen Flur im oberen Stockwerk und Teile der Lobby, wo man in Nachbarschaft mit anderen Reisenden seinen Schlafsack ausbreiten konnte. Als ich knapp 20 Jahre später in eben diesem Beijing Hotel in einer Rede anlässlich des Treffens der Partnerstädte Beijing und Köln davon berichtete, konnte sich das keiner der Anwesenden auch nur ansatzweise vorstellen.

In China herrschen andere Kultur - und Wertvorstellungen, es besteht ein anderes Verständnis von Kollektivismus und Individualrechten und das Kurz - und Langfristdenken weicht stark von dem unsrigen ab – Umstände, die das politische System, das Zusammenleben der Menschen und deren Verhältnis zu den Regierungen maßgeblich prägen. Vielfach auf der Reise wurden die Unterschiede zwischen Chinesen und Europäern in Wesen und Kultur auf sehr eindrückliche Weise deutlich. Während des Besuchs der Terrakotta Armee bei Xi'an stellten wir einem der Führer die Frage, warum man die Grabkammer des Kaiser Qin Shi Huang noch nicht ausgehoben habe. Seine Antwort war geprägt von dem wohl einzigartigen Zeitverständnis der Chinesen, welches in Beiträgen über die Chinesische Kultur auch oft mit dem Ausdruck „Future is History" umschrieben wird: Dazu hätten noch Generationen nach ihnen Zeit, insofern bestünde keine Eile. Uns hat diese Antwort sehr beeindruckt, da sie das durch Traditionen und kollektives Bewusstsein geprägte Langzeitdenken der Chinesen verdeutlicht hat.

In den Folgejahren waren meine Begegnungen mit China hauptsächlich beruflich geprägt. Als Chef einer kanadischen Kali-Unternehmens hatte ich regen Kontakt sowohl mit chinesischen Kunden als auch konkurrierenden Produzenten. Auch wenn ich damals den Eindruck hatte, schon viel von und über China zu wissen, musste ich oft doch feststellen, dass das vermeintlich „Viel" nicht ausreichte. Der Aufbau von Vertrauen und persönlichen Beziehungen benötigt Zeit, die schnelle Kundengewinnung ist nicht möglich. Geduld bei Verhandlungen ist essentiell, jede Form von Gereiztheit oder Unbeherrschtheit erreicht in der Regel das Gegenteil von dem was man gewollt hat. Gesichtswahrung ist elementarer Bestandteil der chinesischen Verhandlungskultur und man sollte es daher vermeiden, sein Gegenüber mit Themen zu konfrontieren, auf die er/sie nicht vorbereitet ist.

Ab Ender der 90er Jahre war mein Kontakt zu China sehr ausgeprägt und ich habe regelmäßig das Land bereist, zunächst in meiner Funktion als Chef der Koelnmesse und später als Inhaber meines eigenen Beratungsunternehmens. Die intensivste Zeit in China waren die Jahre von 2016 bis Anfang 2020, in denen wir die Planung und den Aufbau des größten Messegeländes der Welt in Shenzhen beratend begleitet haben. Shenzhen hatte sich innerhalb von gut 30 Jahren von einer kleinen Ortschaft zu einer pulsierenden Metropole von ca. 28 Mio. Einwohnern entwickelt. Ebenso atemberaubend wie die Entwicklung der Stadt war die Geschwindigkeit, mit der der Bau des Messegeländes von chinesischer Seite umgesetzt wurde. Es war immer wieder beeindruckend, die Projektfortschritte zu erleben, wenn wir nach 3-4 Wochen Aufenthalt in Deutschland nach Shenzhen zurückkehrten. Auffallend in dieser Zeit waren für mich auch die Änderungen im Charakter der Zusammenarbeit. Die Formalismen hatten abgenommen, ein schneller Austausch war gewünscht, Präliminarien bei Projektbesprechungen fanden nicht mehr statt und Mimik und Gestik bei unseren Gesprächspartnern waren deutlich lesbarer als in der Vergangenheit – hier hatte eine deutliche Annäherung zwischen Chinesischer und Europäischer Gesprächskultur stattgefunden.

In den knapp 40 Jahren, in denen ich in unterschiedlichen Abständen sowohl beruflich als auch privat in China gereist bin, wurden in dem Land ca. 800 Millionen Menschen aus extremer Armut befreit, das empfinde ich als eine der großartigsten Leistungen der vergangenen Jahrzehnte. Bei aller Kritik, die dem Land gegenüber geäußert wird, kann dieser Aspekt kaum genug gewürdigt werden. Für mich war es ein großes Privileg, diese Entwicklung von der Zeit kurz nach Ende der Kulturrevolution bis heute miterleben zu dürfen.

柏林归述
——中德关系值得记录和诉说的故事

柴野

1953年出生。曾任《光明日报》国际部主任、高级记者。1975年毕业于北京第二外国语学院德语专业。曾在中央马列著作编译局工作，多年从事马克思恩格斯著作编译及研究，其间于1982—1985年在德国萨尔大学学习，回国后在中央马列著作编译局主办的《经济社会体制比较》杂志社任编辑部主任。1993年调入光明日报社，曾先后任《光明日报》驻维也纳记者站首席记者和《光明日报》驻柏林站首席记者，长期从事有关德语国家的新闻报道。2016年退休后曾在央视国际视频通讯有限公司（国际视通）担任德语频道译审。

2022年是中德两国建交50周年,它将作为具有重要历史意义的一年载入中德关系史册,同时对我个人来说也是值得纪念的日子。50年前,我从内蒙古兵团来到北京第二外国语学院学习德语,从此与德国结下不解之缘。20世纪80年代初,我在当时的西德留学,那时的中国对于一般德国人而言还充满着新奇和神秘色彩,这不仅因为它地理位置遥远和封闭,更重要的是东西方文化存在巨大差异。而我们这些早期的中国留德学生以其朴实、真诚和勤奋的品质给德国人留下了第一印象。中德建交半个世纪以来,中德关系虽偶遇挫折,但一直保持着良好的发展势头。我作为《光明日报》常驻德国记者的10多年里,亲眼见证了中德双边关系的持续发展,接触和采访过诸多为中德关系发展作出过贡献的亲历者、见证者和推动者,亲耳听过种种增进两国友谊的生动故事。

一往中国情

中德两国建交以来,各领域交流合作日益深化,双边关系定位从"具有全球责任的伙伴"到"战略伙伴",再到现在的"全方位战略伙伴",不断迈上新台阶。中德在彼此心目中的形象日益丰富立体。这离不开许许多多投身中德关系发展的有识之士的热情和心血。已经作古的修德(Günther Schödel)大使在20世纪80年代改革开放初期任德国驻中国大使,在华期间,他一直致力于促进德中两国官方与非官方的交往,敦促德国政府向中国提供发展援助,积极促进德中科技、教育、文化交流,对增进德中两国人民的了解和友谊作出重要贡献。

2006年,我曾应邀到已赋闲多年的修德大使家中做客。老人兴奋地回忆起在华常驻期间多次见过中国老一代国家领导人的往事。1984年10月,德国时任总理科尔访华,受到了邓小平的接见。正是这次访华坚定了科尔对投资上海大众汽车的信心。20世纪80年代,中国正处在改革开放初期,修德大使为了帮助中国实现四个现代化建设目标,积极促进德国政府向中国提供发展援助。扬子江石化工程、上海大众汽车、安徽炼钢厂等大型项目都是在他积极促成下建成的。他的一句口头禅是:"谁了解了中国,才能正确评价中国。"1985年修德调任德国驻印度大使后,他在印度到处宣传中国改革开放的成果,以至于印度政府高官颇有不满:修德到底是德国驻中国大使,还是德国驻印度大使?

退休后的修德仍然致力于德中友好事业,他在80多岁时仍几乎每年都会自费到中国访问,从山东、安徽、海南,到黑龙江、西藏,中国大部分省市都留下了他的足迹。他还定期组织众多德国友人来华旅游。他组织的旅游团别具一格,除了旅游,还参观贫困地区的学校,并为这些学校捐款。在德国,他热情款待访德的中国友人,促进两国人民间的了解和友谊。那些年,很多在中国驻德使馆工作过的外交官都到过修德大使的家,最多的一次,他曾邀请50多位中国使馆工作人员到他家做客。

说到修德大使,不能不提及他的夫人。修德夫人祖上三代都与中国有着密切联系,她的祖父于晚清时期就在中国经商,修德夫人生在北京,长到14岁才回德国。她能讲一口纯正的京腔,

五十年 五十人 50 Jahre 50 Menschen

称鸡蛋为"鸡子儿",修德这个中文名字也是她起的。修德就任中国大使时,中国外交部按照德语译音称他为史德尔,但夫人认为叫修德更为合适,除了发音与德语名字近似外,更重要的是,修德在中文里是积德行善的意思。修德这个名字十分符合他的为人。大使夫妇在中国期间广交朋友,乐于助人,还在北戴河休假时从海里救出过一个小孩。修德和夫人退休后与一些朋友一直资助60名希望小学的学生。他们高兴地告诉我,被资助的孩子有的已考上了高中,并可以用英文给他们写信了。修德夫妇曾到湖南一个偏远山区的小学参观,位于山上的这所小学校没有水源,除了配给的饮用水,学生每天没水洗手洗脸,只有到周末孩子们才能回家清洗一次。看着一张张脏乎乎的小脸、一双双黑乎乎的小手,修德夫妇几天不能入睡。他们拿出自己的积蓄和朋友一起为这所山村小学修建了引水设备,把山下的水引上山来。

在修德大使家到处都能看到著名画家黄永玉的痕迹。修德夫妇与黄永玉是至交。提起他,修德夫妇有讲不完的故事。黄永玉到德国来经常住在修德家,少则十天半月,多则数月半年。独来独往的黄永玉不让修德大使陪同,只身到各地写生画画儿。他不懂外语,在外面饿了,就到饭馆画出他想吃的东西,迷路了就找警察,画一张他住地的景致图,让警察帮助找路。后来黄永玉在国内还出版了一本《德国旅行手册》画册,里面收集了许多他在修德家及在德国旅行中的作品。与修德大使的交谈让人深深感受到他们夫妇对中国人民的一往情深。

用光影艺术展现中国的沧桑巨变

笔者在德国从事新闻报道中深深体会到,要想让世界读懂中国,了解中国,只有采用符合受众接受习惯和心理的手法,才能使宣传内容为当地民众所接受。2015年6月在中国驻德使馆举办的"飞越中国"图片展就是一个介绍中国效果极佳的例子。图片展的内容是:1933年,德国年轻的飞行员卡斯特尔·吕登豪森(Wulf Diether Graf zu Castell-Rüdenhausen)用一部徕卡相机留住了中国印象。80多年后,德国摄影师艾施追寻吕登豪森的昔日足迹,用镜头见证了今日中国焕发出的生机和活力。今昔对比,两位摄影师用光影艺术展现了中国近一个世纪的沧桑巨变。

吕登豪森1905年生于柏林,他从小酷爱飞行,21岁即取得飞行员证书。1930年2月,德国汉莎航空公司与中国当时的交通部合作成立了欧亚航空邮政公司。25岁的吕登豪森作为汉莎公司的飞行员被派往中国,参与中国航线的开发和建设。这使吕登豪森获得了一个绝好的机会去实现自己的梦想,那就是飞越中国。

在那个年代,飞行还是一项冒险活动,而在飞行中进行拍摄更不是件容易的事,因为驾驶飞机必须全神贯注。另一个巨大挑战是,中国地域广阔,飞行员在空中对地形地貌很难辨识。吕登豪森只能找到一些有限的地图资料,并尝试绘制飞行路线图和寻找地标。他在日记中写道:"飞越延绵不断的高山对飞行员来说是一个巨大的挑战。"

在无数次飞越中国大江南北的过程中,吕登豪森带着对中国的好奇,用飞行员独特的视角探索和发现这个在当时还很神秘的国家。从中国南部的广东到北部的内蒙古，从当年已经十分摩登的上海到人迹罕至的喜马拉雅山脉，他用相机记下了中国壮观的景象。他在一本书中描述了当年的拍摄初衷："最初的飞行令我对中国独特的风貌感到震撼，我立即决定用影像将其记录下来。我不想只拍那些漂亮的景色，而是要更多选取一些有记录价值的影像，比如中国独特的景观、地理特征、地貌形态、民族文化、历史古迹等。"

吕登豪森当年一共拍了1500多张照片。1938年，他挑选了其中一小部分照片，出版了首个摄影集《飞越中国》(Chinaflug)。他在这本摄影集中写道："我拍摄这些照片，一方面是通过航空拍摄的角度，重新诠释已知的中国，另一方面则是向人们展示一个完全未知的中国，使我们进一步增加对这个国度的了解。"

吕登豪森的1500多张珍贵且高质量的航拍照片一直尘封在博物馆里。莱卡公司的考夫曼先生在2015年萌生了重新出版一本全面反映中国当今面貌摄影集的想法。时任中国驻德国大使史明德得知莱卡公司的这一想法后，向莱卡公司建议，聘请优秀摄影师，沿着吕登豪森的足迹到中国拍摄一些新的照片，让人们通过对比，更直观地感受吕登豪森照片的艺术和历史价值，以及中国的发展变迁。这个建议与莱卡公司的想法不谋而合。莱卡公司立即找到杰出的摄影师艾施，他前往中国，很好地完成了拍摄任务。这些独一无二的珍贵航拍照片通过今昔对比，展现了中国许多地方当年的独特风貌，以及今天的迥然不同。

参加此次展览开幕式的有德国各界人士。时任德国经济发展援助部部长米勒在开幕式上谈道，当人们观看吕登豪森先生拍摄的当年已算摩登的上海，再看看艾施先生拍摄的今日上海，一定会惊叹中国近百年来的巨变。莱卡公司的考夫曼先生说："如果说，航拍作品在诞生之初有助于人们发现中国，那么在今天看来，这些摄影作品让人们再次发现中国。"

德国媒体的评价说，"飞越中国"展既是两位摄影师艺术灵感的碰撞和对话，也是中国历史与现代的一次同台演绎，它不仅有助于增进中德两国的文化艺术交流，也将激发人们重新发现中国的兴趣。莱卡公司和吕登豪森的家人决定，"飞越中国"照片展在柏林展出后将移师北京和上海，展品最后将赠送给中国。

"中国8"响遍鲁尔大地

2015年，"中国8：中国当代艺术展"是中国在全球范围内规模最大的一次汇集性艺术展，德国鲁尔区8个城市的顶级博物馆被选中作为展馆。这个曾经的德国重工业基地，而今已经成为德国产业转型的典范，亦是当今德国文化产业重镇。

"中国8：中国当代艺术展"在德国引起很大轰动。德国媒体报道普遍认为，这是"德中文化交流最有成效的一次合作"。它展出了120位中国当代艺术家的500多件作品，展期长达4个月。它的成功之处在于，中德双方在文化现实站位不同，对艺术评价与见解不尽一致的情况下，却能在展览主旨和结构上达成一致，作到在坚持中国对外交流一贯立场的基础上寻找与西方文化的对话方式。作为记者，我对此次展览进行了深入报道，采访了中德双方策展人、博物馆负责人、德国观众以及多位中国艺术家。

"中国8"的特色是，各场馆根据自身的特点和办馆宗旨确定它所展览的主题和类型。每个博物馆都会依据自身的收藏历史、展览空间特性来展现中国当代艺术的不同方面。"中国8"总开幕式在德国杜伊斯堡市库珀斯米勒现代艺术博物馆举行，该博物馆重点收藏1945年以后的德国绘画作品，它常年展出里希特、基佛尔和提勒等大师的代表作，这些作品深深影响并引领着德国艺术的发展。为了与馆藏相呼应，充分发挥其特色，此次展出的几位中国画家如今在国际上知名度很高，他们的作品将表现主义和超现实主义元素相结合，让人感到十分震撼。经营一家著名画廊的施佩克曼女士是一位鉴赏专家，她评论说，中国艺术家所表现的画面人物神态很生动，画面的节奏感和表现力很强，产生了对视觉的冲击力。看这些画作会有一种被魔力吸引的感觉。

雷克林豪森艺术馆馆长乌尔里希对记者谈到，艺术家应该更多立足于本土的现实，更多地寻找本土文化资源的支持。这次"中国8"展览在语言上、形态上和方法上都展现出中国文化的特色，很好地展现了中国当代艺术形式。作为西方艺术经验的产物，中国当代艺术只有短短25年的存在历史。如今，中国当代艺术与国际艺术潮流已经开始融合并结出硕果。

中国现代艺术家以油画、影像、装置、行为等为载体，表达了对社会现实的关注与介入。

受到德国观众热捧的作品是徐冰的《烟草计划》装置作品，他用几十万支香烟搭建了一张巨大的形似毛绒的虎皮地毯。空气中弥漫着浓烈的烟草气息，触目皆是烟草和与烟草制品相关的物品。徐冰还将其死于肺癌的父亲的X光片、父亲的病历放在玻璃展柜里，让观众感到，这好像徐冰对他的父亲和众多吸烟受害者举行的一场悼念仪式。博物馆负责人施密斯说，每天来这里参观的人络绎不绝，所有人都惊讶于中国艺术家丰富的想象力和创造力，博物馆的留言簿上好评如潮。

当代艺术作品不仅仅是承载美学思辨的载体，更是反映社会变革和发展趋势的一面镜子。这次参展的众多艺术作品大多体现了对现实生活全方位多视角的关注，较为完整地呈现出当代中国社会的现实。这里有对历史事件与人物的图像再现，更有通过平民化视角对社会变革的艺术表现。中国艺术家的作品充分体现出中国传统文化的创新，而不再是抄袭和模仿。作为"中国8"策展人之一的乌尔里希馆长向记者谈到他在中国挑选作品时的感受：中国改革开放以来，政治、经济和社会发生了巨大变化，这也为文化艺术提供了生长空间和发展动力。人们可以看到，展出的作品表现形式特别自由开放，这进一步证明了中国当代艺术发展的自由生态。

中方策展人、中央美术学院院长范迪安谈到，本次展览着重展现当代艺术的中国表达方式。"不管观众是否去过中国、了解中国，都能感受到中国创作的蓬勃活力和艺术智慧，感受到中国社会充满活力的变革和发展，尤其感受到中国在文化上建构起来的新生态和新氛围，消除盲点甚至偏见。"时任德国副总理加布里尔也表示："'中国8'展览唤起了德国人去了解这个与德国有着重要关系的国家的好奇心。这些艺术作品真实再现了中国社会的巨大活力,主题包括家庭传统变迁、大都市生活等。这种自我融入的表达方式,折射出传统烙印下的当代中国,这正是我们迫切希望了解的。"

50年来,中德关系保持高水平运行,双方通过持续深化务实合作实现了共同发展。2021年德国新政府成立后,中德关系面临着一个新的转折点,有可能进入一个震荡时期。2022年7月10日,王毅国务委员兼外长在会晤德国外长时,引用了孔子的一句话:"五十而知天命。"中德关系已经到了"知其然知其所以然"的成熟阶段。因此有理由认为,两国关系的基础依旧稳固,通过双方共同努力,不回避认知误差,进一步加强中德之间增信释疑,推动双边关系在下一个50年取得更大发展。

五十年 五十人 50 Jahre 50 Menschen

本着互相尊重和共同成就的精神进行合作

埃格伯特·诺伊豪斯　*Egbert Neuhaus*

　　1953年出生，威士克公司董事长。他在1980年经济学专业大学毕业后加入了其家族的企业威士克公司。1990年，他在父亲去世后接管了该公司。1992年，诺伊豪斯同时成为该公司位于施瓦岑贝格的子公司的董事长，该公司此后发展为一个先进的生产基地。在位于阿恩斯贝格的威士克公司总部，诺伊豪斯还推进了现有建筑的扩建和现代化。今天，除了物流中心外，威士克公司的行政、销售、市场、研发和生产等部门均设在这里。除了担任威士克公司董事长的工作，诺伊豪斯还担任了一系列政治及社会职务。他自1995年以来担任东南部威斯特法伦地区工商业协会副主席。自2003年以来担任中部威斯特法伦地区企业联合会主席，并任北莱茵－威斯特伐利亚金属业雇主协会成员。中部威斯特法伦地区企业联合会包括350家中小企业，雇员数量约5万名，主要为从事金属加工的家族企业。

本着互相尊重和共同成就的精神进行合作

Jahrgang 1953, Geschäftsführender Gesellschafter Firma WESCO. Er trat nach dem Studium der Wirtschaftswissenschaften 1980 in das Familienunternehmen M. Westermann & Co. GmbH (WESCO) ein. Im Jahr 1990 übernahm er nach dem Tode seines Vaters die Geschäftsführung des Unternehmens. 1992 wurde Neuhaus auch geschäftsführender Gesellschafter des Tochterunternehmens in Schwarzenberg, das seitdem zu einem hochmodernen Produktionsstandort ausgebaut wurde. Am Firmenhauptsitz in Arnsberg trieb Neuhaus ebenfalls den Ausbau und die Modernisierung des vorhandenen Gebäudebestandes voran. Hier befinden sich heute neben dem Logistikzentrum die Wesco-Verwaltung mit den Abteilungen Vertrieb, Marketing, Entwicklung und Produktion. Neben seiner Tätigkeit als Wesco-Geschäftsführer hat Egbert Neuhaus eine Reihe politischer und gesellschaftlicher Funktionen inne. Seit 1995 ist er Vizepräsident der Industrie-und Handelskammer für das südöstliche Westfalen. Seit 2003 ist er Präsident des Unternehmensverbandes Westfalen Mitte und Mitglied des Arbeitgeberverbandes Metall-Nordrhein-Westfalen. Im Unternehmensverband Westfalen-Mitte sind 350 mittelständische Betriebe mit rund 50.000 Mitarbeitern engagiert, vornehmlich metallverarbeitende Familienunternehmen.

我和中国结缘始于2000年我到香港和南京与一家中国家族企业进行商务交流。我们与这家中国家族企业此前在法兰克福国际春季消费品展览会上有过初步接触，之后我们在中国对其进行了拜访。我们最先谈论的话题是生产在德国已经不具性价比的面包箱。

在这次拜访中，我很快意识到，中国的家族企业和我们自己的企业在许多方面都有相似的价值观和目标。这家典型的中小型企业重视家族传统和灵活性，尤其注重伙伴关系。这既适用于德国，也适用于中国。这家以父子为代表的家族企业以特别的方式体现着这些价值观。这也在长达二十多年的合作中让我们紧密地联系在一起，即使在艰难的岁月也是如此。

现在，这家企业不仅受威士克公司的委托生产一系列类型广泛的家居用品，还与威士克公司共同建立了威士克亚洲贸易公司，在亚太地区销售威士克的产品，成为我们在亚太地区的销售代表。

这些年来，我们与更多中国企业的关系也变得越来越紧密，也有了更多的合作。我们和一家在广州的中国公司合作多年。与之最早接触是因为我们与这家公司的一项外观设计侵权纠纷。这场争端最终没有走上法庭，而是促成了对双方都有利的合作。这种务实的、以形成共识为导向的处理方法给我留下了深刻的印象，并表明：德国和中国商人在处理问题和商定一致的解决方案方面是如何相似。

2008年，中国企业联合会邀请我访问北京，这是我与中国联系的一个特别的亮点。我有机会在颇具影响力的中国企业联合会年会上就"一个德国家族企业的社会责任感"发言，一方面因为我是一家典型的德国中小型企业威士克公司的董事长；另一方面因为我是中部威斯特法伦地区企业联合会的主席。这个企业联合会拥有350家企业成员，总雇员数大约5万人，主要是威斯特法伦州的从事金属加工的家族企业。

在发言之外，我还利用在北京的一周时间，在多次媒体采访中和重要的中国媒体建立了联系，如与《金融时报》《中国企业报》《中国消费者报》《北京晚报》《中国时报》等多家媒体的代表进行了交流。

我还特别记得与时任中国驻德国大使馆公使，后来的中华人民共和国驻德国大使史明德的见面。

在许多次对话中，尤其让我印象深刻的是中国对德国社会市场经济体制的兴趣。中国希望学习德国在"社会责任"方面的经验。中国经济的快速增长导致劳动法和社会政策方面的条件并不能总是同步发展。在这方面，中国注意到了德国——尤其是以中小企业为代表的长期家族传统、对员工的社会担当和完备的劳动法是德国形成稳定体制的保障。这种稳定性尤其在如同我们如今正遗憾地经历着的经济危机时期富有成效。

除了许多有趣的谈话，让我印象深刻的还有中国壮丽的风景和文化名胜。我们参观了北京的长城和故宫，这些景点不仅给我，也给同行的其他成员留下了深刻的印象。

与中国的另一次特别的接触发生在2009年，当时威克士公司推出了"中国艺术收藏"系列产品。"格兰迪"是我们最成功的面包箱之一，它被选为五种图样的"基调"，融合了中国传统绘画的主题、颜色和风格元素。这些图案均由中国扬州大学的年轻艺术家手绘，主题包括绘画、诗歌、书法和篆刻。每种图样都有一部分是手工制作的，因此每件作品都是独一无二的。"中国艺术收藏"系列在德国和荷卢比三国热销一时。借这次合作之机，我参观了扬州大学，现场观看了"格兰迪"产品的绘制过程。我还利用这段时间参观了南京的约翰·拉贝故居。约翰·拉贝被称为"南京的德国好人"，因为他在1937—1938年南京大屠杀期间为中国平民提供了人道

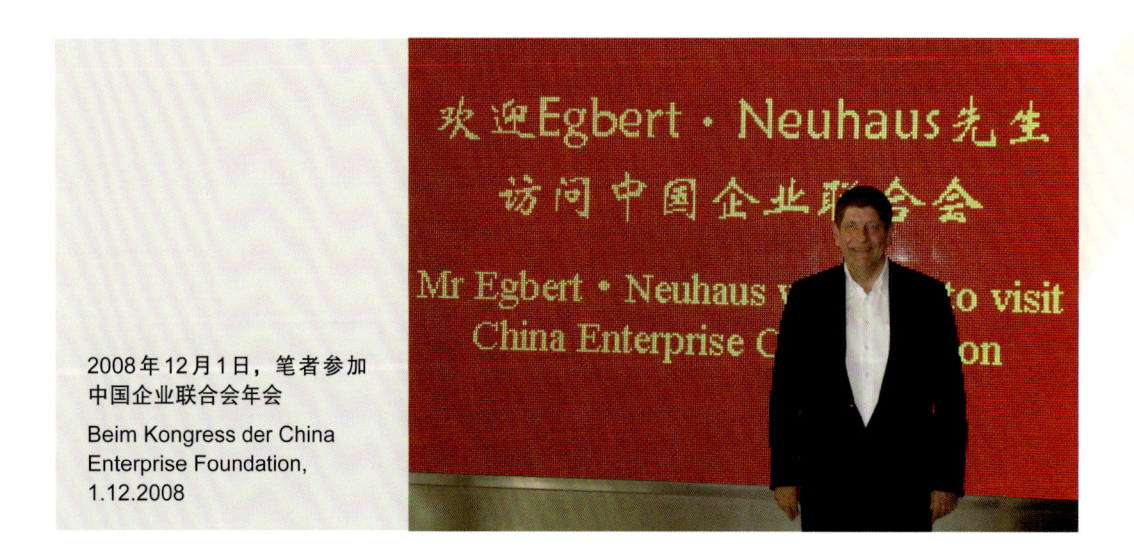

2008年12月1日，笔者参加中国企业联合会年会
Beim Kongress der China Enterprise Foundation, 1.12.2008

本着互相尊重和共同成就的精神进行合作

主义帮助，在德中关系史上尤其值得一提。

自50年前德中建交以来，特别是在20世纪80年代中国改革开放以后，中国许多方面都发生了巨大的变化。中国在很长一段时间内是包括德国在内的许多西方经济体的"扩展工作台"。过去30年间，中国生产基地的劳动力成本优势为德国产品的竞争力作出了贡献。中国目前是德国工业的部件、成品和半成品的重要供应商。尤其家居用品行业的许多企业在具有成本优势的中国工厂按照自己的标准生产产品。多年来，这种分工成功运行并使双方都从中获益。

中国的重要作用不仅在于采购市场，而且在于销售市场。对许多中国人来说，一个产品是否是"德国制造"，是影响其购买与否的重要因素，这一事实为威士克产品在中国的销售提供了支持。例如，人们可以在北京、上海、广州和香港的大型卖场购买我们的产品。

但是，新冠疫情及其后果显示了这种全球化工作方式的脆弱性。家居用品行业不是唯一受这些问题影响的行业。在新冠疫情暴发以后，我们无法与中国的商业伙伴进行人际沟通，这一事实令人非常遗憾。尤其是良好的人际关系受到影响，视频会议和电话沟通无法维系这种关系。如果可以，我希望未来能够重回新冠疫情前的状况。

中国是德国在亚洲最重要的贸易伙伴，德国是中国在欧洲最重要的贸易伙伴。这一事实表明，我们的命运共同体关系是如何紧密。中国和德国通过分工可以取得巨大的成就，过去的情况已经证明了这一点。我希望，在一个恰恰是各种新的联盟和目标共同体正在形成的世界中，我们两国间几十年来不断发展的合作能够持久。在新冠疫情、乌克兰危机、能源和粮食短缺以及通货膨胀加剧的背景下，世界已不再是原来的模样。但这并不意味着之前的结合就突然失去价值了。2008年，我在中国企业联合会的发言中就强调，只有本着互相尊重和共同成就的精神，中国和德国的家族企业之间的合作才能取得丰硕的成果。我希望，尤其是在面对未来的不确定性时，我们能够珍视久经考验的伙伴关系，人与人之间的联系也能经受住危机时期的考验。

Zusammenarbeit im Geiste gegenseitigen Respekts und gemeinsamen Erfolges

Meine erste Begegnung mit China war ein geschäftlicher Besuch bei der Familie Lien in Hongkong und Nanjing im Jahr 2000. Erste Kontakte mit der Firma Gainex und deren Inhaber Steven Lien waren bereits auf der Frankfurter Konsumgütermesse Ambiente geknüpft worden. Darauf folgte dann unser Besuch vor Ort in China. Thema dieser ersten Gespräche waren zunächst die Produktion von Brotkästen, die in Deutschland nicht mehr kosteneffizient hergestellt werden konnten.

Im Laufe dieses ersten Besuchs wurde mir schnell klar, dass das Unternehmen der Familie Lien in vielerlei Hinsicht ähnliche Werte und Ziele verfolgte wie unser eigenes Unternehmen. Der klassische Mittelständler steht für Familientradition, Flexibilität und vor allem für ein partnerschaftliches Miteinander. Das gilt in Deutschland ebenso wie in China. Die Familie Lien – Vater Viktor und sein Sohn Steven - verkörpern diese Werte in besonderer Weise. Und dies hat in den über 20 Jahren der Zusammenarbeit zu einer engen Verbundenheit – auch in schwierigen Zeiten – geführt.

Gainex produziert mittlerweile nicht nur eine Reihe weiterer Haushaltwaren im Auftrag von Wesco, es wurde auch die gemeinsame Vertriebsgesellschaft Wesco Asia gegründet, die Wesco-Produkte im asiatisch-pazifischen Raum vertreibt. Steven Lien ist unser Verkaufsrepräsentant in diesem Gebiet.

Die Beziehungen vor allem zur Familie Lien sind im Laufe der Jahre immer enger geworden. So durften meine Frau und ich im Jahr 2010 an der Hochzeit von Julie und Steven Lien in Hongkong teilnehmen – was uns eine besondere Ehre und Freude war. Es folgten regelmäßige Einladungen und Treffen sowohl beruflich als auch privat.

Auch die Beziehungen zu einem weiteren chinesischen Unternehmen sind im Laufe der Jahre immer enger und partnerschaftlicher geworden. Mit der Firma EKO von James Chen in Guangzhou arbeiten wir seit vielen Jahren zusammen. Dabei war Ausgangspunkt dieses Kontaktes eine Auseinandersetzung wegen einer Geschmacksmusterverletzung seitens EKO. Anstatt vor Gericht mündete dieser Disput jedoch in einer für beide Seiten erfolgreichen Zusammenarbeit. Diese pragmatische und auf Konsens ausgerichtete Herangehensweise hat mich beeindruckt und hat gezeigt, wie ähnlich doch deutsche und chinesische Kaufleute an Probleme herangehen und sie zu einer einvernehmlichen Lösung bringen.

Ein besonderer Höhepunkt in Bezug auf meine Kontakte mit China war die Einladung der China Enterprise Foundation nach Peking im Jahr 2008. Ich hatte die Gelegenheit, auf dem Jahrestreffen dieses einflussreichen Verbandes zum Thema „Gesellschaftliche Verantwortung eines deutschen Familienunternehmens" zu referieren. Ich tat dies zum einen als Geschäftsführender Gesellschafter von Wesco, einem klassischen deutschen Mittelständler, als auch als Vorsitzender des Unternehmensverbandes Westfalen-Mitte. Zu diesem Verband gehören 350 Mitgliedsbetriebe mit rund 50.000 Mitarbeitern, vornehmlich metallverarbeitende westfälische Familienunternehmen.

Neben meinem Vortrag habe ich den einwöchigen Aufenthalt in Peking auch genutzt, um im Rahmen zahlreicher Pressegespräche Kontakte zu den wichtigsten chinesischen Medien zu knüpfen. So fanden Treffen mit Vertretern der *Financial Times*, *China Enterprise Daily*, *China Consumer Journal*, *Beijing Evening News* und der *China Times* und vielen anderen statt.

Besonders gern erinnere ich mich auch an ein Treffen mit Shi Mingde, dem damaligen Gesandten der chinesischen Botschaft in Berlin, später Botschafter der VR China in Berlin.

Was mich im Rahmen der vielen Gespräche besonders beeindruckt hat, war das Interesse an dem

本着互相尊重和共同成就的精神进行合作

2008年11月30日，笔者与史明德在北京合影
Egbert Neuhaus und Shi Mingde bei einem Treffen in Peking, 30.11.2008

deutschen Modell der Sozialen Marktwirtschaft. Wenn es um das Thema „Soziale Verantwortung" geht, will China von Deutschland lernen. Das rasante Wachstum der chinesischen Wirtschaft hat dazu geführt, das arbeitsrechtliche und sozialpolitische Rahmenbedingungen nicht immer mitgewachsen sind. Hier schaut China nach Deutschland: Lange Familientraditionen vor allem im Mittelstand, soziales Engagement gegenüber den Mitarbeitern und ein umfassendes Arbeitsrecht führen in Deutschland zu stabilen Verhältnissen. Diese Stabilität zahlt sich besonders in wirtschaftlichen Krisenzeiten aus, wie wir sie gerade leider erleben.

Was mich aber neben den vielen interessanten Gesprächen ebenso beeindruckt hat, waren die großartige Landschaft und die kulturellen Denkmäler Chinas. Wir hatten die Möglichkeit, die Große Mauer und den Kaiserpalast in Peking zu besichtigen. Diese Monumente haben bleibende Eindrücke nicht nur bei mir, sondern bei allen Teilnehmern der Reise hinterlassen.

Einen weiteren besonderen Kontakt mit China gab es im Jahr 2009, als Wesco die „Chinese Art Collection" auflegte. Der Grandy, einer unserer erfolgreichsten Brotkästen, wurde als „Leinwand" für fünf Motive ausgewählt, die Motive, Farben und Stilelemente der traditionellen chinesischen Malerei aufnahmen. Die Motive, die sämtlich von jungen Künstlern der Yangzhou-Universität in China handgemalt wurden, griffen die Themen Malerei, Poesie, Kalligraphie und Siegelschnitzerei auf. Von jedem Motiv wurde eine begrenzte Anzahl per Hand gefertigt, so dass jedes Stück ein wirkliches Unikat war. Die „Chinese Art Collection" wurde in Deutschland und Benelux mit großem Erfolg verkauft. Anlässlich dieser Kooperation besuchte ich die Universität, um mir die Bemalung der Grandys vor Ort anzusehen. Außerdem nutzte ich den Aufenthalt für einen Besuch des John-Rabe-Hauses in Nanjing. „Der

五十年 五十人 50 Jahre 50 Menschen

gute Deutsche von Nanjing", wie er genannt wurde, hat aufgrund seiner humanitären Verdienste um die chinesische Zivilbevölkerung während des Massakers von Nanjing 1937/38 eine besondere Erwähnung verdient, wenn es um die Geschichte der deutsch-chinesischen Beziehungen geht.

Seit dem Beginn der diplomatischen Beziehungen zwischen Deutschland und China vor 50 Jahren hat sich vieles verändert, vor allem seit Beginn der Öffnung Chinas in den 80er Jahren. China galt lange Zeit als die verlängerte Werkbank vieler westlicher Volkswirtschaften – auch der deutschen. Die Lohnkostenvorteile der chinesischen Produktionsstätten haben in den letzten dreißig Jahren ihren Beitrag zur Wettbewerbsfähigkeit der deutschen Produkte geleistet. Mittlerweile gilt China als wichtiger Lieferant von Komponenten und Fertig- und Halbfertigteilen für die deutsche Industrie. Viele Unternehmen – gerade auch der Haushaltwarenbranche – lassen ihre Produkte nach eigenen Vorgaben in chinesischen Werken mit Kostenvorteilen produzieren. Die Arbeitsteilung hat über viele Jahre erfolgreich funktioniert – zum beiderseitigen Vorteil.

Doch China spielt nicht nur als Beschaffungs-, sondern auch als Absatzmarkt eine wichtige Rolle. Die Tatsache, dass ein Produkt „Made in Germany" ist, spielt für viele Chinesen eine wichtige Rolle bei der Kaufentscheidung, eine Tatsache, die den Vertrieb der Wesco-Produkte in China unterstützt. Unsere Produkte findet man u.a. bei Euroidea in Beijing und Shanghai sowie im Louvre Int. Furniture Exhibition Centre in Guangzhou und SOGO in Hongkong.

Die Corona-Pandemie und ihre Folgen haben jedoch die Verletzlichkeit dieser globalisierten

2008年11月29日，笔者（中）与同事在北京故宫前合影
Egbert Neuhaus, Silvia Neuhaus (Rechtsabteilung Wesco) und Petra Ohlmeyer (Marketing/PR Wesco) vor dem Kaiserpalast in Peking, 29.11.2008

Arbeitsweise gezeigt. Nicht nur die Haushaltwarenbranche ist von diesen Problemen betroffen. Auch die Tatsache, dass seit Beginn der Pandemie keine persönlichen Kontakte mit den Geschäftspartnern in China mehr stattfinden können, ist sehr bedauerlich. Gerade die gute zwischenmenschliche Beziehung leidet und kann nicht durch Video-Konferenzen und Telefonate aufrechterhalten werden. Mein Wunsch für die Zukunft ist eine Rückkehr zu Vor-Corona-Verhältnissen – soweit dies überhaupt möglich ist.

China ist für Deutschland der wichtigste Handelspartner in Asien, Deutschland ist für China der wichtigste Handelspartner in Europa. Dies zeigt, wie eng die Schicksalsgemeinschaft ist. Chinesen und Deutsche können arbeitsteilig viel erreichen. Dies hat die Vergangenheit gezeigt. Meine Hoffnung ist, dass in einer Welt, in der gerade neue Bündnisse und Zweckgemeinschaften eingegangen werden, die über viele Jahrzehnte gewachsene Zusammenarbeit zwischen unseren Ländern Bestand haben wird. Die Welt wird nach Corona, dem Ukraine-Krieg, der Energie- und Lebensmittelknappheit sowie steigender Inflation nicht mehr die gleiche sein. Das bedeutet aber nicht, dass alte Bande auf einmal keinen Wert mehr haben. Bereits in meiner Rede vor der China Enterprise Foundation im Jahr 2008 habe ich bekräftigt, dass die Zusammenarbeit zwischen chinesischen und deutschen Familienunternehmen sehr fruchtbar sein kann, wenn sie nur im Geiste gegenseitigen Respekts und gemeinsamen Erfolges stattfindet. Ich hoffe, dass man sich gerade im Angesicht einer unsicheren Zukunft auf altbewährte Partnerschaften besinnt und persönliche Kontakte auch Krisenzeiten überstehen.

五十年 五十人 50 Jahre 50 Menschen

情系德国的北大人
——纪念中德建交五十周年

连玉如

1954年出生，北京大学国际关系学院荣休教授，曾任该院国际政治系副主任、博士生导师。曾留学德国柏林自由大学政治系，获哲学博士学位；曾任"中国欧洲学会德国研究分会"和"中国德国史研究会"理事以及全国人大常委会办公厅研究室特约研究员等；应聘担任德国国际政治杂志《世界趋势研究》(Welt Trends)资深顾问和其"国际政治研究所"资深研究员；2022年同《世界趋势研究》主编克雷默博士（Raimund Kramer）合作主编《中德建交50周年纪念文集》(德文版)。

北京和柏林分别是我的第一和第二故乡。往来和系念于两大故乡之间成为我生活的重要组成部分。由此而来的一种德国情结，使我责无旁贷地欣然接受邀请，在2022年中德建交50周年之际，献上自己的一份祝福。

德国情结的由来

德国情结首先根植于德语的学习。周恩来总理曾发出"学外语要从娃娃抓起"的号召，于是在20世纪60年代初，北京成立了两所招收小学生的外语学校，即白堆子外国语学校和北外附小。在父母和老师的促推下，我报考了白堆子外国语学校。学校共设六门外语课程，即英语、日语、德语、法语、西班牙语和阿拉伯语，我填报了英语和德语为第一和第二志愿，被录取为德语生后开始小学三年级的学习。学校的课程安排同其他小学没有差别，只是多了一门外语课。记得刚开始学习德语发音时，怎么也发不出德语的大小舌音来，于是就用刷牙时"漱嗓子"的方法来练习舌音。好在年幼学生的可塑性强，时间不长就过了发音关。

学校设定的目标是培养高级翻译和外交人才，实行严格的淘汰制，只要考试不及格就要退学。

1969年隆冬时节，赶上参军和"上山下乡"的热潮，还没初中毕业的我北上科尔沁草原去当兵。我多想继续学习德语啊。好在我的德语老师张敏在70年代初给我寄来一套大学德语课本，我如饥似渴地自学起来。可就是不能正大光明地学，老得偷偷摸摸、遮遮掩掩的，生怕旁人听到看见说我走"白专"道路。

1973年，部队女兵都被送往上海医校学医，我却自愿解甲归田，梦想上大学学德语，回京后在北京第二外国语学院当了教材打字员。渴求学习的我向学校申请去德语专业听课，保证每天加班2小时，把听课的时间补回来。得到批准以后，我欣喜若狂。然而，好景不长，工农兵学员很快贴出大字报，批判我是"大学迷"。我被迫中断听课，承受了极大的心理压力。

"文化大革命"结束后，我有幸参加1977年恢复的全国高考，"大学迷"终于圆了"大学梦"。我在北京大学西语系德语专业专修德国语言文学，我对德国的政治、历史与外交等更感兴趣；在撰写本科毕业论文时还选择了一个德国历史的题目，即领导德国实现统一的"铁血宰相"俾斯麦。本科毕业以后，我报考了北大国政系国际关系专业的硕士研究生，开始德国与欧洲问题的研究。这是一种从人文学科向社科研究，即从"语言生"向"专业生"的转变，并催生了与此相关的我的第二个情结——"教师情结"。

教师情结的里程

教师情结是德国情结的延展，同留学德国的经历紧密相连。1984年7月，我硕士毕业后留校当老师，成为一个从事德国与欧洲问题教学与科研工作的"北大人"。这个身份再也没有改变过。

- 201 -

五十年 五十人 50 Jahre 50 Menschen

伴随20世纪80年代中国的改革开放,我有幸获得德国艾伯特基金会的奖学金,在1984年10月去(西)柏林自由大学国际政治与地区研究所进修。那时德国还没统一。我到(西)柏林后第一件事就是去东西柏林分界线的勃兰登堡门看柏林墙。在墙的西边,人们可以径直走到墙近处,观赏墙上画展般的"大众艺术"。墙的东面是东德边防警备森严的各种设障。那些岗楼上执勤的边警一定监视我在西柏林的一举一动呢。这些设障早已被后来的德国统一大潮摧枯拉朽般地荡涤殆尽。不过这段分裂的历史我已记录下来,成为后来上课的重要辅助材料了。

我在留学期间学会了做幻灯片,还用奖学金购买了幻灯机。德国各地特别是柏林的历史景点,以及德国分裂时期东西柏林乃至东西德之间的巨大差异等,成为我拍摄的重点素材。1986年4月进修回国以后,我马上给本科生开了幻灯课,作为"德意志联邦共和国外交政策"选修课的组成部分,使当时对西方发达国家尚感陌生的青年学子直接看到了第一手影像资料。

留学生涯最值得记述的是"柏林墙"倒塌时的亲身经历,那是我第二次赴德攻读博士学位的事了。1989年11月9日晚,我从广播中听到"柏林墙"开放的消息;次日早间新闻播报了一位女士在西柏林接受采访的话:"我来自东柏林,在西德没有亲戚和朋友;我到西柏林来只是想见证一下,边界开放是不是确有其事。"这道出了我的心声。我抑制不住也想"见证一下"的好奇与冲动,于是带上相机就向东西柏林分界点的弗里德里希大街(Friedrichstrasse)奔去。

1989年11月10日是难忘的一天,我在弗里德里希大街下车以后惊呆了。车站上人山人海,我一下被卷入人群的旋涡,几乎失去行走的自由。原来在车站高架横梁上负责巡逻的东德帅小伙儿也不见踪影,本来我是想再看看他们的帅气劲儿的。好在基本是"一江春水向西流",从西向东的人流要比自东向西的小很多,去东柏林的外国人入境队伍也不算长,所以比较顺利地办完过境手续来到了东柏林。

挤出车站以后,我第二次惊呆了:从弗里德里希大街边境出口开始,东德人排起的长队里三层外三层地直达"菩提树下大街"(Unter den Linden)。这条大街是东柏林的标志性路段,从"勃兰登堡门"开始一直向东延伸至"亚历山大广场"。排起这么长的队伍需要多大耐心,要等多少时间才能过境到西柏林啊?不过换位思考一下,从1961年至1989年,28年的时间都等了,即使再等28个小时又算得了什么?!我东躲西闪地避开人群、穿过马路,径直向东柏林一面的"勃兰登堡门"走去。这边人不多,连接东西柏林的"门"的功能还没恢复呢。

11月的柏林白昼很短,加上日照不足,还是下午时分,天色已经灰暗了。远远望去,柏林墙上站满了人,人声鼎沸,闪光灯忽烁不停,使嘈杂纷乱的人群时隐时现。这里的边防警察还没撤掉,我径直向他们走去,礼貌地询问是否允许拍照,还同一位边警攀谈起来。看得出来,他受过良好的教育,素质较高。交谈之余,我抓紧时间,在这历史性的日子,对准勃兰登堡门这一历史性建筑,拍下了具有历史意义的照片。

这些照片的代价也太大了些,因为几乎回不了家。我再到弗里德里希大街时发现,车站里上上下下、过道处左左右右,连台阶和角落都被男女老少会集的人群堵死了,好像全东德的人都在这一刻聚集到了车站中。我根本无法走向所要乘坐线路的站台,只能随波逐流、任人裹挟地见车就上,哪怕方向相反也不管不顾。一个心思就是逃离这里!就这样,我不分东西南北地胡乱乘车,辗转在东西柏林之间,很晚才灰头土脸、狼狈不堪地返回住处。这天的经历成为我后来教师生涯常爱提到的事例。

教师情结的最生动体现,是完成博士答辩后的一次回国探亲。1995年1月,我从柏林飞往北京的途中,结识了中国政法大学杨铮教授。杨教授热情地邀请我为其学生举办讲座。我欣然应允。离开讲台快8年了,当我重新登上中国政法大学昌平校园的讲台时,望着台下一张张年轻热切的脸庞,"我的魂儿都给勾回来了"!讲座的内容早已记不清楚,但是重登讲台的兴奋与陶醉却是沁入心底,难以忘怀。就在这一刻,我下定了重返讲台的决心。

热切的教师情怀、丰富的留学经历以及对校园氛围的钟爱有加等诸多主客观因素,最终把我推上了北大的讲台。直到2019年荣休以后,仍没有离开。因为"德国情结",所以负笈海外,一去十载;因为"教师情结",所以重返讲台,乐此不疲。燕园始终是我人生旅程的一个根。在中国用中文讲德国,在德国用德文讲中国,是对这两个情结恰如其分的写照。

在中国用中文讲德国,在德国用德文讲中国

在中国用中文讲德国,是本职工作。从学德语到搞专业,从出国读博到回国任教,聚焦德国与欧洲问题的教学与科研,密切同欧洲特别是德国同行的交流与合作,尝试不断提出一些新的观点与看法,教学相长、笔耕不辍,何乐而不为啊!

在德国用德文讲中国,不是职责而是使命。我非中国问题专家,上本科与研究生时也未涉

2017年9月,参观柏林博物馆岛新馆特展"中国与埃及——世界文明摇篮"

猎过多中国的内政与外交问题。但身处异国他乡，你就自然而然地化身为中国问题专家，外国人是通过你的言谈举止来认识中国和理解中国人的。在德国用德语讲中国遂成人生第二大要务了。

这两大要务聚焦到中德关系上，首先是人与人之间的交往。玛格特·舒多玛（Margot Schudoma）是我留学德国时的房东老太太，从1986年结识她已经过去36年了。她的大女儿萨比娜（Sabine Schudoma）与我同是德国艾伯特基金会的奖学金生，相识在1985年3月的一次研讨会中，我俩同住一个客房，从此结下深厚的友谊，我还成为她结婚的证婚人！房东的二女儿雅娜（Jana Shoultout）嫁给一位埃及医生，与雅娜一家的交往使我直观地了解到德国众多移民家庭的一些普遍问题。

房东老太太玛格特1928年3月出生在今天的波兰境内。她能言善语，一开口便刹不住嘴，旁人别想插话，所以她成为我锻炼听力的绝好老师。她从波兰迁往东柏林，又从东柏林逃到西柏林，二战末期历经战乱的种种苦痛和人生阅历，仿佛一部活的德国历史浮现在我的面前。玛格特至今保留着我的房间。她曾自豪地说有三个女儿，一是法官（指大女儿萨比娜），二是医生（指二女儿雅娜），三是教授（指在北大任教的我）。每逢我过生日，她都会从柏林打来越洋电话道贺。这不就是中德关系最富有生命力的本真的体现吗？！

曾有人问我：在中国最怀念德国的什么？我说是德国人一种对美的追求。这是房东老太太潜移默化带给我的印象。比如她经常在周末邀请隔壁邻居共进早餐。两位女士都街里街坊几十年了，却还要沐浴更衣，薄施淡妆，铺上新桌布，配以成套的餐具和餐巾，不仅精致而且色调协调。这种对美的追求，在我看来，绝不功利，也不矫揉造作；更体现着一种文化和修养，是对生活的热爱和对人的一种尊重。

与时俱进的中德"天然盟友关系"

作为具有深厚"德国情结"的"北大人"，在中德建交15周年时，我在北京大学出版社出版了教材《德意志联邦共和国外交政策》；中德建交30周年和40周年时，又先后在该社出版了专著《新世界政治与德国外交政策——"新德国问题"探索》和个人论文集《国际政治与德国》。2022年50周年之际，我应北大国际战略研究院之邀为其简报撰写了述评《德国新联邦政府的外交政策走向》。所有这些北大出版物都涉及中德关系的问题。

如何看待中德关系的历史与未来？可以从"成就、问题、前景"三方面叙述开来。作为国际关系学者，我更关心中德两国各自的本体发展及其在国际关系中的地位和作用等结构性因素。从此角度出发，我在2007年纪念中德建交35周年时提出中德"天然盟友关系"说。然而当年9月，默克尔在德国联邦总理府会见达赖，导致中德关系的历史性倒退；口诛笔伐默克尔"人权外交"的声浪遂遍布国内主流媒体。在此情势下，我刻意用《中德"天然盟友关系"》为题发表论文指出："所谓'天然盟友'关系是从国际关系的结构角度而不是从日常外交需要和意识形态立场出发的一种表述。"中德两国的各自本体发展、在国际关系中的地位作用乃至国家利益,具有惊人的并行不悖的相似或相同之处。

两国都于1949年成立并坚持"单独代表权";均奉行"一边倒"的外交政策,并在20世纪50年代中期巩固了国际地位,60年代末又分别推行"新西方"和"新东方"政策,70年代初先后重返和加入联合国。两国长期奉行对外关系上的"克制文化"或"韬光养晦"政策,又同时在2013年开始转向更加积极、主动和进取的外交政策。两国都是21世纪的世界新崛起大国。

中德两国都属于世界上拥有邻国最多的国家,分别在亚洲和欧洲的区域整合中发挥举足轻重的作用。两国都将发展经济作为"硬道理";作为世界排名第二和第四的经济强国,中德的根本利益均系于区域与世界范围的和平、稳定与繁荣;两国都主张发挥联合国在国际关系中的主导作用,积极践行联合国2030年可持续发展目标;都支持区域之间以及多边主义的合作等。

当然,两国的政治制度、意识形态、价值观念等存在较大差异,德国"人权外交"的价值原理主义一直在不同时期、不同形式和不同程度上干扰着两国关系正常发展。

展望新时期的中德关系,首先,中德"天然盟友关系"(Natürliche Partnerschaftsbeziehung)具有与时俱进的能力。从国际关系的结构角度审视,中德两个从"克制"到"进取"的世界新崛起大国,必然更多地陷入一种竞争的状态;政治崛起的"欧洲的德国"挑战经济崛起的中国,也为题中应有之义。关键是双方都主张通过对话和谈判化解纠纷、解决冲突,反对动辄施压和诉诸武力。其次,中德巨额的经贸利益仍是两大经贸强国关系发展的"压舱石";两国仍有互惠互利、合作共赢的广阔空间,特别是在气候环保领域等。中德两国已在建交50年间建立了众多双边与多边的磋商对话机制。相信它们会继续发挥作用,助力中德关系在"百年未有之大变局"中正常平稳地发展下去。

五十年 五十人 50 Jahre 50 Menschen

回忆我的德语老师

刘立群

1954年出生于北京，北京外国语大学德语学院教授、博士生导师。1963—1970年在北京外国语学校学习德语；1981年于北京大学西语系德语硕士研究生毕业；1981—1993年在人民出版社任编辑、副编审、国际编辑室副主任；1993—2008年在中国社会科学院欧洲研究所工作；2001年被评为研究员兼研究生院教授；2008年调至北京外国语大学德语学院，兼任中国欧洲学会理事、德国研究分会副会长兼秘书长、中国德国哲学专业委员会理事。四度公派赴德国研修共三年时间，先后在海德堡大学、慕尼黑大学、曼海姆大学、柏林自由大学；共赴德学术访问十余次。

我从1963年9月上小学三年级时进入位于海淀区阜成门外白堆子的北京外国语学校学习德语，至今已59年。我在这所学校学习了7年，1972年至1975年在北京第二外国语学院东欧语系继续学德语，1978年至1981年在北京大学西语系读德国语言文学专业研究生，在校学习德语时间总共13年。教我们德语的老师大多是中国老师，但也有德国老师，他们都给我留下了难忘的印象。我在1975年至1978年在北京化工二厂"扩建外事办公室"任翻译工作，结识了几十位德国专家，他们实际上也都是我的德语老师。本文谨记下一些点滴回忆，以表达我对他们衷心的感恩和怀念。

学德语最初并不是我的选择（当时9岁的我还不知道德语和德国），而是我父亲替我选择的。父亲20世纪50年代初毕业于清华大学机械系，后在位于丰台区朱家坟的北京永定机械厂（现名为北方车辆集团公司）当工程师，很早就知道德国科技发达，所以在报名时替我选择了德语。从此我的一生与德语和德国结下了不解之缘。

1963年9月，我进入北京外国语学校读小学三年级。外语课都是小班上，其他课是大班上。我在三班，有两个德语小班、一个法语小班。我们小班的德语老师是北京大学1961年毕业的李济民老师（1939年生），她连续教了我们三年德语，是我的德语启蒙老师。她德语发音标准、准确，说话逻辑性强，对我们的德语学习要求十分严格，经常严厉批评德语学得不太好的同学。我印象最深的是第一次从李老师那里听到"定冠词""不定冠词""否定词""及物动词"等这些完全陌生、不大懂的新词，开始时完全不理解，后来才逐渐理解。当时有德语外教，不过没有给我们小班上课，只给另一个小班上课。

1966年"文化大革命"开始后，学校停课"闹革命"，我们因为只是小学生，不懂什么"闹革命"，便回家闲玩，偶尔看看书。1967年年底开始"复课闹革命"，才重新回到学校继续学习，不过教学秩序很不正常，老师作为"臭老九"也不敢严格管理学生，学习内容也充满"文化大革命"色彩，包括德文版《毛主席语录》等。由于学生人数少了，两个小班合成一个班上课，主要是1961年毕业于北京外国语大学的张敏老师（1939年生）继续教我们德语。张老师有文艺才能，很活跃，为人随和，跟学生的关系很融洽。到1968年下半年教学秩序才略微恢复正常，舒昌善、李岳萱几位老师也曾代课教我们。记得我和另一位同学曾到舒昌善老师办公室聊天，主要是他给我们讲一些知识，当时第一次听到他说"洋泾浜英语"。

本来我们应当在外语学校学到高中毕业，但由于当时取消了高中，我们在1970年5月就初中"毕业"，分配到北京一些工厂等单位参加工作，我和其他7位同学分配到丰台区绿化队当工人。1972年5月，我们几人作为"工农兵学员"先到位于花园村的首都师范学院报到，其实又回到了当时隶属于首都师院的母校白堆子外国语学校，插班到比我们低一届的德语班去学习，由同样在1961年毕业于北外的郑惠卿老师上课，跟后来成为驻德大使的史明德和夫人徐静华同一个班。我和李越等几人在1972年7月又转入位于东郊定福庄的北京第二外国语学院继续学习德语。

五十年 五十人 50 Jahre 50 Menschen

2011年8月，在慕尼黑金德曼教授家里

　　北京第二外国语学院（简称"二外"）的德语专业当时设在东欧语系，教过我们的德语老师有多位，包括李再泽（同时任系领导）、李世隆、魏永昌、刘泽珪、李建鸣、汪阳、林书闵等，后来唐伦亿、熊正友、王子秀等年轻教师也给我们上过课。1973年至1975年，有一对德国夫妇来做外教，叫屈希勒夫妇（Johannes und Ula Kuechler），他们经历了德国的"68学潮"，当时对中国"文化大革命"很感兴趣。1974年高校掀起"反右倾回潮"，二外也贴了不少"大字报"搞"大批判"，他们想看"大字报"，我就给他们当翻译，把"大字报"的内容讲给他们听。通过和他们夫妇用德语进行讨论和辩论，既提高了我的德语水平，也提高了我的理论思维能力。

　　我于1975年9月从二外毕业后，被分配到北京化工二厂"扩建外事办公室"做德语翻译工作。当时化工二厂从联邦德国购买了一套技术先进的氯乙烯单体成套设备，是位于房山县的"东方红炼油厂"30万吨乙烯工程的配套项目。1975年开始设备安装，1977年设备安装完毕后开始试运行，年底投产，在近3年时间内先后有约50位德国工程技术人员来华工作。我参加了笔译技术资料以及口译和接待德国朋友的工作，尤其是在试运行期间，我每天都和德国朋友在一起，在工作之余经常聊天交流，同时向他们学习德语。其中担任德方总代表的迪特·施托克（Dieter Stock，1943年生）先生和我保持十分友好的关系，至今已45年，后来我几次去德国，他都到法兰克福机场接我到他家，周末休息开车带我到德国一些地方游玩，一路聊天、介绍德国情况，是我最好的德语老师。

　　在北京大学西语系读德国语言文学研究生期间，给我们上过课的老师主要有：严宝瑜、张玉书、范大灿、王志佑、赵林克悌（Frau Kaethe Zhao，1906—2005年）；孙坤荣、孙凤成、赵登荣、赵荣恒、韩万衡等老师也给我们上过专业课。1979年研二时，来了一位联邦德国外教，

- 208 -

叫沃尔夫冈·希伯（Wolfgang Hieber），给我们上德国文学课。当时严宝瑜老师是总导师，张玉书、范大灿、王志佑等老师是导师组成员。严宝瑜和范大灿老师主要用中文给我们讲德国文学史；张玉书老师主要用德语给我们讲德语文学精读课；王志佑曾留学东德，用德语给我们讲德国史。我的硕士论文指导教师是范大灿老师，我选择的论文方向是研究歌德的文艺思想。1981年5月硕士论文答辩，冯至先生是我的论文答辩组组长（我们这届共有16位德语研究生，冯先生只参加了我的论文答辩），他在答辩开始时说："今天不是什么答辩，而是共同讨论问题。"充分体现了老先生虚怀若谷的胸怀。我的论文研究了歌德文艺思想中的三分法，这对冯先生当时也是新的观点，德国学术界对此研究得也不多。

我生在北京、长在北京，离开北京时间最长的旅居地是在德国：我于1989年10月到1990年11月底，由国家教委公派在海德堡大学社会学所做访问学者13个月。在访学期间，我主要充分利用大学总图书馆及各个院系的图书馆，每天读书、做笔记、写德文论文，偶尔到课堂上旁听德国教授讲课。在13个月的时间里，我用德文写了两篇哲学论文并打印出来寄给多位德国哲学教授，征求他们的意见建议。这些材料和论文成为后来我撰写《超越西方思想——哲学研究核心领域新探》（社会科学文献出版社，2000年第一版）的基础。

2018年，《超越西方思想》一书译成德文在德国出版，译者是年轻的德国汉学家罗马丁（Martin Leutner）。他从2015年开始翻译此书。他的汉语功底很好，翻译水平很高，德文十分流畅，不过他对哲学了解有限，哲学翻译的难度很大，我对他的初译稿反复推敲校改并和他切磋商议，最终克服重重困难，达到比较好的效果。2019年，我两次赴德进行学术交流，在海德堡大学和图宾根大学各作了一次学术报告，介绍我的书和我做的哲学创新，新结交了若干做哲学研究的德国朋友。

要作好中德之间的桥梁，必须经常来往于这两个国家之间，尽可能多交德国朋友。学术研究主要靠书本文献，需要多读深思，尽可能作出学术创新。只有多读中文和德文书，才能知识面广、信息量大，也才能词汇量大，和德国朋友交流时可以谈到各方面话题，别人才愿意跟你多交往、多交谈。

无论从实际生活和工作还是从学术研究角度来看，外语本身主要是语言工具，而不是一个学科专业。我是学德语出身，读研究生时的专业是德国文学，不过依然主要是以外语作为工具。而这恰恰使我养成兴趣面十分广泛、没有什么限制的习惯，而不像仅以某种专业作为学习和研究方向总有其局限性。德国以思想家辈出而闻名于世，我从小学习德语，并且很早对包括德国哲学在内的广泛的理论问题感兴趣，所以在哲学和社会科学理论创新方面作出了一些成就。这也要归功于我的德语老师们：无论是中国的还是德语国家的德语老师，他们为在中国传授德语及德语国家知识作出了不可磨灭的贡献，值得我永远铭记在心。

五十年 五十人 50 Jahre 50 Menschen

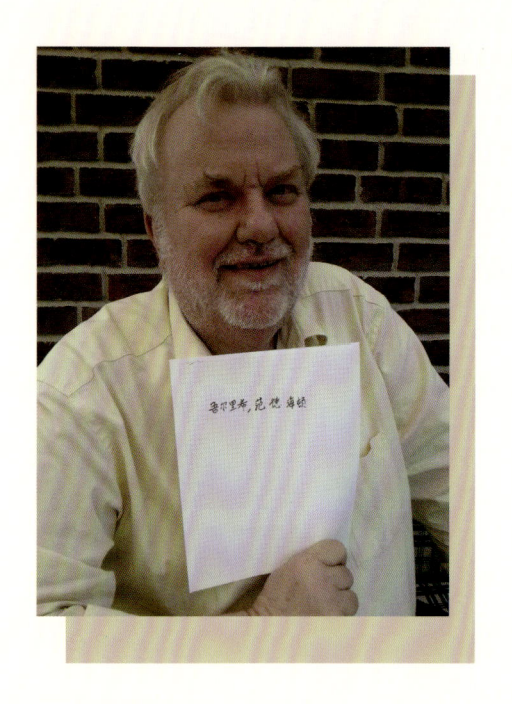

上海—青岛 乌埃克尔明德—柏林—

乌尔里希·范·德·海登　*Ulrich van der Heyden*

1954年出生于德意志民主共和国，南非大学比勒陀利亚分校客座研究教授，哲学博士，政治学博士及取得该专业教授资格，南非罗德大学哲学博士。他还担任柏林自由大学编外讲师，在柏林洪堡大学神学系任研究员。他是研究非洲、传教士和殖民主义的历史学家，也是重点研究非洲的政治学家。他撰写或主编了60多部专著型出版物和230多篇学术论文，并撰写了约1000篇科普文章、报纸文章以及书评。他是7个系列丛书的发起人和（联合）主编。他曾在汉堡的联邦国防军大学、巴黎政治学院位于南锡的法德欧洲校区和上海外国语大学担任访问学者和特任讲师。他可能是唯一被授予3个博士学位的具有教授资格的德国人文学者。

乌埃克尔明德—柏林—上海—青岛

Geb. 1954 in der DDR, Visiting Research Professor an der University of South Africa, Pretoria, Dr. phil. & Dr. rer. pol. habil. & PhD (Rhodes University/South Africa); zudem Privatdozent an der Freien Universität Berlin; wissenschaftlicher Mitarbeiter der Theologischen Fakultät der Humboldt-Universität zu Berlin; Afrika-, Missions- und Kolonialhistoriker sowie Politikwissenschaftler mit dem Schwerpunkt Afrika. Er schrieb bzw. gab über 60 monographische Publikationen und mehr als 230 wissenschaftliche Aufsätze heraus und verfasste etwa 1000 populärwissenschaftliche und Zeitungsartikel sowie Buchkritiken. Er ist Initiator und (Mit-) Herausgeber von sieben Buchreihen. Er war Gastwissenschaftler und Lehrbeauftragter an der Universität der Bundeswehr in Hamburg, des Campus Européen franco-allemand à Nancy des Instituts D'études Politiques de Paris sowie der Shanghai International Studies University. Er ist wohl der einzige deutsche habilitierte Geisteswissenschaftler, der drei Mal promoviert wurde.

1954年，我出生在名为乌埃克尔明德的小城，它位于统一后德国的最东北端。那里几乎见不到什么外国人，我只是从学校的课堂（主要是地理课）或报纸上听说过中国。那时还有一些和中国相关的儿童书籍，我在小时候读过，后来也读给我的孩子听。例如，再版的"中国民间故事"系列丛书中的《神奇的木桶》和《许多美丽的鸟巢》等书。

当我和祖父一起观看他收集的邮票时，我得以展示了我在学校学到的那点微不足道的知识。我的祖父是个集邮爱好者，他收集的邮票里有一些来自中华人民共和国。因为在1949年10月27日，在我成长的德意志民主共和国（以下简称民主德国）成立仅仅20天后，这两个社会主义国家就建立了外交关系。它们由此是最早承认彼此的国家之一。

民主德国从一开始就把正视德国在中国的殖民历史作为其科学政策和外交政策的原则之一，这不仅体现在反殖民主义的中小学及大学教育中，自然也体现在历史学研究中。除了批判性地评价19世纪德意志帝国在欧洲之外扩张的学术研究，还有在文艺文献以及学校教育中的叙述，1955年民主德国总理还将义和团运动时期的十面义和团旗帜归还给中国人民和中国。此外还有其他许多例子，如对中国文学作品或文化活动的翻译，还有博物馆展览——1989年的"民主德国博物馆的中国珍宝"或《新中国的考古发现目录》（1972年），以及关于历史旅行游记的书籍，如《越过高耸的尖塔——在阿姆达里亚和锡尔达里亚之间的国土上旅行》（1982年），它们可供包括我在内的每个感兴趣的民主德国公民阅读，以扩展自己的知识。许多读者通过赫尔曼·康德在民主德国被广泛阅读和讨论的小说《大礼堂》（该书于1965年首次出版）了解到，民主德国的公民可以前往中国的大学学习。这些读者中就包括后来我在首都柏林的大学历史系的课程导师。

不过，我对中国的认知可以追溯到我刚开始有记忆的童年时代。我的家庭有一个远房亲戚曾在1878年至1880年乘坐帝国海军的"阿达尔伯特亲王号"军舰环游世界，并在上海停留。他从那里带回的所谓旅游纪念品就成了我们的家传物件，如一根走路用的手杖、一把扇子和一个竹子作的杯子。后来我把这些对我来说充满异国情调的物品交给了博物馆，自己只留下了一枚乾隆时期的古钱币。我始终保留着那本1908年出版的日记，这位亲戚作为环球旅行者和海景画家留下的关于自己经历的记录。我一遍遍地阅读这本记录了我去世已久的亲戚和对他来说——当然也对我来说——既陌生又令人兴奋的文化之旅的书，并于2015年把它在一家出版社以注释复印本的方式重新出版；一部由我撰写的传记也已在出版社准备付印。由于这位亲戚当时正如我今天一样，对异国文化充满好奇，而且并不赞同当时德国人对其他文化和创造这些文化的人的典型傲慢看法，所以我认为他值得关注。

我在柏林洪堡大学学习历史学期间，对中国及其奇妙的历史有了更多了解，在学校教育框架下的大学里的世界历史讲座和研讨会也涉及中国，特别是鸦片战争和义和团运动的背景和过程，以及德国"租借地"胶州的历史。不过，那时的我作为一个学生，无意更深入地研究中国的历史，仅仅是中国的文字和语言就是横亘在我面前的巨大障碍。我很快就将目光移出了中国，因为我对非洲和那里的殖民历史，特别是对德国在非洲的殖民历史更感兴趣，并将我感兴趣的关于德非关系的广泛问题发展成了一篇博士论文。

然而，当时授予我博士学位的非洲学校仍属于柏林洪堡大学的亚洲研究部，那里的汉学很强。所以我忍不住要了解更多中国历史，并且作为一名年轻的博士研究生，有机会参与大学里一些委员会的讨论，特别是关于德国殖民历史的讨论。在此过程中，我了解到我的博士生导师、德国批判殖民史学元老赫尔穆特·施丢克尔教授，早在1958年就在两德的历史学家中最早撰写了一篇关于19世纪"德国资本主义（在华）渗透"的博士论文，这篇论文日后被翻译成了中文。通过他，我偶然与中国的历史学家有了最早的接触，但当时只限于闲聊。

通过我已故的妻子，几年后我了解到，她的研究所正在研究许多流亡到上海的德国犹太人的工运史，当我读到这些研究时，我在小时候曾读到过的有关这个城市及其部分历史的记忆再次浮现。我第一次访问上海时，就参观了犹太难民博物馆。这次经历基本上也是我从前对中国的短暂认知的一种可视化呈现，这些认知直到那时对我几乎没有留下什么长期的影响。

完成学业后，我的研究主要聚焦于德国在欧洲之外的殖民主义历史，并主编出版了几本关于该主题的文集，由此我得以对青岛的历史和德中关系史有了一些更深入地了解。

在由我发起和负责的七套学术丛书中的众多文集、专著中，这一殖民时期历史关系的多方面问题得到了更多关注，并扩大了我在这方面对于中国历史的基础知识，只不过这是以上海为重点的。我在多所德国和其他欧洲大学的研讨课中指导了许多以中国的殖民地历史为主题的学生毕业论文，这进一步加深了我对这个主题的兴趣。

从几年前柏林洪堡大学神学系与上海外国语大学德语系签订合作协议起，我就开始更认真和更长期地研究中国历史，并在柏林结识了几位中国学者和博士研究生。在这些联系的背景下，我受邀到上海外国语大学担任客座教授。2019年，我在这个以前只在历史文献中了解的大都市停留了几周。在上海外国语大学，我举办了多个讲座和研讨课，看到中国学生们对德国历史、文化和政治的兴趣如此浓厚，我备受鼓舞。这一点在博士研究生身上尤为明显，我也为他们的博士论文提供了一些指导。

我和中国的教师们一起讨论未来可能实现的研究项目。这些谈话令人振奋，它们促使我在回到柏林后还继续与上海的同事们保持联系。我开始研究德中关系史的一些事件，这使我能够对该领域内有关此类问题的德国书籍撰写书评，并为学界讨论撰写一些小型文章，例如，有关德国传教士群体在中国的活动，以及关于（德国）直接殖民统治时期柏林－勃兰登堡地区的中国纪念地点的学术出版物的文献综述，我还撰写了一篇从殖民批判的角度看待香港地位的文章。此外，我还为2022年出版的图文集《在华图片文化与传教（1882—1914）》撰写了三篇文章。

除了作为非洲和殖民地历史学家的研究之外，我还一直致力于在自己专业范围帮助有关国家的同事，努力向他们提供德国档案馆和图书馆中的纸质版本的历史文献。事实证明，与德国利益视角相关的对于欧洲之外世界的最详细的书面报告，无论是出于经济、权力政治、传教还是科学等原因，都可以在德国传教士群体的档案中找到。时至今日，这些资料往往还没有被完全编入索引，而且某些宗卷也没有被用于历史研究。其中一个原因是，外国同行们即使关注藏在教会档案中的历史宝库，也很少能长时间翻阅档案材料，或者阅读古老的德语文字。事实表明，一旦这些资料被编辑出版，相关国家的同行们就可以更加有效地利用这些已有的材料，为自己的国家或地区的历史研究服务。通过这种方式，我自己的科研座右铭许多次得到了验证。通过这种"帮助"形式，我在非洲各地的历史研究中取得了很好的经验，在拉丁美洲、西伯利亚和中东地区也获得了令人感激的回应。

因此，一段时间以来，我一直致力于编纂一本从19世纪中叶到1914年第一次世界大战爆发的关于上海的德文报道集刊。由于难以筹集到第三方资金，这一打算还没有完成。在我下一次计划访问上海外国语大学时，我将与那里的同事商讨进一步的联合项目。我们也许从中会发展出新的出版项目。当然，青岛也在我的访问计划之中。

这些文字让我有机会回顾我作为主编或共同主编发起和负责的学术性丛书有多少业已出版，这些丛书迄今为止已出版了一百多本，它们涉及欧洲和中国关系史的各种问题。此外还有我直接出版的关于德国殖民历史的论文集，其中收录有大约十几篇相关文章。在我负责的丛书中，有十本专著明确以中国为研究主题，在六本会议论文集中，大约有十几个相关的案例研究。

我研究中国——特别是上海这个城市——及其历史的方式和原因，其灵感在很大程度上要归功于我现在的妻子，她来自上海，大约在两德重新统一时开始住在柏林。我在几年前认识了她。就像我努力扩大我对中国历史和文化的有限知识，并总是在此过程中获得新知一样，我对中国女性的感受仿佛也是如此。但这对于一个德国男人绝不仅仅是不得不做之事，他爱一个来自遥远国度的女人，并通过她与这个国家如此接近。

五十年 五十人 50 Jahre 50 Menschen

Ueckermünde – Berlin – Shanghai – Tsingtau

In der kleinen Provinzstadt Ueckermünde im äußersten Nordosten des heutigen staatlich vereinigten Deutschlands, wohin sich kaum Ausländer verirrten, im Jahre 1954 geboren, habe ich nur von China gehört, was in der Schule, hauptsächlich im Erdkundeunterricht gelehrt wurde oder was in der Zeitung stand. Es gab auch Kinderbücher, die Bezug zu China hatten, die ich las oder später meinen Kindern vorlas. So etwa aus der wieder aufgelegten Buchreihe Chinesische Volksmärchen den Band Das Zauberfaß oder Viele schöne Vogelnester.

Ich konnte mein weniges bescheidenes Schulwissen demonstrieren, wenn ich mir mit meinem Großvater, der ein Hobby-Philatelist war, die von ihm gesammelten Briefmarken anschaute, worunter sich auch welche aus der Volksrepublik China befanden. Denn am 27. Oktober 1949, genau zwanzig Tage nach der Gründung der Deutschen Demokratischen Republik (DDR), in der ich aufwuchs, nahmen die beiden sozialistisch orientierten Länder diplomatische Beziehungen auf. Damit gehörten beide Staaten zu den jeweils ersten Ländern, die auf dieser Weise sich miteinander verbanden.

Wohl schon von Anfang an gehörte für die DDR die Aufarbeitung der deutschen Kolonialgeschichte in China zu den Prinzipien ihrer Wissenschafts- und Außenpolitik, was sich nicht zuletzt in der antikolonial geprägten Schul- und Hochschulbildung und natürlich in der Geschichtswissenschaft niederschlug. Neben den die außereuropäischen Expansionen des Deutschen Reiches im 19. Jahrhundert kritisch wertenden wissenschaftlichen Arbeiten, Darstellungen in schöngeistiger Literatur sowie in der studentischen Ausbildung, gehörte ebenso dazu, dass 1955 vom DDR-Ministerpräsidenten zehn Fahnen der Yihetuan aus der Zeit des Boxerkrieges an das chinesische Volk und den Staat China zurückgegeben wurden. Das und vieles andere, etwa Übersetzungen chinesischer Belletristik oder kultureller Events, wie Ausstellungen in Museen, so 1989 über „Schätze Chinas aus Museen der DDR" oder der Katalog Archäologische Funde im neuen China (1972) und nicht zuletzt Bücher mit historischen Reisebeschreibungen wie Abseits der grossen Minarette. Reisen in das Land zwischen Amu- und Syrdarja (1982) konnte jeder interessierte DDR-Bürger, auch ich, zur Kenntnis nehmen und, wenn man wollte, sein Wissen erweitern. Durch den in der DDR viel gelesenen und diskutierten, erstmals 1965 erschienen Roman Die Aula von Herrmann Kant erfuhr eine breite Leserschaft, dass Bürger des Landes an chinesischen Universitäten studieren konnten. Später lernte ich einige von ihnen persönlich kennen, so meinen Seminarbetreuer an der Sektion der Geschichte der hauptstädtischen Universität.

Doch meine kognitiven Beziehungen zum „Land der aufgehenden Sonne" reichten weiter zurück, bis in die ersten mir bewusst erlebten Kinderjahren. Denn wir hatten in unserer Familie einen entfernten Verwandten, der 1878 bis 1880 mit dem Kriegsschiff „Prinz Adalbert" der kaiserlichen Marine die Welt umsegelte und in Shanghai Station machte. Von dort gelangten sogenannte Mitbringsel, also touristische Souvenirs, in unserem Familienbesitz, so ein Spazierstock, ein Fächer und ein Bambusbecher. Ich gab diese für mich exotischen Dinge später in ein Museum; nur eine alte Münze aus der Qianlong-Periode behielt ich. Nicht aus der Hand gab ich das 1908 veröffentlichte Tagebuch, welches dieser Weltumsegler und Marinemaler über seine Erlebnisse ebenfalls hinterlassen hat. Ich las das Buch über die Begegnungen meines schon längst verstorbenen Verwandten mit für ihn – und natürlich auch für mich - fremden Kulturen sowie aufregenden Erlebnissen mehrfach und habe es inzwischen als Faksimile in einen Verlag im Jahre 2015 kommentiert und neu herausgegeben; eine von mir verfasste Biografie liegt fertig zum Druck bei meinem Verleger. Da er damals, wie ich heute, neugierig auf die Fremde war und nicht sonderlich den damals für die Deutschen typischen überheblichen Blick auf fremde Kulturen und diese gestaltenden Menschen mittrug, so denke ich, dass er diese Aufmerksamkeit verdient.

Etwas mehr von China und seiner phantastischen Geschichte erfuhr ich während meines Geschichtsstudiums an der Humboldt-Universität zu Berlin (HUB), wo im Rahmen der studentischen Ausbildung in den weltgeschichtlichen Vorlesungen und Seminaren auch China behandelt wurde, so

2019年在上海外国语大学大门口
Vor Eingang SISU 2019

insbesondere Hintergründe und Verlauf der Opiumkriege sowie des Boxerkrieges und von der Geschichte des deutschen „Pachtgebiets" Kiautschou. Ich hatte jedoch als Student nicht die Absicht, mich mit der Geschichte Chinas intensiver zu beschäftigen, allein schon wegen der großen Hürde, die die chinesische Schrift und Sprache für mich darstellten. Bald schon verlor ich China aus den Augen, da ich mich für Afrika und die dortige koloniale Vergangenheit, vor allem die der deutschen, mehr interessierte und schrieb aus dem breiten Spektrum der mich interessierenden Fragen zu einem Kapitel der deutsch-afrikanischen Beziehungen eine Dissertation.

Allerdings gehörte der damalige Bereich Afrikanistik, an dem ich promoviert wurde, zur Sektion Asienwissenschaften der HUB, wo es eine starke Sinologie gab. Da kam ich nicht umhin, ausführlicher etwas über die chinesische Geschichte zu erfahren und konnte dann auch als junger Doktorand in den universitären Gremien etwas mitdiskutieren, vor allem wenn es um deutsche Kolonialgeschichte ging. Dabei erfuhr ich, dass mein Doktorvater, Prof. Helmuth Stoecker, der Nestor der deutschen kritischen Kolonialgeschichtsschreibung, als erster Historiker aus beiden Teilen Deutschlands schon 1958 eine dann auch ins Chinesische übersetzte Dissertation über „das Eindringen des deutschen Kapitalismus" in China im 19. Jahrhundert geschrieben hatte. Durch ihn hatte ich zufällig die ersten Kontakte mit chinesischen Historikern, die sich allerdings ausschließlich auf Smalltalk beschränkten.

Über meine verstorbene Frau erfuhr ich einige Jahre später, dass in ihrem Forschungsinstitut zur Geschichte der Arbeiterbewegung über die vielen deutschen Juden, die in Shanghai Exil gefunden hatten, gearbeitet wurde, was mir beim Lesen dieser Publikationen diese Stadt und Teile ihrer Geschichte, von der ich zunächst im Kindesalter zum ersten Mal gelesen hatte, wieder in Erinnerung rief. Ich besuchte bei meinem ersten Besuch in Shanghai das Jüdische Flüchtlingsmuseum. Auch das war im Prinzip eine Visualisierung meiner vormals gewonnenen kurzfristigen kognitiven Begegnungen mit China, die bisher kaum Langzeitwirkung bei mir hinterlassen hatten.

Als ich mich nach Abschluss meines Studiums insbesondere mit der Geschichte des deutschen Kolonialismus in der außereuropäischen Welt beschäftigte und dazu mehrere Sammelbände herausgab, konnte ich mir einige tiefergehende Kenntnisse über die Geschichte Tsingtaus (Qingdao) und die Geschichte der deutsch-chinesischen Beziehungen aneignen.

Dort, aber auch in den Monografien in den verschiedenen von mir angeregten und betreuten sechs wissenschaftlichen Bücherreihen fanden nunmehr die mannigfachen Aspekte dieser historischen Beziehungen zur Kolonialzeit verstärkte Aufmerksamkeit und erweiterten meine diesbezüglichen rudimentären Kenntnisse über die chinesische Geschichte, fokussiert freilich auf Shanghai. Mein Gefallen an dieser Thematik wurde noch dadurch verstärkt, dass ich in meinen Seminaren an mehreren deutschen und anderen europäischen Universitäten verschiedene studentische Qualifizierungsschriften über historische Themen der Kolonialgeschichte Chinas betreute.

Ernsthafter und langfristiger begann ich mich mit der Geschichte Chinas zu befassen, als die Theologische Fakultät der HUB vor einigen Jahren mit den Germanisten der Shanghai International Studies University (SISU) ein Kooperationsabkommen geschlossen hatte und ich mehrere chinesische Wissenschaftler und Doktoranden in Berlin kennenlernen konnte. Im Rahmen dieser Kontakte erhielt ich eine Einladung für die Wahrnehmung einer Gastprofessur an der SISU. Im Jahre 2019 weilte ich für einige, wenige Wochen in dieser mir aus der historischen Literatur bekannten Metropole. Ich hielt Vorträge und führte Seminare durch und war begeistert, wie enthusiastisch die Studenten an der deutschen Geschichte, Kultur und Politik interessiert sind. Dies trifft im besonderen Maße auf die Doktorandinnen zu, denen ich mit einigen Hinweisen zu ihren Promotionsschriften helfen konnte.

Mit den Lehrenden konnte ich über eventuell in der Zukunft zu realisierende Forschungsprojekte diskutieren. Das waren anregende Gespräche, die dazu führten, dass ich nach meiner Rückkehr nach Berlin den Kontakt mit den Shanghaier Kollegen weiterpflegte. Ich begann mich nunmehr mit einigen Kapiteln der deutsch-chinesischen Beziehungsgeschichte zumindest soweit zu befassen, dass ich mir erlaubte, entsprechende deutsche Bücher zu solchen Fragestellungen zu rezensieren und einige kleine Veröffentlichungen der akademischen Diskussion zur Verfügung zu stellen, so beispielsweise eine Literaturübersicht über wissenschaftliche Publikationen, die sich mit der Tätigkeit deutscher Missionsgesellschaften in China befassen und über chinesische Erinnerungsorte in der Region Berlin-Brandenburg zur Zeit der direkten Kolonialherrschaft oder ein Artikel über den Status von Hongkong aus einer kolonialkritischen Perspektive betrachtet. Zudem bin ich mit drei Beiträgen an dem Bild-Text-Band zu Bildkultur und Mission in China 1882–1914 beteiligt, der 2022 erschienen ist.

Da es schon immer ein Anliegen von mir gewesen ist, neben den eigentlichen Forschungen als Afrika- und Kolonialhistoriker den Kollegen aus den betreffenden Ländern im Rahmen meiner spezifischen Möglichkeiten zu helfen, indem ich mich bemühe, ihnen die in deutschen Archiven und Bibliotheken vorhandenen historischen Quellen in Form von Editionen zur Verfügung zu stellen. Es hat sich gezeigt, dass die wohl ausführlichsten schriftlichen Berichte über die außereuropäische Welt, die in das Blickfeld deutscher Interessen, seien es ökonomische, machtpolitische, missionarische oder wissenschaftsorientierte Gründe gewesen, sich nicht zuletzt in den Archiven der deutschen Missionsgesellschaften befinden. Diese sind bis heute oftmals nicht vollkommen erschlossen und bestimmte Bestände für die historische Forschung nicht genutzt worden. Ein Grund liegt darin, dass die ausländischen Kollegen selten in der Lage sind, wenn sie dann auf die in den Missionsarchiven lagernden historischen Schätze aufmerksam geworden sind, über einen größeren Zeitraum das Archivmaterial zu sichten oder auch die alte deutsche Schrift zu lesen. So hat sich gezeigt, dass, wenn diese ediert und publiziert sind, die Kollegen aus den betreffenden Ländern das aufbereitete Material viel effektiver für die Geschichtsschreibung ihres Landes bzw. Region verwenden können. So konnte ich schon mehrfach die Maxime meines wissenschaftlichen Selbstverständnisses bestätigt finden. Denn mit dieser Art von „Hilfe" habe ich für historische Forschungen für verschiedene Gebiete in Afrika gute Erfahrungen machen können, aber auch in Bezug auf Lateinamerika, Sibirien und den Nahen Osten dankbare Reaktionen erhalten.

Und so bin ich seit einiger Zeit sukzessive mit der Edition für einen Sammelband mit deutschsprachigen Berichten über Shanghai von Mitte des 19. Jahrhunderts bis zum Beginn des Ersten Weltkrieges 1914 beschäftigt. Da es hierfür schwerfiel, eine Drittmittelfinanzierung einzuwerben, ist dieses Vorhaben noch nicht beendet. Bei meinem nächsten geplanten Besuch an der SISU werde ich mich dort mit den Kollegen über weitere gemeinsame Projekte absprechen. Vielleicht ergeben sich daraus neue Buchprojekte. Und natürlich steht ein Besuch Tsingtaus auf meinem Besuchsplan.

Diese Zeilen sind Anlass für mich, einmal zu rekapitulieren, wieviel Bücher, die in den von mir als Herausgeber oder Mitherausgeber in den von mir initiierten und betreuten wissenschaftlichen Buchreihen, in denen bislang über einhundert Bände erschienen sind, davon sich mit diversen Fragen der europäisch-chinesischen Beziehungsgeschichte befassen. Ganz abgesehen von denjenigen Sammelbänden, die ich direkt zur deutschen Kolonialgeschichte herausgegeben habe und in denen sich etwa ein Dutzend relevante Beiträge befinden. Ich konnte feststellen, dass zehn Monographien in den von mir verantworteten Buchreihen sich explizit mit chinesischen Themen befassen und in sechs Konferenzbänden gibt es etwa ein Dutzend einschlägiger Fallstudien.

Eine Inspiration, wie und warum ich mich mit China und seiner Geschichte, vor allem Shanghais, befasse, ist nicht zuletzt auf meine Frau, die aus dieser Stadt stammt und seit etwa der deutschen Wiedervereinigung in Berlin lebt, zurückzuführen. Ich lernte sie vor einigen Jahren kennen. So, wie ich versuche, meine geringen Kenntnisse der chinesischen Geschichte und der chinesischen Kultur zu erweitern und immer wieder Neues dabei lernen kann, ist es anscheinend auch mit den chinesischen Frauen. Aber das ist wohl nicht nur eine Notwendigkeit für einen deutschen Mann, der eine Frau liebt, die aus einem fernen und durch sie doch so nahen Landes kommt.

我与柏林工大
——写在中德建交五十周年之际

范捷平

1955年出生，二级教授，博士生导师，现任浙江大学德国文化研究所教授、厦门大学讲座教授、浙江外国语学院西语学院院长。曾任浙江大学外语学院常务副院长、浙江大学人文学部主任、外事处处长、浙江大学副秘书长。中国翻译协会常务理事、浙江省翻译协会会长，欧洲华人协会常务理事。1987年10月公费派遣赴柏林工大留学，1993年获柏林工大硕士学位，1996年获博士学位，并在柏林工大教育系教学法研究所任研究员，2000年7月受聘为浙江大学教授，同年12月获德国经济合作与发展部"CIM"高层次归国人才三年资助，回浙江大学工作，创建国内首个德国学和中国学专业。

五十年 五十人 50 Jahre 50 Menschen

1986年，浙江大学德语中心（右起：恩格斯、笔者、孙健、沈宇青、邵纯琳）

"柏林工大"是德国精英大学柏林工业大学的简称，也是几代中国留学生的集体记忆。它前身是1879年由皇家矿业学院和皇家建筑学院合并成立的皇家柏林高等工学院。因学校位于市郊夏洛滕堡，亦称"夏洛滕堡工学院"。今天若提起这个名称，大多是嘲笑它曾经的狭隘，或针砭它纳粹时期驱赶爱因斯坦等犹太科学家的不光彩历史。

但这所德国著名的工学院仍不失辉煌。1899年，在德皇威廉二世准许下，柏林高等工学院获得工学博士学位授予权，从此，德国工程师享有与人文学者同样的学术尊严。这里曾有多名科学家荣膺诺奖，他们是化学家博施（C. Bosch）、赫维西（G. de Hevesy）、物理学家赫兹（G. Hertz）、维格纳（E. P. Wigner）、保罗（W. Paul）、加博（D. Gabor）和鲁斯卡（E. Ruska）。中科院老一辈院士夏坚白、龚祖同、何泽慧、徐士高、赵宗燠、魏寿昆、陈永龄、张维、孙德和、赵九章、王之卓等也毕业于此。

1946年，英国占领军当局决定恢复这所高校，并启用新校名"柏林工业大学"，用大学取代学院绝非觊觎身价，实为避免重蹈纳粹覆辙。为提升未来工程师的批判意识，柏林工大增设了文科院系，遂成为德国第一所涵盖各学科的"工科大学"。

1972年中德建交后，两国高校开始交流合作。我的师辈中很多都是在20世纪70年代中后期去德国留学进修的。在"文化大革命"刚结束的中国高校里，他们带回的新思想在我们这些恢复高考后进校的大学生的心中激发出留学德意志的美好遐想。

一、"德语中心"与"中国工作小组"

20世纪80年代初，中国改革开放方兴未艾。浙江大学老校长路甬祥在亚琛工业大学获得博士学位后回到浙江大学，不久，冯培恩副校长、陈军教授等也从柏林工大博士毕业，来到浙江大学，当时校园里已有一丝淡淡的德国氛围。在路甬祥等校领导的推动下，1983年前后，浙江大学与柏林工大签署了浙江大学史上第一个海外校际合作协议。柏林工大每年向浙江大学提供奖学金，支持中方教师前去科研，资助青年教师攻读博士学位。因对方工作语言是德语，派遣人员需要学习德语。双方决定，于1985年初在浙江大学成立德语中心，首任主任是沈宇青，稍后是北京大学张玉书教授担任名誉主任，中心对赴德人员进行德语培训。我于1985年秋从国家外文局《北京周报》社调入刚刚成立的"德语中心"。

双方对"德语中心"格外重视，它像两校合作的"驿站"，常年有德方人员来来往往。很多年后，在德语中心成立23周年之际，我写信给时任全国人大副委员长的路甬祥老校长，请他出席庆典。路校长以贺信回复，信中写到他的留德经历和创办德语中心的历史："……而立之年，负笈德国，孤灯空庭，求知如哺。……倚同人襄助，创办德语中心，籍学友耕耘，延为德国学研究所。"

柏林工大于1985年成立了"柏林工大科技德语工作小组"（下称"中国小组"），以襄助浙江大学等校的德语中心，"中国小组"始由工大外联部的一位韩国人郑博士（Dr. Chung）召集，郑博士出生在上海，会汉语，不久改为施泰恩米勒（U. Steinmüller）教授主持。在之后长达十年的柏林工大副校长任期内，施泰恩米勒一直负责小组工作，直至1998年浙江大学四校合并。

"中国小组"邀请了部分工大人员参与，其中有柏林工大现代语言中心（ZEMS）的罗伦茨（J. Lorenz）和杨克博士（G. Janke），外联部的快威博士（W. Schnell）、埃尔默斯（H. Ermel）、斯库尔斯基（E. Skurski）、文学所的恩格斯博士（E. Engels）和特维斯博士（B. Tewes）、语言学家施泰恩米勒教授和辛夏教授（G. Hincha）、历史学家拉德克教授（W. Radke），机械系希福鲁特教授（R. Seefluth）和电机系主任瑙宁教授（D. Naunin）等。在13年的工大生涯中，我一直参与这个小组的活动，也算亲历者。

"中国小组"的任务为支持中方德语中心建设；遴选中方赴工大进修人员；派遣德方赴华教学和师资培训人员；支持中方科技德语教学等。浙江大学德语中心的德文图书资料全部为工大和德意志学术交流中心（DAAD）所赠，就连移动语音实验室也是从德国运来的。记得设备运达时，中德教师一起肩扛手抬，运上老和山麓的第七教学楼。当时，浙江大学德语中心是全国最重要的留德人员培训基地之一，也是德语语言水平测试（PNdS）考点，它承担工大伙伴高校及其他留德人员的培训工作。工大老师还与我们一起编写教材。我则有幸配合他们教学，记得有个学员叫吴硕贤，福建人，后来成了中科院院士。吴老师的专业是建筑声学，他学德语最大困难也恰是"声学"，我让他念德语单词"Zimmer"（房间），他的福建口音总是念成"切么"，

五十年 五十人 50 Jahre 50 Menschen

就连德籍教师米齐安（H. Mitschian）也束手无策。是为美谈。

不久，我也获得了进修的机会。1987年10月，我前往向往已久的柏林工大，前往孤岛城市西柏林。

二、走进柏林工大

20世纪80年代中后期，联邦德国几乎就是"天堂"。高速公路、璀璨的霓虹灯、电脑、自动售货机、卡迪威百货（KaDeWe），这一切对我来说既新鲜又神奇。我住进了西柏林国际科学交流中心（IBZ），从未见过的住宿条件让我当了一回大观园里的刘姥姥。同时，这一切又给我带来思考，德国人是怎样从废墟中站起来的？是如何看待纳粹历史的？为什么面对如此发达的社会，知识分子还常常反思和批判？

在《过时的人》译后记里，我写下了当时的心悸："在柏林工大的教室里，在啤酒馆里，我认识了一群青年知识分子，他们谈论着'大众隐居机'（电视）和商品消费者的物化和异化，谈论着技术批判与绿色和平，谈论着其他种种我先前闻所未闻的'奇谈怪论'。"这也许是我为期一年的进修结束后，继续留在德国攻读硕士、博士学位的原因之一。

80年代末，国内外形势极为复杂，在我最困难的时刻，柏林工大"中国小组"给浙江大学写了信，支持我的留德决定。不久路校长回了信，信的大意是，年轻人要有长远的眼光，报国不分早晚。路校长的胸怀和远见，我一直心怀感激。为读学位，恩格斯博士给我引见了齐默曼教授（H. D. Zimmermann），后来我跟随他和施泰恩米勒完成了硕、博学业。其间，齐默曼教授给我开启了瓦尔泽研究之门，带我走进了文学研究的殿堂。罗伦茨让我在柏林工大现代语言中心给他当助教，教外国学生德语，以解无米之炊。许多年后的一天，在柏林大街上，一个韩国人突然向我鞠躬，说他是我的学生，现在是韩国一家大公司的董事长。浙江大学的"艺术大师"王小松也说是我的学生，其实我一点也记不起来了。辛夏教授在去中国讲学的时候把自己的大宅让我住，只说让我帮他浇浇花……

三、寒窗苦读

我是杭州大学德语本科毕业的，开始攻读日耳曼学硕士学位时，工大还是旧制，不分本硕，统称"Magister"（德国文科学位），只分基础课程和高级课程，前半部大约算本科，后半部分算硕士，还要读第二主专业或两个副专业。我选了自由大学的汉学作为第二主专业，本以为容易些，其实不然。那是一门独立的、极注重研究方法的国别学，老师是封·曼德（E. von Mende）和罗梅君（M. Leutner），当年的同学余凯思（K. Mühlhahn）后来成了自由大学副校长。很多年后，我跟他一起建立了浙江大学和自由大学的校际合作关系。汉学专业不仅让我学会了国别研究的方法，更让我领悟到其中的身份、立场和主体性，这也是我许多年后在浙江大学首创国内本土"中国学"最直接的源头。

文学所很特别，是"四七社"诗人赫勒拉教授（Walter Höllerer）1959年创建的，我的导师齐默曼和大名赫赫的米勒教授（Nobert Miller）都是他的学生。记得我去做学历认证，希望能直接进入高级课程时，身型巨大的库瑙先生（Kühnau）将自己腾挪过来接待我，他先把自己硕大的肚子放在小矮桌上，然后委然坐下，问我本科读过哪些课程。我说很多，有德语精读、泛读、报刊阅读等。他冷静地告诉我一个无可辩驳的事实，在德国人人都会德语，人人都读报，但不是人人都可以上大学。最后，我本科课程中只有古代汉语和马克思哲学等少数课程被承认，别的都得重新学，包括拉丁文和中古德语。

特维斯是我的好朋友，虽说我也算德语专业毕业的，但刚走进工大的文学课堂，仍是一头雾水。特维斯当时是齐默曼的助教，专业上他是我的"特约"辅导员，我的很多知识都是和他一起在啤酒馆里泡出来的。记得在德国作的第一场学术报告是1988年，我和汉学系同学冯铁（R. Findeisen）一起作了场关于海因（Ch. Hein）《阿Q正传》的学术报告。后来才知道，会场竟是工大"六八学运"时举行过全德著名的支援越南大会的阶梯大教室，冯铁后来成了著名的汉学家，却英年早逝，令人扼腕。现在想来，我当时真有点初生牛犊不怕虎的样子。

齐默曼严谨的治学精神让我终身难忘。一次，我写了一篇研究报告，却被他无情退回，批语是："你的研究方法不对，但我相信，凭你的努力可以把论文写好。"为了这篇论文，我忙了整整一个暑假。从那时起，我坚持了学生时代每天阅读五六十页德文书籍的习惯。论文再次上交后，教授的批语是："努力得到了回报，一篇很好的论文。"此后的一切开始变得顺利，我的硕士、博士论文都得了"优秀"。记得还有一次，我在韦德曼教授（C. Wiedermann）课上写了一

在柏林工大现代语言中心（ZEMS）德语班与外国学生合影
（1992），笔者为前排右一

五十年 五十人 50 Jahre 50 Menschen

篇关于"隐喻、寓言、象征"的论文,他在讨论时对我说:"真没想到,中国人也会抽象思维。"他的表扬令我有点哭笑不得。

四、工大生活

柏林工大的 Mensa(学生食堂)是浙江大学人的"信息中心"。午餐时,大家围坐一张大桌子慷慨陈词,那叫"浙江大学桌"。天天到的有汪隽迈、傅衍、李沪曾、鲍永坚、孟晖、孙俊泉、姚善泾、沈金星、吴志红等,都是工科的,说话总爱带上专业用语,比如"低几头"(digital)之类的,他们大多是我的德语学生,有的至今还叫我"Herr Fan"(范老师),只有我和高玉龙是文科的。与他们长期交往,我也沾上些许工科味,其实我上大学之前就当过铣工,车铣刨磨都摸过。后来浙江大学有老师问我,怎么在我身上会有工科的影子,我会笑着告诉他们,柏林工大使之然也。

刚到柏林,大家德语不精,常常闹些笑话。一次,有人在超市买到"狗肉"罐头,回去吃了拉肚子,其实那是"狗食"。众人不服,说罐头上明明有一条狗。殊不知,那是给狗吃的肉。汪隽迈买了一管芥末,当牙膏刷,辣得不行,打电话问我,我告诉他这是佐料。多少年过去了,当年的工科朋友大多成了大器,其中不乏终身好友。

"土司马"是柏林工大1950年成立的一个勤工俭学中介机构。当年那里是中国学生常去的地方,每到暑假,人头攒动,都是黑头发,还有黑皮肤。我偶尔窘迫时也去拿过几次活。今天很多朋友会对我的一些"特技"表示惊讶:一个文科教授怎么会美发,会制作各式菜肴、包子、

在柏林工大教育系教学法研究所(1998)

柏林工大校长斯泰恩巴赫授予笔者柏林工大银质奖章(2012)

饺子，还会粘墙纸、贴瓷砖、修汽车。其实那时的留学生大多会这些。到了周末，"浙江大学帮"聚在一起，用最经济实惠的方式度假，也就是德国人口中的"无劳"（Urlaub）：李沪曾的"卤鸭"、汪隽迈的"焖蛋"、沈金星的"可乐鸡"，当然还有我和孙俊泉的"发艺"。

恩格斯被称为"老恩"，他不仅多次来浙江大学教德语，也是我们在柏林的德国文化"推广员"，他常搞些学生票，组织我们去听音乐会、歌剧、卡拉扬交响乐、森林剧场，夏天还借工大的帆船去做望湖游。每当我因学习紧张或其他原因，婉拒他的好心时，他沮丧的眼神几乎让人心碎。

五、学术成长

博士毕业后，我进了柏林工大教育系的教学法研究所，在施泰恩米勒教授手下做"跨文化阐释学"研究，探索不同社会文化背景的读者对文化文本的理解机制。或许是柏林工大特色，那里的文科教授都特别关心技术时代语言文学面临的挑战。赫勒拉在六七十年代就提出了技术时代文学地位嬗变的理念，米勒在浪漫派文学中寻找工业化的痕迹。施泰恩米勒则关注高科技语境下的语言传播问题。当时，施泰恩米勒受德国科学基金会（DFG）委托，主持与中国自然科学基金会共建北京"中德中心"的工作，因为我研究的是"跨文化阐释学"，又是中国人，所以就成了他的助手。

另外，施泰恩米勒还主持一项中国工科院校"科技德语"教学模式及应用研究，他联合了一批柏林工大教授，带着博士生在浙江大学试点"科技德语"辅修专业模式。这项研究被称为"大鸡蛋、小鸡蛋"，指不同规模的辅修方案，这一合作项目也因此两次写进中德政府的《文化交流合作协议》。我则跟着施泰恩米勒一起研究跨文化教学法，其中最让我受益的是"柏林教学论模式"，当时研究所的同事都坚持"社会存在决定社会意识"的基本立场，注重教学、学习者与社会语境的关系，这也促使我回国后，根据中国国情，创办了学科交叉的"德国学"。现在回想，无论是我2002年首创的"德国学"，还是2009年首创的本土"中国学"，都源于柏林工大带给我的灵感。

1996年前后，我还有幸参与了拜罗伊特大学格布哈特教授（W. Gebhard）的"跨文化文学接受和交流"的DFG研究项目，以及雷根斯堡大学托马斯教授（A. Thomas）的跨文化心理学项目，后者旨在为德国在华企业的德方人员进行跨文化培训。1998年，我在柏林工大首次尝试开设了"跨文化交际"这门课，后来刘悦等也在柏林工大继续开设这门课。2001年，我把这门课带回了浙江大学。

记忆犹新的还有另一件事，就在我热衷于"跨文化研究"的那些日子里，一天，柏林克罗伊茨堡区的青少年管理局（Jugendamt）找到了我，要我帮助他们解决中国二代移民"跨文化"问题。原来，一些二代华人与父母产生了巨大的文化隔阂，一个姓赖的男孩，与父亲水火不容，我用田野调查方式进行斡旋干预。这次介入研究成了我回国多年后在浙江大学展开欧洲移民研究的开端。

六、"浙江大学周"

从1987年10月飞往德国，到2000年12月登上回国的飞机，我在柏林生活、学习、工作长达13年。尝遍异国酸甜苦辣，终如路校长所希望的那样，回到母校浙江大学。我回国服务也得到了习近平总书记的充分肯定。2002年12月，刚到浙江工作的习近平同志在第一次考察浙江大学时询问了我回国工作的过程，并鼓励我说："回来发展这条路是对的！"

流光易逝，白驹过隙。转眼归国已22年。当年回国之时，柏林工大"中国小组"濒临解体，却专门开会与我话别。当时我刚获德国经济合作与发展部"CIM"高层次归国人才计划资助，雄心勃勃，整装待发。我在会上提出要在浙江大学创建"德国学"的设想，希望得到支持，不料，大家的回应却是精神食粮，原因是统一后的柏林囊中羞涩。尽管如此，工大外联部的斯库尔斯基女士（E. Skurski）仍然满足了我开出的书单要求，我得以带着工大赠送的图书资料回到浙江大学。此后，我每年都邀请工大教授前来讲学、参加国际会议、合作研究。浙江大学"德国学"从被狐疑到被认可，再到后来的被钦佩。

2003年两校合作再续新曲。在我的推荐下，浙江大学聘请施泰恩米勒教授担任外语学院院长，我再次成为他的助手，当年我们一起培养的博士生李媛教授，今天成了浙江大学"德国学"的新掌门人。二十多年来，"德国学"厚积薄发，不断壮大，正像路校长信中写的那样："凡二十三年，仰仗同人辛勤，躬耕杏坛，才俊辈出，构筑中德交流之平台，夯实文化传播之基础，德国学研究所蓬勃向上，声名远播，不凡成就，钦佩致至。"

两校友谊传承到2012年达到高峰。当时我从人文学部主任调任校副秘书长，主事外事处。为配合学校外事大格局建设，提升浙江大学在国际高教领域的竞争力，我在外事处同人和当时刚引进的国懿博士鼎力支持下，策划了一场浙江大学走出国门的大戏——德国"浙江大学周"，而合作伙伴仍然是柏林工大。那年，浙江大学100多名教授同赴柏林，涵盖学科有人文社科、海洋工程、能源技术、医学、环境科学、计算机与信息工程等十几个学科。杨卫校长在柏林市政厅与德国十几所名校校长坐而论道，浙江大学的《宋画全集》走进德国国家图书馆，浙江大学文琴艺术团的交响乐在柏林艺术大学音乐厅里奏响，柏林刮起了一股浙江大学旋风。

通过柏林工大这座桥梁，浙江大学教授们走进了夏利特医学院和心脏中心，走进了自由大学、慕尼黑大学、慕尼黑工大、基尔大学海洋学，造访马普研究所、亥姆霍兹实验室、弗劳恩霍夫研究所，一场场学术会议、一份份合作协议书，一个个合作研究计划，"浙江大学周"为浙江大学的发展注入了一剂强劲的国际助推剂。

2012年的秋天是金色的。柏林工大"光明大厅"（Lichthof）里，"浙江大学周"的开幕式正在进行中。10位柏林工大学生获得浙江大学"中国学"硕士学位，他们身穿浙江大学硕士毕业服，戴上了硕士帽，格外精神。浙江大学校长杨卫院士和柏林工大校长施泰恩巴赫教授（J.

Steinbach）共同为他们颁发了浙江大学硕士毕业证书和中华人民共和国硕士学位证书。当年，我在柏林工大和柏林市政府的奖学金支持下完成了硕、博学业，如今，柏林工大的学生在中国奖学金支持下，完成了"中国学"学业，我感到由衷的欣慰。

  接下来的一幕令我终身难忘：施泰恩巴赫校长突然宣布，柏林工业大学因我对两校合作作出的努力，授予我特殊贡献银质奖章，当他把沉甸甸的奖章和证书交到我手上的时候，我的心情万般复杂，却无比甜蜜。当时，我只有一个想法，那就是感恩。感谢我的德国母校——柏林工业大学！感谢我的中国母校——浙江大学！

我在德国经历的德国统一

史世伟

1955年出生于北京。对外经济贸易大学教授。北京第二外国语学院文学学士（德国语言文学）、中国人民大学法学硕士、德国柏林自由大学政治学硕士、德国波茨坦大学经济学与社会科学博士。20世纪80年代曾在中国社会科学院马列研究所做翻译及科研工作，后在中国人民大学国际政治系（现国际关系学院）任教。1998年从德国留学归来加入对外经济贸易大学，历任中德学院副教授、教授、外语学院教授，国际关系学院兼职教授、中国－欧盟经济合作研究中心研究员；担任柏林自由大学汉学与现代中国学院客座研究员。现任中国欧洲学会经济分会理事、德国研究分会理事、国家发展和改革委员会国际合作中心特邀研究员、北京大学德国研究中心外聘研究员、中国人民大学德国研究中心特约兼职研究员、山东大学马克斯·韦伯研究中心兼职特聘教授。

2022年是中德建交50周年，这实际上是指中国与德意志联邦共和国（即西德）建立大使级外交关系，因为我们与德意志民主共和国（即东德）已于1949年——中华人民共和国成立初期——建立了外交关系。从西德、东德这样的缩语中，人们已经可以感受到它们的阵营界限，地处中欧的德国分裂为分属以苏联和美国为首的东西方两大阵营的两个国家，这是第二次世界大战后国际关系格局最具象征性的体现。1972年中（西）德建交时，已经开始奉行独立自主外交政策的中国在联合国的席位得到恢复，以美国为首的西方阵营一方面对实行扩张政策的苏联作出一定的缓和，避免东西冷战升级为热战；另一方面开始与中国试探性接触，谋求一定程度上的大国平衡。考虑到德国当时处于两大对抗集团控制的中心以及中德之间距离遥远，当时恐怕没有人能想到，只有一行字的中德建交声明能够引向今天这样全面、持续和深入的中德关系发展。从今天的角度来看，德国的统一带来了二战后国际关系格局的深刻变化，为经济全球化创造了前提条件，使经历"文化大革命"动乱后坚定以经济建设为中心，实行改革开放的中国，以及外向型经济导向的德国成为经济全球化最大的受益者。

作为世界经济和国际关系学者，我恰好在1989年10月从北京来到德国，先后在民主德国的莱比锡和东柏林做访问学者。1990年年初，我在位于西柏林的柏林自由大学政治学院正式注册学习，实现了我多年来的一个愿望。1998年2月，我在波茨坦大学被授予经济与社会科学博士学位后，回国加入对外经济贸易大学任教。在这段时间里，我经历了从柏林墙被推倒至两德统一的激变过程，有些经历颇具启发，有些则颇有戏剧性，它成为我在德国八年求学生涯中印象最深刻、最发人深省的一段时期。今天我将这段经历与大家分享，作为对中德建交50周年的献礼。

我与德国的缘分

算上在德国上学和进修，我在德国逗留的时间已经近15年，但是我与德国结缘却纯粹出于偶然。我是恢复高考后第一届考入大学的，当时我已经参加工作，恢复高考的消息来得突然，没有太多的时间考虑，我对国际事务有一定的兴趣，因此第一志愿就填报了北京第二外国语学院，语种写了任选。当我1978年初拿到北二外的录取通知书，看到录取专业为"德语"时，不禁吃了一惊：当时我对德国（后来知道应该是德语国家）和德语知道的很少！但我大体知道德国是一个科技强大的国家，满足了我小时候想做科学家的梦想。作为恢复高考后第一届大学生，大家都憋着一股劲，任课教师也都全力以赴。对知识的饥渴和来自四面八方、年龄与背景不同的同学们在学习上的你追我赶使我打下了比较坚实的德语基础。1982年春大学毕业，我被选为当届学校的优秀毕业生，进入中国社会科学院马列主义研究所，从此开始了我的学者生涯。当时主要研究德国社会民主党的纲领和政策。工作不久，就遇到德国艾伯特基金会资助社科院学者访问的机会，经过严格的德语考试，我获准赴西德访学半年（1982年12月至1983年6月），在这半年时间里，德国人办事的严谨认真、国家管理的有序和谐给我留下了深刻的印象，从而使我萌生了在德国继续深造的愿望。1983年回国后，我于1984年考入中国人民大学国际政治系

五十年 五十人 50 Jahre 50 Menschen

攻读德国社会民主党研究的硕士研究生，1987年毕业后留校任教，根据当时国家经济建设和改革开放的需要，转行从事国际关系和国际政治的教学与研究。1989年10月，在中国人民大学与当时民主德国莱比锡卡尔·马克思大学（现为德国莱比锡大学）校际合作的框架内，我被学校选派赴卡尔·马克思大学和位于民主德国首都东柏林的德国统一社会党中央社会科学研究院，进行各一个月的交流访问。

在莱比锡见证了民主德国的衰落

1988年民主德国计划委员会主席访问中国人民大学，与时任人民大学校长袁宝华会谈，我被叫去客串翻译。来访者向袁校长详细介绍了民主德国计划经济的运行和成效。因此，我当时是抱着虚心学习的态度去民主德国的。1989年10月2日，我和人民大学马克思主义研究所的一位同事一道乘飞机经东柏林来到莱比锡。我们被安排到与在德国统一中起到重要作用的尼古拉教堂近在咫尺的卡尔·马克思大学招待所住宿。

当时民主德国正在积极筹备庆祝建国40周年（10月7日）。作为民主德国第二大城市、德国历史名城，莱比锡市中心被修葺一新：市中心广场上的老市政厅金碧辉煌，大文豪歌德笔下浮士德博士被魔鬼梅菲斯特诱入的古老奥尔巴赫地下餐馆人流穿梭，周围的商场和商廊张灯结彩。但是人们一旦绕到这些建筑的背后，就会吃惊地发现，房子实际上已经年久失修，只是翻新了门面。在购物街的橱窗里，当时在中国已经比较普及的电子录音机、照相机完全不见踪影，陈列的还是笨重、大体积的家电设备。日常生活用品中蔬菜、水果特别缺乏，唯一能够买到的仅是个头很小的酸苹果。民主德国建国40周年庆典如期隆重举行。德国统一32年后的今天，莱比锡已经重现昔日辉煌，成为德国东部最有竞争力的城市。虽然今天德国东部与西部总体比较，平均收入仍然偏低，但是由于统一后德国政府大规模投资东部基础设施建设，德国东部高速公路纵横，柏林、莱比锡和哈勒的主火车站成为德国设施最现代化的火车站。而劳依纳地区也逐渐转型为德国生物化学产业的尖端制造集群地。

在柏林近距离经历柏林墙倒塌和德国统一

我于1989年11月2日来到东柏林德国统一社会党中央社会科学研究院（以下简称：社会科学院），那里有个"中国研究小组"负责接待和安排我的学术交流活动。但是当时民主德国的政治和社会动荡已经使正常的交流与研究工作无法进行了。社会科学院位于柏林市中心的"约翰内斯·蒂克曼街"（Johannes-Dieckmann-Strasse），民德政府1971年以1969年逝世的民德人民议会主席的名字为街命名，1990年德国统一后又重新启用原街名"陶本街"（Taubenstrasse）。由于无法继续工作，我在请示了国内工作单位后即开始联系去西柏林的柏林自由大学学习。当时柏林墙还在，东、西柏林处于完全封锁的状态。当时中国是世界上为数不多的与两个德国都保持良好关系的国家（相似的还有罗马尼亚、南斯拉夫），我可以在唯一为少数外国非外交人员开

2009年12月在德国学术访问期间，参加德国瓦尔特欧肯研究所圣诞节活动，前排为笔者与时任所长、著名经济学家维克多范贝格教授

放的东西柏林边境出入检查站——弗里德里希大街城铁站（距离社会科学院800米）乘车去西柏林并当日返回，并且我还不用交一般西方国家公民过境时必须交纳的5个西马克过境费，也无须被强制用西马克按照一比一的比例兑换20个东马克。为了能够尽快拿到入学通知书，我在11月9日之前多次往返东西柏林，每次从西柏林回到东柏林都有仿如隔世的感觉。1989年11月9日晚，我从西柏林回来后在社会科学院大楼住所看电视，当时正在实况转播民主德国统一社会党柏林市委第一书记沙布罗夫斯基通报统一社会党中央政治局会议情况的记者会，他突然宣布东西德边境从9日即时起无条件开放。出于谨慎，当时我决定暂时先不去柏林墙，虽然与最近的查理检查站距离仅有不到1公里。

11月10日清晨，我来到距离住所仅300米的宪兵广场（Gendarmenmarkt，当时还叫"科学院广场"Platz der Akademie），看到柏林音乐厅（das Schauspielhaus Berlin）左面架起的一面巨大电视屏幕正在播放欢乐的音乐，当时广场上还几乎空无一人。过了不久，特意从美国赶来的著名指挥家伯恩斯坦在音乐厅内指挥柏林交响乐团演奏了贝多芬第九交响曲，在广场上进行了实况转播。柏林墙开放了，我看到很多人爬到墙上欢呼雀跃，有的人则开始用斧头等工具从墙上凿下墙块留作纪念。11月10日晚，西柏林市政府举行了柏林墙开放的庆祝集会，前西柏林市市长和联邦总理维利·勃兰特站在老柏林市政厅（逊纳贝格市政厅）晒台上喊出了一句对于德国未来有前瞻意义的话："本来同根的生命又在一起生长。"（Es wächst zusammen, was zusammen gehört）除少数地方作为纪念遗址保留外，作为东西方冷战象征存在了28年、长达167.8公里的柏林墙到1990年11月30日被全部拆除。

柏林墙倒塌后还经过一段两个德国并存的过渡时期。我离开了将要解散的社会科学院，并在西柏林德国外国人管理局用柏林自由大学政治学院的录取通知书办好了前往西柏林的手续。但是我却被告知，柏林仍然处于二战后四国共管的状态下，联邦德国还不具有对于西柏林的完

五十年 五十人 50 Jahre 50 Menschen

全主权地位,因此我从苏占区(东柏林)迁移到西占区(西柏林)必须由西方盟国当局批准。这样我来到位于西柏林马林费尔德的西方盟军总部,一位法国人和一位英国人(代表美英双占区)与我进行了正式交谈,待到他们认定我去西柏林确实是去上大学后才终于放行。边境开放之后,从西柏林到东柏林只需要在过境时出示一下身份证件,没有其他手续了。过去封闭的东德特别是东柏林吸引了包括西德居民在内的大量游客,在边境口岸就出现了兑换东西马克的兑换处。按当时的市价,1个西马克可以兑换5个至6个东马克,而东德由于长期实行低工资,物价较便宜。我们就利用这种机会去东柏林消费,用2个西马克就可以在东柏林中心亚历山大广场或尼古拉小区的主流餐馆吃上一顿丰盛的大餐。由于游客多,在兑换处换钱要排队很费时间,一些学生和社会闲散人员就在兑换处外面用事先换好的东马克与游客交换外汇,虽然价格仅比里面贵一点,但是换多了,还是能赚不少钱。随着1990年7月1日两德货币联盟的启动,西马克全面替代了东马克,这样的投机活动就寿终正寝了。

随着两德货币的统一,德国统一的进程意想不到地加快,1990年10月2日晚,柏林墙倒塌后仅11个月,德国政府就在柏林帝国大厦前举行统一庆祝大会。由于错过了第一时间见证柏林墙的通行,我不愿再次错过这一重大历史时刻。傍晚时分,我和我几个德国朋友在地铁6号线科赫街(Kochstrasse)站下车向帝国大厦走去,街道两旁,很多文艺团体自发地载歌载舞,当我们到达菩提树大街时,已近夜深,但那里已经是人山人海,到处飘舞着黑红黄三色德国国旗。随着人流,我们竟然来到了国会大厦附近,可以看到包括时任联邦德国总理科尔在内的全部德国政要,这时礼花升起,人们大声欢呼,庆祝会达到了高潮。当然,这一天(10月3日)不仅是德国普通民众的欢乐之日,德国统一也意味着德国在国际舞台上重新成为一个具有完全主权的正常国家。

对中德关系发展的回顾与展望

来到对外经济贸易大学后,我教学研究的重点转到了经济和工商管理方面。经过努力,这些年来与德国有关高校建立了良好的合作关系,我个人也经常往返于中德之间,成为中德学术交流与人民相互理解的使者。德国与中国距离遥远,政治和意识形态方面有很大的差异,但是冷战形势下追求世界和平的愿望将两国拉近。当前,冷战虽然已经结束,但是由于霸权主义的存在,世界仍然不太平。处于欧洲中部、人口最多、经济最强大的德国与崛起中的中国在维护世界和平稳定方面仍然具有很大的共同利益和责任,今天,这样的责任还扩展到新的全球性问题,如气候变化、能源安全和绿色发展。在这些重大问题上加强互信、对话和合作成为双方政治领导人的共识。另外,中德建交以来,经贸关系发展突飞猛进,双方经贸的互补性强,相互依赖,以出口高端制造业产品为经济支柱的德国与发展中的中国的经济合作仍然有较大的增长空间。随着双方经济合作的密切,两国人民对于对方的历史文化理解和相互交流的意愿也越加强烈。在中德建交50周年之际,展望未来,我们有理由对中德双边全面关系发展的深化持一定的乐观态度。

一方有难，八方支援
——记汶川大地震发生后中德历史上最大的一次赈灾行动

王锡廷

1955年出生，外交部参赞（副司级）。现任北京外国问题研究会欧洲中心主任。1978年北京外国语大学德语专业毕业后进入外交部供职，其间曾在德国哥廷根大学进修。先后任中国驻德意志联邦共和国大使馆随员、三等秘书，驻汉堡总领事馆领事（二等秘书），驻奥地利大使馆研究室主任（一等秘书），外交部西欧司副处长，中国驻瑞士大使馆政务参赞，外交部欧洲司参赞，中国驻法兰克福总领事馆首席馆员、副总领事，中国驻慕尼黑总领事馆副总领事。

五十年 五十人 50 Jahre 50 Menschen

2008年5月12日，四川汶川发生里氏8级特大地震。这是新中国成立以来破坏性最大、波及范围最广、救灾难度最大的一次地震。地震发生后，胡锦涛主席立即指示，全力抢救伤员，确保灾区人民生命安全。温家宝总理第一时间赶赴灾区指挥抢险救灾，要求各级领导干部站在抗震救灾第一线，带领广大群众做好抗震救灾工作。中国政府和各界出色的应急救灾行动和灾区秩序井然令世界惊叹、动容。世界各国纷纷伸出援手。

这是一场人类的灾难。地震的震中在四川，震撼的却是全球。德国当地媒体高度关注，进行了大量报道，中文报刊《华商报》为此设立专版，跟踪报道。从那一刻起，无数双眼睛紧盯着屏幕和报纸。面对一组组触目惊心的数字，一张张震撼人心的照片，很多人一遍遍不由自主地问：我们除了流泪，还能做些什么……汇集在一起，就是一个共同的愿望：一笔赈灾资金，一顶挡风遮雨的帐篷，一床御寒的被褥，一句真诚的问候……对于灾区人民来说就是希望。自那时起，中德人民携手赈灾拉开了序幕。

我驻法兰克福总领馆领区政经界、华侨华人、留学生、中资企业以及德国友人等以各种方式立即投入赈灾活动中。总领馆所在的州政府决定向灾区赠送救灾物资，领区华侨华人、留学生、中资企业等组织各种募捐活动，德国友人伸出援手；总领馆网站及时发布灾区和领区赈灾情况、组织协调赈灾物资和资金第一时间送往灾区、馆领导不辞劳苦奔波在一场接一场的赈灾活动上……

在这场中德同心协力抗击自然灾害的斗争中，充分体现了"一方有难，八方支援"的传统美德，谱写了一曲又一曲可歌可泣的大爱无疆精神，也充分体现了中德关系的坚实基础和两国人民的友好情谊。

致函悼念

在获悉地震消息后，科隆市长施拉玛、杜伊斯堡市长绍尔兰德、威尔堡市长希克、德中经济联合会主席冯贝克、旅德浙江华人华侨联合会、世界台商联合会等第一时间致函总领馆，对四川地震死难者表示哀悼。法莱美公司总裁石伟星在致函中，对地震遇难者表示深切哀悼，对中国领导人在灾难面前表现出的坚毅、勇气和中国人民解放军的大无畏精神表示敬佩。他相信，在中国政府领导下，中国一定能够渡过难关。前中国国家足球队主教练施拉普纳发来慰问电，对地震中死难者表示哀悼，对受灾群众表示慰问。科隆市市长及市政府中国事务顾问、科隆市经济大使孟宙向总领馆发来传真并捐款，对大地震死难的同胞表示沉痛哀悼，表示相信祖国人民定能克服困难，把家园建设得更美好。

发布消息

为了使各界及时了解灾区和领区赈灾情况，总领馆网站开设专栏即时发布地震灾情，介绍中国政府采取的救灾措施、领区各界到馆吊唁和各地踊跃捐赠情况等，高度评价德国友人的义举和旅德华人身在海外心系故土的骨肉之情，坚信在中国共产党和政府的坚强领导下，在海内外朋友支持下，灾区定会渡过难关，重建家园。

接受采访

馆领导在馆里或利用参加赈灾活动现场，接受德国RTL电视台、《法兰克福评论报》、《华商报》以及新华社、中央电视台、凤凰卫视等媒体采访，介绍灾情、我国急需的救灾物资以及领区各界赈灾活动情况。

到馆吊唁

5月19日晨，在我国"全国哀悼日"首日，我驻法兰克福总领馆举行降半旗仪式，全体馆员在国旗下列队默哀，深切悼念大地震遇难的同胞。总领馆分别在会客室和领事大厅设立吊唁簿和捐款箱，供前来吊唁和捐款的中外人士使用。

当地的州国务部部长兼政府办公厅主任格吕内特等州政府代表分别前往总领馆吊唁，并当场表示将向我灾区紧急提供救灾物资。法兰克福市市长罗特和议长布尔曼，以及巴基斯坦、印度、日本、埃及、塞尔维亚、埃塞俄比亚、墨西哥、意大利等国驻法兰克福总领事等到馆吊唁，在悼念簿上留言，深切哀悼地震遇难者。

华侨华人、留学生和中资机构代表等专程前往总领馆吊唁和捐款，在吊唁簿上留言表达心声。有一位华侨，揣着自己仅有的250欧元，从外地乘火车3个多小时来到法兰克福。她流着眼泪说："国家遭受这么大的灾难，我心急如焚，虽然钱不多，但这是我积攒的全部零花钱，请收下我的一份心意。"令人感动。

救灾物资

当地州政府决定从该州应急储备仓库中紧急调拨80吨物资，支援四川灾区。这批物资里有帐篷、折叠床和卫生消毒用品等灾区急需物品，也是德国赠送给中国最大的一批救灾物资。州政府把物资迅速运送到法兰克福机场仓库后，总领馆负责将其转运至灾区。时值汶川阴雨连绵，灾区人民急需外界支援。以最快的速度把救灾物资送到灾区人民手中，是我们的最大心愿。

总领馆急灾区人民之所急，全力以赴投入组织协调之中。总领事多次亲赴机场，做机场调度部门和相关航空公司工作。在总领馆大力协调下，国航、东航以及汉莎航空公司纷纷为我救灾物资让路，第一时间将这批物资分批运往灾区。当听到国内有关单位反馈，收到国外最早运往灾区的赈灾物资的消息时，我们感到无比欣慰。

募捐活动

地震灾害牵动着成千上万德国友人尤其是旅德中国同胞的心。随即在领区开启了一场接一场的募捐活动接力赛。

中德携手：斯图加特中国学者学生联谊会与斯图加特红十字会合作，共同发起"帮助中国"行动。100多名志愿者不辞劳苦，在闹市区设置展板介绍灾区情况，走进大街小巷为灾区募捐。一周时间募得22000多欧元善款。联谊会主席金女士表示："如果一欧元能够帮助一个人的话，那么有了这些捐款，我们可以给许多人带来新的希望。"这笔款项，由德国红十字会作为专款统一捐往四川灾区，用于紧急救助，重建医院、幼儿园和学校。

在法兰克福市政府支持下，该市"公民倡议协会"开设了"法兰克福帮助四川/中国"儿童救助项目。首场活动是由中国沙龙、中国文化经贸服务中心发起并组织的在法兰克福市国际剧院举行的赈灾义演。演出由当地电台资深主持人勒拜耳主持，来自中国、德国、俄罗斯以及阿拉伯国家的十多位艺术家同台献艺，其中法兰克福大提琴演奏家沃尔夫现场演奏了他特地为这次义演而创作的曲子《2008年5月12日14时28分的四川》。2008年年底，该项目组织者派人专程前往四川绵竹，将首批善款1万欧元捐赠给该市两所中学的孤儿，帮助他们顺利完成学业。

华侨华人：在法兰克福，举办名为"今天我们都是四川人"募捐活动，欧洲温州同乡会德国分会、德国中西部促统联盟、旅德北京华侨华人联合总会、德国川渝同乡会、国家旅游局驻法兰克福办事处以及学生会、中文学校代表200多人参加。在杜塞尔多夫，德国东方商会和德国温州同乡会联合举办题为"情系灾区，天佑中华，众志成城，抗震救灾"募捐晚会。在诺伊斯，在德国华人华侨商贸总会呼吁下，各界人士向灾区人民伸出援手。在德莱艾希，中国贸易中心和杨氏贸易超市带领当地华侨华人踊跃捐款。还有全德福建同乡联合会等，上至90多岁的老人，下至几岁的孩童，纷纷赶赴现场捐款。有的侨胞驱车600多公里，亲自把大笔款项送到捐款点。台湾同胞也伸出援手，组织募捐。仅上述募捐活动筹集到的并交由总领馆转交的善款就高达20多万欧元。

义演义卖：在曼海姆市的"中国园"举行了由二胡演奏家邓晓梅倡议并得到各方支持的赈灾音乐会。除了邓晓梅乐队表演的中西合璧的节目外，一些知名的德国音乐家和歌唱家也前来义演。该市前常务副市长艾格尔、多名市政委员、各界人士和华侨华人、留学生及中资机构代表等120多人出席。在杜塞尔多夫中国中心主办的拍卖会上，成功拍卖出6名中德画家捐赠的7幅作品。这些善款用于四川赈灾。

旅德学生：同学们纷纷表示，尽管和祖国远隔千山万水，不能在废墟中帮助搜救同胞，但他们的心与灾区人民连在一起，他们在后方设法筹集善款。学生们赶制展板、捐款箱，以各种方式组织募捐。不少学生和当地华人慷慨解囊，捐出自己心爱的物品，供义卖之用。有的乐手不停地演奏悠扬而又哀伤的曲调，深受感动的德国民众踊跃购买义卖品或慷慨解囊。对伸出援手的民众，他们都会送上一份小小的礼物或一块自制的蛋糕。不少德国友人投下20欧元或50欧元善款后，默默离去。很多德国儿童在父母支持下，捐出自己节省下的零花钱。在曼海姆音乐学院读研的张馨心同学，自发组织募捐音乐会。她说："我是一名学生，做不了什么大事，但也要尽我所能，为灾区人民贡献绵薄之力。"随后，她又专程来到总领馆，把义演所得善款交予总领馆转往灾区。

中文学校：领区美因茨等中文学校以"学校帮学校"等方式，或在学校举办募捐活动，或师生一起拿着自制的捐款箱、捐款罐，走上街头，散发传单，在来来往往的人群中为灾民募捐。在斯图加特汉语学校组织的募捐活动现场，"心系中国，记住我是中国人"的横幅格外醒目。师生们观看大屏幕上播放的地震灾害图片，学生演讲、演出自编节目，最令人难忘的是学生们用绘画或文字表达内心深处的感受和对灾区人民的牵挂与祝福。其中一首诗朗诵表达了学生们当时的心声："我也是中国的娃娃，我能为你做点啥？生日礼物我不要，还有我存满钱的小猪娃。妹妹，妹妹，你别怕，让我帮你把泪擦。我们的小手放一块，组成一朵美丽的花。"有的同学写道："中国的温总理说，只要有一线希望，就要百倍地努力，绝不放弃！我们很感动，这么多人的帮忙，这么多人的爱，这就是受灾人们新的希望，新的生命和阳光。""被地震改变了生活的人们，你们不是孤独的！我们都想着你们，跟你们一起感受，跟你们一起奋斗！""我捐了5块钱。虽然不多，但这是我身上所有的零花钱了。我的老师说，每一分钱都是一份爱，一份勇气。每个捐钱的人，都可以得到一块糖和一颗小红心，上面写着'Help China'（帮助中国）。"正如陈薇校长所言："他们用孩童的眼睛去看世界，用真诚的心去体会世界，用稚嫩的笔去描述世界，以表达对灾区人民的同情和关爱。我被人们在赈灾活动中所表现出来的爱心而感动，也为在海外有那么多可爱的下一代而骄傲。"

这是发生在法兰克福领区，中德历史上最大的一次募捐行动，也是一次空前的爱心大奉献。虽然时过境迁，距今已有14个年头，每当我回忆起这段往事，很多感人的情景，包括总领馆馆员夜以继日地工作和踊跃捐款，都会历历在目。

一场地震，失去了众多同胞；一场地震，使中华儿女更加团结，更加坚强；一场地震，中德友谊更加深厚，更加长久。天灾浩劫，所幸有情！

德国的韦伯，以及韦伯在中国

阎克文

1956年出生，曾相继在山东省总工会和新华通讯社工作16年，从事过工运史研究、相关政策研究和记者、编辑业务。2000年开始专事韦伯著作的翻译。2019年受聘为浙江大学兼任教授、人文高等研究院"韦伯著作翻译与研究中心"主任，主持德文考据版《韦伯全集》的翻译与研究工作，并承担其中有关书目的文字翻译。

中华人民共和国与联邦德国正式建交，是从1972年算起的，这样的法律和政治约定，历史的内涵当然意味深长。不过，从可观察的资源性价值上看，至少同样意味深长的，则是这个历史事件也开启了在学术与政治这两个领域不间断的双向交流。承蒙文集主编国懿先生约稿，在中德建交50周年的纪念性时节，笔者想着重谈谈一个绕不过去的话题，就是德国的韦伯，以及韦伯在中国。

韦伯去世100周年的2020年，德文考据版《韦伯全集》在德国全部出齐，煌煌几十卷，历经几十年，德国知识精英们继往开来，破解了重重难题，终于完成了这一壮举，堪称世界思想史上一个里程碑式的标志性事件，居功至伟，令人钦敬。

1871年第一次统一之后，德国成了当之无愧的欧洲大国。但众所周知，德国也在很长时期内一直是个命途多舛的大国，而且很像历史命运的安排，韦伯的一生恰好从头至尾完整经历了德意志第二帝国的兴亡。因此，顺理成章，尽管韦伯很欣赏其他小国的生活，但却憎恶德国仿效那样的生活，他把德意志民族参与大国政治视为它的伟大任务和历史责任，否则，"德意志帝国将被证明，原来它只是一个昂贵虚夸的奢侈品，一个对文化有害的奢侈品。"正因如此，可能就不难理解，出身于政治世家的韦伯，为什么会几乎终身都没有脱离实际政治，坚持从宏观的文化意义上为德国的政治前途呕心沥血，即便在后来的德国，也使很多人都很意外的是，韦伯规模浩大的学术和其他文字著述，大约有一半都与政治史和政治实务有关。

不言而喻，韦伯主要是以学者和思想家的身份及成就屹立于世的，包括他的德意志同胞，大概也是这样认为的。20世纪末，联合国教科文组织曾作出了一个官方评价，说韦伯是20世纪最后一位百科全书式的思想家，可能更突出了这个形象。不过，从事实上看，韦伯从来就没有认为自己是个大众化的人物，而大众本身恐怕也会这样看。2014年我曾应邀去埃尔福特参加韦伯诞辰150周年纪念研讨会，行前托朋友分别在国内五个大学和研究机构作了个小调查，对象限于人文社科专业的学生、老师和研究人员，共500份问卷，收回后统计发现，几乎没有人不知道韦伯，但是就当时已有的十几册韦伯著作中译本来说，读过五册以上的不到四分之一，绝大多数人只读过五册以下，接触了《经济与社会》的，都是按自己的专业兴趣选读过部分内容，通读了全书的，只有两位。把这个统计信息带到研讨会上之后，会议主持人施鲁赫特教授略感吃惊地说，这已经很令人欣慰了，德国也不过如此，可能还不如! 实情如何，由此可见一斑。

实际上，这也恰恰说明了韦伯思想体系的精英性质，尽管他在生前就已闻名遐迩。可以说，韦伯最为关切的，是期盼德国大众具有"永恒的坚定意志，不再像一群羔羊一般被统治"，人人都能活得有个人样，否则就无法承担德意志民族理应承担的历史责任。只是毫无疑问，他的学术作品却远远不是大众读物。《马克斯·韦伯与德国政治》的作者沃尔夫冈·蒙森对此深有所感，他甚至说："马克斯·韦伯的呼吁……一直就是对牛弹琴。这个民族不知道如何利用它的最伟大的人物之一，也听不进他的忠告。到了1919年，已经为时太晚了。"甚至检索一下今天的"德国之声"都会发现，那里对马克斯·韦伯居然只字不提，可见一斑。

五十年 五十人 50 Jahre 50 Menschen

这里有一个非常重要的原因,而且广为人知:韦伯的学术著述、即便是最激昂的学术论辩,都与客观性问题有关。从发表弗莱堡就职演说那时起,他就不断抨击一个流行的做法,就是自觉或不自觉地把学术当作一种为实用性价值判断进行辩护的手段。他毕生都在主张,学术只能根据经验描述以判断价值观的效用,通过揭示因果关系去帮助人们决定如何在不同价值观之间作出选择。他毫不含糊地认为,在这个价值多元化的现代性过程中,学术既没有权利也没有资格用它自己的方法谈论价值观的效用。更重要的是,大体上从博士毕业起,韦伯本人始终都在恪守这样的学术观念,《新教伦理与资本主义精神》,特别是巨著《经济与社会》,就是这种方法论立场的经典范本,换句话说,他的价值立场十分明确和稳定,但却从来不是一个意识形态专家,而是坚持以尽可能价值无涉的观察视角,抵近经验世界的复杂本相,尤其是这里面的因果要素、因果关系和因果趋势,目的是追求最大公约数的利益,无论那是观念利益还是物质利益。正因为如此,不仅1895年他的弗莱堡就职演说,还有后来1904年他对"客观性"的系统呼吁,直至1913年他发起成立德国社会学学会时要求以接受一个条款为条件,即明确排除讨论任何价值判断的可能性,力求对历史现实进行因果描述,都曾在德国学界和政界挑起了出人意料的激烈讨论。但遗憾的是,结果却并不那么出人意料:在当时的学术环境下,他自然属于少数,即便到了今天,这种方法论立场也未必能在大多数人中间畅行无阻,虽然它早已得到了普遍的关注和赞赏。

尽管如此,仍然确凿无疑的是,马克斯·韦伯是德意志民族的一个伟大象征。80多年前,

2014年6月,笔者(右四)应邀赴德国参加马克斯·韦伯诞辰150周年纪念研讨会,与部分与会者合影

大体由于帕森斯的英译之功，和卡尔·马克思一样，德国的韦伯也不再是单纯属于德国，而是一跃而成为世界的韦伯。顺理成章，在稍晚一点的时候，大约是抗日战争爆发时，韦伯的大名和学说也传入了中国。按说，这样来看，中国人的动作并不迟缓，只是很遗憾，由于民族陷入危难之秋，国事糜烂，救亡为上，何况还有后来持续经年的政治迷乱，以致在很长时期内很少有人会平心静气地审视这位德国与世界的思想大师，更谈不上系统性深入了解和传播了。直到经过了半个世纪左右，以三联书店1987年印行《新教伦理与资本主义精神》中译本作为标志性事件，韦伯的世界性影响才迅速为中国读者所周知。从总体情况来看，经过最近三十多年的译介、研究和流布，至少中国的社会科学研究机构和出身于文科高等院校的社会科学专业师生，应该是没有不知道韦伯的，其规模相当庞大。如果认为韦伯在中国已经成为一门显学的象征，无疑不是夸大其词。

不过，事情的另一方面恐怕也无须讳言，在绝大多数情况下，绝大多数中国读者都是通过转译了英译本的中译本了解韦伯的，而英译本可谓普遍都存在一个问题，就是信息失真和流失，某些情况下甚至还非常严重，比如对韦伯的许多原创性术语、概念、词义、逻辑脉络以及个性化话语模式的误解、误译、漏译，甚至从形式到内容的大量改编，很自然，就在不知不觉中，我们的中文读者也跟着掉进了一些知识和思想的陷阱。实际上，对于英译本的这个情况，沃尔夫冈·蒙森早就被迫产生了一种很无奈的看法：如果抱着轻信的态度根据英译本去理解韦伯，"将会面临几乎是无法克服的困难！"不言而喻，此话已经不算委婉了，但所幸的是，可以想象，任何人都没有任何理由让韦伯本人承担责任后果。

正是由于看到这样比较尴尬的背景，终于，十年前，一些中国有志者开始了新的努力，也就是计划将德文考据版的《韦伯全集》译成中文。因缘际会，2016年9月，国家社科基金将山东大学申报的翻译《韦伯全集》，正式批准为重大项目，随即便开始了筹备工作，并着手第一期共4卷的翻译。其中甘苦，可谓不足为外人道。2021年，上海人民出版社出版了第一个中译本——《学术与政治》，其他几卷目前仍在编辑中。

为了有效调度翻译和协作资源，顺利推动项目的进展，2019年5月，浙江大学与上海人民出版社正式签署了总体合同，由浙江大学负责其他全部文本的翻译，由上海人民出版社负责购买德文全集的著作版权以及编辑出版浙江大学负责的全部中译本。2021年的最后一天，上海人民出版社又发布消息，《韦伯全集》中译本的出版已正式列入国家"十四五"出版规划。至此，由翻译团队承担的这个项目便郑重落到了实处，目前已有8卷的译文即将交稿，今后唯有勠力同心，锲而不舍，扎实笔耕，力争拿出尽可能权威的译本，以求不负韦伯，不负中文读者。

当然，在中国的语境下接受并反思韦伯学说提供的资源，已经是个相当普遍的学术与思想现象了，而且已经不可逆转。陆续译出德文原著，势必更有利地推动这个进程。

与这个世界一样，韦伯体系的规模非常庞大，也许更令人望而生畏的是，它还非常复杂，但归根结底，这不是因为韦伯复杂，而是这个世界本身一直就非常复杂，他在不遗余力地面对

五十年 五十人 50 Jahre 50 Menschen

2018年11月笔者在北大高研院参加韦伯思想研讨会期间，与《韦伯传》作者、德国马堡大学凯斯勒教授合影

这个复杂的世界，令人不得不认为，从这个意义上说，韦伯不啻是一反德国的学术与思想传统，也就是摆脱了哲学式的形而上学抱负和天马行空般的文学化激情，着力开辟了一条冷峻的经验理论途径。至关重要的是，从这个途径开始，越来越多的人意识到，必须思考如何面对经验世界前所未有的现代性了，也正是因为如此，韦伯才被越来越多的人视为我们永远的同时代人，除非有谁宣布这个现代性过程已经结束。结果是，我们可以看到，至少从形式上说，世界各地的几乎所有社会科学学术领域，其研究范式都带有韦伯思想的印记，其中当然也包括中国。

一方面，毫无疑问的是，韦伯对于我们的历史和现实关切还有一种特殊的意义。这与另一位德国伟人卡尔·马克思有关。中共十九届六中全会决议毫不含糊地指出，"改革开放这个伟大觉醒，是从破除对马克思主义的教条式理解开始的"。不难理解，这就意味着，以往很多人对马克思主义的教条式理解，等于是追随臆想中的马克思抵达了此岸，却不得不耳闻目睹他独自去了彼岸，实际上就意味着，他把追随者"遗弃"在此岸不管了，实际支付的成本与产生的后果则有目共睹。

另一方面，无法否认的是，与马克思同样对现代资本主义进行了冷静批判的韦伯，却始终留在了此岸，抱着客观的现实感面对这个现实及其可能的前景。应当再重复一遍，从他们一以贯之的逻辑脉络来看，这基本上与意识形态无关，从"价值无涉"的意义上说，是社会科学研究和观察的方法论冲突。从笔者的角度来说，其中最为醒目的，就是一元论和多元论的冲突。

众所周知，马克思主义成为一种思潮，最初在很大程度上是得益于"庸俗马克思主义"突出了一种观念以进行社会与政治动员的结果，即一元化的经济决定论，尽管这并非马克思本人严谨坚持的历史观，但却产生了极为广泛的影响，也就是把一切已经、正在和将要生成的文化现象与历史过程，都归因于经济要素的决定性作用，这是唯一而且是终极的因果力量，舍此无他。相反，韦伯认为，不管从认识论角度还是从经验上说，这种一元论方法作为分析手段的缺陷都是显而易见的，无法使社会科学有效解释历史现实的问题，更不用说解决问题了。所以，他系统地论述并归纳出了一种并非实用主义，而是功能主义的方法论框架，即多元因果论，除了从不否认经济因素的决定性作用之外，更强调了并不存在唯一且终极的因果要素，而决定着历史现实走向的，从来都有其他各种因果要素在分别、共同或交叉作用，比如军事力量、宗教力量（不妨理解为观念系统的力量）、艺术力量、地缘力量，尤其是政治力量的作用，这就澄清了不同的文化（文明）共同体自有其不同的产生和发展路径、模式与可能性，尤其是，这还表明了一个非常重要的常识性经验事实：一元化的"普世"规律和价值是不可能存在的。因此，韦伯的比较研究，他对于异质文化（文明）的移情式理解，摆脱了传统的欧洲中心论那种与生俱来的傲慢与偏见，也就绝非偶然。

说来意味深长的是，韦伯晚年以来的近一百多年间，除了个别极端状态的冲击，比如"义和团事件"直接导致威廉二世对华政策的逆转，以及某些不可控的外部条件的约束，比如一战、二战的外溢效应以及后来美国的实力地位及其在西方的意识形态主导作用，使中德关系在若干时期都经受了令人无奈的不确定风险；总的来看，双方还是在不断求同存异中和平共处。默克尔在任16年安排了10次访华，为世所罕见，就是一种确凿无疑的象征。一如韦伯所愿，德国已经不仅再次成了名副其实的欧洲大国，也是名副其实的世界大国。与此同时，中国也已经今非昔比，尤其是在新冠疫情带来的公共卫生危机以及具有更大效应的世界变局中，虽然双方关系受到冲击、打上了新冠印记，文化交往和旅游几乎停摆，政界高层互访也几乎停止，但从德国人的主流反应来看，以"动态清零"控制了疫情的中国，反而变得更强大、更富有。事实已经不断表明，中国是一个远非简单的意识形态教条就能道尽曲直的国家。其实，德国何尝不是如此呢？

韦伯在《以学术为天职》的演讲中有一个基本判断：这个世界的学术前景，就是不可逆转的专业化。他本人就有这样的杰出造诣——专。但是他更坚决地认为，解释和解决这个世界的问题，还需要不可或缺的整合性。他本人也同样有这样的杰出造诣——通。我们可以也应该向一切权威发出挑战，包括向韦伯发出挑战——如果我们有这种能力的话，因为权威可能天生就是被用来挑战的。但是，我们只能面对的却是韦伯早已洞察到的一个经验事实：无论有什么荣辱沉浮，我们这个星球的人都是同一个命运共同体。

五十年 五十人 50 Jahre 50 Menschen

我的德国缘

陈洪捷

1959年出生，教育学博士，北京大学教育学院教授，北京大学博雅教授，现任北京大学中国博士教育研究中心主任，《北京大学教育评论》主编、中国高等教育学会理事、中国学位与研究生教育学会研究所专业委员会副主任委员、国务院学位委员会教育学科评议组成员、欧美同学会德奥分会副会长等。柏林洪堡大学、柏林自由大学、艾希施达特大学、卡塞尔大学访问学者。洪堡学者。兼任浙江外国语学院德国研究中心主任、浙江科技学院中德工业文化研究中心主任。

在过去30多年中，我去过德国无数次。可是我没有在德国完整地学习过，所以算不上"留德华"。但我觉得，我与德国大学缘分很深，我的学术成长几乎是在德国大学中完成的，德国大学是我学术生涯不可分割的一部分。以下谨就几次重要的德国经历略作记述。

1979年，我报考北京大学西语系的英语专业，但由于名额已满，招生组将我调剂到德语专业。这样，我就开始了四年的德语本科学习。在大学四年，我们虽然见过德国人，了解了德国的情况，但去德国似乎还是一件很遥远的事情。

大学毕业时，本想通过报考研究生去德国留学，可惜没有被录取。正好北大的高等教育研究室需要懂德语的人，我就留校开始从事高等教育研究。在高教室（不久改为高教所），我的主要任务是研究德国高等教育，所以也在一直寻求着去德国进修的机会。我工作四年之后，机会终于来了。在我们高教所所长汪永铨老师的安排下，我于1987年9月来到了西柏林，在柏林自由大学进行为期一年的进修。初到柏林，我看到一个陌生而高度发达的国家，眼花缭乱，应接不暇，一切东西都要从头学起。从去超市购物到乘地铁，从乘火车到去大学食堂吃饭，一切都与国内不同。

在柏林自由大学，我的指导教师是彼得·许布纳（Peter Hübner），他是一位教育社会学家，当时任副校长，我很少能见到他。我就自由地选课和阅读，选听了不少课程，包括历史、社会学、教育学等。通过上课，我不仅眼界得到开阔，也体验到了德国大学课程的组织方式，特别是研讨课。在研讨课上，有的学生有很好的知识基础和问题意识，往往可以引经据典地相互争论，而老师也能够就某一主题进行阐述，旁征博引，开阔学生的思路。德国大学的这种上课形式和风格对我印象很深，后来我才发现，这一年的听课经历在很大程度上也影响了我自己后来上课的风格。

由于当时中德两国缺乏学术交流，我所在的教育领域与德国几乎完全隔绝。我到德国之后，看到大量的文献，无论新旧，国内从未见过。我想如果每天静心读书，一年时间也读不了几本。买书吧，也没有经济能力。所以就开始疯狂地复印，整本整本地复印。我认识一位在自由大学物理系访问的中国学者，他白天黑夜都在实验室工作，实验室的复印机是免费的。我通常每天去图书馆，阅读、搜集和借阅文献，每周一两次去物理系实验室，通常都是晚上9点之后去，此时实验室基本没人了。我就这样开始一本一本地复印书籍，有些是19世纪出版的书，也有20世纪初的书，当然也有刚刚出版的新书。同时也复印了不少论文或专著的章节。一年后，当我准备回国时，面对如山的复印材料，我发起愁来。我跟许布纳教授说起此事，他说他来想办法出运费。我采用了比较便宜的海运方式，邮局为我提供了印有"德国邮政"标准的邮寄麻袋，我一口气装了10多麻袋。一算账，700多马克。这批复印的书，充实了我的德国高等教育研究文献库，为我后来的研究奠定了一个很好的文献基础。我经常不无自豪地说：关于德国高等教育，我的收藏在中国绝对是第一。

第一次来德国，我觉得应该利用机会多走访一些相关的机构，建立人脉联系，为今后的研究铺路。我搜集了所有德国从事高等教育研究的机构，然后按图索骥，一个一个地去访问，从南到北，跑遍了德国。当时还是东德和西德并列的时代，柏林是一个位于东德疆域的孤岛，要去西德各个城市，很不方便。同时，我当时经费有限，而且要节约开支，所以去外地一般都是采用搭顺车的方式。所谓搭顺车，就是去搭车中介服务站，人家给开车的人和搭车的人对接，搭车人给中介交点手续费，与开车人分摊点汽油钱。我就这样跑遍了当时所有我所知道的与高等教育研究相关的机构，包括政府机构和研究机构。开始时我还有些顾虑，觉得没有人介绍，也没有"介绍信"，不知人家是否会接待。后来我才发现，去这些机构，径自登门拜访即可，自我介绍，说明来意，人家就会接待我，还会送一些他们的出版物。我就通过这种方式，建立了不少联系，甚至一直保持至今。

在柏林，有一个马克斯·普朗克协会下属的教育研究所。我到柏林不久就登门拜访。接待我的竟然是该所所长迪特里希·戈尔德施密特（Dietrich Goldschmidt）先生，老先生认真听了我的介绍，了解了我研究的领域，给我介绍了一些有关的信息，而且还让我来他们研究所的图书馆看书。有一段时间，我几乎天天去他们图书馆看书、借书，而且是用他名义借书。后来我才知道，戈尔德施密特先生是非常著名的德国学者，非常忙，我不过是一个从中国来的小青年，他就那么耐心，那么信任我，这让我很感动，发自内心地感谢老先生对我的信任和帮助。

一年很快就过去了，我发现要补的课还很多，希望能够在德国攻读博士。本想回国后很快就能再来德国。但这一离开，就是7年。这其中发生了两德统一等一系列重大事件，我的计划也就告吹了。

1993年，我开始在职攻读博士学位。1995年，我申请到了德国学术交流中心（DAAD）的博士生奖学金。这是所谓"三明治"奖学金，需要有中国的导师和德国的导师，双方共同指导。说起德国的导师，还有一段故事。我曾从有关文献中看到一本《德国大学史》，感觉不错，但又买不到（其实也买不起）。我就给作者穆勒（Rainer Müller）教授写信。这位艾希施泰特大学（Eichstätt）的穆勒教授不久就回信，说他请出版社给我寄一本。我由此与他建立了通信联系。当我申请德国学术交流中心奖学金时，他劝我去跟他读博。这样我就来到了艾希施达特，我称它为艾城。

艾城是巴伐利亚州的一个小城，古老而安静，艾城大学的历史可以追溯到16世纪的牧师培训学校。大学很小，只有不到4000名学生，然而很精致，是一个读书的好地方。穆勒教授与同学们关系很亲近，经常与学生们一起活动、吃饭，还带我们去慕尼黑看足球赛、听歌剧，或去奥地利滑雪。通过这些活动，让我更多地了解了德国人的生活。穆勒教授是历史学家，他给我引荐了不少历史学家，特别是从事大学史研究的学者，并带我参加由德国、奥地利和瑞士学者组成的"大学与科学史研究会"的学会，并参加他们的年会，由此我便有机会认识了德国大学史研究界的大部分权威学者。

在艾城大学，我主要的活动就是听课和读书。我根据兴趣选听了不少课程，除了历史类的

在洪堡大学门前，
1987年

课程，还听了社会学、教育和艺术类的课程。艾城大学虽然很小，但藏书非常可观。即使图书馆中没有的书，也可以通过馆际借阅的方式很方便地借阅。我还是那样，一边看书，一边复印书，特别是19世纪乃至18世纪的书（也根本买不到），必须靠复印来收藏。

我博士论文的主题是关于德国古典大学观念及其对中国的影响。一方面需要研究18世纪至19世纪德国大学的观念与改革，另一方面则关注蔡元培在德国的留学经历及其对德国大学观念的接受。在艾城期间，我主要关注的是德国古典大学历史及其观念，系统搜集了有关的德文著书和历史文献，并在此基础上基本形成了我博士论文的思路和框架。

艾城毕竟是"小地方"，学术交流机会有限，所以我还必须经常走出来，以扩展我的学术联系。这次来德国，我在"蔡元培与德国"这一方面已经有一些研究基础，我就以"蔡元培与德国"为题目到若干所大学作报告，由此来扩展我在德国的学术圈子，我去过汉堡大学汉学系、柏林自由大学汉学系、洪堡大学汉学系、慕尼黑大学大学史研究所、莱比锡大学汉学系等。

在艾城一年半的时间里，除了学术，我在其他方面也有不少收获，比如我参加了当地一个羽毛球俱乐部，每周都去打球，结识了一批当地的青年人，还与他们一起参加地方一级的羽毛球比赛。我因此也熟悉了德国人的普通生活。而且，艾城没有亚洲超市，也只有一家小中餐馆，德国饮食成为我不二的选择，这样我也喜欢上了德国的面包、奶酪、香肠等食品。同时，艾城中国人也很少，我常常没有说中文的机会。可以说，艾城时期是我融入德国社会最深的一个阶段。

在艾城期间，我曾去哥廷根大学，查看与季羡林先生有关的档案，想对他的留德经历和学术交往进行挖掘，但由于时间有限，而且也不敢分心，所以关于季羡林的研究未能深入。1999

年秋天，我申请到了马克斯·普朗克历史研究所三个月的研究资助，于是我又来到了哥廷根。对我来说，这次机会是研究季羡林先生留德经历的天赐良机。

季羡林先生从1935年到1945年在哥廷根读书和工作10年之久，后来写了《留德十年》一书，对他在哥廷根的学习和工作进行了回忆。我早就读过此书，但对许多事情还想刨根问底。这次来哥廷根，我第一想系统地查阅一下相关的档案资料，第二想调查一下季羡林先生当年的学习和工作情况，希望能够找到当年认识他的德国人，以便获得第一手的材料。我走访了大学档案馆、市档案馆、大学图书馆、市政府户籍管理部门，还找到印度学研究所和汉学所的退休所长以及市档案馆的退休馆长。这些调查收获甚微。与此同时，我也在四处寻找季羡林先生在书中提到的熟人。但是半个世纪过去，物是人非，世事沧桑，调查也几乎没有进展。最后我想到一个办法，即在《哥廷根日报》上刊登了一篇文章，一方面介绍季羡林先生，一方面说明我在寻求知情者。

没想到，我的运气真好！文章见报的当天，就有人给我提供了关于伊姆加德的信息，说她还健在，并给了我她的电话号码。这位伊姆加德正是当年为季先生用打字机打印博士论文的那位小姑娘，季先生在书中对她花了不少笔墨。我带着好奇而激动的心情，拜访了这位老人，并与她多次长聊。老人讲述了一些她所知道的关于季先生的事情，并说她当年高中刚刚毕业，曾帮助季先生打印了博士论文。老人对我很信任，讲了不少当年她个人和家庭的经历，并提供了关于季羡林房东家人以及其他邻居的信息，这样我也找到了几位当年认识或见过季先生的老人。我回国后立即拜访了季羡林先生，告诉了我在哥廷根的收获。我因此也帮助季先生与伊姆加德恢复了中断半个多世纪的联系，并为季先生带回来自哥廷根的问候。同时，我还带回了不少老人们保存的当年中国留学生的照片和明信片，这些都是珍贵的历史资料。这次短暂的哥廷根之行，通过寻觅季先生的踪迹，不仅有了意外的收获，也为季先生带回了意外的惊喜，也成为我一次特殊的德国经历。

从哥廷根回国不久，我又申请到了洪堡奖学金，赴柏林洪堡大学进行研究。说到申请洪堡奖学金，还有一段插曲。我申请洪堡奖学金时，已年近40岁，到了申请年龄的上限。所以我很珍惜这最后的机会，认真准备材料，力争实现夙愿。

准备好各种材料，我满心欢喜地把材料寄往洪堡基金会。可是不久，我的申请材料被退了回来，理由是我在最近的3年中有在德国进行研究的经历，基金会认为应当首先考虑那些迄今还没有去过德国的申请者。

我一下懵了，觉得成为洪堡学者的希望就此破灭了。但是我仔细一琢磨，觉得他们拒我的理由虽然有理，但缺乏依据。我又专门细看了有关洪堡奖学金的申请要求，其中没有提到所说的这一条规定。我就鼓起勇气，给洪堡基金会写了封申辩信，说到在洪堡基金会申请指南中没有规定优先考虑没有德国经历申请者，也没有规定在最近3年在德国进行过研究的申请者不能申请，所以这些不应该成为拒绝我的理由。其实我也是抱着"死马当作活马医"的念头，申诉一下，不行也没有关系。

没想到，过了不久就有了回信。回信说我言之有理，可以接受我的申请。至于具体评审状和录取情况，视评审结果再定。我很意外，也很高兴，觉得洪堡基金会能够接受我作为一名申请者提出的理由，非常讲规则，并没有敷衍了事一拒了之。又过了一段时间，录取通知来了，哈，我喜出望外！

这样我就以洪堡奖学金生的身份来到了洪堡大学。在柏林菩提树下大街上的洪堡大学，我不知来看过了多少遍，但每次都是以游客的身份而来。而这次就不同了，进入主楼的感觉也完全不同了。我的指导教授是鲁迪格·冯姆·布鲁赫（Rüdiger vom Bruch），他是德国著名的大学史学者，是我在艾城大学导师穆勒教授的师兄，都是慕尼黑大学著名中世纪史学家博姆（Laetitia Boehm）教授门下的博士。但是我的申请之所以能通过，冯姆·布鲁赫一个人是决定不了的，另一个评审人意见更为重要，这位评审人就是洪堡大学教育系大名鼎鼎的尤尔根·施瑞尔（Jürgen Schriewer）教授，他是一位国际著名的比较教育学者，曾担任世界比较教育学会主席，他对我的申请书评价很高，强烈推荐。当然这是他事后告诉我的。

这次来洪堡大学，我一方面在历史系从事研究，同时也与教育系建立起了联系。我与施瑞尔教授有很多交往。教育系中另一位联系较多的是韩友耿（Jürgen Henze）教授，他是我第一次来德国时就认识的老朋友。这些联系对我后来创办北京大学德国研究中心以及中德高等研究院都发挥了重要作用。

作为洪堡学者，我可以在德国从事一年的研究。但是由于北大高教所需要我回来，我就中断了我的访学，提前半年回到北京。回到北大之后，我就投入了筹建德国研究中心的工作之中，此后虽然不断地访问德国，但基本属于工作访问，没有长期访问德国的机会了。

至此，我在德国学习和进修的岁月基本告一段落，从此我主要作为一名组织者参与中德两国的学术交流。从2002年起，我建立并领导北京大学德国研究中心十年之久，然后又筹备和执行中德高等研究院项目，为北大与德国大学，或者说为中德学术的合作与交流作了一些工作。

总之，在过去30多年里，我在中德学术交流方面作了一些事情，这些事情多多少少折射出这一时期中德学术交流与合作的状况，可以说是两国学术交流洪流中的一朵浪花。这些故事虽然是个人的经历，但也有超出个人的意义。

德国归来，热爱养牛

刁其玉

1958年出生于山东省威海市。中国农业科学院博士生导师，中国农业科学院饲料研究所二级研究员，农业部公益性行业科研专项首席科学家。1982年毕业于新疆塔里木大学动物科学专业本科；1988年毕业于中国农业科学院，获动物营养硕士学位；1998年毕业于德国哥廷根大学，获动物生理营养博士学位；2000年在中国农业大学完成博士后研究出站；2008年在德国洪堡大学做高级访问学者。主要社会兼职为农业农村部动物营养指导委员会羊分会主任、北京低碳农业协会会长、北京奶牛营养学重点实验室主任，国家饲料产业联盟草食动物健康专业委员会理事长。

一、结缘——留学德国哥廷根大学

20世纪90年代，我有幸获得国家留学基金，于1993年11月作为访问学者来到德国哥廷根大学学习动物生理营养。哥廷根大学走出了45位诺贝尔奖获得者，数学家高斯、政治家"铁血宰相"俾斯麦尚不包括在内。这些学者使这座大学名扬四海。在动物营养与饲料领域，动物生理营养研究所的科研成果闻名世界，是个有传奇色彩的研究单位。1860年，赫纳贝格（Henneberg）和施托尔曼（Strohmann）二位医学博士在研究所的前身维恩德（Weende）实验站创立了"概略养分分析"（Weendern analyse），即今天国际通用的动物饲料或日粮中的干物质、粗蛋白、粗脂肪、粗纤维、钙、磷测定技术体系；随后在1924年，科尔纳（Kellner）在这里创建了"淀粉价"体系。这两项创新为动物营养与饲料的发展奠定了基础，因此这里也成为动物营养与饲料专业人"朝觐"的圣地。时任动物生理营养研究所所长君特（Guenther）教授是著名的生理营养学家，他属于这里的"才俊"，40岁出头就被聘为C4教授（终身教授），并任哥廷根大学的副校长。他是我的指导老师，是一位专业造诣很深的学者。他的政治立场很清晰，他始终认为中国有很好的发展前景，并且市场潜力巨大。彼时，他已经卸任大学副校长的职务，热衷周游世界各国开展交流。得益于祖国发展与广阔的前景，有一次他找到我，说要招收一名关门弟子，这样我的留学身份由一年期访问学者改为博士研究生，使得同去的阿尔巴尼亚等国的留学生羡慕不已。君特教授治学严谨，眼光独特，但令我记忆深刻的一件事却不在专业领域。记得有一次专业课程，君特教授给学生讲授营养课程，正巧学生有其他事情发生了时间冲突，结果一个宽敞的教室只来了一名大学生，他问这名学生是否对这门课有兴趣，学生说他喜欢生理营养，这位大教授没有丝毫的态度改变，就像往常面对上百名听众一样，认真讲完90分钟，神情仍然是那样的专注，语气庄重中不乏幽默，没有出现敷衍情绪和"偷工减料"，而台下的听众只有我和那位大学生两个人。这也是我经常给我的同学和同事讲的故事，体现出君特教授一

笔者在博士答辩后，1998年2月于德国哥廷根

- 251 -

五十年 五十人 50 Jahre 50 Menschen

种令人钦佩的教学态度。

二、融入——语言伙伴结友谊，语言水平大提升

来到这个教育背景、文化背景差异巨大的陌生国度，无论是生活还是学习，我都感到困难重重，感到压力山大。德语是世界上较难学习的语种之一，尽管在来德国之前，在北京的歌德学院进行了德语"扫盲"，然而到了现实生活与环境中，仍然感到口难开。哥廷根大学有着悠久的历史与经典的教育方法，其中一项对外国留学生非常好的语言教育方法是"语言伙伴"，即帮助你找一名对当事人国度文化感兴趣的大学生，作为"语言伙伴"。给我推荐的语言伙伴叫史蒂芬（Stephan），他是一名研究第三世界经济的研究生，对中国的经济发展很感兴趣，后来我给他取了中国名字叫"斯特凡"；另有一名物理学的博士研究生，他热衷于学习中国传统文化，主动找我教他中文并成为"语言伙伴"，我给他取的中国名字叫"文西磊"。关于"语言伙伴"的话题，我在季羡林先生主编的《留德追忆》中，有专门的描述，这里不再赘述。在与两个"语言伙伴"的互动下，我顺利渡过了语言难关。

三、归来——怀揣德国学位证书，回归祖国养好奶牛

德国人具有做事严谨的传统和遗传基因，因为对待工作与学习十分专注和专心，常常被人

2014年，德国洪堡大学考夫曼教授应邀来中国农业科学院饲料研究所做学术交流

嘲讽为"只有工作文化"或"冷漠"。我沉浸在这种氛围中，通过近5年的学习，终于顺利通过博士论文的答辩，博士论文获得了优秀。

1998年2月，哥廷根大学农业系主任给我颁发了博士学位证书，随后我坐上研究所的拖拉机绕城一圈，来到哥廷根市中心广场，给这里的"牧鹅女"（一座铜像）献上一束鲜花，并亲吻了这位"少女"的脸颊，以示完成了博士阶段的学习。我带着学习的专业知识和对日耳曼人的友情回到阔别近5年的祖国。德国人勤奋与严谨的工作态度、研究所庄重的科研氛围，令我终身难以忘怀。

言旋言归，复我邦族。当年国内正处于出国大潮时期，我在中国大使馆的支持下被国内的建设高潮所吸引，揣着证书就回到了祖国，来到中国农业科学院从事我喜欢的动物营养与饲料专业工作。同时德国政府教育部门也给予鼓励，在我回国后的五六年时间里，每年都能得到一个图书赠送单，从中筛选喜欢的专业书籍，总价值在200欧元，让我毕业后仍然有条件继续关注学习本行业在德国的研究进展。

全球优秀奶牛品种——荷斯坦奶牛源于德国的荷斯坦与荷兰，可以说德国就是荷斯坦奶牛的发源地。2000年是我国奶牛行业处于快速发展的阶段。我调研了多个奶牛场发现，奶牛的后备力量（后备牛）不足，犊牛死亡率高达20%，后备牛群的缺乏制约了成年奶牛优秀群体的发展。我与导师君特教授多次讨论奶牛的问题，他先后多次来中国参观访问讲学。他屡次谈到动物早期培育的必要性、动物营养早期的营养素平衡，实现早期培育，必须有一种全营养饲料，其营养成分非常接近母乳，有些营养元素甚至可以超过母乳，如维生素之类。我开启了国内第一个专门研究犊牛早期培育的学科研究领域，这个学科后来被自然基金委列为专项资助领域。在幼龄畜早期培育研究中我们团队取得了一系列研究进展，并获得了国内首个犊牛羔羊代乳品授权专利，目前我们在代乳品专利中仍然占据全国总专利的60%以上；并且我们获得了我国第一个代乳品生产许可证。我的研究团队基于中国奶牛场的实际，结合我国的原料特点，研制出一个系列的犊牛早期培育技术，奶牛犊牛的成活率上升到95%以上，奶牛犊牛出生后7天即可断母乳，牦牛犊牛的断奶时间从6个月提前到1个月，肉牛犊牛最佳断奶日龄为28天，超过了澳洲与美洲的水平。当我在2010年美国的畜牧业发展年会上作报告时，与会人员非常惊叹我利用国产原料研发出代乳品。我们在幼畜早期培育领域的研究成果，被农业农村部列为全国主推技术。

2008年我再次申请来德国合作研究，这次来到位于柏林的德国洪堡大学。洪堡大学是原东德的第一名牌大学，这里的考夫曼（Kaufmann）教授是我的合作导师，他年长我10岁，是洪堡大学农业畜牧及园林学院院长。按照他的话说，养奶牛是德国人的专利，他本人从东德时期开始养奶牛到两德统一后仍在继续。他有自己的奶牛场，夫人负责400多头奶牛的日常经营，有2000公顷土地，他集农场主、教授、洪堡大学畜牧研究所所长于一身。我曾到考夫曼教授家中做客，并对他的奶牛场认真考察了3天。当时我问他，是否有什么秘密，不便于我提问，他表示

"nie"（绝不是），即对我没有任何保密，基于这个前提，我详细询问每一个生产环节。最后我提出，要看看不同生理阶段奶牛的饲料配方，这是养殖场的核心秘密，他没有任何犹豫地展示给我，我看了配方心中暗暗吃惊，配方中没有大豆粕，玉米仅占到精料的10%左右，饲喂没有豆粕和仅仅少量玉米的日粮牛群的单产产奶量达到了12吨，饲喂出这样的高产牛群，真是一个奇迹。而在国内进口豆粕和玉米在奶牛日粮中的比例远高于此。我认真总结归纳后发现，其一，他的牧场重视后备牛的培育，从"娃娃"抓起，为高产牛群奠定了基础；其二，非常重视青贮饲料的制备，青贮饲料占日粮的50%左右，青贮成功了，奶牛的饮食就有了保障；其三，注重不同饲料的搭配。

基于我们在后备牛培育领域取得的研究进展，国际同行给予了高度认可，自2016年起，我们每两年召开一次后备牛培育国际研讨会，每次研讨会均有来自十多个国家的人员参加，每次国际研讨会考夫曼教授都是大会主席之一，并且作大会报告。他的报告陈述了德国养牛人从犊牛出生到初次配种的理论与经验，犊牛出生的60天内是营养调控窗口期，重点抓"窗口期"，类似我国的"三岁看大，七岁看老"的传统。他的报告来源于生产实际，深受国内同行的好评，可以说为我国的后备牛培育"传经送宝"，为高产牛群的培育作出了贡献。

考夫曼教授专业素质坚实且牢固，待人真诚，我曾带团队专门访问德国洪堡大学，他为我们的到来做了充分准备，陪同我们参观了那里的实验室、现代牛场。在牛场我看到一头奶牛的系谱记录，它出生于1960年，离世于1979年，寿命为19周岁，一生产犊12次，是一个伟大的"母亲"，一个伟大的牛奶"贡献者"。奶牛能够产5个胎次，将会极大降低养殖成本，提高生产效率，在这方面德国人给我们作出了表率。考夫曼教授喜欢劳动，下班之后回到家中的牛场，这位著名的教授立即转换身份干着奶牛养殖场工人的活儿。常年的劳动造就了他结实的身体，他来中国期间，我曾安排研究生学生陪他游览长城，同学们告诉我，他们跟不上考夫曼教授的脚步。

在奶牛研究领域，我们先后在2011年获得北京市科技进步一等奖，2016年获得农业农村部丰收一等奖，2017年获得大北农科技奖动物营养奖以及3项优秀专利奖励。

四、展望：中德友谊与合作，永远在路上

中国是古老的国家，有着5000年的文明历史，巍然屹立于世界东方。德国的历史较短，但在近代史中，凭着严谨务实的工作态度和勤奋向上的干劲，在这块不足36万平方公里的土地上，干出了惊天动地的大事，二战之前诺贝尔奖获得者人数位居世界首位，对推动现代化工业进程具有重要贡献。歌德曾经说："我能确保正直，却不能保证没有偏见。"鉴于近代的高速发展和技术优势，难免会有人对古老的中国产生一些偏见与误会，交流是消除误解的最佳途径之一，两国人们携手必将开创新的时代。

1996年在香港回归之前，我与法布施（Fabusch）先生（德国的WIDA公司经理人）在专业

德国归来，热爱养牛

2019年7月，笔者访问考夫曼教授家庭牧场

讨论之余，谈及香港回归，他很明确地说道："香港必须回归，中国政府会千方百计地保障香港更好发展。"我用疑惑的眼光看着他问道："你们的媒体每天都在大量报道，香港回归前景黯淡。"他笑得很开心地说，西方的政治家，不搞点新词，不提出一些论点，就失业了，媒体也是同样的道理。不得不承认，踏踏实实的德国人是理性的。

在德国柏林洪堡大学期间，我的德国同事克罗克尔（Krocker）博士邀请我去参观德国的自然与历史博物馆，他兴高采烈、滔滔不绝地介绍德国悠久的历史。我认真听着，稍不留神露出了微笑，他顿时减慢了讲解的速度，我鼓励他继续讲，他说德国不足2000年的历史，中国有5000年的历史，这点东西在你面前不值得宣讲。他骨子里知晓中国的悠久历史与文明，他是一个明智的人，我一直都对自己不经意的微笑深感自责和内疚，但愿他可以理解，我无意嘲笑他。

2011年我专门来到哥廷根大学回访，阿贝尔（Abell）教授很热情地招待我，带我参观他的实验室，告诉我他拥有最新的氨基酸测定仪器。我看到一台崭新的测定仪，的确比15年前我在这儿的时候先进了一大步，当时的测定仪每天只能测定1个到2个样品的氨基酸。现在，在中国我们的实验室已经有2台这种仪器了，只是我不便于说出。

2016年，我邀请德国吉森大学的埃德尔（Eeder）教授团队来饲料研究所交流，他的团队在分子营养领域作出了很大贡献。我们聊了很多，并满足了他的愿望，参观我的实验室。他告诉我，他目前有3台PCR测定仪，这种仪器在分离鉴别肠道细菌方面很有特点，利用新的仪器发现了很多新的东西。来到我的实验室，他先是吃了一惊，我的实验室摆放了一排PCR仪器（可能有五六台），他问都是哪里产的PCR，我让他凑近看个明白，这些仪器型号均不次于他的设备。随后我带他们参观了我们的动物实验室，他们很感慨地说，他们的条件不如我们。我回答，中国是农业大国，政府非常重视农业领域的科研投资，所以条件改善得很快。我告诉他，如果不出差，我每周7天来办公室，每天上午、下午、晚上三次。他再次真诚地伸出了大拇指，他对我们的了解在不断增加，为合作奠定了基础。

我们团队做幼畜生理营养研究和早期调控研究工作，反刍动物靠胃肠道的微生物区系而生存与发展。那么肠道微生物从哪里来？世界上的看法分为两派，一是有菌派，即微生物在动物出生前就存在；二是无菌派，即微生物在动物出生后才有。这属于理论探讨，无人证明，我们团队采用多组学、宏基因组学等现代技术，最终解开了谜底，即羔羊在出生之前肠道就存在微生物活体，文章发表在国际著名刊物《肠道Gut》（IF：33）上，顿时引起了全球同行的热议，其中一位德国的教授反应最激烈，这位教授直接在杂志上发表文章，表明我们的结果是错误的，他的依据是我们的方法存在问题，过程被污染。我们认真追溯了整个试验过程，发现是描述方法与对方理解角度出现了问题。我们直接给予了友好的回复，欢迎他加入肠道微生物区系的讨论，欢迎他采用我们的方法在德国开展重复试验，如果在德国的试验不成功，可以来中国进行，我们也可以在德国进行重复试验。经过讨论与答辩，我们成为朋友，相信我们在未来的合作中会走得更近，会对科技的发展作出贡献。

德国的歌德学院为在世界各地传播歌德思想起到了推动作用，歌德曾说："要求旁人都符合我的要求，那是愚蠢的。"孔子学院已经走出国门，传播着中华传统文化的精髓。孔子曰："君子和而不同。"体现了世界各国人民求同存异，推动历史的进程。中德是亚洲与欧洲的两个大国，双方加强沟通、增加了解、消除思想隔阂，一定会携手共同促进科技的发展，维护世界和平。

我和德语结缘的五十年

孔德明

1961年出生于江苏南京，南京大学外国语学院德语系教授、博士生导师。1985年2月作为德意志学术交流中心（DAAD）奖学金生赴德国维尔茨堡大学学习，获得德语语言文学硕士学位（1988）和博士学位（1993）。现任教育部高等学校外国语言文学类教学指导委员会委员、德语教学指导分委员会副主任委员。全国高校德语专业四级考试中心负责人。研究方向为德语语言学、德语教学、跨文化日耳曼学。先后主持省部级的科研项目，参与主持欧盟"亚洲连接计划"（Asia-Link）国际合作项目"跨文化日耳曼学硕士双学位"，出版发表有专著、编著、论文等。

五十年 五十人 50 Jahre 50 Menschen

2022年是中德两国建立外交关系的第五十个年头，我和德语结缘也整整五十年了。其间，学习德语二十年，从事德语教学三十年，德语对我的一生影响巨大。这五十年来，中德两国关系从建立到升温，再到21世纪进入的"蜜月期"，我的学习和工作经历也与之息息相关。无论是在中学和大学学习，还是在高校教学以及和德国高校的学术交流中，我都感受到了中德两国关系方方面面的发展与变化。

五十年前，即1972年2月的一天，父亲带着行李送我去了北京东路30号的南京外国语学校。到了报到大厅，我被告知分配到了"小四德班"（小学四年级德语班）学习德语。当时不理解为什么其他人学英语，而我却要去学德语，最后自己安慰自己道，因为我的名字里有"德"字，所以就安排我学德语了。

由于小学阶段没有学习过汉语拼音，德语学习对从来没有接触过字母的我来说困难不小。第一节课老师教拼读单词，可下课后就全忘记了，于是就借用汉字注音来记发音。老师发现后狠狠批评说，学习德语就是要好好学习拼读，掌握语音规律。慢慢地，我从刚开始的"骨头猫来啃"（Guten Morgen，意为"早上好"）到逐渐掌握了发音规则，能够顺利拼读生词。

七年多的南外学习和生活，给我留下了很多美好的回忆。我们到十月公社学农，到无线电厂学工，到西岗果木农场劳动锻炼，而德语学习却只是断断续续。1976年10月后，我们重新从基础的ABC开始学起，学校的教学也逐渐走上了正轨，大家都感到学外语可以有用了，不会像学姐学长们那样毕业后去农村种田了。德语教研室的老师们个个都是能手，不仅课堂教学有方法，而且自己编教材，刻钢板，印资料。同时，语文、数学、地理、历史等科目陆续来了一些非常优秀的老师。他们有的曾经因为在"文化大革命"中被划为"五一六"分子做过伙房师傅，有的天天打扫教学楼的楼道卫生，当他们突然站在讲台上要给我们上课时，大家非常不屑，甚至起哄，但他们的第一节课就把大家完全捕获了。1977年恢复高考的消息传来，大家异常兴奋，学习劲头就更足了。大家看到了希望，学习德语可以圆梦了，有的同学想做翻译家，有的想做外交家，也有人想进中联部，而我就想做一名德语教师。在毕业前的两年多时间里，我像块海绵一样不断汲取着各种文化知识，德语水平也突飞猛进。

1979年夏天，我从南外高中毕业参加高考，被南京大学外文系录取。来到南大，最令我兴奋的是这里有德国老师。1978年起，德意志学术交流中心向中国派出母语教师，对中国的德语教学作出了很多贡献。我来到南大时，德语系已经设立了DAAD的语言教师（Lektorat），来自图宾根（Tübingen）的莱彻（Letsche）夫妇承担了我们的阅读、听力和写作等课程。莱彻女士对我们尤其严厉，要求我们每月读完一本德语小说，并在课堂上复述大致的内容，同时还要求提交书面的故事梗概。曾有同学没能完成布置的任务，她非常生气，严厉批评，用了"fuchsteufelswild"（气得跳脚）这个词。从此她生气的画面和这个词牢牢地刻印在我的脑海里。经过大二一年的阅读训练，我的德语水平有了明显的提高。中学时期，我虽然学到了不少单词和句子，但对所学课文内容大多已没有印象，唯一还隐约记得的是毛泽东逝世后的德文悼词和一首毛泽东诗词的德文翻译,对地道的德语则缺少学习,也没有形成语感。大学阶段,通过大量的德语原版小说阅读,自己对德语有了一种不一样的感觉,读起小说来也顺畅了很多,同时德语写作也不觉得那么艰难了。

南京大学的四年学习,为我打下了非常扎实的语言基础。我们班13位同学全部来自外语中学,都有一定的德语基础,老师们也因此对我们要求特别高。教研室几乎所有老师都给我们上过课,他们各有自己的特色和专长,无论是基础阶段老师与学生之间不断往复对话"乒乓球式"的口语训练法,还是大量阅读训练,以及丰富的文学、语言学选修课程,都给我留下了深刻的印象。张威廉先生是南大德语专业创始人之一,1982年八十高龄的他还给我们开设了德语修辞学,他一口纯正的德语发音和花体字的板书顿时就吸引了我。尽管年事已高,他仍然天天看德国报刊,常常把刚看到的一些语句写到黑板上,进行修辞分析和讲解。在南大期间,我还有幸经历了三对德意志学术交流中心派遣的德国夫妇授课,除了上面提及的莱彻夫妇,还有魏斯曼(Weismann)夫妇以及珀瑟特(Posset)夫妇。

1983年本科毕业,正值改革开放后国家逐渐开放留学,我有幸获得德意志学术交流中心奖学金赴德国继续学习深造。在等待出国的时间里,我参加了在南大举办的两期全国教师培训,即不莱梅大学的埃娃·朔恩克(Eva Schoenke)博士主讲"篇章语言学"和由基森(Gießen)大学的汉斯–埃伯哈特·皮珀(Hans-Eberhard Piepho)教授和艾希施泰特(Eichstätt)大学的汉斯·洪菲尔特(Hans Hunfeld)教授主讲"德语教学法专题"。这些为我赴德国大学学习做了很好的铺垫。

1985年年初我来到德国,先被安排到哥廷根的歌德学院进行两个月的语言学习。哥廷根是我亲身认识的第一座德国城市,这是一座闻名遐迩的大学城,也是一座历史悠久的古城,古老

1985年2月,在维尔茨堡"柏林之家"(Haus Berlin)学生宿舍前

的哥特式建筑随处可见。不过当时的我还是有点失望，因为我脑子里想象的发达的资本主义社会应该是高楼大厦、车水马龙。后来我才慢慢爱上了哥廷根，喜欢上了古老的市政厅、牧鹅女的水池和随处可见的百年民居，课余时间也慕名去拜访了朱德故居。

结束了语言学习后，我来到维尔茨堡大学注册报到。我的导师诺伯特·理查德·沃尔夫（Norbert Richard Wolf）教授是奥利地萨尔茨堡人，我是他的第一个来自中国大陆的学生。记得他的课每周四8点半开始，在冬季学期这个时间还是很早的，他总是以一则笑话开头，然后问"Seid ihr alle nun wach?"（你们现在都醒了吗？）他讲篇章语言学，以生动的例子分析展示篇章解析的方法，幽默风趣，枯燥的语言学他也能讲得生动活泼，课堂上不时爆发出笑声。课间同学可以向他提问、和他聊天，这时常常见他含着"Hustenbonbon"（润喉糖），你问他问题时，他会给你一颗糖，没有一点架子。

我的研究方向在出国前已经确定，在南大参加篇章语言学培训时，恩师刘鸿绅老师建议我往这个方向发展。到了德国，沃尔夫教授尊重我的选择，给了我一些建议并提供了一些书籍让我研读，我定期预约去他的答疑时间与他讨论。记得有一次我在他办公室门口等了很长时间，原本应该是11点轮到我进去，结果到了12点多了还没轮到。也许因为我是那天唯一的外国学生，秘书看见我等了两个多小时，对我说："Frau Kong, Sie tun mir leid"（孔女士，我为您感到难过）。这句话给我留下了深刻的印象，过去我只学过"Es tut mir leid"（这让我难过），她的这种表达我还是第一次听到，仔细琢磨的同时感受到她对我的关注，感到很温暖。

当时在德国读Magisterstudium（传统文科硕士学位）要求辅修一个专业，在沃尔夫教授的建议下我选择了民俗学。该专业教授沃尔夫冈·布吕克纳（Wolfgang Brückner）非常友好，对

2008年10月跨文化双学位项目组成员在哥廷根（前排右三为笔者）

我也特别关照，介绍我认识了同学海德伦·阿尔茨海默（Heidrun Alzheimer）。当了解到我毕业回国后想做德语老师，他热情地邀请我参加他组织的研学旅行，带领我们20名学生乘坐大巴一路沿着多瑙河往东到维也纳参观学习，在梅尔克修道院（Stift Melk）、林茨、维也纳等众多地方参观博物馆、古老的修道院、古民居、众多的教堂和民俗收藏馆等。布吕克纳教授始终精力充沛地讲解，不时向学生们提问。经历过战后困难日子的他要求学生中午自带干粮，所以我们常常坐在公园或者马路边啃面包，只有在晚上到达住宿旅馆时，大家才能放松地在饭店吃饭、喝啤酒、聊天。当时我到德国才半年多，就参加了这个强度很大的研学旅行，很多内容对我来说很生疏，不能完全理解，总感觉无法和德国同学打成一片。海德伦很体谅我，不断给我做补充解释，同时也让我给同学们讲讲中国的一些情况。这20多天的朝夕相处让我学到了很多知识，听力理解和口语表达也大大提高。

海德伦·阿尔茨海默是我最好的德国朋友，让我在维尔茨堡的学习时光丰富多彩。1985年年底她开车带我一起回到她父母家里，和她们一家人过圣诞节。她们是天主教徒，吃晚饭时要做祷告。我有点不知所措，不知道我的手应该比画什么。她说：你不需要做，我就是想让你感受一下我们的日常生活。午夜我和她一起去教堂参加圣诞弥撒。通过海德伦，我见识和了解了德国社会的方方面面，我去过她家多次，也参加她和朋友去奥克森福特（Oxenfurt）的自行车郊游，去维尔茨堡王宫的皇帝大厅（Kaisersaal）听音乐会，参加朋友的婚礼等。在这个过程中，我不断地了解德国社会，了解风土人情，不断接收新信息，满脑子的德语输入和德语的表达，为我的专业学习奠定了很好的基础。

1993年毕业后，我回到母校任教。南大德语系于1947年成立，联邦德国大十字勋章获得者张威廉先生在改革开放后为德语系的发展作出了巨大的贡献。我有幸回到母校和我的老师们共事，成为一名德语教师。母校的老师们给了我无微不至的关心，在教学和科研之路上给了我很多的提携。倪仁福老师把我带入德语写作课的课程建设和教材编写团队，在他的带领下，德语写作课程获评省级优秀课程，德语写作课程建设也获得了省级教学成果一等奖。1995年也是倪仁福老师带我进入了全国德语专业四级考试的工作组，使我不仅立足本校的教学工作，也了解到全国德语教学点的一些基本情况。2000年我也正式从倪仁福和贾慧蝶两位前辈手里接过了全国德语专业四级考试工作的接力棒，亲身经历了德语专业这20多年的发展变化。

南大德语系一直都有德意志学术交流中心外教，历任的20多名外教和中国同事一起培养了一批又一批的学生。他们参与教研活动，和中国同事共同出版教材，如玛丽安娜·雷克（Marianne Lehker）、苏珊娜·奥特（Susanne Otte）、犹塔·施托法修斯（Jutta Stoephasius）、迪特玛·梅伦斯（Dietmar Mehrens）、克里斯蒂娜·宾德尔（Kristina Binder）等人参与编写了《德语写作教材》（第1—3册）、《德语论文写作》、《德语综合教程》、《德语基础写作》等。同样德语系和歌德学院也有长期的友好合作。2007年"中德同行"在南京启动，由我负责和歌德学院共同举办中国高校第一届大学生辩论赛的决赛。

五十年 五十人 50 Jahre 50 Menschen

21世纪的第一个十年，中德在教育方面的合作密切，很多项目在此期间促成。德语系和德意志学术交流中心、歌德学院以及德国高校的交流活跃，如图宾根大学、弗莱堡大学、慕尼黑大学等，与北威州语言学院里的"Sinikum"互访互学交流项目也持续开展了30年。印象深刻的还有2003年10月，南京大学授予时任德国总统约翰内斯·劳名誉博士学位。当时代表团一行40多人到访南京大学，作为德语系主任，我参与负责了此次来访的一些接待工作，我们的学生也获得和德国代表团成员交流的机会。

南京大学和哥廷根大学的合作历史悠久，早在20世纪80年代，南大德语教研室和哥大德语系就有定期的教师互访和讲学活动。在我本科阶段，老师们就轮流赴哥廷根大学交流学习。两校交流关系在21世纪获得新的发展。2004年时任哥廷根大学校长霍斯特·科恩（Horst Kern）教授携国际处主任罗斯维塔·布林克曼（Roswita Brinkmann）博士以及跨文化日耳曼学系主任卡斯帕–海纳（Hiltraud Casper-Hehne）教授访问南大，探讨两校继续合作事宜。科恩校长和南大蒋树声校长共同签订了两校的合作框架协议，深化和扩大了两校的交流合作。此协议也开启了跨文化日耳曼学方向的合作，中德文化比较研究所成立。2005年两校校领导在哥廷根大学继续就全面合作进行了商谈，签订了合作协议。2006年由哥廷根大学主持，南京大学和北京外国语大学参加的三校合作项目"European-Chinese MA Double Degree"（欧中双学位项目）获欧盟"亚洲连接计划"（Asia-Link）国际合作项目资助，开启了中德三校联合培养硕士双学位的工作。

该项目由哥廷根大学现任副校长卡斯帕–海纳教授领衔申请，是当年获批的仅有的两个文科项目中的一个，这也表明了当时欧盟对国际跨文化人才培养方面的重视。我作为项目南大方面的主持人，与北外王建斌教授和哥廷根大学卡斯帕–海纳教授进行了非常愉快的合作，我们共同的愿望就是要把这个全新的人才培养方案作好。2006年至2008年的两年多时间里，我们项目组每半年集中学习交流一次，讨论培养方案，制定教学大纲，开发课程模块，编写专业教材，无论是在哥廷根还是在北京或者南京，大家坦诚交流，默契合作，最后按期顺利结项。

2008年，三所高校开始招收中德跨文化日耳曼学双学位项目的学生，同年10月，中德近20名硕士生在哥廷根大学参加了首届学生的开学典礼。中德学生先后在德国和中国的高校同堂学习，中德教师共同授课，学生论文共同辅导，论文答辩共同完成。这种全新的合作模式不仅能使教学资源优势互补，师资互相交流，还提高了学生的多角度思辨能力和跨文化交际能力。该项目至今已经走过了15年，南京大学共招收了中德双学位硕士生122名，其中中方80人，德方42人。在南京大学和哥廷根大学已经完成学业并获取了两校学位证书的毕业生共91人，其中中方60人，德方31人。该项目获得了参与学校的大力支持，也获得了国家留学基金委和德国学术交流中心的支持。中德跨文化日耳曼学双学位项目实现了真正的双向流动、课程共享以及学分互认，实现了优势互补，资源共享和合作共赢。无论是南大还是北外，通过该项目的实践，加强了和德国一流大学和学科的联系，推动了本校德语语言文学学科的建设和跨文化人才培养模式的突破。

回望过去50年，从命运让名字里有"德"的我结识德语，到在中德高校求学，再到后来回到母校从事30年的德语教学工作，我走过的每一步都与中德关系的发展紧密联系在一起。我十分感激南京大学和留学德国对我成长的帮助，有幸见证了两国在教育领域逐渐密切的往来，也为自己能够有机会参与其中，尽一份微薄之力而感到万分荣幸。五十年中德关系有坦途也有坎坷，愿两国继续增进互信互利，在各领域的合作更上一层楼。

五十年 五十人　50 Jahre 50 Menschen

"化剑为犁",促进世界和平与可持续发展

孟虹

1962年出生,中国人民大学外国语学院教授,中国德国史研究会常务理事、中国欧洲学会德国研究分会和中德友好协会理事,兼任中国人民大学德国研究中心、欧洲问题研究中心、欧亚研究中心,清华大学中欧研究中心和德国汉诺威莱布尼茨大学"教育、科学和创新"跨学科中心研究员。曾先后获得同济大学日耳曼文学学士学位、柏林工业大学教育学和柏林自由大学汉学硕士、柏林工业大学哲学博士学位,并先后在浙江大学、柏林工业大学、柏林自由大学和洪堡大学任教,及在德国联邦议院任职和从事研究工作。近年来先后主持国家社科基金重点项目"德国联邦议会与记忆文化建构"和中国人民大学"中德人文交流机制"等研究项目,研究重点为德国政治和社会与文化发展、中德关系和欧洲一体化。

"化剑为犁"，促进世界和平与可持续发展

战争与和平，始终是人类社会的一大主题。1618年在布拉格爆发的"三十年战争"，因宗教纠纷、利益争夺和霸权博弈而激发，以德意志大地为核心战场。战后签署的《威斯特伐利亚合约》倡导以和平商议解决争端，要求必要时通过集体制裁来管束冲突方，由此建立起了一种新的国际体系。1814—1815年因拿破仑战争而召开的维也纳会议，建立起了以英俄奥普为首的欧洲新均势体系。在百年前的第一次世界大战之后，为了协调各国之间的纷争，国际联盟应运产生，但这一机构初始并未获得良好的成效。20世纪30年代日德先后退出国际联盟，日本举兵入侵中国和德国发起对波兰的侵略战争，很快演变成一场新的世界大战，先后60多个国家和地区及20多亿人被卷入其中，无数民众流离失所或失去宝贵的生命。战后创建的联合国旨在以史为鉴，化剑为犁，携手成员国采取有效的集体安全措施，共同应对国际间政治、经济、社会、文化和人道主义性质的矛盾，促进各国之间以平等和自决原则为基础的友好关系，以维护和促进世界和平与安全及合作。

二战后德国一度被四大战胜国占领，并于1949年被一分为二。其中西部联邦德国以莱茵河畔的波恩为首都，积极融入西方民主社会，推进与东西欧国家的和解，促进欧洲一体化的发展，努力开拓自己的发展道路。1988年初秋当我获得卡尔·杜伊斯堡奖学金前往联邦德国进修学习时，国际局势尚处于冷战之中，但已出现回暖态势。当时，无论在中国还是在德国，二战后因外在矛盾冲突或内部战争所导致的国家分裂依然存在。随着中国大陆改革开放政策的实施，台海两岸的沟通往来逐步开启。在欧洲中部的联邦德国，在20世纪70年代勃兰特政府引进"新东方政策"后，两个德国于1973年同时加入联合国，东西德国和柏林之间的交流日趋频繁。但统一大业何时能实现，无人敢预测，似乎还遥不可及。

一

1988年12月初，我应柏林工业大学副校长施泰恩米勒（Ulrich Steinmüller）教授的邀请从科隆飞往西柏林时，"柏林墙"依然横亘在东西柏林之间，像一道独特的风景线，明确地提醒着人们，这里是两个德国的"国界"。此时的西柏林，是民主德国中的一块"飞地"。生活在这里的德国人无须服兵役，且可以拿到联邦政府额外支付的6%工资补贴。当时临近圣诞节，威廉皇帝纪念教堂与欧洲中心之间的布赖特沙伊德广场上已搭建起了圣诞市场，节日气氛浓郁，无数彩灯将动物公园火车站与选帝侯大街一带装点得美仑美奂。因此，身处其中，又有柏林工业大学的同人们的热情款待，并不觉得西柏林的特殊，反而被一派祥和繁华的景象所感染。

翌年春，我前往西柏林工业大学进修学习后，逐渐开始感受到东西柏林之间的差异。诸如驱车前往西德城市，民主德国在边界实施"双关"检查制：在第一关卡处让计划通行的人员上交护照，边防哨兵行注目礼三次后将审核后的护照放在一个长达数十米的传送带上运到另一个关卡点，小车缓缓地在狭窄的小通道中挪动，至第二关卡口收回护照后方可继续奔驰，而民主德国境内的高速公路的路面年久失修，车在行进时常常颠簸，速度受限。又如东柏林的物资供

五十年 五十人 50 Jahre 50 Menschen

应明显不及西德，民众的面貌也显得颇为压抑。一次前往东柏林共和国宫参观，坐下喝咖啡时发现邻座的东柏林女同胞们大多面无表情，脸色苍白，颇感意外。不久，东德人民发出了"我们是人民"和"我们是一个民族"的呼声，开始自下而上和由东向西地推进国家的统一，共和国宫中的情景或许是当时东德人民要求变革的一种先兆。

1989年11月9日，"柏林墙"突然被官宣为"隐形"。记得获悉此消息时，我正好在施潘道地铁站内行走。一位中年男子匆匆走来，兴奋不已地告知说"柏林墙"被"打开"了，同时高兴地分享说道，他的妻子在附近的医院刚生下他们的第一个小宝宝，这无疑是一个具有双重意义的新生命。第二天傍晚，我好奇地前往勃兰登堡门一带，只见人群涌动，几近水泄不通。不少人步行通过腓特烈大街边检站来到勃兰登堡门的东侧，也有的前往专供小车通行的查理哨岗，热情地敲击着一辆辆缓缓驶来的特拉比轿车，并向车上的东德人递去巧克力和香蕉等东边同胞们平时难得吃到的物品。这一情景在2015年9月难民危机初期也曾再度出现，凸显了人性的善和美。

1989年圣诞节前夕，西柏林的大小银行门前还出现了一番特殊的景象：按照联邦政府的一项新规，所有来自东德的公民均可以领取100马克的补贴。于是，银行门口出现了一条条的长龙，井然有序，规模可观。至元旦，有人开始将个别城墙段挪位，以期通过之间的缝隙看到另一侧的同胞。也有的借东德边防哨兵的宽容，从西边一侧爬上了勃兰登堡门前的城墙。我也曾好奇地在元旦登上这堵大墙，发现宽达两米，人挤人，但大家无比欣慰和兴奋，互相关照，互相祝福。一批批来自世界各地的游客也开始拿起小锤子，加入敲打"柏林墙"的"啄石鸟"行列，将一块块从墙上击落下来的小石片视为珍宝，带回家中收藏。也有的小商贩开始将墙片包装起来，作为纪念品标价出售。

多年后我去波士顿访学时，曾前往贝聿铭大师设计的肯尼迪总统图书馆暨博物馆参观，看到那里收藏着一堵"柏林墙"，馆内橱窗中还展出了一幅象征东西方博弈的毛泽东与肯尼迪对奕下棋的图像。

战后柏林曾先后三次出现危机，其中1948年美英法西占区引进"马歇尔计划"和施行货币改革时引发"第一次柏林危机"。为突破苏联对西柏林的水陆交通封锁，二战末期大规模轰炸柏林使之沦为一片废墟的美国士兵又开始通过空运，将巧克力、面包和其他生活用品投运给西柏林居民，持续近一年，滕珀尔霍夫军用机场遂变成了德美友谊的象征。嗣后，西柏林的发展一直得到美国的支持，包括西柏林自由大学的创建和柏林电影节的设立。但随着时间的推移，民众的观点也逐步发生着变化。尤其是1968年西柏林自由大学的学子们率先开始反思朝鲜战争、越南战争、古巴危机以及美苏两个超级大国之间不断博弈造成的危害，因此走上街头示威游行，对强权政治提出质疑，公开反对战争，呼吁世界和平。

"化剑为犁"，促进世界和平与可持续发展

2022年，在中国人民大学校园

二

从"柏林墙"倒塌至签署《二加四条约》，为时不到1年。1990年10月3日德国正式实现国家的统一，采取的方式是民主德国承认《基本法》和加入联邦德国。国家的和平统一给民众带来了无限欢喜，但也不可避免地派生出问题。依据联邦制，德国各地高校经费由各州自行负责，而非源自联邦政府的拨款。在柏林，统一后因经费急缺，市政府很快出台了高校领域的"紧缩"政策，一方面要求东西柏林的三所大学，即洪堡大学、柏林工业大学和柏林自由大学进行院系合并和调整，另一方面规定每年各高校最多准许新聘教研人员25人。与此同时，大批外国留学生来到柏林，又有不少柏林大学生希望走出去观看大千世界。然而，德国高校并未将外语课程设为大学必修课，柏林工业大学的现代语言中心（ZEMS）教师规模不足30人，大多数学生很难如愿地获得免费参加学校开设的公共外语课程的机会，供不应求，但这也促发了一些教学改革项目得以顺利付诸实施。

1991年，当我与其他三位柏林工业大学学生提出创建"语言交易所"教学改革项目时，很快得到了施泰恩米勒副校长和校现代语言中心负责人罗伦茨（Jürgen Lorenz）先生及校外办负责人等的大力支持。学校特批学生助理岗位，免费提供教室，由施泰恩米勒教授所在的教育学院外语教学法团队提供专业支持。语言交易所成立后不久，便更名为"文化和语言交易所"（SKB），来自20多个国家的大学生充当起本国语言和文化的传播者，其中负责英语教学的"小老师们"既有来自美国和英国也有来自印度和突尼斯的大学生，大多结合自己的外语学习经验，采取跨文化交际教学法，颇受欢迎。除了"外语课""语言伙伴""语言角"，"多元文化讲

五十年 五十人 50 Jahre 50 Menschen

2018年率中国人民大学"明德国际"厚重人才成长支持计划团队前往德国联邦议院参观交流

　　座""跨文化工作坊"及自主性的"师资培训活动"也构成了项目的重点,每年参加项目各类语言和文化交流活动的柏林高校学生最多时超过4000人。这种促进不同国家的年轻学子之间跨文化和跨学科交流及自主外语学习的项目管理模式,也让我受益匪浅。迄今,这一"小联和国"式的中心依然作为保留项目得到柏林工业大学的支持,工作人员超过80人。

　　1995年我获得柏林洪堡大学教职后,感受到统一后的改革给这所始建于1810年、被誉为"现代大学之母"的高校带来的冲击与变化。统一后不久,这所大学的全体教师便经历了一次全面政审和学术资历的重新评定。凡曾为斯塔西(Stasi,民主德国国家安全部)服务过的老师全部被免职,凡在苏联或民主德国获得副博士学位的老师普遍被降级,教授们的工作合同被改为有期限,不少民主德国科学院的研究人员被分流到洪堡大学,工作合同也非长期。高校领导和各院系负责人大多换成了来自西德的人。这些变更尤其对于一些年过五十的知名学者而言,打击巨大。与此同时,由原统一社会党改革而成的民社党(PDS)也积极展开调研,出版专著和论文集,围绕民主德国的历史行使话语权和解释权。

　　从"柏林墙"建造到官宣东西柏林人可以不受限制地自由行,历时近28年。从人为建造的"反法西斯主义城墙"被拆除到如今,也已逾30载,此时,柏林已从一个"孤岛"发展为一个德国新首都,从一个"建筑工地"转化为欧洲大都市,城市面貌发生了翻天覆地的变化。从柏林工业大学的"6月17日大街"经"胜利柱"至勃兰登堡大门,再沿着菩提树下大街可以一直通达东柏林的亚历山大广场。统一后,联邦政府与柏林市签署多项协议,获得权限,开始对柏林地区的文化事业发展提供资金，使得昔日"真空地带"的波茨坦广场及菩提树下大街发展成为一个繁华的文化、经济、政治和商务区，国会大厦群和政府部委大楼及总理府、新影剧院和博物馆得到建造或修缮，各文化设施继续对学生和社会"弱势"群体提供优惠票价，努力促进和维护"精英文化"向"大众文化"的拓展。

三

"欧洲的未来"何在？2022年8月底德国新总理朔尔茨以此为题，在捷克布拉格大学发表演讲，回应法国总统马克龙提出的欧盟改革倡议，提出要将欧盟进一步扩展至30个或36个成员国，包括巴尔干半岛上的国家，主张改革欧盟决策机制，将欧盟打造成一个"具有全球政治能力的地缘政治欧洲"，并逐步建设起一支独立的欧盟武装部队。

记得20世纪80年代末我刚到德国的前半年，也曾在萨布吕克肯和博登湖畔拉多夫契尔的卡尔·杜伊斯堡语言中心进修调研。当时，《申根协定》尚未实施。从萨布吕克肯到法国有直达的公交车，但外国人若无签证便不能利用这个便利前往。在博登湖西端的康斯坦茨设有与瑞士接壤的边防站，卡尔·杜伊斯堡语言中心曾组织我们去那里参观和购买巧克力，但也不能越界半步。

战后成立的欧洲联盟由最初的6个成员国经多次扩展，尤其是2004年一次性增加10个东欧和南欧国家后，现已发展成为一个拥有27个国家的重要地区性政治联盟。2017年英国脱欧，造成欧洲大陆政治力量的分化，但欧盟扩展进程并未中止。进入21世纪，拥有申根签证的外国人已可以在大多数欧洲国家自由旅游。

然而，2020年突如其来的新冠疫情给全球人员流动和面对面的交流带来了前所未有的障碍。而2022年2月24日爆发的乌克兰危机，更使得欧洲格局发生了翻天覆地的变化。迄今包括德国在内的西方国家先后七轮对俄实施制裁，并未产生预期的效果，反而给自身的能源供应和经济发展带来了影响。其间，德国也再度打破"永不再战"戒令，开始扩大军备，并为乌克兰战乱地区提供重型军事武器。二战后的冷战因乌克兰危机而突变为热战，甚至变成了一场特殊的"替代战"。

诚然，人类社会的进化并未使战争的硝烟离我们远去，始于2014年的俄乌冲突未能借鉴德法和解之宝贵经验，冷战后北约也未如华约自行解散，而是不断东扩，多种因素的叠加发展造成今日乌克兰危机。戈尔巴乔夫生前曾指出："世界上没有什么比人的生命更宝贵。只有在相互尊重的基础上进行谈判和对话，才能解决最尖锐的矛盾和问题。"欧洲的和平格局如何及何时得到重新建构，联合国如何发挥积极作用，又该如何借鉴和牢记德国自身从战争走向和平，从分裂走向统一，从种族歧视和迫害走向开放包容社会的经验教训及建构起的记忆文化，探寻一种更有效的通过和平手段来化解矛盾和避免武装冲突的新国际体系和治理模式，无疑是摆在我们面前亟待解决的一项新的艰巨任务。

五十年 五十人 50 Jahre 50 Menschen

德国人民培养了我
——我与德国之间的故事

孙立新

1962年出生于山东省青岛市即墨区，现为山东大学历史文化学院教授、博士生导师。曾就读山东大学、美因兹大学和奥格斯堡大学，获德国哲学博士学位；曾任教山东大学、中国海洋大学、北京师范大学，主要研究领域是德国近现代史、德国史学史和中德关系史，已出版《百年巨变》、*Das Chinabild der deutschen protestantischen Missionare des 19. Jahrhunderts*、《近代中德关系史论》《联邦德国史学研究》《德国通史·第二卷》《德国早期马克思主义史学研究》《民主德国马克思主义史学研究》等专著、译著13部，在《世界历史》《史学理论研究》《文史哲》《史学史研究》《史学月刊》和 *Asia Europe Journal*、*Berliner China-Hefte* 等学术杂志发表论文、译文和书评百余篇。

我有幸两次留学德国，最终获得奥格斯堡大学哲学博士学位，成为德国历史和中德关系史的职业研究者。

第一次到德国留学是在1988年8月研究生毕业留校工作的两年之后，由美因茨欧洲历史研究所（Institut für Europäische Geschichte）提供奖学金，山东大学公派。

美因茨欧洲历史研究所成立于1950年，旨在通过"无偏见"的历史研究，克服欧洲各国及其人民之间历史上形成的民族和教派裂痕，促进"德法和解"和欧洲一体化。研究所内设"西方宗教史部"（Abteilung für Abendländische Religionsgeschichte）和"普遍史部"（Abteilung für Universalgeschichte），各有一位主管，轮流担任所长。最初主要接受欧美国家年轻学者（博士候选人和博士后）从事研究工作。中国改革开放后，也开始接受中国学者。我有幸成为西方宗教史部的第一位中国访问学者。

我拟订的研究计划是"宗教改革历史编纂研究"。早在读研期间，我就跟随刘明翰教授学习中世纪史，并以德国宗教改革为主要研究方向。但在当时，我一方面对国内盛行的"资产阶级革命"说心怀疑惑，感觉把一个大学教授与一场阶级斗争联系起来有些勉强；另一方面因为缺乏西方神学知识，对"因信称义"学说的意义理解不透，不明白马丁·路德为什么那么强调这一看上去并不十分深奥的主张，更不明白这一主张为什么会成为引发一场最终导致西方基督教会大分裂的重大变革的导火索。我渴望到德国学习，也相信会在那里找到合适的答案。

在美因茨欧洲历史研究所访学期间，我最大的收获就是比较系统地掌握了"神学—教会史学派"的宗教改革研究路数，从而对路德在经历长期认同危机之后而实现"神学突破"这一心路历程有了比较真切的体认，领悟了宗教改革的实质和本源。

20世纪80年代可谓联邦德国历史上的"黄金时代"，经济发达，政局稳定，福利充足，马克坚挺，人人精神昂然，对外开放友好。而此时的中国，改革开放尚处破冰阶段，百废待兴，各方面仍然比较落后；与联邦德国相比，差距尤其显著。记得抵达德国后，我平生第一次看到了那么多方便快捷的电子化和自动化设施，脑洞大开，不由自主地联想起列宁说过的一句名言："共产主义是苏维埃政权加全国电气化。"而在美因茨这座历史悠久的大主教圣城，高大庄严的教堂、宛转悠扬的钟声、鲜艳美丽的花坛、洁白纯净的纱窗也曾使我沉醉迷幻：如有天堂，这就是了吧。

德国方面则对当时人数还不是很多的来自遥远东方社会主义国家的客人表现出极大的友好和热情。每位新来者都会领到外国人事务局赠送的体验用车票、泳票、剧票。德中友协的地方分支则经常举行旅华报告会或茶话会，组织中国留学生旅游参观。也有对中国文化感兴趣，甚至刚刚从中国旅游回来的德国友人争相邀请我们到家里做客，热心提供一些生活上的帮助。我在去海德尔贝格的火车上认识了伽德（W. Gade）太太，很快就与他们一家结下了至今仍保持不断的深厚友情。

五十年 五十人 50 Jahre 50 Menschen

大约自1989年5月开始，大批民主德国青年人利用捷克对奥地利开放的边界，绕道出走联邦德国，并且其势迅猛，难以阻挡，两德统一顿显端倪。是年夏天，我到柏林旅游，亲眼目睹了当时还在的柏林墙；也随友人驾车深入民主德国内地，大体领略了它的风貌。未过多久，柏林墙被推倒，两德迅速统一。而在与德国友人交谈时，我也真真切切地感受到了他们渴望国家统一、民族复兴的强烈愿望。

1990年8月，我在阔别了两年之后返回山东大学工作，不久便利用在德国积累的学识和收集的资料，接连在《世界历史》《世界史研究动态》《文史哲》《山东大学学报》《联邦德国研究》等杂志上发表了10多篇文章，编著了《百年巨变——19世纪德意志的历史和文化》一书，并于1994年破格晋升副教授。我也通过发表《关于马丁·路德的种种神话问题》《天主教路德形象的转变》《德国当代神学教会史学派的路德研究》《再洗礼派与"激进的宗教改革"》《试论不同历史时期的宗教改革概念》等论文，将西方学者的研究方法和学术观点介绍到中国；通过翻译德国柏林自由大学的汉学家罗梅君（Mechthild Leutner）的著作《政治与科学之间的历史编纂——30和40年代中国马克思主义历史学的形成》，为中国学界的相关研究提供了一份重要参考文献。

1996年3月，为了攻读博士学位，我第二次赴德留学，师从奥格斯堡大学约瑟夫·贝克（Josef Becker，1931—2021）教授。贝克教授是德国近现代史研究专家，曾经两任奥格斯堡大学校长，1991年应邀来中国参加山东大学90周年校庆。他非常支持我到德国读博的愿望，并从奥格斯堡大学为我争取到了一笔奖学金。

联系当时国际学术界方兴未艾的"跨文化研究"，我选择了"19世纪德国新教传教士的中国观"为研究课题，力图通过考察那些旅居中国多年并擅长"文字传教"活动的传教士撰写的"中国报道"，总结其对中国的认识和态度，剖析东西文化接触的历史经历，批判殖民主义时代西方的文化霸权，探讨当今时代营造世界新文化的合适途径。

因为该选题涉及德中关系的历史，我还请罗梅君教授担任我的第二博士导师，并得到了她非常专业的精心指教。2000年夏天，我完成了用德文写作的接近400页的博士论文，同年12月8日通过口试，顺利毕业。

时隔6年，再次赴德，虽然继续体验着德国的先进发达，却也发现变化甚微。走进过去经常光顾的商店，感觉就像昨天来过，今日再来一样。与之不同，此时的中国已经走上社会发展的快车道，经济突飞猛进，科技日新月异。两相对比，我更为祖国的发展壮大感到骄傲。

留学期间，我被推举为奥格斯堡学生会主席，主要负责落实使馆/总领事馆教育处指示，联络当地中国留学生，举办联谊活动等，特别是帮助新来留学生办理入学手续、医疗保险、银行开户、租房、学德语等事项。为了增加活动经费，我特别组织部分善书法、绘画的同学，到集市上"练摊"，为德国人书写中文名字。我们还经常购买廉价周末火车票，组织同学到周边地区参观游览。1998年长江发大水，我们则以义卖方式募捐，为祖国抗洪救灾贡献绵薄之力。

1997年7月1日，香港回归祖国。我应邀参加了慕尼黑中国总领事馆举办的庆祝活动，与中外友好人士共享祖国荣誉。也应邀接受奥格斯堡地方电视台的采访，面向德国观众表达我本人和中国留学生的骄傲自豪之情。

2001年7月13日，我在柏林与大学同学景德祥一起观看电视转播，当看到国际奥委会宣布授权北京举办2008年第29届夏季奥林匹克运动会时，我们激动万分，举杯相庆。走上大街也感觉自己腰板硬了，中国人的形象高大了许多。

2001年8月回国后，承蒙管华诗校长的厚爱，我获聘为中国海洋大学教授，创办"德国研究中心"，利用青岛与德国的"历史渊源"，确立近代中德关系史为重点研究方向。2008年3月，我调入北京师范大学历史系（后改为历史学院）世界现代史教研室工作，除了继续从事中德关系史研究，对德国现当代政治文化也有较多涉猎。

与此同时，我与美因茨欧洲历史研究所所长杜克哈特（Heinz Duchhardt）教授、柏林自由大学罗梅君教授和余凯思（Klaus Mühlhahn）教授、明斯特大学格林德（Horst Gründer）教授、杜伊斯堡大学海贝勒（Thomas Heberer）教授、格赖夫斯瓦尔德大学诺特（Michael North）教授等联系密切，多次邀请他们到海大或北师大讲学；他们也多方联系德国的基金会和出版社，向我创办的研究机构捐赠了大量图书和办公设备。贝克教授因为年事已高，虽然很想再来中国看看，但终未成行。

我也多次应邀到德国参加学术会议，如2002年6月28—30日，应邀参加杜伊斯堡大学在巴德·鲍尔举行的卫礼贤国际研讨会；2004年7月8—11日，应邀参加在法兰克福大学举办的"中

1989年7月，笔者（左三）在德中友协美因茨分会主席莉泽洛特·皮耶驰（Liselotte Pietsch）夫人（左二）家中

1996年春，笔者在美因茨欧洲历史研究所前留影

五十年 五十人 50 Jahre 50 Menschen

1998年夏，笔者在奥格斯堡与博士导师约瑟夫·贝克教授合影

1998年春，笔者（右一）在柏林与柏林自由大学汉学家罗梅君教授（中）合影

2001年7月，笔者在奥格斯堡大学博士毕业典礼上与中国留学生合影

国－中国研究－中国图像"学术研讨会；2006年7月1—10日，应邀参加波恩大学举办的卫礼贤研究国际学术研讨会；2009年7月16—26日，应邀参加埃尔福特（Erfurt）大学举办的"中国的义和团战争及其宣传媒体：历史事件的国际化，1900年至今"国际学术会议；2016年5月24—28日，应邀参加柏林自由大学与德国历史博物馆联合举行的"德国殖民统治的文化遗产"国际学术会议；2019年3月26日至4月3日，应邀参加德国联邦政府教育和研究部举办的"人文社会科学高等研究计划"项目评估会议；2021年，应邀参加德国"东弗里西亚风景协会"主持的"东弗里斯博物馆馆藏中国文物溯源研究"项目，并作为唯一中方代表参加了项目启动会议和结项会议。

我也曾多次联系德国学者，在中国主办学术会议，例如：2004年10月22—24日，我与杜克哈特教授合作在青岛主办了"海洋·社会·文化"国际学术研讨会；2015年8月23—29日，第22届国际历史科学大会在济南举行，我与诺特教授共同筹办、主持了题为"作为记忆场域的海洋"的圆桌会议；2021年10月22—24日，我作为大会主席，与德国阿登纳基金会北京代表处同人合作在济南举办了"中德关系语境下的历史文物与历史记忆"国际学术研讨会。

1996年以来，我已出版 *Das Chinabild der deutschen protestantischen Missionare des 19. Jahrhunderts. Eine Fallstudie zum Problem interkultureller Begegnung und Wahrnehmung*、《近代中德关系史论》《联邦德国史学研究——以关于纳粹问题的史学争论为中心》（合著）、《德国通史》（第二卷）、《德国早期马克思主义史学研究》《民主德国马克思主义史学研究》等专著6部，出版《在"模范殖民地"胶州湾的统治与抵抗——1897年至1914年德国与中国的相互作用》《青岛城市与军事要塞建设研究（1897—1914）》《近代史家批判》《"俾斯麦的使团"——德国军事教官在中国，1884—1890》（合译）等译著4部。在《新华文摘》《史学理论研究》《文史哲》

《史学月刊》《史学史研究》《复旦学报》《北京师范大学学报》《山东大学学报》《武汉大学学报》《中国海洋大学学报》《深圳大学学报》《史学史研究》以及 Asia Europe Journal 和 Berliner China-Hefte 等杂志上发表论文80余篇，其中较为重要的有 "Vom Missionar zum Sinologen. Ernst Faber und seine Studien zur chinesischen Kultur" "Richard Wilhelms Vorstellung über den Kulturaustausch zwischen China und dem Westen" "Über Richard Wilhelms Missionsmethode" "Chinese Maritime Concepts" "Ernst Faber und Richard Wilhelm: Unterschiedliche Perspektiven zweier Missionare auf China" 和《卫礼贤论东西方文化》、《评德国新教传教士花之安的中国研究》、《从中西文化关系角度看19世纪德国新教的中国传教》、《帝国主义时代的中德"合作"》（合作）、《卫礼贤的传教方法》、《海洋战略与德占胶州湾》、《"跨文化相互作用"理论与近代中德关系史研究》（合作）、《"尊孔文社"与中德文化交流》（合作）、《卫礼贤对孔子学说的跨文化阐释》、《关于近代中德关系史研究的新思考》、《德国史学家关于第一次世界大战战争责任问题的争论》、《德国政界对第二次世界大战的历史反思》（合作）、《联邦德国"新右派"历史修正主义批判》、《联邦德国极右派政党探研——以"德国民族民主党"为中心》、《二战期间同盟国空军对德国城市的大轰炸及其历史书写与争论》（合作）、《历史政治语境中的"费舍尔争论"》、《联邦德国关于纳粹主义和第二次世界大战的历史反思》等。

最令我终身难忘和感激的是，我在德国留学7年，一直享有德国大学和科研机构的奖学金资助，我知道这都是德国纳税人的钱，也就是德国人民的钱，就此而言，是德国人民培养了我。我感谢德国人民，愿为中德两国人民的世代友好付出更大的努力。

五十年 五十人 50 Jahre 50 Menschen

四十年中国缘

叶翰 *Hans van Ess*

1962年出生于法兰克福，成长在图宾根，大学在汉堡学习汉学、土耳其学和哲学。在获得中国古代史专业的硕士学位之后，曾在复旦大学度过了两年时间。1992年在汉堡获得博士学位，博士学位论文研究的是汉代的今古文经问题。1992年至1995年担任汉堡东亚协会的中国、韩国、蒙古地区负责人。1995年至1998年为海德堡大学汉学专业助理。1998年以关于宋代新儒学的研究在汉堡大学取得教授资格。1998年担任慕尼黑大学汉学教授。自2015年起担任马克斯·韦伯基金会主席，自2019年起担任德国慕尼黑大学副校长。他在任期内建立了一个马克斯·韦伯基金会驻北京的研究办公室，并在慕尼黑大学建立了与中国的一些最重要大学的合作网络。

Geb. 1962 in Frankfurt, aufgewachsen in Tübingen, studierte in Hamburg Sinologie, Turkologie und Philosophie. Nach dem Magister Artium über ein Thema der Geistesgeschichte des alten China folgte ein zweijähriger Aufenthalt an der Fudan Universität Shanghai. 1992 Promotion in Hamburg mit einer Dissertation zur chinesischen Klassikergelehrsamkeit der Han-Zeit. Von 1992-1995 Länderreferent für China, Korea und die Mongolei im Ostasiatischen Verein Hamburg, von 1995-1998 Assistent am Sinologischen Seminar der Universität Heidelberg. 1998 Habilitation an der Universität Hamburg zum Neokonfuzianismus der Song-Zeit. Seit 1998 Lehrstuhl für Sinologie an der LMU München. Hans van Ess ist Präsident der Max-Weber-Stiftung – Deutsche Geisteswissenschaftliche Institute im Ausland (seit 2015) und Vizepräsident für Forschung der LMU München (seit 2019). Er hat im Rahmen seiner Tätigkeiten ein Forschungsbüro der Max-Weber-Stiftung in Beijing aufgebaut und an der LMU München ein Netzwerk mit einer Auswahl der wichtigsten Forschungsuniversitäten Chinas etabliert.

　　我为什么在四十年前决定将我的人生投入对中国的研究中？现在回想起来，这很难解释。我想最吸引我的是研究以为自己永远不会理解的事物的前景。在1982年的某个时候，我开始学习汉字和中文，但我当时对中国没有任何真正的了解。我在德国南部的图宾根长大，1983年3月去德国北部的汉堡上大学，那里有德国最大的汉学研究机构之一。我怀着极大的热情努力学习中文，并尽可能多地了解这个国家的文化。经过3个学期的学习，我打算去中国看看。借助德意志学术交流中心的一个项目，我在1984年夏天第一次来到北京。一辆大巴车在老北京机场接我，沿着一条似乎没有尽头的路，把我带到了位于城市西北的北京大学。这条路穿过乡间，常常因为自行车和牲口拉的车挡住去路而无法前进。起初，这条路的两旁都是树，但后来只剩下了一些新中国成立后最初几十年盖的那种灰色五层楼房。在我的想象中，中国有着完全不同的样子，我已不记得这种想象是什么样子，但肯定有着更传统的中国味道。

　　等我到达北京大学时，已经疲惫不堪。我被分配到勺园4号楼1层的一个房间，和另一个学中文的德国青年住在一起。这时的天气极其炎热，晚上我们不得不用毛巾来驱赶在附近的荷花池里孵化出的蚊子。刚开始那几天，我就已经想四处走走。但事实证明，这比我想象中要困难得多。首先，虽然经过两年的强化学习，我对中文的掌握仍远远低于我的预期：我在街上一句话都听不懂，也说不出一句话。其次，当时中国的生活仍然非常简单。我在北京大学前发现了一种小饭馆，人们把啤酒装进大塑料杯里。那里还卖饺子。但我却什么也买不了，因为当时买东西得有粮食票，而我没有。不过，一些我听不明白的友好的陌生人很快帮了我一把，让我得到了一大杯啤酒和我在中国的第一份饺子。在我此后访问中国的时候，普通人的这种极为乐于助人的态度始终给我留下深刻的印象。第一次来中国期间，在读完语言课程后，我去了一趟四川，并乘船沿长江穿过三峡，在那次为期四周的旅行中，我再次体会到了这种热情。那时还没有三峡大坝。对我来说，那是一次通往旧时的旅行；当我四年前和我成年的孩子们一起穿越云南旅行时，他们也说了同样的话：看见中国仍然有着从前的样子，这多么美好！我心想，他们甚至不知道中国过去是什么样子——但可能每一代的欧洲年轻人都会经历我在1984年看到的，以及我的孩子在2018年看到的同样的事情：这是一个人们不了解的世界，它给人感觉如此独特，就像从前一样。

我们的语言班里有几个德国人和奥地利人，还令人吃惊地有两名来自美国的军人。有一次，语言班与北京大学的一个篮球队打了一场篮球比赛。我们输了，但我们班级的负责人——也是北大德语系语言培训的负责人——后来告诉我，如果我继续留在北京大学学习，他会把我变成一名篮球运动员。我在中学时代曾经打过篮球，某种程度上确实有这个能力。但后来我决定在汉堡上完大学，然后再回到中国。我的篮球生涯也由此结束了。

1986年秋天，我来到了上海。虽然我在汉堡学到了很多关于中国传统与现代的文化知识，但我知道，如果我不能更好地掌握中文口语，我就很难了解这个国家。我计划写一篇博士论文，但对我来说，更重要的是要用时间去了解这个国家和她的人民。随后我也是这样做的。1986年的上海已经比1984年的北京现代化得多，尽管那里仍未盖起高楼大厦，街上充满了市井气息，出行仍然以自行车为主。学生宿舍里来自东德的邻居们说，当时的中国经济已经比东德发达得多。人们可以在市场上买到新鲜的蔬菜和肉类，事实上一切还在蓬勃发展。在上海的日子是美好的：我有一份德国奖学金，有足够的钱每周骑自行车进城一次，并在福州路的书店里买下足够支撑整个汉学系的书，这些书直到今天仍是我的依靠。我还旅行了几次，借此了解了中国的地理和中国文化的统一性，同时也见识了它的多样性。这至今对我而言也非常宝贵，因为完全不受工作的限制而认识如此之多的新的人和事，这样的机会在我之后的人生中再也没有过。

回到汉堡后，我写完了我的毕业论文。直到今天，我还保留着在人民广场的老上海图书馆阅览室里的复印件，那时我每周至少要去那里一次。完成毕业论文之后，起初我并没有在学术界工作。我在汉堡的一个商会"东亚协会"找到了一份工作。这使我接触到了一个完全不同的，由工商业组成的世界。1992年是我在那里开始工作的一年，那一年邓小平去深圳视察，并由此点燃了中国的经济奇迹。那时，我与在德的中国企业有很多接触，我再一次来到了中国，这次是与商界代表团一起。当时，中国和德国的关系几乎每天都在变得更好。我还记得，一位中国同事对我说："如果我们能让中德经济往来占到德国国内生产总值的1%，那将是一个伟大的成就。"据我所知，中德经济往来目前已经远远超过了德国国内生产总值的1%。

在汉堡工作了3年之后，我在海德堡大学的汉学系找到了一份助理的工作。对一些同事来说，这似乎是一种职业生涯的倒退，汉堡的许多同事无法理解我为什么要这样做。但我对研究中国文化的热爱超过了我对金钱的愿望。于是，我在1995年和全家人一起搬到了海德堡。这意味着艰苦的工作。我必须取得教授资格，由此我数年内都没有去中国，因为我不得不坐在书桌前奋笔写作——也许还因为我的孩子还小，我想照顾他们。

很快，我就在1998年获得了慕尼黑大学的教授职位。2000年，我5年来第一次重回上海。我仍然记得我当时感受的那种巨大震惊：我已经完全认不出这座城市了。我在学生时代从外滩到浦东还要坐渡轮，现在那里突然出现了3座巨大的桥。细看之下，外滩的样子还和我当学生时一模一样。但通往北边的街道已经完全变了样。过去我经常惬意地骑车经过的一些十字路口已不复存在。无数高楼大厦在城市周边拔地而起，在从前除了挤满人的公共汽车就只有出租车的城市里，出现了大量的小汽车。

对我来说，一个充满着全新发现和重新发现的时代开始了。在众多变化当中，我也渐渐再次发现了一些没怎么变的东西。最重要的是：虽然这些城市的面貌发生了变化，但人却没有改变。

作为一名学者，我在之后的许多年里一次又一次地来到中国参加专业会议。我在大学时代已经对中国的大学生态有了些许了解，但作为学生，你不知道教授们到底是如何工作的，以及东方和西方的日常工作生活有多么相似。中国人称之为一轮的十二年过去了，我成为我所在大学的副校长，几年后又成为马克斯·韦伯基金会的主席，该基金会是众多德国人文研究机构在海外的联合会。我以此身份开始与中国的大学领导层建立联系，并建立起一个网络，通过这个网络，我所在大学所有专业方向的教授与中国最顶尖大学之间的交流变得更为便捷。大家对此兴趣高涨，甚至在我作为一名人文学者毫不精通的自然科学和医学领域也是如此。今天，我为慕尼黑大学和中国之间建立起来的良好关系感到高兴。在马克斯·韦伯基金会，我上任后的最大任务是推动此前聚焦于欧洲、美国、日本和中东的工作进一步国际化。当然，我给自己设下了一个目标，就是要在中国建立一个基金会的分支机构。这一点通过与中国科学院和一个法国合作伙伴的合作也实现了，但前面仍然有很多工作等待着我们，因为到目前为止，我们在中国举办的活动非常有限。如果我们作为一个被认可的研究所能聘用更多的学者来维护与中国学术界的伙伴关系，同时还能研究中国文化和社会，那将是极好的事情。我们仍然有很多事情要做！

我希望在未来的一些年里，我们能够在经济领域交流增长的同时，进一步扩大我们在中德科学合作中来之不易的成果。在新冠疫情发生之前的10年里，我每年都会访问中国几次，每次都能学到一些新东西。在近3年的时间里，旅行的可能性不复存在。我们已经熟悉了视频会议。但这无法取代直接交流，因此我非常希望，来自中国和德国的科学家们很快能够再次聚在一起，以使我们能够走在我们在几年前就建起的桥梁之上。遗憾的是，国际政治并不总让我们的工作变得轻松。然而，我们双方都希望不断努力，使在中国和德国探讨类似问题的人们能够联合各自的力量，让我们得以共同前进。

五十年 五十人 50 Jahre 50 Menschen

Vierzig Jahre mit China

Warum ich mich vor vierzig Jahren entschloss, mein Leben dem Studium von China zu widmen, kann ich im Nachhinein nur schwer erklären. Ich glaube, mich faszinierte am meisten die Aussicht auf ein Studium von etwas, von dem ich dachte, dass ich es nie verstehen würde. Irgendwann im Jahr 1982 machte ich mich daran, chinesische Zeichen und die chinesische Sprache zu lernen, ohne eine echte Idee von China zu haben. Aufgewachsen in Tübingen im Süden Deutschlands ging ich im März 1983 zum Studium nach Hamburg im Norden, wo es eines der größten Institute für Sinologie in Deutschland gab. Mit großem Eifer versuchte ich, Chinesisch zu lernen und so viel wie möglich über die Kultur des Landes in Erfahrung zu bringen. Nach drei Semestern wollte ich China sehen. Mit einem Programm des Deutschen Akademischen Austauschdienstes kam ich im Sommer 1984 zum ersten Mal nach Peking. Ein Bus holte mich vom alten Flughafen ab und brachte mich auf einer unendlich scheinenden Straße zur Peking Universität im Nordwesten der Stadt. Die Straße führte übers Land, und des Öfteren ging es nicht voran, weil Fahrräder und Fuhrwerke den Weg versperrten. Gesäumt war sie zuerst von Bäumen, dann aber nur noch von grauen fünfstöckigen Häusern aus den ersten Jahrzehnten der VR China. In meinen Träumen hatte China ganz anders ausgesehen, ich weiß nicht mehr wie, aber sicherlich traditionell chinesischer.

Müde kam ich an der Peking-Universität an. Ein Zimmer wurde mir zugeteilt im Erdgeschoss des vierten Blocks des Shaoyuan lou, in dem auch ein anderer junger Deutscher nächtigen sollte, der Chinesisch lernen wollte. Es war unendlich heiß, und des nachts mussten wir mit dem Handtuch Mücken jagen, die am nahegelegenen Lotusteich Millionen Larven ausbrüteten. Gleich in den ersten Tagen wollte ich mich auf den Weg machen, um die Gegend zu erkunden. Das stellte sich aber als schwieriger heraus, als ich gedacht hatte. Erstens konnte ich viel weniger Chinesisch als nach zwei Jahren intensivem Studiums erwartet: Ich verstand auf der Straße kein Wort und konnte auch nichts sagen. Zweitens war das Leben damals in China noch sehr einfach. Ich fand vor der Peking-Universität eine Art Garküche, in der Bier aus einem Wasserhahn über einer Badewanne in großen Plastikbechern gezapft wurde. Außerdem gab es Jiaozi. Doch bestellen konnte ich nichts, denn man brauchte noch Getreidemarken, die ich nicht hatte. Freundliche Menschen, die ich nicht verstand, halfen mir aber sofort, und so bekam ich ein großes Bier und meine erste Portion Teigtaschen in China. Diese außergewöhnliche Hilfsbereitschaft der einfachen Menschen hat mich auch bei späteren Besuchen in China immer wieder beeindruckt. Ich habe sie schon bei diesem ersten Besuch wieder erlebt bei einer vierwöchigen Reise, die mich nach Ende meines Sprachkurses nach Sichuan führte und mit dem Schiff über den Yangtse durch die drei Schluchten. Den Staudamm gab es damals noch nicht. Für mich war es eine Reise in eine alte Zeit; aber als ich vor vier Jahren mit meinen erwachsenen Kindern durch Yunnan reiste, sagten sie dasselbe: Wie schön es doch sei, China noch genauso zu sehen, wie es früher einmal war. Ich dachte mir, dass sie gar nicht wussten, wie China früher war – aber wahrscheinlich erlebt jede junge Generation von Europäern dasselbe, was ich 1984 und meine Kinder 2018 gesehen haben: Eine Welt, die man nicht kennt und die einem noch ganz original so vorkommt, wie es früher einmal gewesen sein muss.

Unser Sprachkurs, der aus einigen Deutschen, Österreichern und erstaunlicherweise auch zwei Armeeangehörigen aus den Vereinigten Staaten zusammengesetzt war, spielte einmal ein Basketballspiel gegen eine Auswahl der Peking-Universität. Wir haben verloren, aber der Leiter unserer Kurse, der sonst auch die Sprachausbildung der Germanistik der Beida leitete, meinte hinterher, ich solle doch gleich an der Universität weiterstudieren, dann würde er aus mir einen Basketballspieler machen. Ich hatte Basketball in meiner Schulzeit gespielt und konnte es einigermaßen. Aber dann habe ich mich doch entschlossen, mein Studium in Hamburg zu Ende zu bringen und erst danach nach China zurückzukehren. Meine Basketballkarriere war damit beendet.

Im Herbst 1986 kam ich nach Shanghai. Obwohl ich in Hamburg Vieles über die alte und auch die neue Kultur Chinas gelernt hatte, wusste ich doch, dass ich das Land kaum würde verstehen können, wenn ich nicht besser gesprochenes Chinesisch könnte. Ich plante eine Doktorarbeit zu schreiben, aber wichtiger war mir Zeit zu haben, um Land und Leute kennenzulernen. Das tat ich dann auch. Shanghai war 1986 schon wesentlich moderner als Peking 1984, auch wenn es noch keine Hochhäuser gab und sich das Leben noch sehr stark auf der Straße abspielte, und das Geschehen dort überdies immer noch von Fahrrädern dominiert war. Nachbarn im Studentenwohnheim, die aus Ostdeutschland kamen, meinten, dass die chinesische Wirtschaft damals schon viel entwickelter war als diejenige bei ihnen zu Hause. Auf den Märkten konnte man frisches Gemüse und Fleisch kaufen, und eigentlich ging es immer nur bergauf. Aber die Inflation führte dennoch bei manchen Chinesen zu Unzufriedenheit, und Ende des Jahres gab es Demonstrationen, die politische Veränderungen bewirkten. Für mich aber war die Zeit in Shanghai herrlich: Ich hatte ein deutsches Stipendium und genug Geld, um einmal in der Woche mit dem Fahrrad in die Stadt zu fahren und in den Buchläden der Fuzhou lu eine ganze sinologische Bibliothek zusammenzukaufen, von der ich heute als Wissenschaftler immer noch lebe. Auch machte ich einige Reisen, bei denen ich die Geographie Chinas und seine kulturelle Einheit und gleichzeitig seine Vielfalt kennenlernte. Auch das ist für mich bis heute von unschätzbarem Wert geblieben, denn die Gelegenheit, ganz unabhängig von den Zwängen der Arbeit so viele neue Menschen und Dinge kennenzulernen, hatte ich im Leben hinterher nie wieder.

五十年 五十人 50 Jahre 50 Menschen

学生时代在中国
Studentenzeit in China

Ich habe nach meiner Rückkehr nach Hamburg meine Dissertation geschrieben. Die Fotokopien, die ich dafür im Lesesaal der alten Shanghai Bibliothek am Volksplatz hatte anfertigen lassen, in dem ich jede Woche mindestens einmal gesessen habe, besitze ich noch heute. Nach der Dissertation gab es für mich in der Wissenschaft aber zunächst keine Arbeit. Ich fand stattdessen eine Stelle in einem Hamburger Wirtschaftsverband, dem Ostasiatischen Verein (auf Chinesisch Dongya xiehui). Das brachte mich mit einer ganz anderen Welt in Kontakt, nämlich derjenigen von Industrie und Handel. Das Jahr 1992, in dem ich dort meine Arbeit aufnahm, war dasjenige, in dem Deng Xiaoping nach Shenzhen reiste und damit das chinesische Wirtschaftswunder entfachte. Nun hatte ich viel Kontakt mit chinesischen Unternehmen, die sich in Deutschland ansiedelten, aber ich kam auch wieder nach China, diesmal mit Wirtschaftsdelegationen. Damals verbesserten sich die Beziehungen zwischen China und Deutschland fast täglich. Ich erinnere mich daran, wie ein chinesischer Kollege zu mir sagte: „Wenn wir es schaffen, dass die deutsch-chinesischen Wirtschaftsbeziehungen ein Prozent des deutschen Bruttoinlandsproduktes ausmachen, dann wäre das eine große Leistung." Soweit ich weiß ist der deutsch-chinesische Austausch heute für weit mehr verantwortlich als ein Prozent des deutschen BIP.

Nach drei Jahren Arbeit fand ich eine Stelle als Assistent am Sinologischen Seminar der Universität Heidelberg. Für manche Kollegen sah das wie ein Karriererückschritt aus, und viele Kollegen in Hamburg konnten nicht verstehen, warum ich ihn tat. Aber meine Liebe zur wissenschaftlichen Erforschung der chinesischen Kultur war größer als mein Wunsch nach Geld. Und so zog ich 1995 mit meiner Familie nach Heidelberg. Das bedeutete harte Arbeit. Ich musste mich habilitieren, und so kam ich für einige Jahre nicht mehr nach China, weil ich am Schreibtisch sitzen und schreiben musste – und vielleicht auch weil meine Kinder klein waren und ich mich um sie kümmern wollte.

Sehr schnell wurde ich als Professor 1998 nach München berufen. Im Jahr 2000 reiste ich zum ersten Mal nach fünf Jahren wieder nach Shanghai. Ich weiß noch, wie groß der Schock war, der mich erfasste: Die Stadt erkannte ich nicht wieder. Während ich als Student mit einer Fähre vom Bund nach Pudong gefahren war, gab es dort nun plötzlich drei riesige Brücken. Der Bund sah nach einigem genaueren Hinschauen noch genauso aus wie damals, als ich Student gewesen war. Aber die Straße nach Norden waren völlig verändert. Manche Kreuzungen, über die ich früher oft gemütlich mit meinem Fahrrad gefahren war, gab es nicht mehr. An den Rändern der Stadt waren zahllose Hochhäuser in die Luft gewachsen, und Autos hatten in die Stadt, in der es zuvor außer überfüllten Bussen an motorisierten Fahrzeugen nur Taxis gegeben hatte, in großer Zahl Einzug gehalten.

Für mich begann eine Zeit der Neu- und Wiederentdeckungen. Unter den vielen Neuerungen fand ich allmählich Dinge wieder, die gar nicht so viel anders waren als früher. Vor allem: Zwar hatte sich das Aussehen der Städte geändert, aber die Menschen waren die gleichen geblieben.

Als Wissenschaftler bin ich in den Jahren danach immer wieder nach China gekommen, um an Fachtagungen teilzunehmen. Die Universitätswelt Chinas hatte ich zwar als Student ein wenig kennengelernt, aber als Student weiß man nicht, wie die Professoren wirklich arbeiten, und wie ähnlich der Arbeitsalltag in Ost und West sein kann. Zwölf Jahre, ein altchinesischer Zyklus, vergingen, dann wurde ich Vizepräsident meiner Universität und einige Jahre später Präsident der Max-Weber-Stiftung, der Dachorganisation der deutschen geisteswissenschaftlichen Institute im Ausland. In dieser Funktion begann ich Kontakte mit Hochschulleitungen in China zu knüpfen und ein Netzwerk aufzubauen, über das der Austausch zwischen Professoren aller Fachrichtungen meiner Universität mit den besten chinesischen Universitäten erleichtert werden konnte. Das Interesse was sehr groß, auch in Fachrichtungen der Naturwissenschaften und der Medizin, mit denen ich als Geisteswissenschaftler mich kaum auskannte. Heute bin ich froh über die guten Beziehungen, die zwischen der LMU München und China bestehen. In der Max-Weber-Stiftung war bei meinem Amtsantritt die größte Aufgabe, die Arbeit, die auf Europa, die USA, Japan und den Vorderen Orient konzentriert gewesen war, weiter zu internationalisieren. Natürlich stellte ich mir zum Ziel, eine Präsenz der Stiftung in China zu errichten. Das ist durch eine Partnerschaft mit der Akademie der Wissenschaften und einem französischen Partner auch gelungen, aber wir haben noch viel Arbeit vor uns, denn unsere Aktivitäten in China sind bisher sehr begrenzt. Es wäre schön, wenn wir uns als Institut akkreditieren und mehr Wissenschaftler einstellen könnten, die die Partnerschaft mit der chinesischen Wissenschaft pflegen und gleichzeitig die chinesische Kultur und Gesellschaft erforschen können. Wir haben noch viel zu tun!

Gleichzeitig erhoffe ich mir, dass wir das, was wir in der deutsch-chinesischen Wissenschaftszusammenarbeit zeitgleich mit dem gewachsenen Austausch im ökonomischen Bereich

五十年 五十人 50 Jahre 50 Menschen

mühsam erarbeitet haben, in den kommenden Jahren weiter ausbauen können. In den zehn Jahren bis zur Pandemie bin ich jedes Jahr mehrfach in China gewesen, und ich habe jedes Mal etwas neues dabei gelernt. Nun sind es schon fast drei Jahre, dass Reisen nicht mehr möglich gewesen sind. Videokonferenzen sind uns vertraut geworden. Den direkten Austausch können sie aber nicht ersetzen, und so hoffe ich sehr, dass sich die Wissenschaftler aus China und Deutschland bald wieder treffen können, damit wir die Brücken, die wir in den Jahren zuvor gebaut haben, auch begehen. Leider macht auch die internationale Politik uns die Arbeit nicht immer leicht. Auf beiden Seiten wollen wir aber kontinuierlich daran arbeiten, dass die Menschen, die in China und Deutschland an ähnlichen Themen arbeiten, ihre Kräfte bündeln können, damit wir gemeinsam vorankommen.

以中德教育务实合作撬动更大互联互通

蔡敬民

1963年出生，德国耶拿大学自然科学博士，韩国顺天乡大学教育学名誉博士，英国皇家艺术学会（FRSA）会士。现任安徽大学党委书记，二级教授。安徽省人大常委会委员。教育部高等学校专业设置与教学指导委员会委员，教育部新工科工作组成员，教育部普通高等学校本科教育教学评估专家委员会委员，教育部全国高校设置评议专家委员会委员。中国高等教育学会教学研究分会副理事长。中国教育国际交流协会应用型高校国际交流分会理事长。1987—2019年，参加中德共建合肥学院项目（2003—2019年主持）。借鉴德国应用型人才培养模式，构建应用型人才培养体系，先后获国家级教学成果奖一等奖2项、二等奖1项。获安徽省首届重大教学成就奖。享受国务院特殊津贴。荣立安徽省三等功2次。获德国交通安全协会银质奖章。2011年荣获全国"五一"劳动奖章。

五十年 五十人 50 Jahre 50 Menschen

1980年，中国放射化学奠基人、中国科学技术大学副校长杨承宗教授首倡创办合肥联合大学（现合肥学院），提出学校由中国科学技术大学、合肥工业大学、安徽大学等在合肥的7所高校共建。1985年，中德双方签署了《安徽省与下萨克森州政府合作共建合肥联合大学议定书》，提出按照"德国应用科学大学办学模式，共建一所示范性应用型本科院校"的协议，使合肥联合大学成为德方在中国重点援建的两所示范性应用科学大学之一。德方无偿援助400万马克，其中100万马克用于教师培训，我就是其中的受益者之一。德方派出汉诺威、奥斯纳布吕克、东弗里斯兰、希尔德斯海姆等应用科学大学分别帮助建设一批专业。我也由此和德国结缘，先后3次赴德求学工作。

第一次是1986年。我被遴选进入中德合作教师培训项目，经过6个月的德语强化学习，于1987年11月22日，踏上了第一次赴德留学旅程。当时苏联上空禁飞，我们留学团一行13人经迪拜、转罗马，绕了一大圈最后到达法兰克福。一位华人在机场将我们接到汉诺威。短暂培训1周后，前往留学城市埃姆登，在东弗里斯兰应用科学大学学习1年。第二次是1993年到1994年，我再次赴德进修，到斯图加特大学生物化工研究所进行8个月的学习。第三次是1999年4月到2002年，我参加德国科学与教育部重点项目"海洋生理活性物质"研究工作；同时在耶拿大学完成博士学位学习。

一、留德趣事

早年学英语，没有强度压力，学习效果一直不太好。强化学习德语时，虽然时间短，但居然能够很快掌握，能说也能写，是很有意思的收获。尽管留学经历已经过去二三十年，我当时对中德文化差异的经历和感悟，至今仍记忆犹新。

爱晒太阳的德国人

我们的德语强化课老师叫缪勒（Müller），是一个帅小伙。学习之余，他常常邀请我们一起喝咖啡。如果遇到靠窗位置，中国学生怕晒不愿意坐在太阳直射的地方，缪勒却很兴奋，"这个位置给我，这是最好的位置！"我们当时不理解，出国后才发现德国人特别爱晒太阳，当地阴雨天气多，只要天气好一点，大家都涌到草地上晒太阳，这是一个环境与文化的差异。

"分餐"的德国人遇上"合餐"的中国人

到德国后，卡尔·杜伊斯堡基金会（CDG）安排我们自己去中餐馆吃饭。我们13个人把桌子拼在一起，点了13个不一样的菜，汇成一大桌一起吃。德国人不一样，点豆芽的只吃豆芽，点烤鸭的只吃烤鸭，自己点什么就只吃什么。看到我们拼桌吃饭，非常吃惊，全围过来看，诧异原来吃饭还能这样吃。今天虽然不稀奇了，当时却很新鲜。

一次过了3个圣诞节

埃姆登是一个只有5万人口的小城市。1987年，去的中国人还很少，当地居民对我们充满了好奇，也特别友好热情。到那之后不久就是圣诞节，有3家德国人专门找学校外办，邀请我们到家过圣诞节，还有一家在门口为我们升了一面中国国旗，很温馨也很温暖。

越来越难买的回国伴手礼

第一次出国时，当时国内物资比较匮乏，北京中关村人行道还是土路，回国时买4大件、4小件，什么都觉得好。就连把香皂、袜子送给朋友，大家都特别高兴。1994年第二次回国，就不知道买什么好了，只给家里买了一个微波炉。后面每年探亲，再买东西都要看看是不是"Made in China"，经常不知道买什么，就只能带巧克力。这也反映出改革开放后中国经济社会的快速发展。

导师的周末"健身茶"

我的导师迈纳斯（Meiners）教授对学生要求很严格。那时候我天天在实验室，学习和工作压力很大，非常辛苦。导师周末时经常喊我下午3点到他家喝茶。喝完茶就讲，"你可以回去了"。我当时很不理解，学校到他家有8公里，如果仅仅为了喝杯茶，他开车载我去很方便，但他却让我自己骑自行车，来回路上就要耗费1个多小时，车轮毂还很小，经常搞得一身汗。后来我毕业的时候他才揭秘，说我天天在实验室做实验，久坐不锻炼不健康，喝次茶就能好好锻炼一次。德国人办事严谨、对己严格，但关心人起来也很细致温暖。下午茶还有很多场合很多机会，但迈纳斯教授却已经离开了人世。

二、引进教学经验"本土化"

我在德国前后一共待了5年时间，后面陆陆续续还有一些进修。5年间，我一边攻读学位做科研，一边学习应用科学的大学办学理念、办学模式、办学经验，为回国后开展教育教学改革作好准备。

率先探索应用型本科教育教学改革

2002年回国，我担任了合肥联合大学的教务处处长，2003年担任了合肥学院分管教学和国际合作的副院长，后来又历任院长、党委书记。回国之初我就在思考一个问题，作为一所新建本科院校，到底应该怎么办？

当时国内新升本高校都在提一个口号，叫作"办像、合格、上水平"。就是说，你要向"老大学"学习，先办像，办合格，然后你再一步一步地发展，按照传统大学模式把水平搞上去。

五十年 五十人　50 Jahre 50 Menschen

我觉得，这里面有很大的问题，随着高等教育规模的扩大，最有可能导致的结果是，一方面大量大学生找不到工作，另一方面社会招不到合格的大学生。我在研究德国高等教育时，特别是长期同德国应用型大学合作，发现他们有一些办学特点：一是德国应用型高校，特别强调服务区域经济社会发展。德国应用科学大学主要服务周边200公里以内的企业和地方经济发展，我将之称为"地方性"；二是应用型培养模式特色鲜明，比如，要求教授有企业工作经历，要求学生完成企业正式项目，强调真题真做、上手就干等，我将之称为"应用型"；三是德国作为经济大国，特别强调国际化，也注重培养学生国际化能力以满足企业国际化的需求，同时，学校也开展广泛的国际合作，我将之称为"国际化"。

于是，2003年，我们在国内率先提出"地方性、应用型、国际化"的办学定位。当教育部发现办学趋同化问题的时候，我们的改革已经走在前面了，起了一个引领的作用。感到欣慰的是，若干年以后，这个定位成了我们国家对地方高校办学的指导性意见，为中国高等教育改革提供了有益探索。

2009年教育部对新建本科院校进行合格评估，在评估指标体系中明确突出"地方性"和"应用型"，我们很多改革理念、具体做法，在细化指标中都可以看到。根据刘延东同志和陈希同志批示，教育部总结形成了《关于合肥学院等地方高校应用型人才培养模式的调研报告》，在全国推广。这一年，我们"借鉴德国本科应用型人才培养体系的研究、创新与实践"项目获得国家级教学成果二等奖。在此基础上，我们也在不断研究以德国为代表的整个欧洲的应用型人才培养模式的改革。2014年，"突破学科定势，打造模块化课程，重构能力导向的应用型人才培养教学体系"项目斩获国家级教学成果一等奖，开创了中国地方新建本科院校的先河。2019年，"新

德国前联邦总统克里斯蒂安·武尔夫在合肥

建–新兴–新型：突破同质同构，推进八个转变，建设应用型大学的探索实践"项目再次荣获国家级教学成果一等奖。这些都是在和德国深入合作过程中，探索中国地方高校办学之路取得的成果。借鉴德国应用型人才培养模式的改革在全国产生了巨大的反响。583所高校、1400批次的考察团到校专题学习应用型高校建设经验。按照教育部安排，我们先后30余次在全国地方本科院校党委书记、校长培训班和转型培训班上作教学改革报告，为兄弟省教育厅和高校做200余场专题报告。教育部还专门在合肥学院，现场召开全国高教处长会议。我本人也因此两次受到习近平总书记等中央领导人的亲切接见。

二次转型试点"双元制"高等教育教学改革

为了进一步深化培养模式改革，2016年开始，我们借鉴德国双元制高等教育的成功经验，与德国埃姆登/里尔应用科学大学和德国大陆集团合作开设机械设计制造及其自动化"双元制"高等教育专业，联合设计并探索产教融合新模式，探索开展产教融合背景下的应用型人才培养模式改革，构建国际间"校–企–校"协作育人平台，创新了校企双元融合的国际化应用型人才培养新模式，在"精雕"轮胎、马桶、拉锁等零部件中发现"人才密码"，进行"国家对话"，为我国地方应用型高校走出了一条产教融合国际化协作育人之路，起到了示范和引领作用。

2021年4月23日，孙春兰副总理在安徽实地考察时，专门就"双元制"高等教育取得的成效进行调研，并指示将有关成果专报国务院办公厅。

中德两国总理访校传佳话

2015年10月30日，李克强和德国总理默克尔共同视察合肥学院，参观了"中德共建合肥学院30周年——为中国高等教育走出一条新路"专题展。默克尔盛赞合肥学院是"中德近30年合作的光辉典范"；李克强肯定"合肥学院30年来的发展壮大是中德务实合作的成功典范"，"三十而立、卓有成效、根深叶茂"，寄予再创"中德合作未来更辉煌的30年"殷切期望。共同决定在合肥学院设立中德教育合作示范基地及基金。两国总理一起品尝中德两国学生合作酿制黑啤的画面，通过网络一时间传遍全球，留下了一段美好的佳话。

组建应用型高校国际交流分会

从2008年开始，我发起并举办了14届中德应用型高等教育论坛，将中德政府间合作举措具体化到学校办学实践中，得到了中国教育部、安徽省政府、德国教育部、下萨克森州政府，以及德国政要、中国驻德大使馆、新华社等多方面的支持。我们根据中国应用型高等教育改革，不同阶段对不同热点问题的关注，邀请中德双方专家做学术报告。特别是在国内对"应用型高等教育是否就是高等职业教育"产生争议时，明确其是一个新的高等教育类型，找准了发展方向。

五十年 五十人 50 Jahre 50 Menschen

默克尔应邀为孔子学院揭牌

在此基础上，我们进一步拓展举办4届中瑞、4届中荷、3届中法、1届中意、1届中奥应用型高等教育研讨会。累计参会代表达3494人次，覆盖了国内31个省282所大学、企业和研究机构。

同时，我们在德国奥斯纳布吕克应用科学大学联合建立了应用型高校教师能力发展中心，累计培训5所国内高校200余名教师。合肥学院自编了1600本模块化教材，时任教育部副部长林蕙青同志肯定"这是真正的高等教育改革"。

为了宣传中国应用型高等教育，我和王其东教授以及德国奥斯纳布吕克应用科学大学拉赫纳（Lachner）教授共同主编并在斯普林格（Springer）出版社出版了4期《应用型高等教育研究年刊》，这是全球第一本应用型高等教育领域的学术刊物，这项工作还在继续。我还作为随访团成员，先后陪同时任副总理刘延东同志、孙春兰同志赴德访问，参加中德精英大学校长对话和中德职业教育与应用型高等教育对话。

2017年，中国教育国际交流协会到合肥学院交流，我们达成共识，成立应用型高校国际交流分会，我担任理事长，研究国外应用型高校办学的内涵、特征和属性，建立与国外教育主管部门和应用型高校间联系，服务国内近600所高校转型发展。

探索地方高校"双一流"建设特色之路新征程

2019年8月，我调任安徽大学党委书记，迅速加强了安徽大学与德国的合作。与汉诺威大学丁飞教授共建"莱布尼兹材料科学联合研究中心"，与欧洲科学院院士、哥廷根大学傅晓明教授共建科研平台，与奥斯纳布吕克大学签订全面合作协议，与斯图加特大学共建工业4.0课程，与奥斯纳布吕克应用技术大学联合培养物流专业硕士研究生，与德国生物质研究中心内尔勒斯

（Nelles）教授签署战略合作协议。安徽大学正在筹建未来学院（校区），将国际学院建设作为重要板块，其中中德学院各项准备工作均在紧锣密鼓地推进。

三、当好中德交流"穿针引线人"

在推动高等教育改革与实践的同时，我也注重用好长期合作资源，积极推动安徽省与德国有关城市间政治经济文化交流与合作。

促成德国大陆马牌轮胎落户合肥

2006年，我陪同合肥市领导访德，与马牌轮胎洽谈合作。我们与驻德同事商量，能不能邀请一些我们的留学生到现场进行校企交流。此前合肥学院在德国建了17所友好大学，先后派出2200名学生赴德攻读学位，当时在德大约有500名学生。这个想法提出来，对方非常高兴，原本准备出差的总裁改签了机票，把高层团队全部留下来，同我们的学生见面，同时主动提出，要给所有赴会学生报销车旅费用，并安排共进午餐，现场非常热烈。这个方案如此顺利，我们也很意外，后来德方公司负责人告诉我，"青年是企业的未来，没想到马牌轮胎能够有幸一次邀请到70多个中国留学生到企业交流，这一天简直是个节日！"

这次会见坚定了马牌轮胎到合肥投资的决心，后来他们在合肥建立了亚太地区最大的工厂，这也成为当时合肥最大的外商投资企业。2017年，我再次陪同安徽省委领导访德时，马牌轮胎负责人重提旧事，坦诚相告，"因为合肥有一所中德共建的、以培养应用型人才为主的高校，真正关心教育与企业的融合，我们到中国投资就不用担心工程师质量达不到要求"。

后来，我们还将大陆马牌轮胎（中国）有限公司总经理麦克·伊格纳（Michael Egner）聘为特聘教授，参与"双元制"教育合作。2010年开始，他经常在德国大学开展"中国日"活动，传播中国文化，曾获得"合肥友谊奖"。

促成世界制造业大会永久会址落户安徽

德国前联邦总统克里斯蒂安·武尔夫曾4次到访合肥学院，并以总统名义，亲自给合肥学院30年校庆致贺信。2017年6月，他以全球中小企业联盟主席身份到校，受聘为合肥学院荣誉教授。时任省委书记李锦斌同志会见时，恰逢武尔夫生日，在精心安排的生日宴中，顺利达成次年在安徽召开世界制造业大会的决定，为合肥打造了一个世界级会展平台。2019年第二届大会召开时，习近平主席发来贺信。

服务安徽先进制造业"一号工程"建设

2017年，我陪同省委主要领导访德，同大众汽车集团时任CEO穆伦（Matthias Müller）会谈，意向在大众汽车与江淮汽车合资后，由安徽高校建设人才培训中心，培养生产电动汽车的专门人才。项目落地后，大众汽车（安徽）有限公司生产样板车间急需培养30个工程师，目前已从安徽大学和合肥学院分别遴选15名学生，送往德国沃尔夫斯堡总部培训，他们在2022年夏天回来以后，将会成为大众在合肥的骨干技术力量。

服务人文交流　促中外民心相通

2016年8月30日，合肥学院在德国施特拉尔松德市创办孔子学院，这也是安徽省在西欧的第一所孔子学院。时任德国总理默克尔应邀为孔院揭牌，被誉为"孔子学院发展史上的里程碑"。在合肥学院主政期间，我和我的同事，特别是孙建安，还共同谋划，推动促成中国合肥市与德国奥斯纳布吕克市、罗斯托克市结为友好城市，中国黄山市与德国施特拉松德市结为友好城市。有3位德国专家获得中国政府友谊奖，10人次获得安徽黄山友谊奖，3人次出席国务院主持召开的新春座谈会。

四、期待续写中德交流"新故事"

今年是中德建交50周年。从1984年算起，我工作38年来，其中36年都致力于中德合作事业。学习和工作的经历，让我在德国拥有一大批好朋友，留下很多很深的记忆。我将继续与德国友人一起，为促进中德、中欧合作作出积极努力，续写中德交流"新故事"。

借别人之眼好奇地观察世界

巴贝尔·赫尔德　*Bärbel Held*

1963年出生，德累斯顿工业大学教授。在完成了政治经济学大学学业之后，她先是在汉堡的多家公共管理机构工作，如汉堡卫生部和汉堡工业大学，后于2000年转入企业工作，先是担任企业顾问，后为一家美国软件公司担任德国销售主管。2003年，她获得汉堡工业大学博士学位。2004年之后，她在多所德国大学担任企业管理学教授，并在2014年之前一直在德国工作。在此期间，她多次作为客座教授访问中国、英国、匈牙利和波兰等国。2011年至2014年，她以"卫生领域的创新与创业"领域的研究取得教授资格。2014年之后，她在多家德国私立医院担任首席执行官，如一所拥有1350名员工的大型医院，及之后的拥有800名员工的顶级医院德累斯顿心脏中心大学医院。自2020年起，她在德累斯顿工业大学医学系负责科研管理，直至2023年再次以资深专家身份担任卫生领域企业顾问。

五十年 五十人 50 Jahre 50 Menschen

Jahrgang 1963, Professorin der Technischen Universität Dresden. Sie war nach Ihrem Studium der Politischen Ökonomie zunächst in verschiedenen Institutionen der öffentlichen Verwaltung in Hamburg beschäftigt, so zum Beispiel im Gesundheitsministerium und an der Technischen Universität Hamburg, bevor Sie im Jahr 2000 in die Privatwirtschaft wechselte und dort zunächst als Unternehmensberaterin und danach als Vertriebsleiterin Deutschland für eine amerikanische Softwarefirma arbeitete. 2003 hat Sie an der Technischen Universität in Hamburg als externe Kandidatin promoviert. Seit 2004 ist Sie Professorin für Betriebswirtschaft und hat an verschiedenen Universitäten in Deutschland bis 2014 gearbeitet. Während dieser Zeit hatte Sie verschiedene Gastaufenthalte als Professorin z.B. in China, in Großbritannien, in Ungarn und in Polen. Von 2011 bis 2014 hat Sie habilitiert zum Thema „Innovation und Unternehmertum im Gesundheitswesen". Seit 2014 war Sie dann als Geschäftsführerin (CEO) in verschiedenen privaten Krankenhäusern in Deutschland beschäftigt, so bei einem Schwerpunktversorger mit ca. 1350 Mitarbeitern und danach am Herzzentrum-Universitätsklinik Dresden, einem Maximalversorger mit ca. 800 Mitarbeitern. Seit 2020 war Sie dann 2 Jahre an der TU Dresden, an der Medizinischen Fakultät zuständig für das Forschungsmanagement, bevor Sie ab 2023 als Senior Expert wieder in die Unternehmensberatung für das Gesundheitswesen wechselt.

　　我与中国的第一次互动不是在中国，而是在德国北方的一个小城布克斯特胡德。在2004年，我们想通过"AFS跨文化交流"协会接收一名16岁的中学生住在我们家一年。我们的儿子是所谓的独生子，我们想给他找一个弟弟，把"外面的世界"带回家。我们原本考虑的是接收一个来自西欧或美国的学生。我们一共收到了5份附有照片的申请。在一张照片上，我们看到了一个男孩拥抱着他的妈妈，在另一张照片上，还是这个男孩站在向日葵花田的中间，笑着张开双臂。我被这些照片里散发的爱和率真深深打动，以至于我们不由自主地决定选择了李阳（音）。之后，"我们的小儿子"就在我们家住了一年，和我们的儿子进入同一个班级上学。到现在为止，18年过去了，我们从中与中国发展出了一种终身的、深入的、充满好奇的关系。李阳现在已在美国生活多年并已结婚，他的妻子住在中国，我们每年通过Skype视频两到三次，以互相交流"我们的小儿子"的近况。2005年，我们预订了一次非去不可的中国旅游，在三个星期内参观了最重要的景点，然后在上海结识了李阳的家人。这是我们与中国的第一次真正接触。中国（当然特别是上海）在2005年的时候已经给我们留下了很深的印象。如果说李阳已经让我们"戒掉了"原先的偏见，那么我们此时终于得以亲眼看到这个国家是如何发展的。但我承认，一种带有某种"傲慢"的视角仍然存在，一种"优越"感。人们那时不知为什么总要从这种角度看待一切："中国人居然也可以，这真让人吃惊！"

　　到了2009年，这时我已经再婚，在德累斯顿生活并在巴伐利亚任职教授。我的丈夫因职业原因去过很多中国大学，回来后热情高涨。我从他那里知道，其中的主要原因是他不断地完善对于这个国家的最新印象，并一再更新与这个国家之间的关系。特别吸引他的是南昌大学，一个拥有4.5万名学生的校园。

他的热情如此感染我，让我感受到了一种要去了解真实的中国的强烈愿望，不是作为一个游客，不是仅仅参观几天，而是要形成完全属于我自己的看法。但只有带着好奇心去倾听，用别人的眼睛和他们的兴趣来观察世界，才有可能。只有在当你通过例如在中国工作的方式实践这种态度时，这才是可行的。然后，我在2010年利用一个学期的学术假申请在南昌大学国际交流学院讲授硕士学位课程。让我惊讶的第一件事是，整个批准的过程完全没有官僚主义气息。我收到的邀请函欢迎我开设3门或4门系列讲座，并且可以住在校园里。没有人想要提前审查我的讲义，没有要对我是谁和我要做什么刨根问底，我可以直接前往那里，领取中英文教材，立即开始"战略管理""项目管理"和"财务与会计"的授课。2010年2月，我丈夫把我送到南昌，我要在这里生活和工作一个学期。令我感到一丝不安的是，我要远离家人，一个人待在中国，我的丈夫不得不回到德国，因为他不像我能有一个学期的假期。在中国的这段时间给我带来了很多朋友和维系终生的友情，它是我人生中经历最丰富的时期之一，它对我的影响如此之大，使得我从此对这个国家和她的人民充满了尊重、敬意和热忱。我在大学里受到了非常热情和坦诚的欢迎。我住在学生宿舍里，每天总是和学院的中国同事们一起吃午饭，也会和他们一起去唱卡拉OK。他们为我安排了一个晚上参加的中文课程——当我至少可以在购物时用手指展示中国数字，然后还可以用中文说出来的时候，我感到相当自豪（可惜后来全都忘记了）。每个周末（我平时每天从9点到17点都有课），我都有一个司机、一辆车和两个同事，他们陪着我到我想去的任何地方。我什么都可以看，可以问，可以观察，可以体验……这种坦诚的态度使我印象深刻，我们每天都会讨论，我可以尽情倾听。无论是美国留学回来的埃娃和迈克尔，还是来自中国一个小省的、父母开小饭馆供她上学的贝贝，或是国际交流学院的院长莫妮卡……大家讲述他们的人生经历，讲述他们的家庭，我可以亲眼看到并了解中国正在发生何等快速的发展。当然，也不是一切都是好事。例如，我们每天都在和进入教室的雨水斗争（教室位于一栋高达21层的高层建筑的11楼），或是暖气坏了（外面是我从未见过的狂风暴雨），或是笼罩天空近4个月之久的雾霾，我的住处因此总是笼罩在一片黄色之中。除此之外，特别是在我去过的那些偏远省份，还存在很大的社会落差。但是，我可以看到并感受到，人们会直接抓住摆在自己眼前的机会。我从未在任何其他国家感受到人们对于变化的这种愉悦：直接去做，开始，行动，将变化视为挑战和机会的乐观主义精神，而不是像我们在德国常常看到的那样喜欢往后看，美化过去，担心未来。我们认识的一个厨师要养活三个孩子，她早在2010年就骑着电动车来上班；埃娃告诉我们她的父母现在也有了医保；迈克尔正在为能买自己的房子存钱；贝贝正和她的丈夫规划他们想生几个孩子……在"国际工商管理"硕士专业里，我的学生来自世界上不同的国家：埃塞俄比亚、韩国、卢旺达、俄罗斯、以色列，等等。因此，我不仅在学习用自己的眼睛

五十年 五十人 50 Jahre 50 Menschen

与在南昌大学国际交流学院的硕士研究生合影（前排右三为本文笔者）
Mit meiner Mastergruppe am International Exchange College der Universität Nanchang

看待中国，还在学习用各种不同国家的独特眼睛看待中国。我永远不会忘记与中国的第一次深入互动，它在我的心里留下了烙印。然而，我最深刻的体会是：（我在德国认识的）每一个人都在谈论他们自己眼中的中国文化，谈论中国人要怎么做，中国人是如此不同，永远只有客气和"隐藏"自己的真实面孔，人们称自己知道"这些"中国人的真实想法，他们善于伪装自己，诸如此类。我只能说，如果你用真诚和尊重对待别人，不管他们来自哪里，你也会从对方那里收获尊重、尊敬和真诚。事实上，我无法证实外界对中国的任何偏见，也没有看到价值观上的任何重大差异。我甚至可以说，在中国，在南昌，我有一种宾至如归的感觉！我没有见识到任何"隐藏的面孔"。礼貌而懂得尊重，充满好奇，时而幽默，时而严肃，但总是希望理解对方。这就是我在中国的行为方式，这也是我在中国获得的对待。

当然，中国是世界上最古老和最大的文明国家之一，人们善用这种遗产，你可以感受到，中国在努力克服国内的社会差距，其间采取的不是小步走，而是大步跳跃！

在2010年以后，一直到新冠疫情暴发，我每年都会去中国。我在2011年认识了刘悦。那时我是柏林的一名教授，当时有一个中国代表团来访，我需要一名翻译。当时仍在柏林工业大学攻读博士学位的刘悦出现了，她成了我的临时翻译，自此我们建立了终生的友谊。刘悦自己现在也是厦门的一名教授。遗憾的是，我们一直还没有机会去她的大学看望她。但当我们控制住新冠疫情之后，我们去中国的第一站就会是厦门！我还和刘悦在德国一起出书，她后来在中国翻译了马丁·路德的传记，我对此深感敬佩，也因此激励自己去研究1520年以后的欧洲历史。

你得这样绕道中国回到德国。

2010年，我还在北京认识了东林（音）。自那时起，我们就和他在职业和私人层面都建立了联系。我通过在中国进行留德人员审核（APS）面试的方式，支持柏林工业大学、波茨坦大学和我自己所在的大学进行德中之间的学生交流。为此，我每年都要去北京，要么和我丈夫一起，要么和我姐姐一起，东林是我们的向导。（的确，现在我已经用我对中国的热情"感染"了整个家庭。我很高兴，也很庆幸，全家人都在自己体会中国，重视和尊重中国。）我们每年都能感受到中国日新月异的发展，尤其是在北京。这种发展不仅仅体现在建筑、街道、广场和钢筋水泥的变化上。如在2017年，我们有机会参观了北京的几家医院。当时我自己是德累斯顿心脏中心的负责人。我在中国看到，卫生领域的数字化已经取得了如此之大的进展，这给我留下了特别深刻的印象，当然我清楚地知道，数字化还没有在中国的所有医院普及。

我们也在东林身上看到了这些变化对中国人的影响。他当时已经结婚并有了两个孩子，我们还为其中一个孩子取了"欧乐"这个外文名字。我们认识了他的妻子，此后我们两家定期在中国和德国互访。我们彼此有着坦诚和友好的交流，非常真诚，充满信任。

2010年，我的儿子和姐姐来中国看我，陪我在中国深入体会了4个月后，我丈夫再次来接我。如果说，我们2010年还在北京穿过"沙滩"附近的荒废的小巷，在那些要被拆除的胡同里散步，那么在2019年，我们已经坐在世贸中心88层的酒吧里，一位钢琴演奏家从笔记本电脑里弹奏出音符，我们亲眼看到北京已经变干净的空气和巨大的新建项目（同时也看到被部分保留下来的、修缮后的胡同）。我还记得，我第一次去位于亮马河大厦的留德人员审核地点时，那里正在挖一段河床；仅仅过了一年，河里的荷花已是一片红绿颜色，岸边坐着垂钓者。我的姐姐来北京以前，在人生中从未去过其他任何国家，她也想看看中国是什么样的。我们自由自在，毫无偏见，对一切充满好奇，尝试一切（甚至是我从不敢尝的烤蝎子），在中国经历了许多美好的互动。我还记得下面这个小插曲给我留下的深刻印象：我的姐姐不会说一句英语，更不会讲中文，常常晚上和我们一起出去在胡同里溜达，她曾经给我约好了一个裁缝，她可以准确地告诉我该几点到那里，缝制的费用是多少，我不明白她是怎么做到的。也许这也不难，用表情、身体语言、热情和笑容。她会直接跟人们搭讪，很快怀里还会抱上一个中国婴儿。我的姐姐不用多说话就能做到这些，因为她虽然听不懂任何人的话，但每个人都能听懂笑声。

中国建设、改变和改进事物的速度是飞快的。虽然在西方总是有人说这是以牺牲民主为代价的。但是我要说：请自己去问中国的人民！我们德国人什么时候才能学会放下我们西方式的优越感？我自己被社会模式的问题深深吸引。中国模式是对于"什么是我们这个时代最重要的社会问题"的答案吗？中国模式可以移植吗？中国快速的和进一步的发展将走向何处？我们在西方世界是否已准备好接受中国作为我们时代所有全球问题——和平、气候变化和经济——的平等伙伴？我们什么时候才会承认中国在世界范围内日益增长的重要性，并作出相应的正确评价？我希望，我会在德国见到更多的人愿意了解和理解中国，认可全球竞争中的中国，并承认她在不借助军事力量的情况下实现全球竞争力的巨大作用。我不希望"美化"一切,但是,这个世界上的每一个国家都有白和黑的一面,对于这个世界上的每一个国家,重要的是看到各种色彩的细微差别。我相信,中国人民会自己决定他们对民主的理解,以及他们希望并将如何生活。我相信,来自中国的巨大创新将让世界变得更好。

我们阅读了德国媒体记者弗兰克·西伦的新作《深圳》。几年前我丈夫就去过那里出差。他说他到过的几乎是另一座城市,弗兰克·西伦在他2021年的书中描述的和我丈夫记忆中的完全不一样。那么要做的只剩下一件事:我们必须去深圳。其意义是:我们必须不断更新知识。我们必须不断完善我们心中的中国形象,必须不断更新我们和中国的关系。为此,我们有我们的朋友,悦、阳、东林、贝贝、埃娃和其他很多人。我们为结识了你们而感到自豪和庆幸!

Neugierig die Welt mit den Augen der Anderen betrachten

Meine erste Begegnung mit „China" war nicht in China, sondern in Buxtehude, einer Kleinstadt im Norden. Es war 2004. Wir wollten über den Verein „AFS-Interkulturelle Begegnungen" einen Schüler von 16 Jahren für ein Jahr in unserer Familie aufnehmen. Unser Sohn ist ein sogenanntes Einzelkind und wir wollten ihm einen Bruder geben und ein bisschen die „große, weite Welt" nach Hause holen. Eigentlich dachten wir an einen Schüler aus Westeuropa oder den USA. Wir erhielten 5 Bewerbungen. Es waren Fotos dabei, auf einem Foto sah mal einen Jungen, der seine Mama umarmte und auf dem anderen, der gleiche Junge, der mit weit geöffneten Armen mitten in einem Sonnenblumenfeld stand und lachte. Ich war so beeindruckt von der Liebe und Offenheit, die aus diesen Fotos strahlten, so dass wir uns spontan für Li Yang entschieden haben. So lebte dann „unser Sonny" für ein Jahr in unserer Familie und ging zusammen mit unserem Sohn in eine Klasse. Seitdem sind 18 Jahre vergangen und es hat sich auch daraus eine lebenslange, intensive und neugierige Beziehung zu China entwickelt. Li Yang lebt nun schon viele Jahre in den USA, ist verheiratet, seine Frau lebt in China und wir skypen zwei bis drei Mal im Jahr, um uns gegenseitig zu erzählen, was aus „unserem Sohn" so geworden ist. 2005 buchten wir dann einen obligatorischen China-Urlaub, besuchten die wichtigsten Sehenswürdigkeiten in China für drei Wochen und lernten im Anschluss in Shanghai Li Yangs Familie kennen. Das war nun der erste richtige Kontakt in China. Wir waren bereits 2005 stark beeindruckt, besonders natürlich von Shanghai. Hatte Li Yang uns bereits „abgewöhnt", unsere Vorurteile weiter zu pflegen, konnten wir nun mit eigenen Augen sehen, wie sich das Land entwickelt. Ich gebe aber zu, es war immer noch ein Blick mit einer gewissen „Überheblichkeit", einem Gefühl von „Überlegenheit". Man betrachtete alles immer irgendwie aus der

Perspektive: „Erstaunlich, was auch die Chinesen können".

Jetzt kam 2009, ich war mittlerweile neu verheiratet, lebte in Dresden und arbeitete als Professorin in Bayern. Mein Ehemann besuchte aus beruflichen Gründen verschiedene Universitäten in China und kam begeistert zurück. Von ihm lernte ich, dass es darum geht, das Bild eines Landes immer wieder aufs Neue zu vervollständigen und die Beziehungen zu einem Land immer wieder zu erneuern. Besonders angetan hatte es ihm die Universität in Nanchang. Er sprach von einem Campus mit 45.000 Studentinnen und Studenten. Er steckte mich so an mit seiner Begeisterung, dass ich den starken Wunsch verspürte, mir nun ein wirkliches Bild von China zu machen, nicht als Tourist, nicht in wenigen Besuchstagen, sondern ich wollte mir meine vollkommen eigene Meinung bilden. Das geht aber nur, wenn man neugierig zuhört und die Welt mit den Augen der Anderen betrachtet unter dem Aspekt ihrer Interessen. Das geht nur, wenn man z.B. durch Arbeit in China, diese Position einnehmen kann. Ich habe dann 2010 mein vorlesungsfreies Semester genutzt und mich in Nanchang am International Exchange College beworben, um dort Vorlesungen im Master-Programm zu halten. Als erstes überraschte mich die vollkommen unbürokratische Genehmigung. Ich erhielt eine Einladung, ich könne gerne 3 oder 4 Vorlesungszyklen abhalten und könne auf dem Campus wohnen. Niemand wollte vorab meine Vorlesungsunterlagen sehen, Niemanden interessierte, wer ich bin und was ich vorhabe, nein, ich konnte einfach kommen, erhielt chinesisch-englische Lehrbücher und konnte los legen in Strategic Management, Project Management

和姐姐在北京
Mit Schwester in Beijing

五十年 五十人 50 Jahre 50 Menschen

und Finance und Accounting. Mein Mann brachte mich dann im Februar 2010 nach Nanchang, wo ich nun das kommende Semester leben und arbeiten wollte. Ein bisschen mulmig war mir dann schon, alleine in China, weit weg von meiner Familie, mein Mann musste ja wieder nach Deutschland zurück, er hatte ja kein vorlesungsfreies Semester, so wie ich. Diese Zeit in China, die mir viele, viele Bekanntschaften und lebenslange Freundschaften einbrachte, ist eines der intensivsten in meinem Leben und hat mich so geprägt, dass ich dieses Land, die Menschen nun mit Respekt, Achtung und viel Herz betrachte. Ich wurde an der Universität sehr herzlich und sehr offen aufgenommen. Ich konnte im Studentenwohnheim wohnen, mittags habe ich immer zusammen mit meinen chinesischen Kolleginnen und Kollegen vom College verbracht, ich ging mit zum Karaoke, man organisierte für mich einen Chinesisch-Kurs, den ich abends besuchen konnte – ich war dann ganz stolz, wenn ich mich beim Einkaufen zumindest mit den Händen die chinesischen Zahlen anzeigen und diese auch auf Chinesisch sagen konnte (leider habe ich seitdem alles wieder vergessen). Ich hatte jedes Wochenende (ich habe täglich von 9.00 Uhr bis 17.00 Uhr Vorlesungen gehalten) einen Fahrer, ein Auto und zwei Kolleginnen, die mich begleiteten, wohin ich auch immer wollte. Ich konnte alles anschauen, alles fragen, alles betrachten, alles erfahren... Ich war so beeindruckt von der Offenheit, wir haben täglich Diskussionen geführt, ich konnte zuhören. Ob Eve, die in den USA studiert hatte, ob Michael, der ebenfalls in den USA studiert hatte, ob Bebe, die aus einer kleinen Provinz in China kam, deren Eltern eine Garküche betrieben, so dass sie nun die Chance zu studieren hatte, ob Monica, die Leiterin des International Exchange Colleges, alle erzählten ihren Lebensweg, berichteten von ihren Familien, ich konnte mit eigenen Augen sehen und begreifen, welche wahnsinnige Entwicklung in China vor sich ging. Ja, natürlich war noch nicht „alles Gold, was glänzt". So z.B. kämpften wir täglich mit dem Reinregnen in unseren Unterrichtsraum (11. Etage, im Hochhaus mit 21 Etagen), oder, die Heizung funktionierte nicht (draußen stürmte und regnete es, wie ich es bis dato aus der Natur noch niemals erlebt hatte) oder es gab auch den Smog, der den Himmel fast vier Monate lang nicht frei geben wollte und ich somit immer in einer gelben Glocke wohnte. Und ja, es gab auch noch sehr viele soziale Unterschiede, vor allem in den abgelegenen Provinzen, die ich besuchte. Aber, ich konnte sehen und spüren, dass die Chancen, die sich den Menschen boten, einfach ergriffen wurden. Ich habe niemals wieder in einem anderen Land so viel Freude an Veränderung gespürt, dieses: einfach machen, loslegen, anpacken, den Optimismus dazu, die Veränderung als Herausforderung und Chance zu begreifen und nicht, so wie wir in Deutschland oftmals, gerne nach hinten schauen und die Vergangenheit verklären und Bangigkeit vor der Zukunft haben. Ob es unsere Köchin war, die ihre drei Kinder versorgte und schon 2010 mit dem Elektromoped zur Arbeit kam, oder Eve, die erzählte, dass nun auch ihre Eltern eine Krankenversicherung hätten oder Michael, der auf eine Eigentumswohnung sparte oder Bebe, die zusammen mit ihrem Mann plante, wie viele Kinder sie haben wollen... meine Studenten des Master-

Programms „International Business Administration" waren aus den verschiedensten Ländern dieser Erde, aus Äthiopien, aus South Korea, aus Ruanda, aus Russland, Israel usw. So lernte ich nicht nur, China mit meinen Augen zu sehen, sondern mit und aus den Augen verschiedenster Nationen, die alle ihren eigenen Blick auf China hatten. Ich werde diese erste intensive Begegnung mit China nicht mehr vergessen, sie hat mich geprägt. Meine wichtigste Erfahrung allerdings war: Jeder (in Deutschland, den ich kannte) sprach von der eigenen chinesischen Kultur und davon, wie man sich in China benehmen müsse und, dass die Chinesen so anders seinen, immer nur höflich und ihr eigenes Gesicht „verstecken", man wisse, was „die" Chinesen tatsächlich denken, dass sie sich verstellen usw. usw. Ich kann nur sagen: Wenn man Jemanden anderen, egal woher, mit Herz und Respekt begegnet, erntet man auf der anderen Seite ebenfalls Respekt, Achtung und Herz. Ich kann wirklich keine der Vorurteile über China bestätigen. Ich konnte auch keine großen Wertunterschiede kennen lernen. Ich kann sogar sagen, ich habe mich in China, in Nanchang, zu Hause gefühlt! Ich habe keine „versteckten Gesichter" kennen gelernt. Höflich und respektvoll, voller Neugierde, mal lustig, mal ernst, immer mit der Idee im Kopf, den Anderen verstehen zu wollen. So habe ich mich in China benommen und so wurde ich in China aufgenommen.

Natürlich ist China eine der ältesten und größten Kulturnationen der Welt, diese Mitgift wird genutzt und es ist zu spüren, das China bemüht ist, die sozialen Unterschiede im Land zu beheben, dabei legt es nicht kleine Schritte, sondern riesen Sprünge zurück!

Seit 2010 war ich, bis zum Beginn Corona, jedes Jahr in China. So z.B. konnte ich 2011 Yue kennen lernen. Ich war mittlerweile Professorin in Berlin, wir hatten eine chinesische Delegation zu Besuch und ich brauchte eine Dolmetscherin. Yue, damals noch Doktorandin an der TU Berlin, kam und es entwickelte sich daraus eine lebenslange Freundschaft. Yue ist mittlerweile selber Professorin in Xiamen. Leider haben wir es noch immer nicht geschafft, sie dort an ihrer Universität zu besuchen, aber: wenn wir alle den Umgang mit Corona beherrschen, geht der erste Besuch nach Xiamen! Mit Yue zusammen haben wir noch in Deutschland gemeinsam publiziert, Yue hat dann in China die Biografie von Martin Luther übersetzt, wovor ich Hochachtung habe, und hat mich selber dazu angeregt, mich mit der europäischen Geschichte seit 1520 auseinander zu setzen. So muss man über China den Umweg nach Deutschland machen.

2010 in Beijing lernte ich außerdem Donglin kennen. Mit Donglin verbindet uns seitdem eine berufliche und eine private Ebene. Ich habe für die TU Berlin, für die Universität in Potsdam, für meine eigene Hochschule den Studentenaustausch zwischen Deutschland und China unterstützen dürfen, in dem ich die APS-Interviews in China führen durfte. Hierzu sind wir jedes Jahr, entweder zusammen mit meinem Mann, oder mit meiner Schwester, nach Beijing gereist und Donglin hat uns betreut. (Ja, ich habe mittlerweile unsere ganze Familie mit unserer China-Begeisterung „angesteckt". Ich bin froh und glücklich, dass sich alle selber ein Bild von China machen, das Land achten und schätzen.) Wir konnten so die Entwicklung, besonders in Beijing, jedes Jahr neu erleben. Und dies nicht nur in Form von Gebäuden, Straßen, Plätzen und Entwicklungen in „Stein und Meißel". So hatten wir 2017 die Gelegenheit, in Beijing Krankenhäuser zu besuchen. Ich war seinerzeit selber Geschäftsführerin im Herzzentrum in Dresden. Was ich dort in China sehen durfte, wie weit damals schon die Digitalisierung im Gesundheitswesen vorangeschritten war, hat mich außerordentlich beeindruckt, wohl wissend, dass dies natürlich noch nicht in allen Krankenhäusern in China umgesetzt ist.

Auch an Donglin konnten wir miterleben, was diese Veränderungen mit den Menschen in China macht. Er hat mittlerweile geheiratet und zwei Kinder bekommen und wir durften für „Ole" den Namen aussuchen. Wir haben seine Frau kennengelernt und uns seitdem regelmäßig gegenseitig in China und in Deutschland besucht. Wir pflegen einen sehr offenen und freundschaftlichen Austausch, sehr ehrlich und sehr, sehr vertrauensvoll.

Sind wir noch 2010 – mein Sohn, meine Schwester kamen mich damals in China besuchen und mein Mann hat mich nach vier intensiven Monaten wieder aus China abgeholt – in Beijing durch „Sandwüste" und kleine heruntergekommene Gassen, durch zum Abriss bestimmte Hutongs spaziert, haben wir nun 2019 in der 88. Etage im World Trade Center an der Bar gesessen, eine Pianistin hat von ihrem Laptop die Noten gespielt und wir konnten uns von der nun schon sauberen Luft in Beijing und den gigantischen Neubauprojekten überzeugen (aber auch von den restaurierten Hutongs, die teilweise erhalten blieben). Ich weiß noch, als ich das erste Mal zur APS-Stelle am Landmark Tower ging, wurde gerade ein Flussbett ausgehoben; bereits ein Jahr später grünten die Lotosblüten im Fluss und Angler saßen am Ufer. Meine Schwester, die zuvor noch nie in ihrem Leben irgendwohin gefahren ist, kam nach Beijing, weil sie auch sehen wollte, wie China ist. So vollkommen frei und ohne Vorurteile, auf alles neugierig, alles ausprobierend (auch die gegrillten Skorpione, an die ich mich nicht herantraute), haben wir viele, viele schöne Begegnungen in China gehabt. Ich weiß noch, wie beeindruckt ich von folgender Episode war: Meine Schwester spricht kein Wort Englisch, geschweige Chinesisch, ging mit uns abends durch die Hutongs. Sie hatte eine Schneiderin organsiert und konnte mir genau sagen, wann ich da sein solle, was das Umnähen kostet. Ich habe nicht verstanden, wie sie das hinbekommen hat. Naja, wohl ganz einfach, mit Mimik, Gestik, Offenheit und Lachen. Sie hat einfach die Menschen angesprochen und schon hielt sie ein chinesisches Baby auf ihren Arm. Meine Schwester kann das auch ohne viel reden, weil sie versteht eh Niemand, aber Lachen, Lachen versteht jeder.

Die Geschwindigkeit, mit der in China gebaut, verändert, verbessert wird, ist gigantisch. Ja, als Argument wird immer wieder hervorgebracht, dass dies ja auf Kosten der Demokratie passiert. Aber, ich sage: Fragt selber die Menschen in China! Wann lernen wir in Deutschland, unsere westliche

Überheblichkeit abzulegen? Mich selber fasziniert die Frage des Gesellschaftsmodells. Ist das chinesische Modell eine Antwort auf die wichtigste Gesellschaftsfrage unserer Zeit? Ist das chinesische Modell übertragbar? Wohin wird die schnelle, weitere Entwicklung Chinas führen? Sind wir in der westlichen Welt bereit, China als gleichberechtigten Partner in allen globalen Fragen unserer Zeit: Frieden, Klima, Wirtschaft, zu akzeptieren? Wann gestehen wir China seine wachsende Bedeutung in der Welt zu und werde dem gerecht? Ich wünschte, ich würde mehr Menschen in Deutschland kennen, die bereit sind, China kennen und verstehen zu lernen, China im globalen Wettbewerb anzuerkennen und die große Bedeutung, dies ohne militärische Gewalt zu realisieren, anzuerkennen. Ich will nicht alles „schön" reden, aber, in jedem Land dieser Welt gibt es weiße und schwarze Seiten, in jedem Land dieser Welt ist es wichtig, alle Farbnuancen zu sehen. Ich bin überzeugt davon, dass die Menschen in China selber bestimmen, was sie unter Demokratie verstehen und wie sie diese leben wollen und werden. Ich bin überzeugt davon, dass die gigantischen Innovationen, die aus China kommen, die Welt verbessern werden.

Wir haben das neuste Buch von Frank Sieren gelesen, *Shenzhen*. Mein Mann war bereits vor einigen Jahren beruflich dort. Er sagte, er war wohl in einer anderen Stadt. Das, was Frank Sieren in seinem Buch aus dem Jahr 2021 beschreibt, ist nicht das, woran sich mein Mann erinnert. Bleibt also nur eines: Wir müssen hin. Ganz im Sinne: Wir müssen immer wieder neu hinzulernen. Wir müssen unser Bild von China immer wieder aus Neue vervollständigen, wir müssen unsere Beziehungen zu China immer wieder erneuern. Dafür haben wir unsere Freunde, Yue, Yang, Donglin, Bebe, Eve und viele, viele andere. Wir sind stolz und glücklich Euch zu kennen!

五十年 五十人 50 Jahre 50 Menschen

留德回忆

景德祥

1963年出生于江苏宜兴，中国社会科学院研究员、中国社会科学院大学历史学院教授、中国德国史研究会第11届理事会会长。1979—1983年在山东大学历史系学习，获学士学位；1984年3月底作为公派留学生前往联邦德国学习德国历史，同年4—9月在曼海姆歌德学院学习德语，10月起在海德堡大学历史系学习，1988年8月毕业并获硕士学位。1989年起在柏林自由大学历史系学习，1997年4月毕业并获博士学位，随后在柏林自由大学等单位工作。2001年8月至2023年6月，中国社会科学院世界历史研究所工作。2023年9月，任华东师范大学特聘教授。

2022年是中华人民共和国与德意志联邦共和国建交50周年。我是20世纪80年代初被派往联邦德国学习的一名留学生，可以说中德建交也改变了我的个人命运。没有中德建交，我的人生轨迹肯定会与实际发生的非常不同。回望自己的留德经历，我能更加清晰地认识到国家与世界大势对个人命运的影响。

1963年，我出生在江苏省宜兴县（今为宜兴市）的一个普通农民家庭。1969年，我在十分简陋的村小学入学了。由于时代的影响，我很早就开始关心政治。当时生产队里有《人民日报》，我放学后就经常去看报纸。当然由于认字还很有限，开始还谈不上阅读，主要是看看大标题与照片。记得我看到的第一张报纸上有关于陈毅元帅逝世的讣告，这是在1972年1月。在2月下旬的报纸上，我就看到了美国总统尼克松访华的报道与图片。当时人民公社有放映队，在故事片之前，总要放映报道时事的《新闻简报》。在1972年的《新闻简报》里，全国人民都可以看到周恩来总理频繁接见前来与我国建立外交关系的西方国家领导人，其中也包括当时的西德外长谢尔。我也应该看到过谢尔访华的画面，但没有清晰的记忆。但对于1975年毛泽东主席与来访的基社盟主席施特劳斯与西德总理施密特握手的照片，我就有了很清晰的记忆。当然，当时我根本就不会想到，这一切会与自己有什么关系。

1979年，我作为应届高中毕业生参加了"文化大革命"后的第三次高考，并有幸被山东大学历史系录取。因外语成绩较好，在大三的时候就选择了世界史专业方向。临近毕业，虽然当时是"包分配"，作为来自江苏省的学生，我们都有点担心是否还能回到家乡工作。为了"掌握自己的命运"，我选择了报考世界史硕士研究生，后来听说有一个去联邦德国学习德国史的研究生名额，我也就报了名。复习备考的日子非常辛苦，考前一年每天都是起早贪黑地学习，没有任何娱乐活动，只记得看了1983年央视那场经典的"春晚"。最后我幸运地考上了。因大学期间学的是英语，我去广州外国语学院突击学习了4个多月的德语，然后就于1984年3月中旬到北京语言学院接受出国培训，3月31日就登上了去联邦德国的飞机。

在法兰克福下飞机后，我与部分同行的同学去了曼海姆歌德学院，继续学习德语。曼海姆是我认识的第一个德国现代化城市，至今也是我心目中最美丽的德国城市。它的街道是以拉丁字母与阿拉伯数字的结合来命名的，比如我们在歌德学院的宿舍就在D4街4号，念起来就是D4-4，很好记。曼海姆大学离我们的宿舍不远，有时我们就去那里就餐或参加一些活动。有一次，我在经过席勒公园时遇到一位德国老人，他在得知我是来学习德国历史后竟然劝我别学了，因为德国历史的结果都是"一团糟"（Alles kaputt），让我十分诧异。现实的德国与想象中的很不一样。记得在北京集训的时候，外交部的官员曾经告诫我们，在吃西餐的时候要文雅，不要让刀叉碰到盘子而发出声响，可是当我第一次进入大学食堂时，听到的是一场气势恢宏的刀叉与餐盘"交响乐"！一开始我们也不理解德国人的一些行为。还有一次，我们去大学看纪录片，当银幕上出现西德总理科尔的时候，底下有许多学生大喊大叫，有的还往银幕上扔垃圾，当时我感到不解。后来才知道，这是因为在一年半以前，即1982年10月，科尔通过"建设

五十年 五十人 50 Jahre 50 Menschen

性不信任案"推翻了社民党领导的联邦政府,并且推行部署中程核导弹的防御政策,遭到左翼和平运动的极力反对。西德社会刚刚经历了一场暴风骤雨。后来,每每读到西德这段历史,我都要叹息,我来晚了!要是早来两年,亲身经历这场政治风暴,该多好!我们在曼海姆歌德学院时,成为在野党的社民党正好在曼海姆举行党代会,刚下台的施密特也作了发言。他的语言表达能力非常出色,虽然当时德语理解能力还很低,但我还记得他当时说的"掷地有声"的一句话,"德国社民党返回政府之路开始了!"(Der Weg der deutschen Sozialdemorkratie zurück zur Regierungsverantwortung hat schon begonnen!)可不是"开始了"嘛,可什么时候到头呢?到1998年才到头!

自1984年10月起,我就到离曼海姆不远的海德堡大学学习德国历史。海德堡被称为德国的"浪漫首都",城市比曼海姆要小得多,依山傍水,风景优美。内卡河自东往西从城中流过,河南岸是山脚下的老城,山上有著名的城堡,河北岸是新城(Neufeld),那里有许多自然科学的学院,大学的总部与人文社会学院都在老城里。在海德堡我待了四年半,住过好几个地方,其中两个在内卡河的南岸,两个在北岸。老城的河对面有个天主教会的学生宿舍,那里我住过两年多,学生宿舍上面就是著名的"哲学家小路"(Philosophenweg)。在那两年多的时间里,我基本上每天都骑着自行车经过内卡河上的"老桥"(Alte Brücke),来往于宿舍与大学之间。现在海德堡市在网上的Webcam(摄像头)就设在我原来的学生宿舍那个位置,通过这个摄像头可以看到老城与山上城堡的景象,与我当年住在宿舍时天天看到的一模一样,让我不胜感慨。我们这些外国留学生,就像海德堡天空飘过的云彩,没有给城市留下一点痕迹。现在我们已经年近花甲,而海德堡仍然像当年一样年轻,迎接着一批又一批外国包括中国的游客与留学生。

在海德堡大学学习期间,我认识了德国著名社会学家雷普修斯(M. Rainer Lepsius)教授,他是我认识的最为有趣的德国教授。德国教授一般都比较严肃与刻板,而雷普修斯教授则非常风趣与潇洒。他是著名的韦伯研究专家,是《韦伯全集》的主编之一,曾任联邦德国社会学家协会主席。但他一点架子都没有,非常平易近人。雷普修斯也重视历史社会学与德国历史的研究,因此与西德史学界的"历史社会科学学派"关系密切。雷教授著作不多,但德国社会史一号人物韦乐说,雷教授一篇论文可以抵得上其他人的十几本书,还专门在"历史科学批判研究丛书"中为他出了一本自选集,书名是《德国的民主》,其中有对希特勒上台过程的精辟分析。听雷普修斯讲课简直就是一种享受,他是一位天才的"Entertainer"(表演者)。上课写板书的时候,比如写"制度化"(Institutionalisierung)这个单词,写到li他就装着不知怎么写下去的样子,让下面的学生一个字母一个字母地"教",直到写完,学生们都会心地大笑。我还参加过他的关于"四七社"(Gruppe 47)的讨论班,十几个人在一个小教室里讨论,有的同学带来了自己的宠物,大家在高谈阔论,地上趴着的狗在默默地听着。课上完了,讨论班一起去喝咖啡吃点心,最后雷教授拿出一张100马克的大钞,为大家买单。我心想,这才是教授的风度!

在海德堡大学学习期间,我还有幸于1985年春见到了联邦德国前总理、时任社民党主席勃兰特与时任联邦总统魏茨泽克。当时他们是来参加魏玛共和国第一任总统艾伯特（1871—1925）故居重新开放仪式的。艾伯特出生于海德堡底层市民家庭，其故居就在老城靠内卡河边的一个小巷里。那天，当我在对岸的学生宿舍里听到勃兰特这位德国当代史的传奇人物就在海德堡时，就与一位德国同学飞速赶到老城里。看到勃兰特被人群簇拥着走过来，我壮着胆子冲上前去与他握手。次年，也就是1986年5月，我又一次见到了勃兰特。当时胡耀邦总书记访问联邦德国，我作为海德堡学生会的代表前去迎接，在新建的波恩大使馆里，我看到勃兰特前来与胡耀邦会谈。2000年在柏林，我第二次见到了魏茨泽克，当时他已经卸任。我与德国朋友去德意志歌剧院（Deutsche Oper）听歌剧，意外地见到他与夫人，而且他们与我们一样买的都是楼上的普通座位。我看到德国民众都很尊重他们的私人空间，没有前呼后拥，在剧场休息期间也让他们自由地散步，不打扰他们。我觉得这样很好。我在海德堡大学期间还见过科尔总理，遇见时他正在大学广场上给德国学生签名。但正当我要上前与他握手的时候，与我同行的德国教授拦住了我。他不喜欢科尔，也觉得没有必要这样稀罕"大人物"。受德国人的影响，以后我对"大人物"的兴趣也大大降低了。

在完成硕士学业以后，经雷普修斯教授的介绍，我前往柏林自由大学跟随德国著名社会史学家科卡读博士。我是1989年4月底到达西柏林的，半年以后，柏林墙就倒塌了。在此之前，我曾有机会去过东柏林，看到了当时东德社会经济的状态以及东德人的精神面貌。不管怎样，对于德国人来说，东德的解体是实现民族再统一的历史性机会。作为德国历史的研究者，我亲身经历了这次历史性大转折，深感幸运，也深有感悟。从德国历史的角度来看，1990年两德再统一，也是德国近现代史的一个终点。经过200年的探索，德意志人终于找到了比较完善的国家

1984年夏，在曼海姆歌德学院学习期间留影

制度模式，实现了国歌中所期待的"统一、法治与自由"。

　　我是2001年8月回国到中国社会科学院世界历史所工作的。转眼间又是21年过去了。到现在为止，我的人生基本可以划分为三个阶段：前21年在祖国成长，中间17年在德国学习与工作，后21年又回到祖国工作。在德国学习生活工作的17年是我人生最特殊的经历。没有50年前的中德建交以及后来的改革开放，就不可能有我这段与父辈以及大多数同代人不同的人生经历。我的留德经历是50年来中德关系史的一分子。听说现在德国有3万多中国留学生，应该是80年代初的100倍还多。而短期到德国学习、经商、交流与旅游的中国人就更多了。现在，中国是德国最大的贸易伙伴国，而德国是中国在欧洲的最大贸易伙伴。两国的经济文化交流越来越密切。人类无疑正走在大融合的道路上。中德关系的持续发展亦是这一趋势的一个例证。

我的德国情结

李风亭

1963年出生，同济大学环境科学与工程学院教授、博士生导师。现任联合国环境规划署—同济环境创新合作中心主任、国家气象局上海城市气候变化与应对重点实验室主任。主要从事气候变化政策、水处理技术以及南南合作机制研究。2001年10月至2002年9月，任德国柏林自由大学有机化学研究所访问教授。2011年9月至2011年10月，在德国波茨坦可持续发展高等研究所与前联合国副秘书/环境署执行主任克劳斯·托普弗（Klaus Toepfer）教授合作，从事循环经济研究，回国后一直与德国上述机构保持密切合作。2014年至2015年，担任联合国环境规划署南南合作及中国事务特别协调员（环境署总部内罗毕）。2004年至2021年，担任联合国环境规划署—同济环境与可持续发展学院常务副院长、环境科学与工程学院副院长，负责与联合国环境规划署的合作。2013年获得联合国南南合作特别贡献奖。

五十年 五十人 50 Jahre 50 Menschen

2001年，我的大学同学李广涛问我，是否愿意到德国工作一年，他所在的柏林自由大学尤尔根·福尔霍普（Jürgen Fuhrhop）教授的研究团队想招收一位博士后或者访问学者，从事胶体在金属表面的吸附研究工作。刚好我在南京大学学习时就作过类似的研究，那时也不是很忙，很快就收拾好行李，飞到了柏林。因为第一次去德国，什么都不熟悉，自然是我的同学李广涛到机场接我。李广涛是我的大学同班同学，他那时已经在柏林工业大学拿到博士学位，后来转到自由大学做研究员。在德国期间，我不懂的事情，需要帮助的事情，基本都是李广涛帮我包办了。刚到柏林，在李广涛的房东哈特曼那里住了几天后，我就到福尔霍普教授那里报到了。我的具体任务是研究表征聚合物胶体在金表面的吸附状态，并计算这种两次自组装结构形成的孔道内分子的排列结构和吸附容量。进入实验室后，我就马上发动实验室的同事帮我找住宿的地方，很快就在柏林自由大学南侧齐伦多夫（Zehlendorfer）大街的宝林娜街（Pauliner Stasse）住下了。房东吉塞拉（Giseller）夫妇非常热情，英语讲得也非常好。我住在房子1楼40多平方米的大房间，家具一应俱全。房间临街，有阳光的时候，透过窗户看到松鼠在树上跳来跳去，好不幸福啊。实验室的工作时间是早上9点上班，下午5点下班，但是我通常每天晚上八九点才回家。到了周末就比较自由，记得李广涛给了我一辆比较新的自行车，我就骑着自行车到处转转，熟悉了柏林的大街小巷。工作之余我还下决心学习德语，花了大概半年的时间，进展不大，最后还是放弃了。不过这一点也让我非常后悔，因为后面的20年，一直在和德国的朋友和机构合作，不会讲德语，实在是不方便。

德国的工业世界闻名，当时我和李广涛讨论最多的是，我们国家应该加强与工业强国德国的合作，只有这样，我们国家才能屹立于世界。德国人的研究和工作态度，对于我尤其是我后来的研究工作产生了深远的影响。无论做什么，认真、务实永远是第一位的，只有这样才能持续长久地发展一切。在德国的一年，转瞬即逝，了解得更多的是德国的方方面面，至于科研方面，已经忘得差不多了。最难忘的是和李广涛在一起吃"Dönner"（土耳其烤肉）和烤鸡的日子。

2002年9月回到同济大学以后，我继续从事之前的胶体化学和水处理化学品研究。

克劳斯·托普弗博士（Klaus Toepfer）曾任德国环境自然保护和核能源安全联邦部长、德国区域规划建设和城市发展联邦部长，1997年他曾经访问同济大学，被聘任为荣誉教授。1998年托普弗先生开始担任联合国副秘书长、联合国环境规划署执行主任。也是在这一年，原国家环保总局局长曲格平先生开始推动环境署与同济大学的合作，双方希望能在同济大学建立与环境规划署合作的机构，为亚太地区的环境管理和人才培养建立一个国际化的平台，服务于发展中国家的环境管理事业。通过近4年的协商和谈判，2002年5月，时任同济大学校长吴启迪教授与时任联合国副秘书长、环境规划署执行主任托普弗博士签订合作协议，共同建立联合国环境署—同济大学环境与可持续发展学院（UNEP Tongji Institute of Environment for Sustainable Development，IESD）。时任国家环保总局局长解振华先生、上海市副市长韩正先生、同济大学党委书记周家伦教授、同济大学前校长高廷耀教授、上海市环保局副局长徐祖信教授、联合国区域合作司副司长王之佳先生共同见证了签约仪式。

2022年是中德合作50周年，也是同济大学与联合国环境规划署合作20周年。20年来在各级领导的鼎立支持下，学院集教育、科研、培训和国际交流于一体，全球高等教育机构共筑可持续发展教育事业的中心。2004年，在学校领导的提议下，我担任了环境科学与工程学院副院长和环境与可持续发展学院副院长，负责这两个学院的管理和运行。我深知这两个岗位的责任之重，它承担了学校领导的期望和学院老师们的期盼。战战兢兢上岗，兢兢业业做事。回头看近20年的经历，我非常欣慰和自豪，也很荣幸在20年的合作交往中与托普弗先生成了忘年交。

2004年12月，受联合国环境署的邀请，我第一次踏上非洲大陆，去内罗毕总部参加教育方面的合作。当时对自己的英语水平没有信心，怕出问题，所以我邀请蒋大和教授一起去。蒋老师年长我十几岁，待人非常友善，既是我的老师，也是好朋友。他在美国纽约城市大学获得博士学位，在香港大学任职过。有他在，我就不担心任何问题了。在这次环境署会议上，我第一次见到了托普弗博士，我和蒋老师向他汇报了学院的进展和计划。托普弗博士非常了解同济大学的环境学科，因为同济的环境学科以工程为主，非常有特色，他建议我们多和亚太以及非洲地区国家合作，切实解决当地的民生问题。我也是从2004年开始，多次到非洲参加联合国环境署在非洲的合作项目。王之佳先生当时在内罗毕担任环境署区域合作司副司长，我们在内罗毕期间，他给予了我们很多的帮助。

2005年，经托普弗博士牵线，我们和拜耳公司建立了联系，开始商讨在可持续发展方面的合作前景，记得我和学校外事办公室冯一平副主任到拜耳总部，与拜耳大中华区集团总裁戴慕博士与魏晓安（Annette Wiedenbach）进行细致的沟通，我讲了学院的发展规划和环境署对于

2006年托普弗博士获得中国政府友谊奖，左为笔者

2007年同济大学百年校庆期间，笔者与托普弗博士在同济大学校园

学院的期望，初步达成了一些合作共识。在双方领导的共同推动下，同济大学与拜耳一致同意共同推动学院在可持续发展教育和研究方面的合作。2006年3月22日，我陪时任同济大学校长万钢教授访问拜耳总部，双方签订合作协议，协议约定拜耳将在同济大学设立可持续发展教席，并在未来5年内为同济大学提供100万美元赞助。实际上，同济大学与拜耳的合作一直延续至今，即使后来拜耳材料从拜尔公司中独立出来更名为科思创，这一合作仍然持续进行，不断惠及同济师生，尤其在前些年资助了不少学生到联合国环境署实习。在寻求可持续发展教席教授人选方面，学院大概花了一年的时间，但是始终没有确定人选。万钢校长认为，托普弗博士应该是最佳人选，后来托普弗博士正式答应担任同济大学可持续发展首席教授，学校本来计划向他支付三年共计100万人民币的工资。但是他提出的要求是，3年聘期内不收取任何工资。后来我们和托普弗博士商量，决定把这笔资金用于设立针对全国大学生的"克劳斯·托普弗环境奖"，以激励青年学子为日益突出的环境问题作出自己的贡献，这也是第一个面向全国高校环境学科大学生的奖学金项目。这一奖学金延续多年，很多高校的学生受益，为我国国家环境领域培养了不少年轻的生力军。

托普弗博士卸任联合国环境署主任以后，每年在同济大学工作2个月的时间，给全校师生开设讲座、指导研究生，同时为我们刚刚起步的环境管理与可持续发展国际硕士班级的学生上课。在上课之余，托普弗博士非常关心上海的发展，从苏州河治理，到崇明生态岛的建设，以及上海世博会的举办，托普弗博士都给予了很多指导和建议。2006年托普弗博士获得了中国政府友谊奖，2009年托普弗博士获得上海市荣誉市民称号，时任上海市长韩正先生向托普弗博士颁发了荣誉证书。2010年胡锦涛主席向托普弗博士颁发中国政府国际科技合作奖，以表彰托普弗博士在中德、中非以及中国和联合国环境规划署合作方面作出的杰出贡献。

托普弗博士在卸任环境署主任后，受默克尔总理的委托建立了德国波茨坦高等可持续研究所（IASS），德国绿色能源战略的规划就是在托普弗博士的领导下制定的。2013年托普弗博士邀请我去该研究所工作一年，由于在学院还有行政事务和中非合作项目具体工作，我在波茨坦高等可持续研究所只工作了短短1个多月就回国了。在研究所工作期间，我参加了一次德国和日本专家有关日本福岛核事故后重建的研讨会，日本政府环境省的领导详细介绍了福岛地区的受灾情况。日本是世界上最发达的国家之一，在这次海啸与核灾难的叠加冲击下，显得如此脆弱，让我感到了人类的渺小。这次研讨会给我留下了非常深刻的印象。

同济大学在与联合国环境规划署的合作过程中，还受到了另外一位德国朋友的鼎力支持，他就是托普弗博士的继任者、联合国副秘书长和环境规划署执行主任施泰纳先生，施泰纳先生同时也担任了同济大学环境与可持续发展学院理事会的理事长职务。2007年，施泰纳先生第一次以环境规划署主任身份访问上海，韩正市长聘任施泰纳先生担任顾问，希望他为上海的发展以及世博会的举办提供更多建议。同时施泰纳与原同济大学校长万钢教授共同续签合作协议，那时万钢教授已是国家科技部部长。在这次访问中，施泰纳先生建议，中国在应对气候变化和

2012年里约+20全球可持续发展大会期间，时任联合国副秘书长、环境署执行主任施泰纳先生发布中文版《绿色经济报告》，这也是当天联合国环境署的头条新闻。右为本文笔者

环境管理方面有很好的经验，同时同济大学是中国一流的大学，其丰富的成果和经验可以推广到非洲国家，为非洲的绿色和可持续发展提供综合解决方案。在这件事情上，我作为可持续发展学院的教授，责无旁贷，在此之后，学院更多的老师也参与到中非合作项目中来，杨殿海、王洪涛、柴晓利、牛东杰、吴一楠等。上述项目得到了联合国环境规划署和国家科技部、生态环境部、教育部以及商务部的大力支持。

后来国家科技部启动了与联合国环境规划署的合作计划，全国10多所大学和研究所加入了该计划，在非洲17个国家实施了应对气候变化以及水资源管理的项目，这些项目的实施极大改善了合作国家的水资源管理水平和技术水平，同时培养了大量的技术人员。同济大学结合项目的实施，迅速扩大了留学生的招生规模，使得更多的非洲学生参与到国际学位项目中来。通过教学与实践的结合，同济为非洲国家培养了大批留学生。早期的毕业生目前已经是非洲国家的大学教师或者州长、大使等政府高级管理人员了。同济大学环境学科也因在国际化教学和研究方面的成绩，两次获得国家教学成果二等奖。

2019年德国政府向托普弗博士颁发奖状，表彰他在国际环境领域的杰出贡献。我也非常荣幸能够被邀请参加这一重要仪式，在颁奖仪式之后，托普弗博士把我特意介绍给德国总理默克尔女士，我不得不用英语介绍了同济大学和托普弗博士的合作情况。这一次，我又感到了实实在在的后悔，以及没有学好德语的遗憾。

同济大学环境学科与德国很多高校有密切的合作。改革开放后，同济大学是对德合作的窗口。1980年，高廷耀教授获德国洪堡基金，赴达姆施塔特工业大学学习工作两年，并与德国教育界建立了广泛的联系，与很多大学的合作一直延续下来，也成为我们环境学科国际合作的特色。

2005年，时任同济大学副校长的赵建夫教授正在推动建立长江实验室，主要合作对象是德国尤里希研究中心（Forschungszentrum Juelich GmbH），我负责与尤里希研究中心的君特·苏布科雷（Günter Subklew）教授对接，组织双方的交流和合作研究工作。同年，我陪同万钢校长访问尤里希研究中心，双方签订合作协议。自此以后近20年来，同济与尤里希研究中心在长江研究方面一直保持密切的合作，很多学院的老师和学生都到尤里希研究中心学习和工作过。

我记得，当时在尤里希研究中心，万钢校长与托普弗博士和尤里希研究中心主任约阿希姆·特莱施（Joachim Treusch）教授共同商定，每年分别在德国和中国举办中国–德国–非洲博士生暑期学校，让年轻的研究人员对比3个国家和区域的环境问题，探讨世界可持续发展的道路。经过多年的努力和积累，后来在中国教育部支持下，双方合作建立了长江水环境研究重点实验室，目前实验室已经成为长江研究的重要基地和政府智库。

回顾同济大学的历史，学校与德国的缘分源远流长。同济大学最初由德国人埃里希·宝隆博士建立，100多年来，始终与德国保持非常密切的合作。作为同济大学的一员，过去近20年间，我也非常荣幸参与到中德合作以及同济大学与联合国机构的合作中来，尽自己的微薄之力，为中德合作添砖加瓦。德国是欧盟中最密切的合作伙伴，双方经济互补性非常强，这也为双方的各个领域的人员交流创造了更多的机会，希望中德合作明天更美好。

柏林是个令人难忘的城市，柏林自由大学、柏林工业大学，以及万湖（Wannsee）的天鹅、胜利柱（Siegessäule）的森林、波茨坦的无忧宫，这些我曾经常去的地方，一直让我无法忘怀。希望疫情过后，能再到德国，会会那里的老朋友。

德国体验一二三

孟立秋

江苏人，1982年和1985年在解放军测绘学院先后完成地图学工学学士和硕士学位。1988年作为国家公派研究生赴德国留学，1993年获汉诺威大学工程博士学位。1994年至1998年先后就职于瑞典耶夫勒大学、瑞典SWECO公司和瑞典皇家工学院。1998年获聘德国慕尼黑工业大学地图学终身教授。2008年至2014年担任该校常务副校长，曾兼任中科院首批海外评审专家、德国亥姆霍兹联合会参议会成员、德国航空航天中心参议会副主席、洪堡基金会国际顾问委员会成员、同济大学和芬兰阿尔托大学校董会成员等。2011年和2013年先后当选德国国家科学院院士和巴伐利亚科学院院士。目前兼任国际地图学协会副主席，汉斯·鲁道夫基金会理事以及斯普林格教科书系列《地理信息和地图学》主编之一。

五十年 五十人 50 Jahre 50 Menschen

  1988年我首次出国，来到德国汉诺威大学攻读测绘工程学科的博士学位。导师维尔纳·里希特纳（Werner Lichtner）教授带着中国师姐杨俊到机场接我的情景仍历历在目。初来乍到的我对这里的一切都感到新鲜：高速公路有些地段不限速，地铁站不设检票口，大学校园无围墙……星期天特别安静，不时传来的教堂钟声提醒我已经来到了异国他乡。走在大街上，谁也不认识，说举目无亲有点矫情，我的留学目的明确，加上每月810马克的国家教委奖学金使我衣食无忧。

  最初的日子总有一些"怪"现象令我惊讶。汉诺威属北德低地，老百姓说的却是号称德国标准普通话的高地德语（Hochdeutsch）。我所在的研究团队里有六七位比我稍年长的德国师兄，他们活像一个模子里刻出来的，我分不清他们谁是谁。教师上完课，同学们通过敲桌子代替鼓掌，吓了我一跳，缓过神来觉得敲桌子很实用，只用一只手，不耽误另一只手做笔记。超市里收银员找零钱的方式很特别：如果我买了价值13.45马克的商品，递上一张20马克的纸币，收银员既不作减法心算，也不用计算器，而是以13.45为起点往上数，边数边从收银箱里拿出硬币或小额纸币，14、15、……数到20停，不多不少找给我6.55马克零钱。会数数的人都干得了这活，鲁棒性极好。德国学校对学生成绩的打分标准更奇：1分优秀，2分良好，以此类推，5分垫底。照这么说，学习像一个拾级而上的登高运动，从最低的5等攀到最上的1等，应了"吃得苦中苦，方为人上人"的儒家传统。学习也像一个还债的过程，起跑线上大家都欠5分，努力越甚，欠债越少，欠剩1分为最佳，毕竟学无止境嘛，这似乎又和"为学日益，为道日损"的老子哲学不谋而合。

  过了一阵子，困惑竟奇迹般地消失了，仿佛冥冥之中有一只神奇的手揭掉了挡在我眼前的

1988年，初到德国汉诺威

2009年9月，在慕尼黑工大机器人实验室接待时任德国副总理兼外长弗兰克-瓦尔特·施泰因迈尔先生

一层薄纱。德国师兄们的个性、声音和举手投足哪有丝毫的一致？可再过了一阵子，他们又彼此相似起来，确切地说，是我变得和他们越来越相似了。体验过"否定之否定"的融入过程才算得上真正的留学。

在汉诺威大学读博士学位的准入门槛不低。除了中国的硕士文凭，我还必须通过大学要求的德语水平考试和四门专业课考试。此外，按照国家教委的要求，我必须在一年内完成这些考试才有资格领取第二年的奖学金。令我犯难的是最后一门专业课的口试。考我的戈特弗里德·科尼克尼（Gottfried Konecny）教授是个大忙人，我很难通过他的秘书约到考试时间。眼看一年限期日益逼近，心急如焚的我天天到教授办公室门口撞时。终于撞来了机会，教授拿起他写的教科书随机地翻，翻到哪一页，就根据那一页的内容组织提问。几道题下来，我已感觉教授不想继续浪费时间。无奈之下，我把事先准备好的勘误表给他看，请求他随便挑几处容我解释书中的错漏。教授到底不是迂腐之辈，确信我看懂了那本书，痛快地放我过了关。我和这位教授的忘年交就从那时开始了。多年后，当我自己成了大忙人后，竟也拿起自己写的教科书，边翻边提问。所不同的是，我电脑里存着整本的教科书，出差途中也不耽误在线口试，至今未曾把哪个学生逼得用勘误表反击。

我抵达汉诺威刚满一年的那天，导师不幸英年早逝，令我悲伤不已。随后的两年里，我和师兄师姐们在没有顶梁柱的状态下学着互助管理，师兄安德鲁（Andreas Illert）成了我的业务指导员，我在国际学术大会上的第一次口头报告就是在他的陪伴和鼓励下完成的。我也时常向导师的前任、已退休的君特·哈克（Günter Hake）教授、西柏林自由大学的乌尔里希·弗莱塔克（Ulrich Freitag）教授、波恩大学的迪特·摩根斯特恩（Dieter Morgenstern）教授请教，直到新的导师迪特玛·格鲁恩莱希（Dietmar Grünreich）入职接管了我读博最后一个阶段的指导工作。可以说，我的博士论文是不折不扣的吃百家饭的结果。我到汉诺威的第五年完成博士答辩。答辩后的答谢酒会上，同事本特·拉帕（Bernd Rappe）向来客们介绍我的特点，戏言我将在五年后成为教授。我带着这份预支的信任，继续在所里做了大约一年时间的博士后研究，便离开德国前往瑞典，先后在瑞典的高校和工业界几个不同的岗位上经历了另一番锻炼。

1998年，离我完成博士学位刚好满五年的时候，同事的戏言成真，我误打误撞地入聘慕尼黑工业大学，成为地图学终身教授。重返德国，于我是一种"回来"的感觉。尽管和德国的"第二次握手"对我已无陌生感，但我面临的却是重新认识德国的挑战。慕尼黑地处南德，这儿的方言是货真价实的"高地德语"，和汉诺威的标准德语相比，就好像广东话遇到普通话。令我纳闷的是，慕尼黑虽然方言土得掉渣，却属于德国经济、科技、文化和交通最发达的地区。此外，南德的天主教信众多于新教信众，和北德相反。汉诺威人的"早安""日安"和"晚安"问候方式在慕尼黑改成了"上帝问候您"，时刻提醒我"举头三尺有神明"。

慕尼黑工大土木和测绘工程系的教授队伍随着我的到来，首次有了外国人和女性。这下受到文化冲击的不仅是我，还有我的德国同事们。我在琢磨如何向他们学习科研教学管理技巧的

五十年 五十人 50 Jahre 50 Menschen

同时，他们也在琢磨如何跟一个双重的另类相处。如果说"互相不认识"是一种自在的零状态，"我谁也不认识，却谁都认识我"则是不自在的"负状态"，我必须适应新常态，学会在众目睽睽下一步步闯出自己的路径。

刚入职不久我便赶上了欧洲轰轰烈烈的博洛尼亚教育改革，主要任务是用三年本科加两年硕士的学制，取代当时欧洲最流行的德国模式，即"Dipl.-Ing."（五年制工程学位）。放弃已有100年历史的卓有成效的工程学位制度对于大多数德国大学和企业行会是一个心理上难以接受的事实。我和同事们在经历了反复调研和论证之后，逐渐认识到新学制利大于弊，特别是统一的本科制度便于欧洲大学之间的人才交流。慕尼黑工大选择了"与其筑墙抵抗，不如扬帆远航"的政策，在最短的时间里完成了学制改革。德国大学放下骄傲实属不易。

千禧年伊始，中德交流合作迈入黄金时期。我仰仗得天独厚的沟通优势，联合德国和中国多所高校以及中科院的研究所展开了好几轮多方项目合作，合作项目都是双边对等资助的，包括中德双方的自然科学基金会、中德科学基金研究交流中心、中国科技部、德国联邦教研部等。我在这些项目中扮演德方协调者和子项目执行者的角色。我的几位德国博士生通过联合项目初次来到中国，在为期一到三个月不等的学术逗留期间，学会了熟练使用筷子，并开始深入理解和欣赏中国文化。对等资助的中德项目交流是我亲历的最有成效的双赢合作方式。

在加强和中国科技合作的同时，德国政府于2005年发布了精英大学创新计划。时任慕尼黑工大第一副校长的恩斯特·兰克（Ernst Rank）教授组织发起的国际理学和工学研究生院是首轮参赛项目之一，其中共有16位专业不同的主要研究者（简称PI，即principal investigator），我有幸成为其中之一。答辩前夕，我和同事们针对自然科学基金会公布的20位国际评审专家名单反复预演。时任校长的沃尔夫冈·赫尔曼（Wolfgang Herrmann）教授亲自督阵，要求每一位PI重点应对一到两名专家的提问。答辩按计划在波恩的自然科学基金会的大楼里进行，那是2006年7月中旬一个酷暑难耐的日子，室内温度高达38℃，几十个人挤在没有空调的房间里挥汗如雨，舒适度为零，直觉告诉我，在德国工业大学的外籍教授和女性教授都罕见的情况下，我只要出场并开口就可能净得两分。于是，我忍着剧烈的偏头痛尽力发了言。2006年10月，慕尼黑工业大学成为首批入选的三所德国精英大学之一，消息传来时我的第一个反应是，每个项目的战略性团队组织和内容一样关键。

2008年年初，正当我对教授岗位开始驾轻就熟时，校长把我唤去谈话，希望我竞选副校长一职，接替即将离任的兰克教授，还允许我在科研和国际化两个重点之间任选一样。经过一番思想斗争我决定试试看，并选择了国际化作为工作重点。就这样，我再次进入一个全新的角色。

我刚上任不久便代表慕尼黑工大参加了德国自然科学基金会、洪堡基金会和德意志学术交流中心（DAAD）联合组织的访问团，赴美国进行为期一周的"精英大学创新计划"信息宣传。访问团依次在首都华盛顿、旧金山和洛杉矶作短暂的停留。在这次热身旅行中我除了有机会和美国东西海岸各名校的领导及资深科学家们座谈讨论以外，还见证了歌德学院的作用。访问团

德国体验一二三

2011年5月，在上海同济大学和华中科技大学同济医学院创始人埃里希·宝隆（Erich Paulun，1862—1909）的故乡帕斯瓦尔克（Pasewalk），参加纪念碑揭碑仪式。前排左起：同济大学副校长伍江，笔者代表慕尼黑工业大学，帕斯瓦尔克市长莱纳·达姆巴赫（Rainer Dambach），后排：纪念碑设计者莱纳·费斯特（Rainer Fest）

2016年12月，笔者在巴伐利亚科学院一年一度的院士集会上

在首都华盛顿得到了德国驻美大使馆的接待，而在旧金山和洛杉矶这两站则是歌德学院为我们提供了活动场所，承担起民间文化大使的责任。

国际化作为工作重点对我的直接结果是每年平均100次的出访旅行以及更多次的来访接待。频繁的实地调查和访谈一步步加深了我对世界各地高等教育资源和人才分布特点的认识。毫无疑问，中国在我的国际化活动中占的比重最大。慕尼黑工大和中国高校除了学术交流以外，也有文化艺术交流。在双边伙伴大学、校友联盟以及慕尼黑孔子学院等的赞助下，我先后三次派遣慕尼黑工大交响乐团访华，与北京、天津、上海、成都和武汉等地高校的师生艺术团体联袂演出。慕尼黑工大的大礼堂也曾是慕尼黑地区中国学联会和侨界为汶川地震组织义演募捐、中国艺术团体慰问演出和多次春节联欢活动的主要场所。

为了有计划地促进和中国高校的合作交流，慕尼黑工大在北京设立了第一个联络站，后来又陆续在孟买、开罗、圣保罗和旧金山设立了新的联络站。在欧洲则和其他5所工业大学结成密切合作联盟，将联络中心设在布鲁塞尔。此外，慕尼黑工大还在新加坡建设了第一所境外分校，循序渐进地开设本科和硕士学位课程，参与新加坡的重大战略研究项目，形成了可持续发展的校园生态环境。参与或主导这一系列国际化任务对于我是一个边学边实践的过程。不同地区的国际化任务各有侧重，但互惠互利的原则始终不变。偶尔我被问到"是否爱国"时，我往往会建议对方把闭环提问改成"如何爱国"的开环提问，以便我提供中德合作共赢的实例。

涉及校企合作的时候，互惠互利更是必须遵守的原则。2017年，慕尼黑工大和华为公司签署了战略合作框架协议，从此大大简化了双方联合项目的法务审核流程，而华为公司则是慕尼黑工大企业战略合作伙伴中唯一一个诞生于中国的企业。然而，双方为了达成这个框架协议，前后花了五年多时间。在跟进双方的对话过程中，我经常来回转换角色和立场，企图找到某个突破口，让双方都前进一步。相信很多旅居德国的华裔同胞也面临过非常类似的谈判场景。

我也把慕尼黑工大作为试点，推行了对硕士课程改用英文授课的计划。这个举动一开始被误解为否定德国语言文化，阻力甚至人身攻击在所难免，经过和一个一个系的师生代表前后几十次的沟通和论证，这个计划终于获得了广泛的认同。它的落实使慕尼黑工大硕士课程的双学位合作伙伴由欧洲扩大到中国高校，中国的本科毕业生有了更多的留学国选择，而改变教学语言对于德国高校陆续引入的教授预聘制也是必要的铺垫。来自境外的助理教授一上岗就可承担硕士阶段的教学工作。近年来，华裔教授的迅速增加充分反映了德国大学国际化程度的提高。

一晃我已经在德国依次度过了而立之年、不惑之年和知天命之年。约瑟夫·坎贝尔（Joseph Campbell）在《神话的力量》一书里有这样一段话令我若有所思："我们踏上征程并不是为了拯救世界，而是拯救我们自己。但当我们拯救自己的时候我们也在拯救世界。"

我下班后常去慕尼黑的伊萨尔河畔散步。走近这条并不波澜壮阔的河，感受它的长度、宽度以及陡缓曲直，就像走近一个平常的人生。我特别要赞美一座跨越伊萨尔河两岸的桥梁——路德维希桥（Ludwigsbrücke），简称"路桥"。不同于欧洲名城各种令游人流连忘返的老桥，这座慕尼黑的门户之桥与雄伟和浪漫两不沾边。桥面有4条车道，中间是电车轨道，左右是自行车道和人行道。穿梭于伊萨尔河两岸的人们往往意识不到行驶在桥上。据史料记载，12世纪中叶，这里出现了第一座木桥，来自阿尔卑斯山区的货船载着当时被比作"白金"的盐经过此桥时，留下买路钱或用盐交换其他商品。就这样，木桥催生了慕尼黑这座繁荣的城市，而它本身历尽洪水和战火的磨难，最初的木桥变成了今日的钢筋混凝土桥梁，始终保持着素面朝天的格调。曾有人试图通过在桥上开购物店等方式来增添它的外在魅力，但市议会出于安全考虑否决了这些提议，坚持认为，这座桥从古到今一直是一座专用于贸易和交通的功能性建筑，任何的光环都会遮蔽它的内在价值。的确，路桥无法让人产生花前月下的憧憬，它矗立在那里不是为了被仰望、被观赏，而是心无旁骛地发挥沟通作用，将人们的注意力投向两岸的人间烟火、砾石滩上的田园风光、达到饮用标准的河水，或是在召唤人们疾步奔向河心岛上的德意志科技馆。

在这里生活和工作了这么久，我终于明白，自己心目中的诗歌和远方就是路桥这样荣辱不惊的质朴存在。当一座桥梁从人们的摄像镜头里消失时，恰恰说明它的使命发挥到了极致，可谓大美无形。活跃在德国的华侨们何尝不是以同样的方式融入当地社会，平凡而自信地为此岸和彼岸间的来往提供方便，侨，人之桥也。由于这个缘故，我喜欢在路桥上驻足，体验它的定位、定向和定神作用，观赏黄昏时碎成一河的落日余晖，那些熠熠闪烁的人生往事，任取一瓢便是夹金带银的富有，与众分享。

中国与德国：强大的团队奔向成功的未来

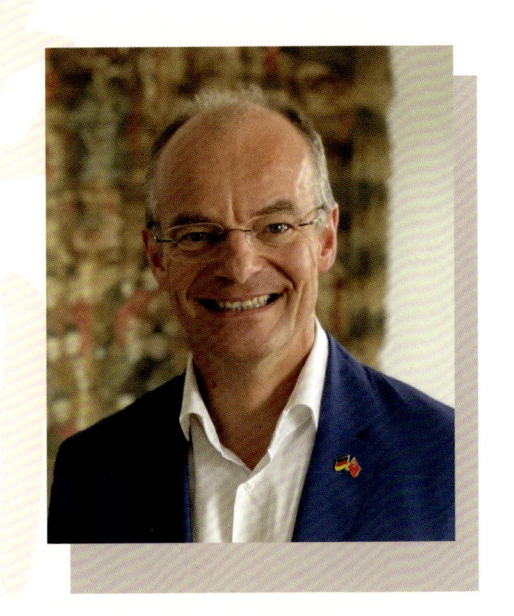

夏建安　*Christian Sommer*

1963年出生。上海德国中心董事长兼首席执行官，已在中国生活工作20多年。作为拥有法律专业背景的人士和乒乓球运动的超级爱好者，夏建安从上海最早的德国律师事务所开始了他在中国的职业生涯，之后创建并发展了北京德国中心，自2005年起接手上海德国中心。在他的领导下，上海德国中心发展为中德之间联络和商贸活动的一个成功平台。通过这个平台，同时得益于夏建安多方面的专业知识，数以百计的德国企业已成功进入中国市场。2016年，夏建安创立了青岛德国企业中心和太仓德国中心，2016年他被亚历山大·洪堡基金会任命为联邦总理奖学金项目大使，2017年获得"苏州荣誉市民"称号，2021年获得上海市"白玉兰纪念奖"。夏建安作为上海摇滚乐队"Shang High Voltage"的贝司手，同时作为"中德乒乓球国际邀请赛"的共同组织者，促进了中德文化的交流。

五十年 五十人　50 Jahre 50 Menschen

Jahrgang 1963, CEO & Chairman des German Centre for Industry and Trade Shanghai Co. Ltd. Christian Sommer lebt und arbeitet seit über 20 Jahren in China. Der Jurist und passionierte Tischtennisspieler begann seine Karriere in einer der ersten deutschen Anwaltskanzleien in Shanghai und baute das German Centre Beijing auf, bevor er 2005 seine jetzige Aufgabe antrat. Unter seiner Leitung entwickelte sich das German Centre Shanghai, eine 100prozentige Tochter der BayernLB, zur erfolgreichen Plattform für deutsch-chinesische Kontakte und Geschäfte. Hunderte deutsche Firmen nutzten bereits das German Centre Shanghai als Ausgangspunkt für ihren erfolgreichen Markteinstieg und profitierten dabei von Sommers vielfältiger Expertise. 2016 eröffnete er das German Centre in Taicang, eine Tochter des German Centre Shanghai sowie das German Enterprise Center in Qingdao. 2016 wurde er zum Programmbotschafter des Bundeskanzlerstipendiums der Alexander von Humboldt Stiftung für China berufen. 2017 wurde ihm die Ehrenbürgerschaft der Stadt Suzhou in der Jiangsu Provinz verliehen. 2021 erhielt Christian Sommer den Magnolia Silver Award für herausragendes Engagement von der Stadt Shanghai. Den deutsch-chinesischen kulturellen Austausch fördert Christian Sommer als Bassist in der Shanghaier Rockband „Shang High Voltage" und als Mitorganisator von Chinesisch-Deutschen Tischtennisturnieren.

在中国生活和工作近28年后，回顾紧张的职业生涯和幸福的私人生活，我和很多人一样，感受到了许多高光时刻，幸运的是，在管理者日常紧张工作的"一般背景噪声"中，只有极少数的低谷时刻。然而，与德国相比，中国的这种"背景噪声"更响亮、更紧张、更快速，因此也更让人紧张疲惫。这意味着人对成功的感知更加强烈，感受更加丰富，甚至更加充实；反过来说，对低谷的感知也是如此。

我与中国的第一次接触发生在我在德国北部的家乡基尔。通过大学的一个熟人介绍，一位来自杭州的中国人加入了我们的乒乓球队。那是在20世纪90年代初，他的家乡故事对当时的我们来说是无法想象的，这勾起了我亲自去那里看一看的兴趣。因此，我和中国的第一次相遇发生于1994年12月28日。因为没有直飞上海的航班，我先在北京降落，然后继续飞往上海，从那里坐火车到杭州，与凌平（这位中国朋友的名字）的中国家庭一起度过元旦。在这最初的几天里，我的经历以光速扩大：沿着美丽的西湖一起散步，主人对我盛情款待，我对这位乒乓球友女儿的生活世界有了深入了解，包括她父母早已为她规划好的未来学校教育和深造，而这些仅仅是其中的一些例子。这第一段友谊一直持续到今天，就在去年，我和妻子被邀请到杭州参加他女儿的婚礼。她现在已经长大了，并且已经完成了法律学业。

在中国的头几个月，我收获了一个总体的经验：关于我提出的"为什么（有些事情）是这样的？"问题，我很少得到在内容上解释性的答复，这让我起初感到很惊讶，似乎有意义的不是事情的缘由，而是事实本身，即现实本身。因此，我有时会有一种几乎听之任之的感觉。这种感觉在新冠疫情封控期间意外地再次浮现，但却带有一种不太好受的回味。

除了所有在华外国人都会遇到的关于食物和交通的无数故事之外，我还被另一个现象所吸引：庞大的人群。从前我对庞大人群的体验仅限于一年中的几天，例如在密集的圣诞市场或在基尔举行的世界最大的帆船活动"基尔周"。在上海，每一天对我来说似乎都是"基尔周"，只是规模还要大好几个级别。我很快就明白了，这个因素影响着中国社会的共同相处，因此导致与德国截然不同的结果。如果你今天想在14亿中国人中脱颖而出，你可以获得的社会支持要比在德国少。为自己的利益而进行的竞争更加激烈，家庭在其中起着重要作用。我与我的妻子结婚超过25年，通过融入她的中国大家庭，从她姐妹们的孩子的成长过程，我有了进一步的理解。我最初认为，"集体人"会让个体的个人主义色彩减少，结果证明这是一个谬论。根据我的观察，社会人际互动中的这些基本特征在今天仍然明显可见。

作为一个在国外担任管理岗位的年轻经理人，与公众人物——无论是政治家、著名职业运动员，还是其他名人——接触和交谈的机会，都比我在德国经历的要多得多。毫无疑问，德国联邦总统罗曼·赫尔佐克和霍斯特·克勒的访问是所有（我经历的）政治访问中最重要的。由于德国总统霍斯特·克勒的访问在上海德国中心进行，我当时已在德国中心管理层，所以我也参与了筹备组织和与安全相关的工作。我看到一位平和的联邦总统，散发着平易近人的气质，虚心地倾听，不仅从德国和中国的对话者那里收集经验，还提出问题来回应。尽管我在中国已经待了近30年，这也是我希望自己秉持的基本态度。

我自己是一名活跃的乒乓球运动员，所以德国乒乓球明星波尔多次访问上海德国中心，对我而言是一种特殊的经历。虽然波尔在德国的大街上几乎不会被认出，但自从他在年轻时一次巡回比赛中击败了好几名中国顶级选手后，他在中国这个乒乓球第一大国就成了超级明星。同样有名的还有德国国家乒乓球教练、前世界双打冠军罗斯科夫。这两位顶级运动员在中国都非常受欢迎，他们没有任何架子，可以数小时与中国球迷谈话，为他们签名。作为上海德国中心的负责人，我一直这样理解我的任务：经济方面当然赚钱很重要，除此之外，在文化方面也对两个国家之间拉近距离和加深理解起着重要作用。因此，我们在上海德国中心既庆祝中国的节日，也庆祝德国的节日。我们还成立了一个名为"Shang High Voltage"的摇滚乐队，我本人在其中担任贝司手。我们表演的曲目除了国际知名的摇滚歌曲，也有一些中国歌曲。

我的职务和工作也使得我可以与中国的官员（市长或书记）会谈。这些会谈在开始时通常官方而正式，随着交谈的进展，最迟在共进晚餐时，对话就会变得更加轻松，交流则多一些个人色彩。在许多谈话中，我更有一种与企业家而不是与官员交谈的感觉。当然，这也是由于大多数对话伙伴对来自德国的投资感兴趣，并期望从德国中心，即从我这里获得增值。

2015年，我有机会与时任济南市委书记的王文涛交谈，如今他担任了商务部部长。这次交谈给我留下了深刻的印象，影响一直延续到今天。我们各自在皮扶手椅上并排坐着，进行了一次不同寻常的长谈，我们非常具体地谈论了经济，谈到了涉及合作、中国的行政体系和社会发

五十年 五十人　50 Jahre 50 Menschen

我的中国大家庭，2007 年
Meine Großfamilie in China, 2007

展的普遍问题。在我的记忆中，他是一位优秀的人，也是一个敏锐的思想者。

　　与太仓市政府许多代表的讨论给我留下了持久的印象，这座"小"城只有不到100万人口，属于苏州市。太仓市目前有400多家德国公司，称得上是德国工业界中小企业在中国的"首都"。对我来说，看到这座城市正在以其独特的能量，以及长期规划和短期实施周期进行发展时，无论过去和现在都使人惊叹。我在这座城市与中国人的无数次邂逅使我印象深刻，也在我身上留下印记，始终让我感到愉悦。我向这座城市管理部门取得的成就致敬，因为他们20多年来一直在培养和维护这种积极的、国际化的，特别是对德国友好的氛围。6年来，我们也在太仓运营着一个德国中心，这是对于德国企业的另一个联络点。我们还与巴伐利亚州乒乓球协会和太仓乒乓球协会一起发起了"中德友谊杯乒乓球邀请赛"，或者更准确地说，是巴伐利亚－太仓友谊赛，到今年已经是第五届了。但由于新冠疫情影响，今年只是小规模举行，没有来自德国的乒乓球运动员远途参与。

　　德国和中国建立外交关系后的50年里，尽管两国在地理上有遥远的距离、文化上有巨大的差异，但两国在几乎所有方面都进行了广泛的合作，尤其是在最近30年里，双方经济合作的发展令人叹为观止，并使两国都从中获益。上海德国中心也为此献上了绵薄之力，通过我们和我们的网络，数百家德国企业来到了中国，从一开始只有几个人，到今天在中国有好几处大型生产场地。随着中国的发展，我们的任务也发生了变化。今天，我们仍然充当着提供起步帮助的角色，但实质上我们是具有丰富经验的实践顾问。这既是在德国公司承担管理角色的中国经理人的需求，也是德国人的普遍需求。我们的目标仍然是通过我们德国中心、我们这个平台和网络，促进德国与中国之间，德国企业与中国企业之间，以及德国人民与中国人民之间的的联系。在我看来，这项任务没有时限，但目前也许比以往任何时候都更重要。

我们已经经历了 50 年的外交关系，在我看来，这已经创造了一个未来可以继续发展的伟大基础。在政治生活和私人生活中，关系都不是静止的，而是不断发展，并受到许多因素的影响。我喜欢把这与一棵树的生长相比较，它的年龄增长可以在日后回顾性地从树干的年轮中读出，有些年轮会比其他年轮更宽，但只要树在生长，就不必担心。新冠疫情及其导致的旅行限制使得面对面的互动大大减少，然而，面对面的交流所建立和维护的信任，是单纯交流知识的视频会议所无法替代的。因此，我对未来几年的首要愿望是，希望跨越国境的更多人际交流将很快再次成为现实，因为长时间保持距离会导致信任减退。

外交关系不单单是一种对经济、对社会和对政治的分散视角，作为一名企业界的代表，我对外交的理解是一种整体观，它囊括所有的问题，而不是单独行动。外交工作应采取以目标群体为导向的方式进行。我们作为上海德国中心将继续为此作出自己的贡献，使中德两国的经济继续良好发展，由此使人们，无论是中国人还是德国人，都能在中国相遇，对彼此的了解得以增加而不是减少。

德国和中国有着不同的长处，如同成功的管理团队或足球队那样，将各自的长处结合起来，强强联手，实现团队附加值，这会非常有意义，这也是我对未来几年和几十年的期望。

China & Deutschland:
Starkes Team für eine erfolgreiche Zukunft

Nach fast 28 Jahren leben und arbeiten in China geht es mir wie vielen anderen auch, die auf ein intensives Berufs- und ein glückliches Privatleben blicken: Zahlreiche Höhepunkte und zum Glück nur sehr wenige Tiefpunkte ragen aus dem „allgemeinen Grundrauschen" eines zeitlich eingespannten Manager-Alltags heraus. Allerdings ist dieses Grundrauschen in China deutlich lauter, hektischer, schneller und dadurch auch nervlich anstrengender als in Deutschland. Dies bewirkt, dass die Erfolge intensiver, emotionaler, ja erfüllender wahrgenommen werden; umgekehrt Tiefpunkte allerdings genauso.

Meine erste Begegnung mit China fand in Kiel, meiner norddeutschen Heimatstadt, statt. Über eine Universitätsbekanntschaft stieß ein Chinese aus Hangzhou zu uns ins Tischtennisteam. Das war Anfang der 90er Jahre. Seine für uns damals unvorstellbaren Geschichten aus seiner Heimat weckten bei mir das Interesse, das einmal vor Ort „live" anzuschauen. Und so fand am 28. Dezember 1994 meine erste Begegnung in China statt: Landung in Beijing, da Direktflüge nach Shanghai nicht existierten,

Weiterflug nach Shanghai, von dort mit Zug nach Hangzhou, um in der chinesischen Familie von Ling Ping, so sein Name, den westlichen Jahreswechsel zu verbringen. An diesen ersten Tagen erweiterte sich mein Erlebnishorizont in Lichtgeschwindigkeit: Gemeinsame Spaziergänge am schönen West Lake, die große Gastfreundschaft, die ich erfuhr, Einblicke in die Lebenswelt der kleinen Tochter meines Tischtennisfreundes einschließlich der bereits durch die Eltern geplanten künftigen Schul- und Weiterbildung, um nur einige wenige Themen herauszugreifen. Diese erste Freundschaft hält bis heute. Erst letztes Jahr waren meine Frau und ich zur Hochzeit der mittlerweile erwachsenen Tochter und studierten Juristin nach Hangzhou eingeladen.

Eine generelle Erfahrung kam in den ersten Monaten meines Chinaaufenthalts hinzu: Auf meine zahlreichen Fragen nach dem „Warum (manches so sei)?" bekam ich nur selten eine inhaltlich erklärende Antwort, was mich anfangs überraschte. Sinnstiftend schien also nicht der Grund für etwas zu sein, sondern die Tatsache selbst, die Realität als solches. Daher hatte ich manchmal das Gefühl, der Realität quasi ausgeliefert zu sein. Dieses Gefühl fand während der Corona Lockdowns ein unerwartetes Revival, allerdings mit einem negativen Beigeschmack.

Neben den für alle Ausländer in China zahlreichen Geschichten rund um das Essen oder auch den Verkehr faszinierte mich ein weiteres Phänomen: Die Masse Mensch. Meine Erfahrung mit Menschenmassen beschränkten sich auf wenige Tage im Jahr, so zum Beispiel auf dicht gedrängten Weihnachtsmärkten oder während der „Kieler Woche", der weltgrößten Segelveranstaltung in Kiel. In Shanghai schien für mich jeder Tag „Kieler Woche" zu sein, nur um etliche Nummern größer. Recht schnell wurde mir klar, dass dieser Faktor das Zusammenleben in der chinesischen Gesellschaft prägen und das Ergebnis deshalb anders als in Deutschland ausfallen werde. Wer bei – heutigen – 1,4 Mrd. Chinesen weiterkommen will, kann im Vergleich zu Deutschland weniger auf die Unterstützung aus der Gesellschaft bauen. Der Kampf um den eigenen Vorteil wird härter geführt und der Familie kommt ein großer Stellenwert dabei zu. Diese Erfahrung konnte ich durch die Einbindung in die chinesische Familie meiner Frau, mit der ich mittlerweile über 25 Jahre verheiratet bin, an dem Werdegang der Kinder ihrer Schwestern nachvollziehen. Meine anfängliche Annahme, dass „Masse Mensch" ein Weniger an Individualismus jedes Einzelnen nach sich ziehen würde, stellte sich als Trugschluss heraus. Diese Grundzüge im sozialen Miteinander sind meiner Beobachtung nach bis heute spürbar.

Als junger Manager in einer Führungsposition im Ausland sind die Möglichkeiten, Personen des öffentlichen Lebens, seien es Politiker, bekannte Leistungssportler oder sonstige Persönlichkeiten zu treffen und mit ihnen ins Gespräch zu kommen, ungleich höher als dies in Deutschland bei mir der Fall gewesen wäre. Zweifelsohne ragen die Besuche der Deutschen Bundespräsidenten, Roman Herzog und Horst Köhler, aus allen politischen Besuchen heraus. Da der Besuch von Bundespräsident Horst

Köhler im German Centre Shanghai stattfand, das ich zu dieser Zeit bereits leitete, war ich auch in die vorbereitende Organisation und den sicherheitsrelevanten Aspekten eingebunden. Ich erlebte einen entspannten Bundespräsidenten, der Freude ausstrahlte, wissbegierig zuhörte und Erfahrung von den deutschen wie chinesischen Gesprächspartnern nicht nur einsammelte, sondern mit seinen Nachfragen auch einforderte. Diese Grundhaltung habe auch ich mir vorgenommen, trotz meiner mittlerweile fast drei Jahrzehnte in China zu bewahren.

Als selbst aktiver Tischtennisspieler waren die mehrfachen Besuche des Deutschen Tischtennis Stars Timo Boll im German Centre Shanghai für mich ein besonderes Erlebnis. Wird er in Deutschland auf der Straße kaum erkannt, so ist er in China, der Tischtennis Nation Nr. 1, ein Superstar, spätestens seit dem Zeitpunkt, als er in jüngeren Jahren bei einem Turnier mehrere chinesische Spitzenspieler geschlagen hatte. Ähnlich bekannt ist Jörg Roßkopf, Tischtennis Bundestrainer und ehemaliger Weltmeister im Doppelwettbewerb. Beide Spitzensportler sind in China sehr beliebt, haben keine Staralüren und stehen stundenlang für Gespräche und Autogramme für die chinesischen Fans bereit. Als Chef des German Centre habe ich meine Aufgabe immer so verstanden, dass neben wirtschaftlichen Aspekten, die ja für das Geldverdienen unabdingbar sind, auch kulturelle Aspekte für die Nähe und das Verständnis zweier Nationen eine große Rolle spielen. Daher feiern wir im German Centre Shanghai sowohl die chinesischen Feste, als auch die deutschen. Zudem haben wir eine Rockband gegründet mit Namen „Shang High Voltage", in der ich selbst den E-Bass spiele. Neben international bekannten Rocksongs sind auch einige chinesische Lieder im Repertoire.

摇滚之夜，2004 年
Rock Night 2004

Meine Position und Aufgabe erlaubt mir ebenso, in Gesprächen mit chinesischen Offiziellen, Bürgermeistern oder Parteisekretären zu kommen. Diese anfangs meist formalen Treffen werden spätestens beim gemeinsamen Dinner lockerer und der Austausch persönlicher. Bei vielen meiner Gespräche hatte ich mehr den Eindruck, mit einem Unternehmer als mit einem Politiker zu sprechen. Das liegt natürlich auch daran, dass die meisten Gesprächspartner an Investitionen aus Deutschland interessiert sind und sich vom German Centre, sprich von mir, diesbezüglichen Mehrwert versprechen.

2015 hatte ich die Gelegenheit, mit Wang Wentao, seinerzeit Parteisekretär von Jinan zu sprechen. Heute ist er in Beijing und der Minister für Handel und Industrie. Dieses Treffen hat mich tief beeindruckt und wirkt bis heute nach. Wir hatten uns nebeneinander auf den Ledersesseln sitzend ungewöhnlich lange unterhalten, da wir sowohl sehr konkret über die Wirtschaft, als auch über generelle Themen der Zusammenarbeit, der Verwaltung in China und der Entwicklung in der Gesellschaft gesprochen haben. Er ist mir als Persönlichkeit und scharfsinniger Denker in Erinnerung geblieben.

Nachhaltig beeindruckt war ich von den Gesprächen mit den verschiedenen Regierungsvertretern in Taicang, einer knapp eine Million Einwohner „kleinen" Stadt, die zum Bezirk Suzhou zählt. Mittlerweile hat Taicang über 400 deutsche Firmen und ist damit unbestritten quasi Hauptstadt des Deutschen industriellen Mittelstands in China geworden. Für mich war und ist es bis heute faszinierend zu sehen, mit welcher Energie, langfristigen Planung und kurzen Umsetzungszyklen diese Stadt sich entwickelt. Unzählige Begegnungen mit Chinesen in dieser Stadt haben mich beeindruckt sowie geprägt und erfreuen mich immer wieder. Vor der Leistung dieser Stadtverwaltung ziehe ich den Hut, da sie dieses positive, internationale und speziell deutschfreundliche Klima bereits seit über 20 Jahren pflegt. Seit sechs Jahren

训练结束后，2006 年
Nach dem Training, 2006

betreiben wir dort ebenso ein German Centre, sind also eine weitere Anlaufstelle für deutsche Firmen. Ebenso haben wir zusammen mit dem Bayerischen Tischtennisverband und dem Taicanger Tischtennis Verein ein deutsch-chinesisches, genauer bayerisch-taicanger Freundschaftsturnier aus der Taufe gehoben, was dieses Jahr bereits zum fünften Mal veranstaltet wurde, Corona bedingt nur im kleinen Rahmen ohne eingeflogene Tischtennisspieler aus Deutschland.

Die vergangenen 50 Jahre, in denen Deutschland und China diplomatische Beziehungen pflegen, haben dazu geführt, dass beide Völker trotz ihrer großen geografischen, aber auch kulturellen Distanz in nahezu allen Themen vielfältig zusammenarbeiten. Dabei hat sich die wirtschaftliche Kooperation insbesondere in den letzten 30 Jahren atemberaubend entwickelt, und zwar zum Vorteil beider Länder. Als German Centre Shanghai konnten wir hierzu einen kleinen Beitrag leisten, denn durch unser Haus und über unser Netzwerk sind mehrere Hundert deutscher Firmen nach China gekommen. Anfang mit einer Handvoll Leuten, heute mit großen Produktionen an mehreren Standorten in China. Mit der Entwicklung von China hat sich auch unsere Aufgabenstellung verändert. Wir dienen heute zwar immer noch als Einstiegshilfe, aber im Wesentlichen agieren wir als praxisnaher Erfahrungsratgeber. Dies fragen sowohl die chinesischen Manager nach, die in deutschen Firmen Führungsaufgaben wahrnehmen, wie auch die Deutschen im Allgemeinen. Unser Ziel ist weiterhin, über unser Haus, über unsere Plattform, über unser Netzwerk viele Kontakte zwischen Deutschland und China, zwischen den Firmen und zwischen den Menschen zu ermöglichen. Mir scheint, dass diese Aufgabe keinem Verfallsdatum ausgesetzt ist, sondern sie aktuell vielleicht sogar wichtiger denn je ist.

50 Jahre diplomatischer Beziehungen sind gelebt und habe meines Erachtens eine großartige Grundlage geschaffen, auf die die weiteren Jahre aufbauen können. Im politischen wie im privaten Leben sind Beziehungen nicht statisch, sondern sie entwickeln sich und unterliegen vielen Einflüssen. Gerne vergleiche ich dies mit dem Wachstum eines Baumes, dessen Jahreswachstum sich anschließend und historisch an den Ringen im Stamm ablesen lässt. Manche Ringe werden dicker als andere sein, aber solange der Baum wächst, besteht kein Grund zur Sorge. Der Coronavirus hat mit seinen Reisebeschränkungen für eine deutliche Reduzierung persönlicher Begegnungen gesorgt. Persönliche Treffen schaffen aber genau das, was eine Videokonferenz mit dem reinen Wissensaustausch nicht leisten kann: Vertrauen bilden bzw. Vertrauen bewahren. Daher ist mein erster Wunsch für die weiteren Jahre, dass bald wieder mehr persönliche Begegnungen grenzübergreifend möglich werden. Denn dauerhaft führt Distanz zum Vertrauensverlust.

Diplomatische Beziehungen sind mehr als nur ein Blick auf die Wirtschaft, ein Blick auf die Gesellschaft, ein Blick auf die Politik. Als Wirtschaftsvertreter verstehe ich Diplomatie als eine Gesamtschau, die alle Themen umfasst und nicht singulär agiert. Diplomatie sollte adressatengerecht kommunizieren. Wir als German Centre Shanghai werden weiter unseren Beitrag leisten, damit die Wirtschaft zwischen Deutschland und China sich weiter gut entwickelt, damit sich Menschen, Chinesen wie Deutsche, in China treffen können, damit die Kenntnis über den jeweils anderen mehr und nicht weniger wird.

Deutschland und China haben unterschiedliche Stärken. Diese sinnvoll wie ein erfolgreiches Management- oder Fußballteam zu kombinieren, um einen Mehrwert als Team zu erreichen, das wünsche ich mir für die nächsten Jahre und Jahrzehnte.

留德三十六年：他乡，故乡？

曾安平

1963年出生，德国国家工程院院士，现任西湖大学合成生物学与生物工程讲席教授，合成生物学与生物智造中心创始主任。1986年赴德留学，1990年获布伦瑞克工业大学生物工程博士学位。曾任德国汉堡工业大学终身教授，生物过程与生物系统工程研究所所长、化工学院副院长、院长，德国华人教授学会主席，德国化工与生物技术协会专业委员会"生物过程工程"及"系统与合成生物学"专家组成员，"新一代生物制造系统"专业委员会主任。多次成为欧盟、德国科学基金委、联邦教育科研部大型科研项目首席科学家，是包括比勒费尔德大学、清华大学、马克斯－普朗克研究所和中国科学院等多所大学、研究机构及企业的学术（咨询）顾问，学术刊物《生命科学与工程学》（*Engineering in Life Sciences*）主编。

五十年 五十人 50 Jahre 50 Menschen

2022年4月底，我在离开汉堡8个多月后从杭州飞回德国，这是我自36年前，告别故乡，第一次从北京飞往德国后的又一次相向而行，却有着完全不同的目的和感受。几个月前，我作出了一个让许多人感到意外的决定：辞去汉堡工业大学终身教授和研究所所长的职务，全职加盟西湖大学。这次在新冠疫情之中回到德国，目的是办理相关离职手续，科研项目交接及安排几位博士生的博士论文答辩，以便我在杭州开启职业生涯新的一章。

1986年9月底，我与100多位从同济大学留德研究生预备部同期德语学习结业的同学从北京飞往法兰克福，这是一批受益于中德建交，改革开放的幸运儿。我们来到德国，或科研进修，或攻读博士学位。

三分之一世纪后的今天，在即将离别可以称之为第二故乡的德国，初识德国的情景仍宛如昨日，历历在目。那时，国门刚刚打开，我们这些年轻人，对世界是如此充满了好奇，对未来充满了希望，对国家充满了信心，背负一种"从我做起，振兴中华"的时代使命感！德国社会、民众对我们这批年轻人也同样充满好奇、友善，对中国的改革开放充满赞誉之词！我们有幸体验了中德关系的"蜜月期"。

我对德国的最初印象和记忆可以概括为"震憾"二字。首先是飞机着陆前所受到的"绿色"震憾，与起飞时在北京上空看到情景反差极大，大片的森林覆盖着我们前往的目的地，找不到据说有着德国最多高楼大厦的法兰克福。抵达德国后，中国驻德使馆及德意志学术交流中心（DAAD）安排我们在波恩附近的巴德霍内夫（Bad Honnef）小镇逗留，做分赴各个大学前的

1986年6月，同济大学留德研究生预备部第四期出国研究生结业留念（第三排右十为笔者）

集训准备。次日一早是星期六，我与几位同学迫不及待地来到小镇的市中心，第一次亲眼看到具有德国特色的木嵌结构传统建筑，许多房屋的阳台窗台上挂满色彩鲜艳的天竺葵鲜花，铺有碎石的街道是如此整洁，街道两边的私家花园各有特色、五彩缤纷，偶尔可见几位妇人正在打扮她们店铺的门脸，准备一天的开始，一切都是那么宁静、和谐！这是一种异国情调带来的震憾。我们这群脸上挂满好奇、惊讶的年轻中国人走在如同神话般美丽的德国小镇街道上，不时地用还显生硬的德语"Guten Morgen"（早上好！）与当地人打着招呼，得到也许同样略带惊讶但充满笑意的标准德语"Guten Morgen"的回应。它像一幅油画定格在我最初的德国记忆中。

在巴德霍内夫停留及浏览了美丽的莱茵河的两天后，我们在波恩火车站各赴东西南北。我与一位郁姓同学和一位王姓同学一起乘火车来到下萨克森州的第二大城市布伦瑞克，开始我们在德国最古老的工科大学布伦瑞克工业大学（起源于1745年）的留德生涯，那里是天才数学家高斯的故乡和任教过的地方，也是德国宇航中心（DLR）、德国联邦物理技术研究院（PTB）、原德国国家生物技术研究中心（GBF，现更名为亥姆赫兹传染病研究中心）、原联邦农业研究院（FAL）等大型国家级研究机构云集的地方。我们在布伦瑞克的最初经历颇具意外。郁同学在火车站被导师接走，我和王同学被学生会的中国同学接送到学校的外事办公室。离开集训地时，德意志学术交流中心的工作人员告诉我们已经和大学联系，给我们安排了学生宿舍。可外事办公室负责人却告诉我们，由于正值周末，他们还没有给我们具体落实好学生宿舍的住所。幸好，大学附近的学生宿舍有一层楼住了几位中国学生，学生会便安排我们在那里的公用电视房临时住下。我和王同学很是羡慕郁同学，心想他一定得到导师的精心安顿。不料第二天，他带着行李找到我们，加入了在电视房的临时宿舍。原来他的导师把他接到了一个旅馆，但费用自理！我们离开波恩时，虽然每人发了两个月的生活费，但这里面绝对是没有住旅馆的预算。我们在电视房住了几天后，陆续被安排到不同的学生宿舍。到达布伦瑞克的最初经历，是我直面德国大学和社会的"第一课"，使我对德国人的"周末"有了切身的体验；同时也明白，在德国，不要指望别人为你做什么计划和安排；独立、自主既是我们需要适应的地方，也是自我发展的机遇。和我同时来到布伦瑞克的这二位同学，在半年内先后转到别的大学发展，大概可以很好地作为后者的诠释吧。

在布伦瑞克的第一年，我辗转于3个不同的学生宿舍，广泛接触到来自不同国家和背景的学生。厨房和电视房成了我们认识交流的好地方，一盘简单的西红柿炒鸡蛋或者一盘炒土豆丝拿来共享，就可以成为进行文化交流最好的物质基础。碰上楼道开派对，奉献一盘蚂蚁上树之类的美食，便会收获众多的赞许。当然，中国学生喝牛奶前加热，会引起德国学生的好奇和不解，觉得不可思议。要是不小心牛奶烧糊了或是溅到电炉上所引起的气味，那是会招来严重抗议的，估计大多数中国学生在几个月后就会和德国同学一样，直接将牛奶从冰箱里拿出来享用。理解和融合就这样自然而然地进行着。更广泛的接触交流，当属在学校组织的"夏日节"（Sommerfest）上，各国的学生会出面组织留学生们做出各具家乡特色的小吃出售。中国留学生

五十年 五十人 50 Jahre 50 Menschen

们聚集在一起做春卷、包子、烧卖、锅贴和饺子之类的，那是一个名副其实的民间"万国美食节"；还有同学拿出自己的书法、剪纸等工艺，展示中国文字及文化的美妙和博大精深，或为德国人起中文名、签名留念；等等。中国摊位总是非常受欢迎的。德国学生、同事享受到了正宗的中国美食，我们则得到了乐趣，获得了实惠，还做了一回中德交流的民间大使。

我也在校园之外认识了不少德国朋友。在这里，我尤其怀念来德后偶遇但成为终身朋友的汉斯－维尔纳·克拉勒（Hans-Werner Kralle）。20世纪80年代，中德之间有着许多甚至意想不到的文化交流。我到布伦瑞克不久，得知在附近的一个小镇沃尔芬比特尔（Wolfenbüttel 意译为"狼屯"更合适，该镇与大众汽车总部所在地"狼堡"相距只有20多公里）有一个国内来的宗教艺术团进行演出交流，便好奇前往。演出在奥古斯特公爵图书馆举行，这家成立于1572年的图书馆，是世界上知名的古籍收藏机构之一，尤其是藏有珍贵的古版圣经手稿。这次演出后，汉斯－维尔纳·克拉勒请我留下喝咖啡，他是名中学老师，很想到中国去看看，希望我教他汉语拼音和中文，他可以帮我提高德语。他是位非常热情、开放、让人难以拒绝的人。我这个汉语拼音很差的江西人，只好临时抱佛脚，拿着新华字典自己补习汉语拼音，赶鸭子上架做了他几个月的中文老师。这期间，我们几乎每星期见面，他和妻子多次带我到他们在"狼堡"（Wolfsburg）的家中，甚至他们的父母、朋友家中做客，体验德国文化和生活，我在德国的第一个圣诞节，就是在他父母的家中度过的，留下了难忘的印象。还记得他带我去他任教过的北德

留学生们从学生厨房开始传播中国文化

在布伦瑞克工大的"夏日节"上，中国摊位最受欢迎

海滨城市吕贝克（Lübeck），这里是历史上汉萨同盟的"首都"，诺贝尔文学奖得主托玛斯·曼与文学家亨利希·曼兄弟的故乡。在吕贝克美丽的海滩上，他在众目睽睽之下，脱下衣服跳入海里游泳，还邀请他年轻的妻子和我也同样下水游玩，让我颇感不知所措。后来，汉斯－维尔纳终于如愿前往中国，去北京大学西语系教德语，在北京生活工作了多年，学会讲一口流利的中文。他热爱中国，把北京称为他的第二故乡。他携带中国妻子回德国后，我们还一直保持来往，直到他不幸因病早逝。

始料未及的是，除去中途短暂离开，我会一直在布伦瑞克市学习、工作、生活二十多年，直到2006年就职于汉堡工业大学，2009年举家搬迁到汉堡。布伦瑞克可以称为我名副其实的第二故乡，我在这里成家立业。然而，我在布伦瑞克的攻博是举步维艰的，这和我与德国以及布伦瑞克的意外结缘有关。我本科和研究生阶段都是化学工程专业，1984年研究生毕业后留在北京石油化工研究院，从事石油炼制化学工程研究。我的导师林正仙先生是中国石油化工开拓者之一，20世纪40年代的留美博士，在麻省理工学院（MIT）工作数年后于20世纪50年代回国参加新中国建设。在北京，我和许多年轻的研究生一样，得风气之先，硕士毕业后也积极准备赴美留学，而且已经与美国加州大学伯克利分校化工系一位世界泰斗级教授取得通信联系。留美似乎是意料中的事。未曾料到，研究院决定让我以公派形式出国攻博，而且指定去德国，并改学生物技术，为所谓的"夕阳产业"石油化工未雨绸缪。当时，我从未想过去留学德国，没有任何德语基础，对德国大学及科研可以说是一无所知。更没有想到会被要求"改道"学习全新的生物技术。

我在德国的博士导师沃尔夫斯－迪特·德克维（Wolf-Dieter Deckwer）不是我的首选，成为师生纯属因缘巧合。我着意并首先联系的是原德国国家生物技术研究中心（GBF）的院长克莱因（Klein）教授。但他那时已经不带博士生了，便把我推荐给了刚到该中心任生化工程部主任的德克维教授。德克维虽然接受了我，但起初似乎并不看好我，给我一种典型的德国教授傲慢、不可接近的感觉。德国大学博士生培养非常强调独立工作能力，在德国国家研究机构主要部门负责人团队，博士生的培养更是"放养"为主。德克维教授就公开说："好的博士生是不需要管的，只有那些快要沉下去被淹死的学生，才需要导师去拯救。"大概源于这种培养理念，他在我向他报到时大致谈了一下课题方向后，便几乎对我不管不问。起初的课题进展不顺，又非我兴趣所在，加之他对我的冷淡，我也差点儿和同期来到布伦瑞克的另外两位同学一样，准备另谋出路。在自作主张更换课题方向后，以及自己加倍的努力下，我最终在他的指导下完成了博士论文。我是他在该中心直接指导的唯一中国学生，我一直也以为自己是他的第一个中国学生。后来，在我完成教授资格论文、与他彼此以"Du"（你）相称（以名而不是以姓相称，在德国通常只用于家人、朋友或亲密同事之间的称谓）之后，他才告诉我，我是他的第二个中国学生。德克维教授曾经是德国化工界最年轻的教授之一，他治学严谨，工作非常勤奋，直到不幸突然去世的前一天，仍在和助手商谈论文的修改发表。我很幸运，作为他的中国学生，不仅完成了学业，还成了他的得意门生，是他的众多弟子中第二个成为大学最高级别教授的学生。这大概是他始料未及的。能够成为他的同事和朋友，我颇为自豪。但更让我自豪的是，从我以后，他非常乐意接受中国学生，改变了对中国学者的看法，对中国也变得非常友好。

我能够在德国成功"改道"，完成博士论文并留在德国走学术之路，还要特别感谢德国国家生物技术研究中心生化工程部资深微生物学家汉诺·毕贝尔（Hanno Biebl）博士。关于这位给人第一印象颇为腼腆的毕贝尔博士，有一个趣闻：他在马普研究所工作时和另外一位同是微生物学者的同事坐火车去参加一个学术会议，5个多小时里，两人据说无片言交流，后来同事终于挑起一个话题，他却无意闲聊，以车快到站打住了话题。这位同事和他并无任何隔阂，还一起发表过论文。后来，在我所在的生化工程部众多同事一起坐大客车去哥本哈根参加学术会议时，我目睹了类似的一幕，他和我们部门另外一位资深研究员坐在一起，也几乎全程无交流，才相信这并不是夸张的传说。其实毕贝尔博士这种少言寡语的德国人并不少见。在德国参加聚会，常常会遇到旁边的德国人安静地坐在那里，喝着啤酒，偶尔礼貌地和你说着"Prost"（相当于"干杯"），却并不和你主动搭话，给人一种要不冷漠傲慢，要不过分腼腆的感觉。正是这样一位似乎有些腼腆或冷漠的毕贝尔博士，却主动关心我这个新来乍到的中国博士生的工作和生活，给了我许多令人感动的帮助，我们成了莫逆之交，彼此间可以毫无保留地交流。是他手把手教我微生物学的实验技巧，把我带入生物技术领域，并在我的最初两篇英文学术论文的写作过程中，传授了那种可以说是典型德国式的严谨的逻辑推理和表达方式，使我受益终身。他个人在写作论文时，是那种有100分的干货，却大概只肯讲到80%左右的学者，总是得出从不夸张且尽量保守的结论。但他可以非常慷慨地和别人分享他的科研结果。我获得博士学位不久后成为德国国家生物技术研究中心的永久研究员，和他共享一个办公室，正是他毫无保留地和我分享那些没有发表或者令其不解的结果，让我能够充分将工程科学中的定量和系统分析方法手段运用到微生物发酵过程的研究，对最后确定我的教授资格论文的研究方向颇有启发，使我在这个领域进行了30多年的耕耘，收获颇丰。按学术界常规的标准，这位在德国国家生物技术研究中心一直作为资深研究员工作到退休的毕贝尔博士也许算不上一个成功的学者，但他一直按兴趣做着研究，他的一些似乎并不起眼的研究，却影响了我的学术生涯以及其他许多人的学术研究。

在学术之外，毕贝尔也有着许多令人称道的地方。尤其是在助人为乐方面，他许多"雷锋"式甚至"菩萨心肠"般的故事总是让人津津乐道。比如，有一位生长在德国的巴基斯坦裔孩子，因为和父母的观念冲突而离家出走，毕贝尔和孩子的父亲曾经是同事，在调停父子无果的情况下，他十几年如一日为这个孩子免费提供吃住，并助其完成中学和大学学业。很长一段时间，他甚至让出自己的大卧室，自己住进一个斗舍大的小房间。他也给了我和家人诸多帮助，尤其在我们入乡随俗融入德国社会方面。他说话直率、真诚。记得毕贝尔第一次开车来学生宿舍接我去附近的哈尔茨山（Harz）游玩，我把出国时在友谊商店购买的一件标准风衣穿上，他看见我的第一句话是"看起来很古怪，这里的学生不这么穿衣！"从此，这件花费了"巨资"购买的、

留德三十六年：他乡，故乡？

与导师德克维教授合影　　　　　　笔者和汉诺·毕贝尔博士泛舟于北德的普伦（Ploen）湖上

在国内当时可能是最时髦的"一大件"便一直躺在了衣柜里。出国时的另外"一大件"是标准西服，我也只在博士论文答辩时穿过一次，便完成了它的使命。我到德国后买的第一个"大件"是逛跳蚤市场买来的简陋自行车；这辆自行车虽然破旧，甚至刹车不太灵，放在学生宿舍的楼下还是被人偷了。毕贝尔知道后，把他一辆带有6个换挡的自行车"借给"我用，可惜这辆"高档"自行车也没逃过被偷的命运。

在周末和假日，毕贝尔常常开车带我们认识所在的城市及周边地区，让我们在休闲娱乐的同时学习到许多植物知识，去参观博物馆以及各种教派和各个时代的教堂，了解到许多德国的历史和文化。有一次，他得知我和家人想开车去阿尔卑斯山游玩，自动提出把他的好车让给我们开一个多星期，他却开着我的学生破车上班。这位如此慷慨大方的德国朋友，在一些小的事情上却让我们感到不可思议的"小气"和"不近人情"。和他一起出游，常常看到他在口干舌燥后买冰淇淋或饮料自我享受，却在大多数情况下不会问你是否也来一个。我们曾陪同他在中国旅游，受到我们的亲朋好友的热情接待，好吃好喝，提供住宿，安排陪同游玩。后来这些亲朋好友去德国旅游时，他对重逢表现得很高兴，但却往往想不到回请他们，最多到他家里喝杯咖啡；不知道是他像许多德国人一样，没有"还人情"的概念，还是觉得拿不出像样的东西来招待？

回想起来，尽管那时候国门已经打开多年，而且我在当时主要由德国老师任教的同济大学留德研究生部为来德进行了高强度的语言及文化方面的培训，对德国社会及人文仍然所知甚少。即使在德国生活了30多年后的今天，也对有些德国人的思维和行为方式难以理解。例如，这几年一些所谓"横向思维者"的行为，尤其在新冠疫情中。也许更深入的接触交流，能有助于理

五十年 五十人 50 Jahre 50 Menschen

解一些看似不可理喻的事情；或者社会、民众以及个人行为本来就是多元多面的，就像毕贝尔一样，既有在我们看来很"德国人"的一面，也有很不"德国人"的一面。但理解和包容可以使我们成为可以信赖的终身朋友。

我从取得教授资格到后来成为大学教授，20多年的教学科研中，指导和培养了数以百计的硕士生、博士生和博士后，包括30多名中国博士、博士后及访问学者。我的实验室成员，来自世界各地，不同的文化背景、不同的信仰、不同的肤色，大家相处甚欢；生日聚餐、毕业请客、郊游，或在我家中的夏日聚会，是了解世界各地饮食文化、生活风俗的绝佳场所。我也多次成为欧

笔者（右七）和他在汉堡工业大学的团队摄于其研究所大楼前

笔者组织的中德工业生物技术博士生暑期班，于汉堡工业大学

盟、德国科学基金会、联邦教育科研部大型科研项目首席科学家，认识了许多同事。我们不仅谈论学术，也畅谈、体验不同的文化。其中，我的一位德国博士生工作后的来信，让我深刻体会到学术和文化可以水乳交融，从而开阔人的视野，影响人的行为方式。他写道："亲爱的曾先生：……我在公司的日常工作中常常愉快地回忆起在您的研究所度过的时光，尤其是在跨文化合作和组建特别任务小组的时候。这时我更清楚地意识到，我在您这里不仅加深了生物技术和过程工程方面的知识，同时也在组织管理和团队合作方面学到了很多东西。比如：除了项目和任务本身，必须首先考虑到人以及人与人之间的相互尊重，即使在项目进展不顺利的情况下；整个部门的经常性组会交流，使我能够从另外的角度看问题……回想起来，当年我为了博士学位从布伦瑞克来到汉堡您这里是一个完全正确的决定。汉堡不愧是通向世界的大门，如今这扇大门似乎正对我敞开着……为此，再一次衷心谢谢在您这里和研究所度过的美好时光。"

饮水思源，当年我从中国来到德国留学，这为我打开了通向并认识世界的大门。作为大学教授，我对德国大学的传统、变迁以及人才培养有着特别的体验。没有围墙的德国大学，通常也没有明显的校园，除了大学主楼，图书馆和部分行政部门相对集中，教学楼和研究所通常分布在城市不同的地方，这非常有利于学校和社会，师生和民众的交流与融合。19世纪初德国教育的改革，教育家洪堡确立的科教合一、学术自由的大学理念，成就了德国大学的百年辉煌，以及德国工业和国家的崛起。20世纪初，德国科学家囊括全世界近40%的诺贝尔奖，仅是位于小镇哥廷根的哥廷根大学就先后走出了40多位诺奖得主。自20世纪80年代以来，中国的经济与高等教育发生了天翻地覆的变化，但在重大科学和技术原始创新、培养具有国际视野的人才等方面，急需更大的努力。当2021年西湖大学和我取得联系，施一公校长邀请我加盟这所新型研究性大学时，我被这所大学具有国际视野的科研及人才培养理念，以及为人类社会作出中国人应有贡献的远大志向所打动，从而欣然接受邀请，加盟了西湖大学。在国际关系百年未遇之大变局、新冠疫情阻隔人民交流往来、战火又在欧洲大地上点燃的今天，我回到德国办理离职手续，终于能够忙里偷闲，动笔写下这篇应国懿老师之邀的小文，为庆祝中德建交50周年贡献一点花絮。

国懿老师嘱我写与德国的结缘，在德学习工作的难忘见闻或趣事，以及如何看待中德关系。回望自己在德国36年的一些生活和工作片段，联系到中德两国关系从政府到民间的现状，颇有点物是人非的感叹。

此时此刻我的思绪回到1986年初识德国的情景，也想起与我同期来德的受益于改革开放和中德建交的一群同学。得益于我们的"1986"同学微信群，我知道这100来位同学，有人一直在德国安居乐业，也有人去往世界其他地方工作生活，更有不少人回国发展。我很兴奋，在离别36年后自己能有机会回到生我养我的故土，开启事业、生活新篇章。在这返乡之际，感叹"何谓他乡矣，何谓故乡矣"！我和同学中的许多人一样，几十年在德国成家立业，我们的后代在这里出生、扎根。正如苏轼的千古名句"此心安处是吾乡"，可以说，我们有两个故乡！我们是幸

五十年 五十人 50 Jahre 50 Menschen

留德20周年之际（2006年9月底）部分同期出国的研究生及家属重逢于巴德瑙海姆（Bad Nauheim）

运的，又时常生活在取舍的挣扎之中。同学中的许多人包括我，就像英籍华人作家韩素音曾经说过的那样，"他们的一生，（将）永远在两个相反的方向跑来跑去：离开爱，奔向爱；离开中国，奔向中国。"我想，这无数人的穿梭往来，在时空中，筑起了一座中德交往的无形桥梁，也模糊了他乡和故乡的概念。不管是从事商业、企业、学术或者纯粹个人事务，我敢说，这些基于多年的深入了解和理解的交流，长期穿梭于中德之间的"留德华"，是中德关系最好的民间大使。我希望，在未来中德两国关系中，能有更多这样的民间大使，这也是我自己继续努力的方向。

如果还要让我对中德关系表示更多的期待，那么我最大的期待便是中德之间不仅能有更有智慧、更有历史远见的政府、政治交流，还能有更广泛、更深入的人员和民间交流。我衷心地祈愿广大的民众有机会感受到20世纪80年代我们一群年轻人来到德国时曾经感受到的那种充满开放、善意，对人类共同和平发展抱有美好期望的友好气氛。

见证中德关系发展进程

尹广燕

|

  1967年出生，1989年毕业于暨南大学新闻系后，进入《广州日报》工作，1993年到德国留学后，留在德国工作生活，先后在德国《经济周刊》、德国《商报》、德国《莱茵邮报》负责中国项目，同时为德国家族企业进入中国提供咨询顾问。2017年起着重和着手动物保护和救助。

29年前，我快刀斩乱麻地辞职换了出境卡，带着期待和兴奋的心情离开广州来到科隆。当时的情景历历在目，最初几天来不及倒时差，我的姐姐带着我马不停蹄地去大学注册，登记"户口"，买医疗保险，然后又去移民局把签证换成了学生居留。等一切都安定下来时，姐姐又拉着我去找一些零工，开始了我半工半读的留学生涯。

那时在科隆的中国人很少，主要都集中在科隆的几所大学里。他们中的少数是中国公司和德中交流外派人员。每到周末，想买点中国的菜都非常困难，仅有的几个亚洲店里通常只有豆芽和豆腐。当时德国大学发录取通知时一般都提供大学内免费的语言班，通过了语言考试后才能进入专业学习。我到现在都记得，当年管外国学生的老师对来自中国和日本的学生非常友好，平时见到我们也是非常关心地询问是不是习惯了，房东是不是友好，有时回家时遇到还会带上我们一段路。可惜后来我过了语言考试后为了转经济专业换大学，失去了联系。

我刚进大学时，德国对华投资还不是很多，仅仅涉及少数大公司。随着时间的推移，虽然我当时还是个学生，也能明显感到德国对中国这个大市场的兴趣越来越大。大学每年会邀请几十家企业的人事经理到大学和学生会谈，为我们寻找实习、暑期工和最终的就业创造机会。从最初偶尔有个公司对我的简历感兴趣，到后来每次七八家公司详细问我的情况，显然中国市场引起了更多德国公司的关注。最后我选了麦德龙，在学期里，每星期三下午去他们分公司见习半天，假期里全天去总部上班。后来我又换到了蒂森集团见习。在蒂森的时候，我被分去了当时的钢铁贸易部，部门的几个德国同事从开信用证写报价开始，手把手地教我和客户打交道。1996年夏天，几位中国的客户来我们部门拜访，之后要去蒂森周边几个国家的分公司拜访，部门主任派我和一个同事陪同前往。我一听就急了，要求换人。因为按照行程，我们到巴黎的时候，正好帕瓦罗蒂、多明戈和卡雷拉斯在杜塞尔多夫做首场演出，我已经订好了演唱会的票。部门主任非但没有生气，反而说，恭喜你拿到票，那一定是个美好的经历。不过差还是要出，公司会订巴黎往返杜塞尔多夫的机票。听完音乐会的第二天一早再赶回巴黎继续工作。秘书还非常周到地给我预定好巴黎接送我去戴高乐机场的司机，然后把旅途中所有的酒店机票单据和各个国家所需预算的各国钱币交给我，叮嘱我说路上有任何问题都可以电话联系她，预算绰绰有余，让我放心用，即使是用餐的小费也都在预算里了。当时我既感动又感激公司对待员工的慷慨大度和信任，即使我仅仅是个实习生也不例外。再后来，我转到汉莎公司，同样感受到了企业对员工的信任和支持。当时我分在市场部见习，也是每星期去几个半天，其余时间还要回大学上课。其中有一段时间，我跟着同事处理客人投诉，那时最多的投诉集中在行李延误和空乘人员上面。印象最深的是第一天，带我的同事问我有什么问题想问，我马上想起几次搭乘汉莎航班，空姐空少并不像有些航空公司那样重视外貌，连微笑都是一个统一表情。同事笑呵呵地说，我们对空乘人员的要求和期待是他们能够给予客人高质量的服务，拥有应急能力和有担当能独立解决问题，至于他们什么发型，是浓眉大眼还是樱桃小嘴，微笑时露几颗牙齿那不是我们关心的。重要的是他们作为人而不是机器为客人提供优质服务。遇到有客人投诉空乘或机组人员时，内部调查非常详细，并联系在场人士听取事情的描述。还记得当时曾有位小有名气的基民盟党人的太太，因为她自己的误解登机后跟空乘组争论不休，即使是机长出面解释她都不肯罢休，最后机长决定拒载。这位女士搭第二班飞机回家后，写信投诉机长和空乘组。内部调查核实后，公司写信给这位女士说明机长的决定正确，并且未来不欢迎这位女士搭乘汉莎航班。我对这件事印象非常深刻，也感受到了企业对员工的信任和爱护。

到了2000年，德中经贸发展的步伐越来越快，除了大企业，越来越多的中型公司也进到了中国。德国的中小型企业绝大多数都是家族企业，他们相对于美国公司来说比较保守稳健，求稳不求快，没有冒险精神。同时也因为是家族企业，多数是本家族的人在经营管理，精打细算，没有职业经理人那种大手笔花钱的潇洒。这时明显感觉到，在中国的德国企业缺少一个德国媒体的伴随。当时有着95年历史的德国《经济周刊》是德国最大的经济类周刊杂志，属于《商报》集团。当时无论是《经济周刊》还是整个集团对中国都非常重视，在中德经贸关系复苏和进入快速发展的局面下，集团有意在中国大陆出版中文版的《经济周刊》。这不是一件容易的事情，在筹划准备过程中，得到了中国各界人士的鼎力相助和出谋划策。在跟中方潜在的合作伙伴谈判过程中，集团同意社长和总编的建议，先不定期在德国本土出版发行德中双语特刊，德国境内随《经济周刊》发行，在中国实行配送。这在当时德国媒体中属于先行者，在德中两国经济界政界引起很大反响。当时的中国国家主席胡锦涛、总理温家宝和德国总统克勒、总理施罗德分别给杂志题词。在中国图书进出口公司的协助下，德国《经济周刊》中国特刊顺利在中国得以派送。

我是暨南大学新闻系毕业的，然后又在《广州日报》工作过几年才出国。所以德国《经济周刊》要出中国特刊时，《商报》集团的社长就把我拉到这个项目里，负责中文部分。出版第一期《经济周刊》中国特刊时，困难的不是组稿，而是版面编辑。整个编辑部就我一个人能看中文。每次编辑部的同事很快就把稿件交出来了。但是西方记者写稿的文字风格和中国不同，尤其那个年代更是区别大。当时中国的稿件倾向于一五一十娓娓道来，而德文稿件写法是跳跃性的，请翻译社翻译成中文后如果不二次润色，读起来别扭不说，有时还让人感到莫名其妙。再就是一些词汇的运用，翻译过来后怎么看怎么别扭，不符合中文表达习惯。编辑后期一些突发性时效性的稿件来不及交翻译社翻译时，我就连夜翻译出来，第二天再二次润色。做版面的同事都是德国同事，不会看中文。我把标题、副标题、小标题、内文等用德文标出来。但是这样也解决不了太多问题。遇到删减变行、修改标题等问题时，我还是要坐在版面编辑的旁边，指着要改的地方请他们修改。后来那几个版面编辑学着认识一些简单的笔画少的汉字，到第三年大家磨合得已经不需要我坐在他们旁边。第一期最大的问题是，当我们把所有版面做完，也做了三校再签印传去印刷厂之后，想着终于能把绷得紧紧的神经放松一下，谁知拿到第一本样刊匆匆浏览中文部分时，心里真是可以用凉冰冰来形容。我发现了好几个错别字、乱码，还有不规范的标点符号。我赶紧找出三校的大样比较，发现大样上是没错或者是在二校有错但改过的，为什么印刷成刊时又会是错别字或者乱码？！当时撞墙的心都有了，错别字那是低级之至的错误。我拿着特刊去找版面编辑，德国同事大手一摊说，我又不认识中文，能讨论出什么结果？！果然没几天，就有华人读者来信，没有写给编辑部或者总编，而是直接写到集团社长那里，社长再转给编辑部。那时我在美术总监和负责衔接印刷厂的同事帮助下，才弄明白问题出在所用的中文字体和系统不兼容，至于为什么我也不明白。第二年准备特刊的时候，集团的技术部重新买了"字种"，情况好转了很多，在德国编辑部用全德文的编辑系统出版有中文内容的杂志估计也只有我们了。

每到做中国特刊时，美术总监和我差不多总是最后一个离开编辑部。他是在美国土生土长的德国人，有美国人的那种阳光，也有德国人的死板，有时为了选一张图片，他可以找遍几大图片社。2005年他让我带着图片部主任和摄影师到中国，从北到南拍摄图片。2000年他调进德国《经济周刊》工作，我和他共同经历了德国《经济周刊》中国特刊从创刊到结束的点点滴滴。第一期我俩真是战战兢兢如履薄冰，他不懂中文，我不熟悉他们的编辑系统。当年我进《广州日报》工作时还是铅字时代，后来改电脑制版时也是我们在纸上画版，然后把版样交给电脑间工人。要用德文编辑系统做中文杂志，我心里真是七上八下的，怕砸在自己手里辜负信任。从第二期起就顺手了很多，而且第一期带来的轰动效应使集团的广告公司接到了很多上中国特刊的广告，这就意味着我们要增加相应数量的稿件。到后来，总编不得不开始往外"扔"广告，气得广告公司的同事直跳脚。因为我们不可能再增加稿件，当时的记者除了担着正常出刊的《经济周刊》，还担着中国特刊和另外一本时尚季刊 *fivetonine*，稿件一再追加，最后实在是调不出人再写，翻译社也快跟不上我们的要求了。整个编辑部，不管是总部记者还是柏林、北京记者站，无论是图片部、美术部，还是版面编辑，团队出奇地协调。加上后来举办的年度中国论坛，那段时间是《经济周刊》非常辉煌的时期之一。

在当年的时代背景下，中国特刊成为中德两国交流的重要桥梁。记得有年回广州看望父母，德国驻广州的总领事邀请我丈夫和我去官邸吃饭，当时作陪的是在珠三角的德国企业代表。说起广东，他们诉苦说广东在德国没有知名度。那年的中国特刊我们拿出了九个版面报道广东省。第二年，德国总理施罗德带着庞大的代表团再次访华时就特意安排去了广州。

后来出于各种原因，德国《经济周刊》终止了在中国出版《经济周刊》中文版的计划，但是我依然陆陆续续给德国《商报》集团工作了好多年。我至今都记得，当时调我去做中国特刊的社长对我说，自己活也要让别人活，凡事不要做到尽，更不能以大欺小。

回首这30年，我赶上了德国经济繁荣发展时期，两国政治关系回暖，经贸关系发展迅速。德国在中国投资项目多为技术含量高的生产性项目，对彼时中国企业的技术改造和管理水平提升发挥了积极作用。到世纪之交，德国已成为对华技术转让最多的欧洲国家。施罗德推行"经济合作"与"政治对话"相结合的对华政策，对实现两国关系的全面发展起到了推动作用。2014年中德友好关系达到了新高度，成为全方位战略伙伴。

两国友好关系不仅使企业收益，也使我们个人发展受益于这种良性循环友好和平的社会大环境。我还记得那时的德国民调显示，三分之二的受访者对中国表示友好。在这样的氛围中，德国对华投资和中国在德国的投资都达到了历史最高水平。北威州成为中国公司最集中的地区，除了三一重工、徐工集团、华为公司、株洲钻石切削刀具股份有限公司、延锋汽车饰件系统有限公司、小米科技有限责任公司，汾酒集团这些标志性的大企业之外，还有很多中小企业落户北威州。

近五六年，尤其是新冠疫情肆虐全球的时期，国际政治充满着不确定性，令中德关系受到影响和冲击，如何维护和推动中德关系发展，造福两国人民，需要双方认真思考。

五十年 五十人 50 Jahre 50 Menschen

凯绥·珂勒惠支与鲁迅
——北京大学的德国研究

阿尔穆特·希勒 *Almut Hille*

　　1968年出生，柏林自由大学德语及荷兰语学院"德语作为外语：文化传播"专业教授。研究领域为：文化学习、德语作为外语学科的文学与媒体、20世纪及21世纪的德语文学、跨学科德国研究、德中文学及文化关系。柏林自由大学负责与北京大学德国研究中心（ZDS）合作的特派代表，2006年曾任北京大学德语系客座讲师，此后多次在北京大学、北京外国语大学、南京大学和浙江大学任访问学者。

凯绥·珂勒惠支与鲁迅

Jahrgang 1968, Universitätsprofessorin für Deutsch als Fremdsprache: Kulturvermittlung am Institut für Deutsche und Niederländische Philologie der Freien Universität Berlin. Forschungsbereiche: Kulturelles Lernen, Literatur und Medien im Fach Deutsch als Fremdsprache, Deutschsprachige Literatur des 20. und 21. Jahrhunderts, Interdisziplinäre Deutschlandstudien, Deutsch-Chinesische Beziehungen in Literatur und Kultur. Beauftragte des Präsidiums der Freien Universität Berlin für die Kooperation mit dem Zentrum für Deutschlandstudien（ZDS） an der Peking Universität, 2006 Gastdozentin am Institut für Germanistik der Peking Universität, seitdem wiederholte Lehr- und Forschungsaufenthalte an der Peking Universität, der Beijing Foreign Studies Universität, der Nanjing Universität und der Zheijiang Universität in Hangzhou.

20世纪80年代初以来，北京大学和柏林自由大学之间一直保持着密切的联系，这在中国研究和德国研究领域尤为突出。2006年，我作为北京大学德语系的客座讲师第一次来到中国。我开设了一门名为《文学之地柏林》的课程，该课程以《世界工厂柏林——一座作为文学主题的大都市》[1]一书为基础，学生们的表现令我惊讶。他们语言流畅，知识丰富，并以广泛阅读的强烈意愿接触这种对他们来说也许是全新的阅读文学文本的新方式——并与一个地点，一个像柏林这样充满历史的欧洲大都市产生关联。

我们在课程中漫游了整个20世纪，学生们总是试图将其与中国的社会、文化和文学审美的种种发展联系起来。当讲到凯绥·珂勒惠支和她在20世纪早期的版画作品，尤其是版画《面包》时，他们惊呼道："我们知道这幅画！它在和鲁迅有关的中小学阅读教材中出现过。"对于这种非常新鲜的关联，我当然要下定决心探究一番。在北京的鲁迅博物馆，我看到了凯绥·珂勒惠支的多幅版画和鲁迅收藏的几位德国表现主义艺术家的作品。鲁迅尤其偏爱表现主义版画，他的小说《狂人日记》中的一张插图就证明了这一点，《狂人日记》是中国现代文学的一个重要文本，于1918年发表在《新青年》杂志上。[2] 凯绥·珂勒惠支凭借其系列组画《织工起义》在1898年的"大柏林艺术展览"上获得了小金奖，她是第一位获得该奖章的女性——尽管德皇威廉二世反对，她还是在一年之后拿到了它。鲁迅很欣赏她的作品和她的社会活动。她在日记中记下的句子很可能也符合鲁迅在艺术上的立场："我同意，我的艺术是有目的的。我想要在这个人们如此无助和需要帮助的时代发挥作用。"[3]

---

[1] Matthias Harder, Almut Hille Hrsg., *Weltfabrik Berlin. Eine Metropole als Sujet der Literatur. Studien zu Literatur und Landeskunde* (Verlag Königshausen & Neumann, 2006).

[2] 参见论文集 Michael Jaeger，Benjamin Langer，Mao Mingchao，Hrsg, *Ost-westliche Erfahrungen der Modernität. Der chinesisch-deutsche Ideenaustausch und die Bewegung des*（4. Mai 1919. Verlag de Gruyter, 2021），（德国德古意特出版社"中西对话"丛书之六）。

[3] 转引自 Carola Marx 在上文所提到的《世界工厂柏林》(*Weltfabrik Berlin*) 中的文章。

五十年 五十人 50 Jahre 50 Menschen

  一个可想而知需要进一步探究的层面是中德之间或中欧之间的相互感知。哪些（尤其在20世纪初的）艺术家和德语作家研究中国的文化、艺术和文学？他们如何接受它们，并如何向说德语的观众展示它们？在部分由北京大学德国研究中心发起的各种学术会议和出版物中，我们得以在一个较大的专业圈子里继续探讨这些问题。已经出版的研究成果有《德国与中国的接近——两次世界大战之间的文化交流和相互感知》[1]《东西方的现代性经验——中德思想交流与五四运动》[2]和《德国和中国的代际关系——社会实践、文化与媒介》等。

  我对那些不仅在20世纪早期就在遥远的欧洲进行关于中国的阅读和思考，还前往中国旅行，并在各种游记和故事中记录自己体会的女性作家特别感兴趣——如汉娜·阿什、莉娜·博格利、阿尔玛·卡林、丽丽·柯尔柏、埃拉·梅拉特和维基·包姆等。一个新的发现是索菲亚·亚隆斯卡，一位乌克兰作家和摄影师，她在20世纪20年代游历了北非和亚洲，并写下了自己的经历。她的游记《摩洛哥的魅力》在2021年由文学出版社库比多出版了德文译本，《中国——在稻米和鸦片的国度中》和《更多视野》这两本书也即将出版。

  计划中的出版物，如《1900年至1949年的中德交往：人–历史–文献》和最新的一些博士论文，如黄超然的《"回首"再观革命时代的中国——魏玛共和国时期阿图尔·霍利彻尔、埃贡·埃尔温·基希、丽丽·柯尔柏和理查德·胡森贝克所写游记中的中国形象》[3]则进一步阐明了20世纪初两国的双向感知层面。

  当然，中德之间和中欧之间的相互感知并不局限于这一时期。跨学科协作的北京大学德国研究中心与柏林自由大学及柏林洪堡大学有着密切的合作，它从各种不同的主题角度出发关注这种一直延续到当下的相互接受问题。在过去的一些年里，我一直与德意志学术交流中心支持的北京大学德国研究中心的工作保持密切联系，如今我代表柏林自由大学负责与该中心的合作事宜。我们最近在2022年7月举行的（数字）会议主题为"世界的共同遗产作为未来的挑战"，会议重点关注联合国教科文组织视角下的自然与文化共同遗产、记忆政策和历史政治教育工作、安全政策及国际法、数字时代的法律挑战，以及可持续发展的机遇。明年我们还将举办一个主题为"全球公民"的会议。

  由此，我们的联合研究从对相互的，也是基于历史视角的感知的分析转移到了对当前的共同责任、全球范围内的行动选项和挑战的分析上。我非常希望，在共同的学术工作中，我们能够回顾历史，展望未来，不断地发展出新的动力，并激励年轻人、大学生和博士生投身于中国和德国、中国和欧洲之间持续而富有成效的交流中去。

---

[1] 2011年由Almut Hille，Gregor StreimPan Lu主编，在Böhlau出版社出版。
[2] 主编：Almut Hille，Huang Liaoyu，Benjamin Langer，德古意特出版社，2016年出版。
[3] https://www.geisteswissenschaften.fu-berlin.de/we04/daf/forschung/dissertationen/Chaoran-Huang/index.html.

Käthe Kollwitz und Lu Xun.
Deutschlandstudien an der Peking Universität

Seit den frühen 1980er Jahren bestehen enge Verbindungen zwischen der Peking Universität und der Freien Universität Berlin, besonders in den Bereichen der China- und der Deutschlandstudien. Im Jahr 2006 reiste ich zum ersten Mal nach China, als Gastdozentin am Institut für Germanistik der Peking Universität. Ich bot einen Kurs „Literatur-Ort Berlin" an, gestützt auf den Band Weltfabrik Berlin. Eine Metropole als Sujet der Literatur und die Studierenden haben mich verblüfft. Sprachgewandt, kenntnisreich und mit großer Bereitschaft auch zu ausufernden Lektüren näherten sie sich dem für sie vielleicht neuen Zugriff auf literarische Texte – verknüpft mit einem Ort, einer so geschichtsträchtigen europäischen Metropole wie Berlin.

Wir bewegten uns durch das gesamte 20. Jahrhundert und immer versuchten sie Verbindungen zu gesellschaftlichen, kulturellen und literarisch-ästhetischen Entwicklungen in China zu ziehen. Bei der Beschäftigung mit Käthe Kollwitz und ihrem graphischen Werk des frühen 20. Jahrhunderts, u.a. mit der Lithografie „Brot", riefen sie aus „Diese kennen wir! Sie war in unseren Schullesebüchern abgebildet, im Zusammenhang mit Lu Xun." Diesem Zusammenhang, für mich neu, musste ich natürlich nachgehen. Im Lu Xun-Museum in Peking sah ich mehrere Graphiken von Käthe Kollwitz und von expressionistischen deutschen Künstlern aus der Sammlung des Schriftstellers. Er hatte ein Vorliebe gerade für expressionistische Graphik, wovon auch eine Illustration zu seiner Erzählung Tagebuch eines Verrückten zeugt, die – ein Schlüsseltext für die moderne Literatur Chinas – 1918 in der Zeitschrift Neue Jugend erschien. Käthe Kollwitz – diese Künstlerin, der für ihren grafischen Zyklus „Ein Weberaufstand" auf der Großen Berliner Kunstausstellung 1898 als erster Frau überhaupt die Kleine Goldene Medaille zuerkannt wurde, die sie ein Jahr später gegen den Protest des Kaisers Wilhelm II. auch erhielt – schätzte Lu Xun für ihre Arbeit und ihr soziales Engagement. Sätze, die sie in ihrem Tagebuch vermerkte, würden wohl auch zu seiner künstlerischen Haltung passen: „Ich bin einverstanden damit, dass meine Kunst Zwecke hat. Ich will wirken in dieser Zeit, in der die Menschen so ratlos und hilfsbedürftig sind."

Eine Dimension, die näher zu erforschen natürlich nahelag, war die wechselseitigen Wahrnehmungen zwischen China und Deutschland bzw. China und Europa. Welche Künstler*innen und deutschsprachigen Schriftsteller*innen haben sich, besonders im frühen 20. Jahrhundert, mit chinesischer Kultur, Kunst und Literatur auseinandergesetzt? Wie haben sie sie aufgenommen, wie einem deutschsprachigen Publikum präsentiert? In Tagungen und Publikationen – angeregt auch vom Zentrum für Deutschlandstudien (ZDS) an der Peking Universität – konnten wir diesen Fragen in einem

五十年 五十人 50 Jahre 50 Menschen

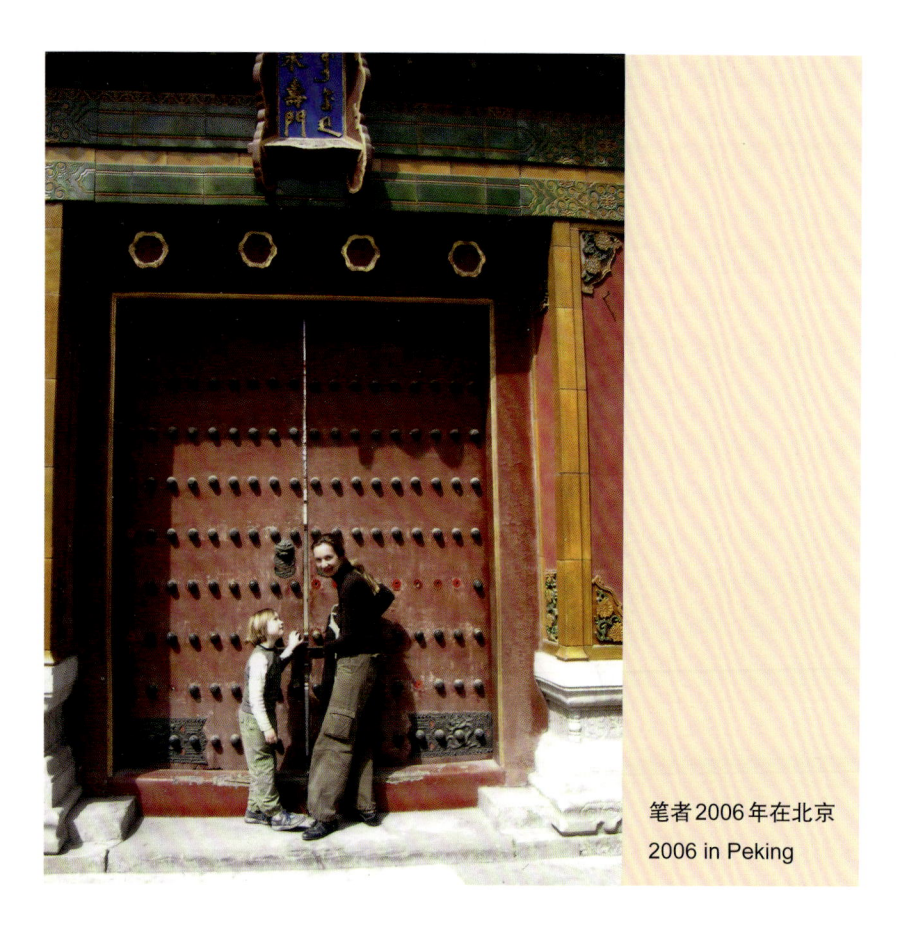

笔者2006年在北京
2006 in Peking

größeren Kreis von Kolleg*innen weiter nachgehen. Entstanden sind Bände wie *Deutsch-Chinesische Annäherungen. Kultureller Austausch und gegenseitige Wahrnehmung in der Zwischenkriegszeit*, *Ostwestliche Erfahrungen der Modernität. Der chinesisch-deutsche Ideenaustausch und die Bewegung des 4. Mai 1919* und *Generationenverhältnisse in Deutschland und China. Soziale Praxis – Kultur – Medien* .

Mich haben besonders Autorinnen interessiert, die im frühen 20. Jahrhundert nicht nur im weit entfernten Europa über China lasen und nachdachten, sondern in das Land reisten und ihre Eindrücke in Reiseberichten und Erzählungen festhielten – Autorinnen wie Hannah Asch, Lina Bögli, Alma Karlin, Lili Körber, Ella Maillart und Vicki Baum. Neu zu entdecken wäre Sofia Yablonska, eine ukrainische Autorin und Fotografin, die in den 1920er Jahren durch Nordafrika und Asien reiste und darüber schrieb. Im Kupido Literaturverlag erschien 2021 ihr Reisebuch *Der Charme von Marokko* in deutscher Übersetzung, demnächst sollen die Bände *China, im Land von Reis und Opium* und *Weitere Horizonte* folgen.

Geplante Herausgaben wie *Chinesisch-deutsche Begegnungen von 1900 bis 1949: Mensch – Geschichte – Dokumentation* und aktuelle Dissertationen wie „*Das revolutionäre China, von der Rückseite*". *Reiseberichte über China von Arthur Holitscher, Egon Erwin Kisch, Lili Körber und Richard*

Huelsenbeck in der Weimarer Republik von Huang Chaoran beleuchten die Dimensionen wechselseitiger Wahrnehmungen im frühen 20. Jahrhundert weiter.

Aber natürlich sind die wechselseitigen Wahrnehmungen nicht auf diesen Zeitraum beschränkt. Das interdisziplinäre Zentrum für Deutschlandstudien an der Peking Universität, das eng mit der Freien Universität Berlin und der Humboldt Universität zu Berlin kooperiert, fokussiert sie unter wechselnden thematischen Perspektiven bis in die Gegenwart hinein. Der Arbeit des vom DAAD geförderten ZDS Peking bin ich über die letzten Jahre hin verbunden geblieben, heute zeichne ich seitens der Freien Universität Berlin für die Kooperation verantwortlich. Unsere jüngste（digitale）Tagung im Juli 2022 stand unter dem Titel „Das gemeinsame Erbe der Welt als Zukunftsherausforderung" und fokussierte das gemeinsame Erbe von Natur und Kultur in UNESCO-Perspektiven, Erinnerungspolitiken und historisch-politische Bildungsarbeit, Sicherheitspolitiken und Völkerrecht, rechtliche Herausforderungen im digitalen Zeitalter und Chancen nachhaltiger Entwicklung. Im kommenden Jahr soll eine Tagung zum Thema „Global Citizenship" folgen.

Damit verschieben sich gemeinsame Forschungen von den Analysen wechselseitiger, auch historischer Wahrnehmungen hin zu den Analysen gegenwärtiger gemeinsamer Verantwortungen, Handlungsoptionen und Herausforderungen in einem globalen Maßstab. Ich hoffe sehr, dass es uns in unserer gemeinsamen wissenschaftlichen Arbeit gelingt, mit Blick in die Geschichte Zukunftsperspektiven zu entwickeln, immer wieder neue Impulse zu setzen und auch junge Leute, Studierende und Promovierende, für einen steten produktiven Austausch zwischen China und Deutschland, China und Europa zu begeistern.

五十年 五十人 50 Jahre 50 Menschen

讲述『中国故事』之我所见

范轩

1969年出生，在国内供职于媒体，后赴德留学，受聘创刊《欧洲新报》并出任总编辑。借鉴各家之长，发挥专业优势，坚持清新脱俗、正道上品，《欧洲新报》终成海外影响广泛、深植人心的华文传媒。在主持海外华文媒体、华侨社团工作期间，通过组织大型活动、开展友好交流等方式，传播中国声音、宣讲中国故事，促进文化共融、捍卫侨民利益。其常常自言自语："就做一颗'多一颗不多、少一颗不少'的钉子，楔在中德沟通的桥梁上。"而今迈步从头越，深耕于新媒体传播的道路上。

我在国内曾供职于广播电台，赴德国学习、工作后，创办了《欧洲新报》和欧洲新传媒集团，自定义为一位在国际舞台上"中国故事"的宣讲者。主持海外华媒、华社工作期间，通过组织大型活动、开展友好交流等方式，传播中国声音、弘扬中华文化、宣讲中国故事、促进东西交流。

我的日常，由故事贯穿

既然是中国故事的宣讲者，那我的日常也必定是以故事开启、由故事贯穿，力图将中国之美秀于全球，把新疆之辽阔、西藏之深邃呈献给世界。

20多年前去德国留学，飞机上相邻的乘客是一位来自北京大学的社会学家。一路上攀谈才知道，他是专门研究民族学的，尤其侧重西域各民族的文化历史研究。而他此行目的地与我竟然相同——德国哥廷根大学。我当时很是不解，一位研究中国西域民族的学者为何要到德国去访学？老教授解释说，你有所不知，在德国哥廷根大学的资料库里，有许多有关中国维吾尔、哈萨克、俄罗斯等西域民族的史学资料，甚至有很多来自新疆龟兹、若羌等地的古文物，所以我每年都要来这里做访学研究。这一下就引起了我的兴趣。可以说，如果我没有出国，那么新疆只是中国几个自治区中的一员；但有了这段经历，对新疆的兴趣则是我对自身母国文化的一种深度发掘和认知。在德国学习的过程中，我会有意去寻找这些有关中国新疆、内蒙古、西藏的资料参阅，但这又引发了一个新问题：为什么中国新疆等少数民族的史学资料会在西方？为解答这一个个疑问和好奇，尤其从事传媒工作后，我就一次次来到新疆实地采访；经历了长时间学术上的认知和实践上的调研，我对新疆的认识又加深了很多。作为中国人我们必须先用广博的历史知识和丰富的社会实践来涵养自己，对自己的母国文化必须有深刻的了解和认知，这样才能在世界舞台上游刃有余地去应对，并且大声地去宣讲：美丽新疆和西藏都是中国的，过去，现在和将来。

中、西方对"中国故事"的各自解读

有一次应邀回国参加活动，恰好安排了一场文化论坛，台上几位嘉宾均是来自西方的政府智库、文化大咖，也包括德国知名汉学家顾彬先生。主题演讲后是互动提问，全场数千名听众中我第一个举手，而且生怕主持人看不到、站起身来挥舞手臂；话筒终于落到我手里，我的疑问既是个人存疑也是行业瓶颈："我是一位国际舞台上中国故事的宣讲者，我想请教各位来自西方的学者，我们讲什么样的中国故事你们才爱听？或者你们想对中国了解些什么？"一位来自北美的政府智库成员直言不讳地回应道："这是一个好问题！你们中国人能不能不要把西方人当成傻子？你们要讲的、要说的，生怕西方人听不懂，一定要按照你们的方式加工、改造，为什么不能把故事的本身呈现给西方受众，让他们自己去判断、取舍呢？要相信西方人并不傻，他们也崇尚善美，所以只要是真的美的东西，放在哪里都会产生共情！"

- 353 -

这其实正是我长久以来一直思索的话题：我们要讲的和西方想听的，是同一个"中国故事"吗？经历一系列的实践和思考之后，我为自己制定了"民间外宣"的四点原则。

首先，人在边缘，但声音不能边缘。在世界各地华人虽是少数族裔，但不能只操持着习惯方式在华人圈中自说自话，发声意识、介质、渠道、质量、受众都不能边缘化。

其次，人在民间，角度不能太官方。鉴于目前形势，官方声音也许会受到阻碍，所以民间言论渠道、社交自媒体甚至网红都是有效传播渠道。

再次，人在异国，方法不能太"中国"。用西方受众熟悉的语境、乐于接受的叙事方式、融通中西的文化人，来宣讲中国故事，这才是上乘。

最后，面向世界，采取主动。我认为，中国国际话语体系相对薄弱的局面，与传统文化和国民性相关，礼让谦和、避免冲突是我们的伦理基础；但舆论战的威力并不亚于真正的武器，同样会危害国家安全、经济发展。所以，面向世界、采取主动，说明真相、正本清源，才是正道。

我的传播实践

加强国际传播能力，掌握国际传播规律，构建对外话语体系，提升传播艺术的效果，使中国国际话语权同当今的综合国力和国际地位相匹配，推动构建人类命运共同体。而作为一名海外的媒体从业者，这也是我们这些世界舞台上中国故事宣讲者一直反复摸索、寻求的解决之道。中国日渐走近世界舞台中央，嫉妒和诟病的杂音逐步增强。尤其在后疫情时代，毫无疑问中国将会面临前所未有的"污水""口水"，外宣、外交的新态度、新技术、新站位不再是和平盛宴的"佐料"，而是较量和平衡中的"利器"。所以，我利用这些年在欧洲传媒界的渠道及资源，实践了以下事宜。

组建"欧盟记者合作组织"。利用曾经担任"德中媒体使者"中方顾问的身份（德、中两国媒体记者交流项目，持续运作8年，由德国博世基金会主导），组织曾经参与（或申请参与）项目的德国、欧盟记者成立起的专业联谊组织；核心话题是"中德交流"，通过组织联谊活动、联合采访、专题讲座、主题展览、公益活动等形式来凝聚向心力，以促进德中媒体专业人士的互动交流。

成立"全球传播力研究院"。以德国高校传播学院、欧盟记者合作组织、欧洲新传媒集团为主导，2021年在德国成立"全球传播力研究院"。研究院广泛聘请欧盟及北美媒体传播专家、学者、文化大家等，以松散型聘任制、特约制等方式集合于研究院，进行跨地域、民族、宗教、政见的传播专业技术研究，旨在突破媒体交流瓶颈，互通互鉴。

运营"欧洲新传媒集团"。以创刊近20年的主流华媒《欧洲新报》数十万读者、资源渠道为基础，2019年在德国创立欧洲新媒体集团。集团整合了过去在新闻媒体、出版发行、学术研究等方面资源，重新定位了以"海外主流传播，加大中西共通"的导向，致力于海外传播、文化交流、学术研讨、文创开发等业务。

搭建"德国华商'一带一路'公益基金"。团结几位德国华商于2015年在中国华侨公益基金会设立了公益基金平台。主要目的是：扶助中欧之间文化技术交流项目，帮助欠发达地区捐资助学、访贫问苦。目前，基金会已完成了为期5年的"德国华商（贵州）公益行"，赞助支持了600名贫困中小学生、优秀教师、军烈属家庭；开展了"德国专家中国乡村行"，邀请德国知名作家到中国乡村讲习讲座；赞助中国演员艺术家赴德国参演涉华历史电影；连续5年赞助中国曲艺家协会姜昆主席率团赴德国开展"德国中国曲艺文化周"；赞助中国优秀舞台剧《大梦敦煌》等在德国各地巡演。

以上实践及做法或可间接说明，我们致力于以专业传媒为支点，就是为了让"中国故事"声音更强，听众更多。

如何向海外宣讲中国？

中国人喜欢讲道理，西方人喜欢讲故事。既然立身国际舞台，我们不妨抛开道理、说教，而用西方受众听得懂的话语、习惯接受的方式、看得见的事实，来见证大美的今日中国，来讲讲动听的中国故事。

这20年间，我近百次往返于客居的欧洲与植根的祖国，游走于发展与变革之中。在四川藏区，在贵州侗寨，在云南傣家，在甘肃裕固新村，在新疆维族院落……建了新房的藏族主妇，为父母留在乡村的康巴帅哥，只有7个孩子幼儿园的美女老师，守护经卷的红衣僧人，下着羌棋却关心反腐的羌族老人……我访谈的，皆是构成中国社会的细小颗粒，我的目标简单明了：用恬淡、白描的手法记录各族同胞质朴、平实的心境，将他们的形象、言语不加"佐料"地展示出来，并从这些"非典型"人物的身上折射出真实的中国社会，演映出史诗般的巨大变革。

连续3年，在中国驻法兰克福总领事馆的操持下，春节时的法兰克福都会为德中观众献上一台来自中国藏区的演出。这台独具高原特色、绚丽灿烂的歌舞盛宴，也成了许多德国民众了解藏区、认识藏族的"敲门砖"。因为我近年来也一直在藏区考察采访，并写出了一系列报道在欧洲传播，时任的法兰克福总领事便邀请我来主持晚会。而在藏区亲历的一个个鲜活人物、真实故事，便成了我现场发挥的全部素材。

台上，我抛开演出团队交付的解说词，而将亲身经历穿插其间。我讲央金大姐为何花费80元买来国旗、插在自家新房上？——"政府花8万元给我家建了新房，我花80块买个国旗挂起来，你说应该不应该？"我问青年干部俄色尼宝党章要求跟佛教信仰是否有冲突？——他坦诚诠释："共产党要求我们为人民服务，佛教也要我们为别人奉献；所以只要我坚持做好人、做好事，那我既是一个好党员又是一个好佛徒！"我问因为担心娃娃没有人照顾而一再推迟婚期的幼儿园老师钱小娟：你一再推迟婚期，不怕男方变心了吗？钱老师无不担心地说："如果婆家不娶我了，也就是我一个人没有老公；但我要是走了，幼儿园所有的娃娃就没有老师了！"我问汉藏邻居是否有矛盾隔阂？——仨兄弟异口同声地说："啥子汉族、藏族，这是你们的说法，我们平时都不分，都是一样滴耍！"……精彩的表演、7个真实的小故事全部结束之后，1000多名德国观众的场地掌声雷动、经久不息。"主持人先生、主持人先生！您能不能帮帮我？"我循声望去，一位80多岁的德国老妇人，被安保人员阻挡在通往后台的门旁。问其原因，她兴奋而激动："我只想去……摸一摸藏族小姑娘的衣裳！实在太美了！"总领事热泪盈眶："什么是外宣？什么是'中国故事'？这就是啊！"

由于疫情的阻碍，我已经好几年没去过新疆和西藏了，所以这次我也抓住机会捕捉了一些中国故事。比如面对西方受众，我会从新疆的名称开始讲起，在中国广袤的西域地区，各民族朝觐中央政府、和谐共生，甚至数次形成高潮盛世的局面，这并非只出现在当代。新疆的历史脉络非常清晰，太远不说，公元前100多年的西汉政权就派张骞作为使节出使西域，同西域各城邦建立了联络，西域都护府设立后各城邦便正式纳入西汉政府的版图。单看"西域"这个名称，西域就是西边的疆域，既然是疆域，就一定是相对于中原地区而称谓的。清朝又将西域改称新疆，意味着故土重收、新的疆域。比如我会从在新疆博物馆看到的、出土于南疆的"五星出东方利中国"护臂织锦片开始说起，它是汉代皇家织造的丝织物，又授予了守护西域的官兵，从这个小小的织锦片上，能够反映出汉代的纺织工艺、中央政府对西域的管辖、当时人们的艺术审美等诸多信息。所以无论从政治经济文化的交流与融合，还是2000多年前设立的西域都护府与今天设立的自治区，在漫长的历史进程中发生了许多重大事件，比如土尔扈特部东归，安史之乱，平定准噶尔部，但无论是社会动荡还是民族大融合，新疆与内地的关系从来没有割裂开，从来没有游离在中央政府的管辖之外。我们可以确认，新疆所在中国西域的广袤大地，从来都是中央政府管辖的范围，也是西域各民族和谐共生的物理空间和社会空间。

在海外宣讲中国的基础及建议

在欧洲学习工作25年，对当地社会的认知算是明了。首先应该看到欧盟很多国家都是发达国家，其民主进程、法律规范、社会公平、道德水准、文明程度、公民素质、福利待遇等各个方面，普遍优于全球平均水平。经验告诉我们，在欧洲宣讲中国故事、开展民间外交，还是有较好环境和基础的。

首先，相对宽松的舆论环境。各国法律对言论自由的保障，为欧洲的舆论传播创造了相对宽松的社会环境；只要作到合法依规，就会寻得渠道和空间。

其次，文化包容的社会基础。纵观欧洲历史可知，今日的欧洲国家都是由无数个小国分合而成，加上人口稀少、移民众多，所以对外来文化的包容性优于历史长久的亚洲国家；加上近现代宗教的加持和影响，形成以包容、博爱、自由为社会基础的多元文化环境。所以只要表现得当、内容有趣，中国故事同样会有市场。

最后，基于人类共同的价值观念。中国和欧洲、中国人和欧洲人在各方面都有着巨大差异，但是抛开差异之后我们会看到，欧洲的道德观念中也讲究"真善美"；抛开政治，在文化、艺术、历史、宗教、音乐、体育、美食等各个维度都可以找到人类共同的爱好和支点。否则当年我这样一个一穷二白的"外国人"，也不可能在欧洲活下来，更不可能在那里展开自己的传播事业。

我们应该不懈探究，中国要讲的和西方想听的"中国故事"之间有多大差池，如何去消除误解与对抗，让中德、中欧、中西之间能够各美其美，美美与共。

五十年 五十人 50 Jahre 50 Menschen

去德国学历史

李维

1969年出生，德国柏林洪堡大学历史学博士，现任北京大学历史学系教授、博士生导师、中国德国史研究会副会长、北京大学德国研究中心成员、中德友好协会理事，长期从事德国现当代史研究。著有《纳粹德国有关"欧洲经济新秩序"的规划1939—1945》（德文）、《欧洲合众国：库登霍夫－卡莱基"泛欧"思想研究》等，译作《德国人和他们的神话》。曾获教育部人文社会科学优秀成果奖、北京市高等教育教学成果奖等。

2000年，我赴德国柏林洪堡大学攻读博士学位，做德国现代史研究。这一时期，国家还未施行大规模的留学政策，出国学习还是非常难得的机会。当时国内经济正在起飞，但与发达国家相比，还有较大差距。对于我们这些青年学者，出国自然产生了不小的冲击和影响。在德国留学，收获颇丰，对我日后在北大的教学研究工作，起到了很大的帮助作用。

学德国史

我去德国，是为了学习德国历史。在国内时，我已经有了工作单位，确定了研究方向，这样才获得了报考出国留学的资格。而研究方向的确定，几乎是在一瞬间完成的。

在北大历史系读本科时，我学的是世界史，读硕士，学的欧洲史、法国史。到中国社会科学院世界史所工作两三年后，书读了一些，但还没有什么固定的研究领域。直到快30岁了才转向德国史，开始学德语。这种转折来得很突然，让人来不及思考。记得有一天廖学盛所长到欧美研究室来，对我说"所里让你研究德国史"，怕我有顾虑，下不了决心，又告诉我，"德国史以后机会很多"。廖先生谈话时，既严肃又可亲的模样，我们隔着一张办公桌对坐着，上午的阳光直射进来，这一切我都记得清清楚楚。这次谈话一锤定音，确定了我日后努力的方向。当时廖先生说的机会多，是很具体的意思，最大的机会就是出国，派去德国学习。这对于当时的年轻学者来说，是一件非常有吸引力的事儿，是非常宝贵的深造机会。

去德国

在世界史所工作了4年，留学的机会突然降临了。某天，所里人事部门下达通知，让我作为社科院派出的候选人，到国家留学基金委参加全国统一的考试。我们那时去应试，应该是赶上了老留学政策的尾巴。当时国家还没有大规模外派留学生，这与今天的情况形成了鲜明的对比：我现在有3位博士生、1位硕士生、1位本科生在德国留学。对如今的学生来说，出国是顺理成章，是家常便饭。可20年前远非如此，国家对留学的限制还是很多的。记得当年我们报考的条件是：硕士研究生毕业；为国家服务4年（即在事业单位工作满4年）；有德语基础；还要在重要期刊上发表过与德国相关的论文。用这几条一卡，合格的候选人实在不多。考试地点在复兴门的国家留学基金委，有中方专家和阿登纳基金会的人。因为我的德语尚处初级水平，因此主要用英语面试。记得当时一位中方女专家用德语问我："Wer war Bismarck?"我居然没听懂，但发音是记下来了，在回家的路上，琢磨了半天，才回过神来，知道对方在问，"俾斯麦是谁？"德国来的吉斯（Gees）先生把我录取了。后来他告诉我，说通过英语交流，知道我学语言不费劲儿，通过交谈学术问题，知道我对研究很有"想法"。

我是2000年4月去德国的，那时的中国经济开始起飞，但尚未摆脱广阔的农业背景，和西方的差距还是蛮大的。不像现在，国内的大都市和国外相比，没有那么大的反差。我出国留学第一次坐飞机，记得是在北京国际机场第二航站楼登机的，那是一架硕大的，可乘500人的波音

747大型客机。飞机上坐的满眼都是金发碧眼的外国人，大部分是来旅游的。中国人非常少。飞行途中，我起身活动一下。走到另一个舱段，看到几十个由外国中年夫妇领养的中国婴儿。他们躺在家长怀中，很安静，没什么哭声。想到这些孩子们尚在襁褓之中，就离开自己的祖国，远赴他乡，心中不免一阵怅然。2000年以后是中国经济腾飞的阶段。中间几次回国，一次一个样，北京变化之大，甚至让你找不到回家的路。飞机上的中国人也越来越多。到2005年前后，乘客中只有一少部分是外国人了。

到了德国，出法兰克福机场，换乘火车去曼海姆，先去那里的歌德学院学语言。等到了站台，一眼望去，空荡荡的，没什么人，和国内人潮汹涌、熙熙攘攘的火车站，形成鲜明对比。总觉得自己是不是走错了站台，或错过了车次。上了车，突出的感觉就是快，其实当时坐的还不是ICE（城际直达高铁），但人家的慢车，开起来也有时速100公里的样子，风驰电掣，看到两侧的树木、村庄迅速向后倒去。当时国内火车已经开始二次提速，但即便如此，也就是跑个五六十公里。坐上这样的高速列车，很不适应。天很快就暗下来了，车窗外的灯光一闪一闪的，让人头晕目眩。我拖着沉重的行李，怕坐过了站，不敢到车厢中部去，就挤在门口，紧张地向外张望着。在十几个小时之内，飞了9000公里，飞跃时空，从一个慢悠悠的东亚农业国，来到了高速运转的欧洲工业化国度，感觉不太真实，像到了另外一个世界。

出了曼海姆火车站，看到站前广场上灯火通明，现代款式的有轨电车轰隆作响，从眼前驶过。周围的古老建筑，在灯光的照射下，呈现出黄、绿、蓝、红各种颜色，让人仿佛置身童话世界一般。到了晚上10点左右，进到房东家里，才放下心来。也许太累了，第一晚睡得很香，第二天早上醒来，听到远处传来教堂的钟声，知道这是在国外了。

在德国学历史

我在德国柏林洪堡大学，上课加做博士论文，一共学习了4年零9个月。最大的收获，就是懂得了什么是科学。这不是我一个人的想法，很多留德学生都有这样的切身体会。德国的历史科学讲求发掘新材料，重视物质化的证据，强调原始创新的实证研究，而不是在那里贩卖思想。在德国，我不仅学习了具体知识，更学会了研究方法，最重要的是，学到了科学的精神。判断一个人的观点，要看他是否言之有据，是否言之成理，而不主要看他的社会身份、学术地位。

我在柏林洪堡大学的第二年，上了德国近现代历史大家温克勒（Winkler）开设的研讨课（Seminar），课程的名称是"帝国思想"。每位选课的同学都要做课堂报告，我负责报告纳粹时期的帝国观。上课前几天，温克勒先生和我谈了5分钟，提到一部已整理发表的文献集。他说自己还没仔细看，让我阅读相关原始文献，然后用15分钟时间，给大家复述主要内容。上课那天，我们围坐在长条桌边，有三四十人的样子，把一个研讨教室挤得满满的。我讲的时候，温克勒先生坐在对面认真倾听，就像小学生听课般的专注，没有丝毫的居高临下，或是故作高深。我当时就想到一句话：科学面前人人平等。这个场景让我更加明白，要相信科学，追求真理，不要制造迷信，崇拜权威。

柏林洪堡大学历史系以德国史和欧洲史研究见长，各位教授主要在做实证性的研究工作，他们首先是各自领域内的档案专家、原始材料专家。虽然在研究中也借助理论工具，但没有一位历史系的教授，是主要依靠理论立足的。理论代替不了具体研究，我确信自己也要这样做，要动手动脚找新材料。

我去得比较多的是柏林的联邦档案馆。因为我做的论文涉及纳粹时期的历史，纳粹德国又称第三帝国，德意志帝国时期的档案都在位于柏林里希特费尔德（Lichterfelde）的联邦档案馆。我在这里工作了三四年。不是说一个月去个三四次，而是一周去三四次，用"泡"档案馆，都不足以形容，应该说"长"在里面。基本拿这当上班的地方，开门进，关门出，经年累月，持续不断。说是长在这里，不仅要工作，还要生活。因为不把热饭、热水准备好，谁也待不长，一整天坚持不下来。我看的是二战前及二战的材料，为了便于长期保存，许多都已拍成微缩胶片。看这些东西要用档案馆的微缩胶片机，等于在屏幕上看胶卷底片。刚开始的时候，一上午看不了10页，不少地方字迹模糊，还要连蒙带猜。最怕的就是做检索，因为要转动胶片，让片子在屏幕上滚动起来，同时眼睛还要跟上，看大致的内容。一两分钟下来，头晕眼花、恶心反胃，感觉要吐，半天缓不过劲来，晚上回到家里，都觉得昏沉沉的，一天不舒服！但咬牙坚持了半年，就成行家里手了，坐在胶片机前，操控自如，一上午能检索个两三盒，每盒500页左右，基本做到没有大的遗漏。身体也适应了，虽谈不上神清气爽，但也没有任何难受的感觉。这说明自己颇能胜任这项工作，对此心里不免有些得意。

2012年，笔者在奥地利林茨的利奥汀镇，身后的黄色建筑为希特勒家的老宅

五十年 五十人 50 Jahre 50 Menschen

2020年，笔者在北京大学本科班课堂上授课

  因工作得太投入，还发生过一次"被锁"事件。那是在2002年的圣诞前，档案馆最后一天开放。到了下午，看得出来，这里已经洋溢着节日的气氛了。平日安静的阅览室，也变得热闹起来。工作人员互道节日快乐，准备回家休假了。我也别讨人嫌，提早五分钟结束工作，归还档案，工具书上架，拿好自己的东西，走出了阅览室。然后把东西放在衣帽间的柜子里，去了洗手间。过了一会儿，觉得周围一下子安静了下来。等再走出过道，发现档案馆的楼门被锁住了，出不去了！这座建筑在档案馆的后院，院子很深，要走一段路，离着前面的大院门和马路有三四百米，在这里喊叫，外边是听不见的。想到这里，心里不免一阵慌乱，这可是圣诞节，要关个三四天，搞不好有性命之忧。但转念一想，妻在家等我回来，如果见不到人，会报警吧。正胡思乱想之际，看见楼门外匆匆走来两位管理员。一边开大门，一边一个劲儿地道歉，说没事吧。我这才松了一口气。这次被"解救"出来，完全是档案馆的一项管理制度发挥了作用。记得第一次来档案馆，要出示护照，然后办理一个阅览证。以后来这里，要用阅览证换取入门卡。起初我还有些不解，进出看看证件就好，为什么要换卡？现在明白了，这是管理的需要。你不出来，证件就会永远摆在门卫的桌子上，一目了然。这次肯定是人走光了，门卫发现还有证件落在那里，于是知道有人没离开，便急忙找了过来。对我来说，算是虚惊一场。在回家的路上，我边想边摇头边笑，节前乱乱哄哄，容易出这样或那样的问题，连一向严谨的德国人也不能免俗。

留德的影响

  在德国的实证研究经历，对我回国后的工作产生了积极的影响。我在德国现代史方面，出版了德文专著《纳粹德国有关欧洲经济新秩序的规划1939—1945》。在欧洲一体化思想史方面，有中文专著《欧洲合众国——卡莱基泛欧思想研究》。它们都是从原始材料出发的实证性著作，主要使用了大量未发表的原始材料。我也一再向自己的研究生们强调，历史学的起点是材料，历史学的方法是通过实证性的研究，形成观点的结晶。但一定要从材料出发，而不是从理论出发。一定要有实证过程，不能用理论来代替实证。更不能满足汇抄国外的研究成果，讲点中国人不知道的事情，还打上"为国家战略服务"的幌子。历史科学研究要求我们，一定要掌握研究对象国的具体文字和原始材料，一定要做创新研究。这是我们努力的方向。

不仅在研究方面，在教学方面，留德的经历也让我获益颇多。时至今日，我们大学中的人文科学课程设置，基本上反映了知识宽窄面的变化。而德国的课程体系则反映了从学习到研究的飞跃。从基础课到高级研讨班的5阶段课程，可以帮助同学们完成从初学者到研究者的转变。现在北京大学历史系开设的练习课，就是我借鉴了德国大学课程体系中的一个环节，力主在系里开设的。北京大学历史学系是全国第一个在人文科学中引入练习课，并把它设置成系列课程的。这对于提高北京大学本科生的科研训练水平，无疑是大有裨益的。

去德国，还增强了我对历史学前景的自信。我在柏林洪堡大学攻读博士学位时，历史系位于大学主楼二层，系图书馆窗外就是菩提树下大街，窗户正对着腓特烈大帝的雕像。楼上是哲学系和德语文学系，都是全校最核心的位置。现在北京大学的人文学苑，文史哲三系，也是全校最漂亮、最有学术氛围的地方。为什么史学那么重要？为什么文史哲那么重要？为什么好的大学，都要把它们摆在显赫的位置？因为只有这三门学科，才能回答以下带有根本性的问题：我们是谁？我们从哪里来？我们有怎样的过去？我们与其他民族有何不同？我们的未来可能会是怎样的？也就说，各个国家都主要依靠这三门学科，特别是历史学，来界定、彰显自己的民族特性，来加强文化自信。因此，史学的意义非常重大，其意义要远远超越某种具体、短期的实用价值，史学无用的谬论实在不值一驳。对于中国的世界史学者来说，要坚持用科学精神，用科学研究的成果，把真实客观的世界历史传达给我们的社会，让我们的人民能够永远睁眼看世界，看过去，知现在，望未来，这就是我们工作的重大意义所在。

五十年 五十人 50 Jahre 50 Menschen

为中德理解、和睦、交流与合作而服务的人生

吴漠汀　*Martin Woesler*

1969年生，湖南师范大学特聘教授、欧盟让·莫内讲席教授、欧洲科学与艺术院院士。德国波鸿鲁尔大学汉学博士，主要研究领域为《红楼梦》、比较文学、翻译、跨文化交流、中国现当代文学。荣获中国友谊奖、德语地区"Desideratum"奖。主要社会兼职包括：德中协会会长、世界汉学研究协会会长、哈佛大学人文科学访问教授协会副主席、欧洲《红楼梦》研究会会长、欧洲大学出版社社长、德国教育研究部顾问、德国洪堡基金会顾问。其他社会兼职：德国维滕/海德克大学研究员，国际"汉学史"项目负责人，《欧洲汉学》《欧洲现代汉学》《德中协会年刊》和"汉学论坛丛书"等期刊、丛书主编。

为中德理解、和睦、交流与合作而服务的人生

Jahrgang 1969, ist Distinguished Professor an der Hunan Normal University, Inhaber des EU Jean-Monnet-Lehrstuhls der und Mitglied der Europäischen Akademie der Wissenschaften und Künste. Er hat an der Ruhr-Universität Bochum in Sinologie promoviert und beschäftigt sich mit dem *Traum der roten Kammer*, vergleichender Literaturwissenschaft, Übersetzung, interkultureller Kommunikation und zeitgenössischer chinesischer Literatur. Er wurde mit dem Chinesischen Freundschaftspreis und dem „Desideratum"-Preis für den deutschsprachigen Raum ausgezeichnet. Zu seinen wichtigsten Positionen gehören: Präsident der Deutschen China-Gesellschaft（seit 2017）, Präsident der World Association for Chinese Studies, Vizepräsident der Association of Visiting Professors of Humanities an der Harvard University, Präsident der European Society for the Study of *The Dream of the Red Chamber*, Direktor der European University Press, Berater des Bundesministeriums für Bildung und Forschung, Berater der deutschen Humboldt-Stiftung. Weitere gesellschaftliche Positionen: Wissenschaftlicher Mitarbeiter an der Universität Witten/Heidecke, Deutschland, Leiter des internationalen Projekts „Geschichte der Sinologie", Herausgeber der Zeitschriften *European Journal of Sinology, European Journal of Chinese Studies, Mitteilungsblatt der Deutschen China-Gesellschaft* und Schriftenreihe Sinica.

当德国的汉学家访问中国时，我相信他们会像中国的德语专家访问德国一样感到宾至如归。

汉学世界深深吸引了我

外国汉学家最常被问到的一个问题就是为什么愿意投身于汉学研究。吸引我进入汉学世界的原因有五点。

第一个原因是学校。我的几位高中老师认为，我毕业后会攻读他们专业的学位，比如数学或德语，但其实我一直试图从各所大学里搜寻哪些科目最难学，结果听到的回答总是"汉学"。后来我找到了一所大学，即当时德国最好的汉学家马汉茂（Helmut Martin）教授所在的波鸿鲁尔大学。我在那里开启学习之旅后，很快就成为康拉德·韦格曼（Konrad Wegmann）教授口中的"得力助手"。我的原则一直是"向最优秀的人学习"，这句话我想送给所有初学者。因此，我选择了马汉茂教授作为自己攻读博士研究生的第一导师，顾彬教授作为我的第二导师。之后，我在北京大学中文系学习，又受邀到哈佛大学学习了一年，先是师从李欧梵教授，而后是王德威教授。

第二个原因是源于一件真实发生的事情。作为一个17岁的高中生，汉学让我揭开了中国的神秘面纱。1987年，我的家乡明斯特举办了一场诗会。中国是那一年的嘉宾国，当时有一个来自中国的诗人代表团到访。一位老先生在那里用颇有异国情调但直击人心的声音朗诵了一首长诗。朗诵时，一滴热泪顺着他的脸颊流了下来。明斯特大学礼堂里的500多名听众全神贯注，全

场安静到即使一根针掉在地上也能听到。在这位老先生朗诵后,诗歌的德译本便送到了现场。这首诗的作者叫绿原,来自北京。他的诗讲述了他漫长人生中跌宕起伏的悲惨经历。他的演讲打动了他自己,也打动了500名跨越文化鸿沟的听众。

诗会结束后,我得以和绿原交谈,得知他前半生从一个著名诗人变成了一个"反面"典型,不过后来得到了平反。他将自己加入诗人代表团当作一种对人生"缺失"的补偿。他一直坚持自己对德国语言和文学的热爱。他解释说,许多中国人过去都有过类似遭遇,但坚持梦想很重要。作为一个17岁的德国青年,我听罢这一席话后感到十分震惊。因为我是在天主教的明斯特地区长大的,我的童年是在一个受保护的、近乎天堂般的环境中度过的,周围都是野马,每时每刻都可以和大自然相拥。他的经历与我自己的生活形成了鲜明的对比。我很受触动。

后来,我收到了一个礼盒,里面有一支竹制毛笔和一块砚台。绿原说:"中国似乎引发了你的兴趣,那你为什么不像我学习德语那样学习汉语,再用这套笔砚用汉语给我写一封信呢?"我迫不及待地收下了这套笔砚,然后开始学习汉语。我先是通过波鸿大学的语言课程学习汉语,后来又给绿原写了几封信,但都没有用到被我放在书架上特殊位置的这套笔砚。我也在北京拜访了绿原老先生。两年后,柏林墙的一片残垣破瓦也被我特意放在了这套笔砚旁边。这是柏林墙倒塌当晚,我站在墙顶撞出的一块破瓦。当时我在东柏林,和第一次穿越边境的人群一起过境。我是当晚第一批走过勃兰登堡门并登上柏林墙的人之一。因此,我的生命中也见证和经历了一些重大转折事件。

说回我书架上的第一套笔砚。为什么我从未使用过这支竹制毛笔呢?当我开始学习汉语写作时,我也自然而然地学到了一些中国文化。用这份礼物毛笔致信诗坛前辈是略显冒昧的,因为这似乎意味着我已经完全能驾驭汉语了。然而,即使一个在中国文化中学习德语的中国人也很难称自己掌握了德语。与其称掌握汉语,不如说我仍在学习汉语。我53岁时仍在学习汉语,我也将在余生岁月中继续学习汉语。

第三个原因是我在读书时就已经对中国文学钦佩不已,并在学习期间了解到歌德对中国文学的推崇,以及他对中德人民之间心意相通的坚信不疑。

第四个原因是德国是一个出口导向型的繁荣经济体。正如拿破仑所说,中国是"一头沉睡的雄狮",20世纪80年代,中国仍是一个发展中国家。80年代末,我有种强烈的预感:中国如同一条巨龙正在苏醒。尽管当时几乎所有的亲朋好友都劝我不要研究中国,毕竟以后不可能靠此谋生,但我还是希望能见证这条巨龙历史性的苏醒。而今天,我终于进入了这个被称为"永远的东方巨龙"的体系中工作。

即使在我的大一同学中有三分之二的人都放弃了汉学研究时,我也从未质疑过我的决定。1989年10月,我开始在波鸿学习中文,后来前往北京大学中文系学习中国现当代文学,这段本科时期的学习经历持续了一年半。

第五个原因是文化让我着迷。遥远的文化更加迷人,因为它们就像我们的一面镜子,揭示了沉浸在自己文化中的我们所认为理所当然的事情是多么随意与荒谬。文化研究存在一个系统性缺陷，即作为文化的一部分，你永远不能跳出其中看待这一文化。而观察另一种文化则可以在一定程度上弥补这一系统性缺陷。

多年以后，我获得了汉学博士学位，并在哈佛大学和德国各大学的汉学系继续深造。后来，我在南京大学给准备参加德国维藤/海德克大学和南京大学联合硕士项目的学生教授德语。德国驻华大使馆给了我一套德语教材《德国概况》，供上课使用。当全班同学看到德国统一这一章的大幅照片时，我震惊了：照片中十几岁的我站在柏林墙上，刺猬般的头发被吹得笔直，身着黑色皮衣。我当时甚至没有意识到自己被拍了下来。

翻译及修订《红楼梦》德译本是我的主要任务之一

在波鸿和北京大学学习汉学时，我被《红楼梦》深深吸引了。翻译德译本及其修订本成了我此后几十年的主要任务之一，未来几十年里仍然如此。

《红楼梦》展现了大约250年前的中国。对于今天的西方读者来说，当时的中国因其各方面的考究已经非常先进与完美了。它提供了一种更为轻松、更有教养的生活方式。至少对我来说，

登上长城（1990年）
Auf der Großen Mauer (1990)

这种生活方式完全可以与今天的世界相媲美。作者曹雪芹将其晚年献给了年轻人、穷人和残疾人，他撰写了一部史无前例的中国绝佳小说，堪称世界文学的永恒之作。《红楼梦》向全世界展示了中国文化的方方面面。当然，这也是我在翻译时遇到的困难之一。如果不熟悉、不理解中国历史与传统，其中的文化元素是无法直译的。为解决这一翻译难题，我试着咨询过许多中国朋友和红学专家，包括中国艺术研究院红楼梦研究所的专家，并通过文本或脚注为读者提供补充解释。当我无法用另一种语言再现复杂的原文时，我便解释人名与地名的含义，有时甚至还涉及双重含义。此外，小说还描绘了一个年轻人的身外世界和内心世界。他长大成人，坠入爱河，对天堂般的童年感到幻灭。大观园的毁灭则是这种幻灭的象征，这让西方读者联想到被逐出天堂。无论来自哪种文化背景，读者们都要有成年后打开眼界的经历。我希望西方读者能够忘记时代和文化的差距，对小说中的主人公产生认同感。

我的翻译遵循目的论原则，追求翻译之信实，忠于原文。当然，翻译时并不能保证逐字对应，所以我用意译的方法在注释中为感兴趣的读者作释。就我个人而言，我提出了一种新的翻译策略，即"恰当性理论"。这意味着翻译时不仅要保证最好的功能对等性，还要争取作到最适当的功能对等性。这为现有的翻译理论增设了伦理责任的维度，以平衡作者和其他文化行为者（如翻译发起者、出版社和读者）彼此之间偶尔冲突的利益。我认为，译本应被视作与原作一样有价值，因为几乎所有获得诺贝尔奖的文学作品都是通过译作而非原作被广为传阅的。

我对中国文化的热爱越来越深

2020年，我被授予中国政府友谊奖。这对我来说是一项崇高的荣誉，加深了我与中国人民的友谊和我对中国文化的热爱。我一直提倡沟通和交流，即使在步履维艰时也是如此。

从宏观历史视角来看，中国文学在世界上的知名度仍然远低于外国文学在中国读者中的知名度。在德国的全部文学中，非德国文学占12.5%，中国文学只占0.3%。在我从事翻译工作之前，平均每年只有11部中国文学作品被翻译成德语；但在我参与后，这一数字大约翻了一番。

我打算在华驻留得更长久一些，帮助前途无限光明的古老而又年轻的中国学术的对外翻译工作达到国际标准。中国有许多有才华的年轻学者，我们应尽一切可能让他们为进入未来竞争激烈的全球化就业市场作好准备。中外学者应该在研究和教育方面更加紧密地合作，建立符合国际最高标准的中外联合翻译专业学院。国际合作与交流越多，中国便越有机会向世界其他国家学习，反之世界其他国家也越能向中国学习。

我在湖南师范大学与很多国际朋友一同建立了"国际汉学研究中心"。我也希望用毕生精力翻译优秀的中国文学作品。目前，我正在翻译中国作家韩少功、徐则臣、张炜和韩寒的作品，也在撰写学术史和概览性文章。我也希望能有更多的时间来撰写我自己的小说和短篇故事，适当地将我在中国的生活经历融入其中。当我觉得自己变得越来越像一个地道的中国人时，满腔自豪感与责任感便油然而生。

1997年，当时德中协会的会长保罗教授因为与我在研究方面有过合作，邀请我担任有着40年历史的德中协会委员会的理事。其间我参加了很多文化和科学方面的中德合作活动。我特别支持并出版了《德中协会年刊》，也邀请了不同领域的德国汉学家到科隆亚洲艺术博物馆做演讲，每次演讲常常吸引100多人参加，演讲后的讨论也十分热烈。2017年，保罗会长退休，协会同人选举我担任新会长。德中协会迄今支持建立了200多个德中中学友好关系和学生交流。我之后在德国、美国、意大利、波兰、中国的几所大学工作时，也一直很支持学生交流。我认为，两国年轻人最容易通过自己找到另一个国家的朋友，通过自己去其他国家的经历建立两国最坚实的友好基础。中国和德国都是思想家、哲学家和文学家辈出的文明大国，中国人和德国人在很多方面很相似，都经历了战争的痛苦和了不起的经济恢复过程。两国也可以在很多地方互相学习与借鉴。出口经济和数字化在中德两国都实现得很好。建议中国的学生和老师，创造机会来德国留学或者旅游。

我每年都会召集全世界各个国家和地区的100多个汉学家参加论坛，让中国学者与世界其他国家和地区的学者一起分享自己的研究结果，一起讨论。我也编辑出版了几种汉学期刊和丛书，用中文、德文和英文发表文章。我已经邀请了70多位具有中德双语翻译能力的毕业生，参加将中国书籍翻译成德文或其他语言的翻译项目，使得每年中文文学的德译版书籍出版数量持续递增。在西方，我也介绍中国社会不同领域的发展，比如贫困状况的改善。

我参加过德国外交部的语言考试，也曾在德国驻中国大使馆工作过一段短暂的时间，后来被问到是否接受一个终身职位时，我决定放弃在外交界的工作，而是进入学术界。我想通过关心许多年轻的学生，并通过学术活动和出版物，有机会在与他们的互动中产生直接影响。

我这一辈子努力让中国和德国互相了解，并且了解得更深入。在新冠疫情期间，当呼吸机在德国变得稀缺时，我把我作为大学教授的工作限制在最基本的范围内，卷起双袖，发起了一场大型募捐活动，从中国进口了5万个口罩，捐赠给最需要它们的组织和机构，如老人院、疗养院、医院、红十字会、新冠门诊等。当时，我从机场拖着大箱子，开了几个小时的车，分发口罩或邮寄口罩。德中协会的许多成员都参与了捐款。

一个人只有两只手和自己的思想，让它们为自己的事业服务。但是，如果他坚持这份事业的必要性，并且对此深信不疑，这两只手就会变成几百只手，一个想法就会变成一个共同的愿望——把位于欧亚大陆各一头的两个国家如注定般地联系在一起，历时数百年。

我希望，这种友谊今后能够变得更深，双方能够相互学习，相互支持，共同建立一个和平环保的世界，推动全人类的进步。

五十年 五十人 50 Jahre 50 Menschen

犹记得那份从容

王俊

1979年出生，现为浙江大学哲学学院教授、常务副院长，教育部青年长江学者，主要研究现象学、跨文化哲学等。兼任中国现象学专业委员会副理事长，浙江省哲学学会副理事长，中国现代外国哲学学会理事等。1998—2002年北京大学哲学专业本科，2003—2009年在德国维尔茨堡大学哲学系取得硕士和博士学位，2013年曾在柏林工业大学担任客座教授，在奥地利维也纳大学做访问学者。迄今出版专著3部，译著6部，发表论文40余篇，主持国家社科基金项目3项，其中重大项目1项。

2003年3月，正值北京"非典"开始暴发的时候，我生平第一次跨出国门，从北大燕园第一次来到了美茵河畔的维尔茨堡，在这里继续我的哲学学习。到达这个11万人口的"大城市"的第一夜，是在青年旅舍度过的，我清晰地记得在昏睡了几个小时后，我被教堂的钟声惊醒，第一次有了身处异国的陌生感。

维尔茨堡大学的哲学系有三个教授教席（Lehrstuhl），这在整个德国规模都不算小了。哲学系除了3位拥有教席的教授之外，每一个教席还有一些围绕着他的编外教授、私人讲师、教学助理、行政秘书等。我跟随学习的卡尔-海因茨·莱姆贝克（Karl-Heinz Lembeck）教授占据着第一教席，他的办公室在一个叫约瑟夫·施坦格广场（Josef-Stangl-Platz）的地方。"Platz"的意思是广场，我第一次拿着地图去找这个"广场"，下了公交车，转来转去怎么都没有找到这个"广场"，问了路人，才发现所谓的广场就是路口那一块小小的空地。从旁边一个小门进去，一楼就是哲学系第一教席的办公场地，有教授办公室、秘书办公室、助教办公室，还有一个小小的图书馆，图书馆中间放了一圈桌子，学生们也在这里上课。第一次去的时候，教授的办公室大门紧闭，门上贴了说明，每周有一个下午两个小时，是他的接待时间，我和秘书约了下一周的见面时间。之后我慢慢适应，在德国所有的事情都要约"Termin"（预约），短则提前一周，长则提前几个月，几乎没有什么事情是今天想到，一两天就能解决的。2003年、2004年身边还有很多人不用手机，日常联络用固定电话，甚至有的老先生还用寄信和明信片来约时间，其效率跟今天相比或者跟当时的中国相比，都像缓慢的前现代。一直到今天，我还有一些德国同行和朋友，他们拒绝使用手机和实时的通信软件，认为随时被人找到会损害他们的私人时间。但是即便如此，德国的大学和社会仍然在有序从容地运转着。

我的导师卡尔-海因茨·莱姆贝克教授是著名的胡塞尔研究专家，他给人的第一印象不像典型的德国教授，他随和幽默，善于开玩笑，但接触多了就会感受到他骨子里的德国风格，对待专业一丝不苟，做事按部就班，公私分得极为清楚。他不喜欢旅行，对异质文化不感兴趣，或者更确切地说，非常谨慎，这一点与胡塞尔很像。有一年当时还在中山大学的倪梁康教授到维尔茨堡拜访当时担任德国现象学会主席的莱姆贝克教授，盛邀他到中国参加学术活动，他尽管没有当即回绝，但几天后还是让我转告倪老师，他不想做如此长途的旅行。后来我回中国工作后，有几次想请他到中国讲学，也被拒绝了。除了在维尔茨堡大学旅行教授的职责，他喜欢在乌尔姆打理他的农庄。

德国大学的教职制度对待学者是极为苛刻的，就像韦伯在《以学术为业》中所说的，"学术生涯是一场鲁莽的赌博"。一位取得博士学位的年轻学者，要正式开始他的大学执教生涯，首先要完成他的教职论文（Habilitation），取得教授资格，然后成为无薪水的"私人讲师"在大学工作，这是成为有教席的教授的预备役部队。但并不是每位私人讲师都可以成为教授，恰恰相反，这个概率非常低。因为德国大学的正式教授职位相当有限，"教席"是按照专业需要设置，通常一个专业方向只有一到两个教席，私人讲师最后能够成功晋升正式教授始终只是一个小概率事

- 371 -

五十年 五十人 50 Jahre 50 Menschen

件。我的博士论文副导师格奥格·施滕格（Georg Stenger）博士当时就是私人讲师，他一边以极大的热情投入研究和教学，同时也在到处申请教授职位，一直到我 2009 年毕业离开维尔茨堡，他都没有获得正式的教授位子，但是他对待工作始终从容、饱含热情。我回国几年后，有一天突然收到他群发给学生的邮件，说自己终于得到了维也纳大学哲学系的教席，这个教席叫作"全球化世界中的哲学"，非常符合他的研究兴趣。后来我与施滕格教授一直保持着密切的学术联系，他多次到中国参加学术活动、访学，也接受我的博士生到他那里学习，我自己也曾经到维也纳大学交流过一段时间。

即便是身处毫无确定性可言的私人讲师的岗位，我认识的很多德国学者仍然保持着对学术的巨大热情和从容的心态，两耳不闻窗外事地做他们的学术工作。这一点在我回到中国工作几年之后，感受越深。正是从那几年起，越来越多的中国高校也开始对年轻学者实行"非升即走"的制度。往往这个时候我就会想起德国大学里的学者们，他们有很多人终生得不到正式教职，但是仍然可以充满尊严和自信地进行学术研究、教书育人，要作出好的学术，这无疑是更好的状态。

德国和中国的高校和学者在这方面的差异，究其原因，当然是多方面的。我在这里想谈的是我直观感受到的一点，就是一种放松从容的生活心态。当然我们很容易会想到，心态是长期教育、社会氛围、制度保障、传统文化等各方面综合的结果，而不是最初动因，但是这不是一篇严谨全面的社会学论文，而是我的零星记忆的记录，所以在此并不求全责备。

关于这种从容的心态，有一件事可能是我在德国 6 年多的生活中印象最深刻的。有一个夏

美茵河畔的维尔茨堡（摄于 2003 年）

2005 年，笔者在德国的城际特快列车上

天的周末我和两位汉学家朋友一起坐火车到海德堡参加一个活动，回程时已经是晚上了，我们买的是票价优惠的"周末票"，因此搭乘的火车不会太快，还需要多次换乘。德国的城市非常密集，慢车停靠的站很多，就在离维尔茨堡100多公里的一个小镇上，车突然停下不动了，当不动的时间远远超出了正常的停靠时间时，车上的人开始纷纷起身下车查看情况。很快，我的汉学家朋友回来告诉我们，刚刚下过的一场雷雨，使得铁道上游一处电路受损，火车没法前进了，要等人来修复电路。情况看起来不像能够马上解决的，果然后续的消息是，由于是周末，电力公司没有人手抢修电路。而且这个小镇的车站除了一台自动售票机，并没有工作人员。因此所有乘客能够接触到的铁路部门工作人员只有这列慢车的司机，而他除了坐在火车驾驶室，并不比普通乘客知道得多多少，更没法解决任何问题。

　　我们下车在小镇车站附近转了转，车站就是一座平房，有一个"土耳其肉夹馍"（Döner）店，早已经关门了。车站前面是一条街，有一个超市、一个饭馆，大概这就是小镇最热闹的区域。我们到超市买了一点吃的，回到车站等待。这时候乘客们也三三两两地聚集在列车附近，明白了情况后，并没有人抱怨、找司机吵架。车上有一群中学生模样的孩子，正好是个乐队，取出乐器，在月台上开始排演节目，大家围成一圈，每一曲罢了都有热烈的掌声。这样又过了个把小时，得知德国铁路并不能立即安排大巴车来疏散旅客，开始有乘客联系朋友来接，我们则合叫了一辆出租车回到维尔茨堡。这次火车停运的经历一直令我记忆犹新，回国后经常出差，时常碰到飞机延误，误的时间长了总会有人跟机场的地勤人员拍桌子争吵，大概国人生活节奏快，时间更加宝贵吧。

　　说到德铁，2003年我第一次到德国时，觉得德国的铁路系统和城际特快列车（ICE）真是方便，那时候我的老家浙江台州还没有通铁路，1998年我第一次从老家到北京上大学，要先乘坐4个小时大巴到杭州坐火车。2009年等我回国时，中国的高铁正在如火如荼的建设，通往台州的铁路也开工了。2019年我再到德国访问时，德铁却显示出了明显的衰败，我们在德国的两个礼拜，几乎没有碰到准时的火车，而且延误后经常取消，这导致火车上人头攒动，即便我们买了一等座，也常常没有座位。火车上和火车站的卫生情况也堪忧。但只有德国人还是跟十几年前一样的从容，看着书，在月台上安静地等待着。

负笈德意志 奋进新时代

王小龙

1983年出生，西北农林科技大学动物科技学院教授、副院长。2005年和2008年分别获西北农林科技大学本科和研究生学位，2008年10月至2013年2月在慕尼黑工业大学动物育种研究所攻读博士，获自然科学博士学位。入选长江学者奖励计划青年学者、全国农业科研杰出人才培养计划、陕西"特支计划"高层次人才。主要从事羊的遗传资源挖掘与创新利用研究工作，是陕西省高校青年创新团队负责人，兼任国家绒毛用羊产业技术体系岗位科学家、中国畜牧兽医学会动物遗传育种学分会理事、养羊学分会理事，国际动物遗传学会基因编辑动物专业委员会主任，陕西省畜牧兽医学会副秘书长，任《繁殖与发展》(Reproduction, Fertility & Development) 期刊副主编，*Transgenic Research*、《动物科学杂志》(Journal of Animal Science)、*Stress Biology* 等期刊编委。与德国、瑞士、英国、美国等国科学家开展了密切的国际合作，曾获陕西省科技进步一等奖1项。

2008年，我受国家留学基金委资助，前往德国慕尼黑工业大学动物育种研究所攻读博士学位。至今，我仍然能够回忆起奔赴德国的那一天——2008年10月20日，在飞机即将落地慕尼黑机场的一刹那，乡村、田园、森林与河流映入眼帘，错落有致；轻轨、地铁、川流不息的车辆和鳞次栉比的大厦，都在昭示着这个国家和城市的活力。于是，在这样一座古老而又充满活力的城市里，我开始了为期4年多的博士求学生涯。2017年，当我再次回访我的导师鲁迪·弗里斯（Ruedi Fries）教授时，他与我促膝长谈，言谈之间充满了故人重逢的欣喜与感慨。他告诉我，我是他指导过的最为满意的国际学生。

谁也未曾想到，当初青涩的求学少年，如今已成长为单位的青年骨干，成为带领30个研究生埋头苦干的省级创新团队负责人，奋战在科技创新的第一线。几年前，我读到了陶杰《杀鹌鹑的少女》书中的一段话："当你老了，回顾一生，就会发觉：什么时候出国读书，什么时候决定做第一份职业，……其实都是命运的巨变。只是当时站在三岔路口……当时还以为是生命中普通的一天。"这段描写非常契合我的心境，当年才疏学浅，学艺不精，不认为自己适应再继续走学术的路子，踌躇迷茫间踏上了异国求学路，回过头来才发现，是德国求学的几年真实重塑和改造了我。

过去几年，虽然经常梦到在德国生活的点滴，仿佛仍置身校园，亦苦亦甜的求学之路恍若昨夕，也会经常浏览研究所的网站看看又有什么新的变化，但还是要感谢西北工业大学德国研究中心主任国懿教授的盛情邀请，让我有机会再次追忆这段青葱的岁月。

一、感受多元文化，开拓国际视野

我所就读的慕尼黑工业大学生命科学中心有着良好的学术氛围，是德国生命科学研究最活跃的机构之一，在这里我的科学素养与认知得到了很好的锻炼与提升。大学专门针对跨文化国际研究生设立了相关项目及提升课程，组织各类活动帮助我们更好地融入德国社会，同时教会大家如何开展研究，如何与人交流等。此外，学校每周都会邀请国际专家学者进行讲座分享，极大地拓宽了我们的知识面，丰富了我们的知识储备，同时让我们对最新国际研究前沿有了精准的把握。忘不了我的第二导师克莱兹托弗（Krzysztof）手把手教我做实验，帮我克服博士入门时的忐忑与紧张；忘不了当时年近七旬的导师鲁迪·弗里斯教授，经常抽出时间为我讲解遗传学中的经典问题；忘不了从同事们身上学到的一丝不苟的严谨、恰如其分的守时等德国传统的美德，使我受益至今；忘不了慕尼黑学联对我们的关爱，在中国传统节日组织各类活动缓解了我们对祖国和亲人的思念；更忘不了与我一起攻读博士的中国老铁们，大家互帮互助，度过了一段段美好的时光；终年积雪的阿尔卑斯山岭、波光粼粼的多瑙河畔，都留下了我们的足迹。现在看来，慕尼黑工大不只是那段青葱岁月的回忆，更是我行稳致远、梦想启航的圣地。

二、开展国际合作，聚焦种业创新

读博期间，我有幸在外方导师的资助下参加了多个国际学术会议，与领域内专家探讨科研进展，锻炼自己在国际会议上作科研报告的能力。这些经历让我能够站在动物遗传学研究的前沿，也让我有机会与世界上最优秀的专家同台展示，交流碰撞。印象最深的莫过于2012年我和实验室另外两名同事跋涉万里，从德国飞到澳大利亚参加第33届国际动物遗传学大会（ISAG），会后又在澳洲休假一周，从此我也成了国际动物遗传学会的常客。回国后参与主办了2014年在西安召开的第34届国际动物遗传学大会，大会有600多名外宾参加。2019年，我被选举为国际动物遗传学会动物基因编辑委员会主席。

几次国际会议的经历，让我明白了做研究不仅要埋头苦干，更要开放包容，要让其他人了解自己的学术成果，在交流中不断汲取别人的长处，改进自己。回国后，我与外方导师、同事及在各种场合中结识的同行保持着长期稳定的合作关系。参加工作以来，我先后承担国家级和省部级项目近20项，其中有5项是国际合作项目，合作发表文章近30篇，被邀请在国际会议进行报告交流10余次。在相关国际合作项目支持下，我们创制了性状突出的绵羊、山羊育种材料，建立了世界上最大的基因编辑羊育种群体；系统证实了基因编辑技术在动物育种应用中的安全性。也与中外学者一道，主办了首届国际动物分子设计育种研讨会等3个国际会议，提升了我国在家畜生物育种领域的话语权。目前，我们在羊生物育种与种质创新方面处于"并跑"阶段，为占领生物育种技术的制高点，保障我国种业安全和粮食安全提供了重要支撑。

三、搭建交流平台，努力成为"大先生"

结合国内导师与国外导师育人方法和风格的异同，我一直在尽自己最大的能力提供给研究生更多的支持和更好的发展平台，促进他们快速成长进步。我时常向他们谈及我求学期间的故事，鼓励他们积极申请，尽力给他们推荐合适的去向。我也一直希望他们能像我这样幸运，抓住机会，得到更好的发展。正是秉承着这样的信念，我一直在鼓励自己的研究生，希望他们在年轻的时候有机会走出国门，拥抱世界，博采众长。目前，我已有4名研究生受公派资助出国前往加利福尼亚大学戴维斯分校（UC Davis）、苏黎世联邦理工学院（ETH）、哥本哈根大学等著名高校攻读学位或进行联合培养；同时积极推荐学院本科生、研究生出国深造，邀请10多位国外专家来校讲学授课。

感谢我的祖国，感谢这个伟大的时代，让我有机会走出国门，在人生最美好的一段年华里与德国结缘。留学之路，也深深地改变了我的人生轨迹，是我个人成长道路上的关键一环，不仅仅增添了我的人生阅历、学术知识，更让我能够以开放平和的心态，自信从容地应对工作中的各种机遇和挑战。目前，我主要从事羊遗传育种的教学与科研工作，积极开展产学研合作，以振兴动物种业为己任，期望我国有朝一日也能建成像德国那样完善成熟的商业化育种体系。同时，我也将不断与时俱进，开放包容，增强本领，潜心治学，开拓创新，真正把为学、为事、为人统一起来，努力成为"大先生"，当好学生成长的引路人，作出无愧于时代的业绩。

写在中德建交五十周年之际的话

托马斯·德克森 *Thomas Derksen*

1988年出生，在中国的名字叫"阿福"，视频制作人、作家、文化传播者。高中毕业后，他先是完成了银行职员培训，后在波鸿和上海学习东亚经济政治以及汉语。目前他以视频博主和自媒体人的身份住在上海，与妻子莉萍一起经营着一个非常成功的社交媒体频道，拥有超过1000万的粉丝，定期在该频道上报道他作为德国人在中国的生活。他与德国在中国的几个官方代表机构共同完成了多个视频项目来推广德语。他也是德国联邦总统弗兰克‐瓦尔特·施泰因迈尔就任后对中华人民共和国首次正式访问的代表团成员。他著有《虎父的每日问候——德国女婿在中国》和《用筷子做土豆泥——和我的中国家人在欧洲度蜜月》等书。他还是播客"Marketing Made in China"的联合主持人。

五十年 五十人 50 Jahre 50 Menschen

In China bekannt als „A Fu", Jahrgang 1988, ist Videoproduzent, Autor, Kulturvermittler. Er hat nach dem Abitur zunächst eine Ausbildung zum Bankkaufmann absolviert und anschließend in Bochum und Shanghai Wirtschaft und Politik Ostasiens sowie Chinesisch studiert. Inzwischen lebt er als Vlogger und Influencer in Shanghai und betreibt zusammen mit seiner Frau Liping einen sehr erfolgreichen Social-Media-Kanal mit über 10 Millionen Followern, auf dem er regelmäßig von seinem Leben als Deutscher in China berichtet. Mit den offiziellen deutschen Vertretungen in China hat er mehrere Videoprojekte zur Förderung der deutschen Sprache realisiert. Außerdem war er Mitglied in der Delegation beim Antrittsbesuch des deutschen Bundespräsidenten Frank-Walter Steinmeier in der Volksrepublik China. Er ist Autor der Bücher *Und täglich grüßt der Tigervater – Als deutscher Schwiegersohn in China* und *Kartoffelbrei mit Stäbchen – Mit meiner chinesischen Familie auf Hochzeitsreise in Europa*. Des Weiteren ist er Co-Host des Podcasts „Marketing Made in China".

浑浊的空气中，同学们的脸上满是不耐，绿色的黑板上布满了粉笔的划痕。这只是我——一名生活在贝尔吉施地区中一个小城市的高中生——生活中一个普通的周三下午。但是这一天却将从根本上改变我的人生轨迹。托马斯·陶布纳博士敲门走了进来。他是我们这所高中的毕业生，同时也是一名汉学博士。他和他的中国妻子雪梅一起向我们介绍了他计划中的项目："我们想开设一门中文选修课，并想了解是否有学生对此感兴趣。"他的话音刚落，我就毫不犹豫地举起了手。

13年后，我穿着西装，激动地站在北京人民大会堂里，看着我们的总统弗兰克-瓦尔特·施泰因迈尔与中国国家主席习近平一起接受仪仗队的欢迎与敬礼。此时的我已是陪同德国总统访华代表团的成员之一。

13年的光阴转瞬即逝，其间却发生了许多事情。在为期两年的中文课程后，陶布纳博士带领我们去中国进行了一次学生交流。于是，我在2007年第一次在中国的长城上散步，在北京的胡同里吃包子，和中国游客及国际游客一起惊叹于上海的摩天大楼。之后，我决定投身学习东亚经济和政治专业以及中文专业。就是在中国的这段学习期间，我遇到了现在的妻子。然后我制作了一段视频来展示我作为一个中国家庭的外国女婿的经历——这段视频在中国的社交媒体上一夜之间被"疯传"。就在那时，我第一次意识到真正意义上的民族间的互相理解是多么重要。我们需要来自两种文化的人们，一起在裂痕越见加深的地方架起桥梁。

因为互联网和社交媒体，我们这个世纪的人们比以往任何时候都更紧密联系。而我也想在工作中使用我们现有的这些工具。通过我在中国和德国的生活视频，我带领着中国观众一起体验我在两种文化间的生活。无论是录制我和我中国岳父岳母的慕尼黑之旅，还是拍摄我在内蒙古的蒙古包里拜访牧民宝鲁日，或者是记录一位德国面包师在湖南长沙与聋哑员工一起工作——通过相机镜头，我向观众展示了一幅幅德国同胞和中国人的生活缩影。

2018年，我陪同一位来自四川的中国中学生为将在西安举行的德语奥林匹克竞赛作准备。德国驻北京大使馆联系了我，因为语言习得是跨文化交流的工具。当我看到这名学生无惧成都下午的高温，仍在教室里学习不规则的德语动词时，顿时思绪万千。几年前，我也坐在鲁尔区的小小的学生宿舍里，在练习本上写下一个又一个汉字。这位选择"埃娃"作为德文名字的学生十年后会在哪里？也许她会在中国驻德国大使馆工作？或者她会成为北京一家德国汽车制造商的工程师？但无论生活将她带到哪里，她都会把她与德国相关的和在德国习得的语言技能和经历的一切带入她的新环境中。

我也将永远把中国放在我的心里，记在我的味蕾当中。当我回到德国的家乡后，我很乐意回答许多关于我在中国生活和工作的问题。这种对异文化表现出的好奇心，使我对未来感到乐观。只要我们一直互相提问并进行对话，我相信德中关系就会变得更加稳定和深入。

对异国风情和未知事物的好奇心使我在那个周三的下午毫不犹豫地举起了手，并且表达了我对中文选修课的兴趣。而事实上多年来我也认识到，这种开放的态度和"左顾右盼"为我打开了许多机会的大门。近年来，通过我在社交媒体上的工作，我在德国和中国结识了许多朋友。我用中文制作了很多关于食物、旅行、文化和语言的视频。我还把我在中国和欧洲文化间的生活故事用德语写成了两本书。我做这一切的目的都是让德国人更了解中国，让中国人更了解德国。

2018年秋天的一个早晨，我的手机铃声响起，随之德国驻北京大使馆的一位工作人员做了自我介绍。他开门见山地说："联邦总统弗兰克-瓦尔特·施泰因迈尔正计划对中国进行就职后

笔者在内蒙古拜访宝鲁日　　In Baoluri in der Inneren Mongolei Chinas

的首次访问，我们想邀请您成为陪同访问代表团的一员。"

仅仅几周后，我就作为唯一一个生活在中国的德国人与总统一起在中国旅行。我们一起在成都看大熊猫，我在四川大学聆听他的演讲，我们还在北京参加了中国国家主席宴请的晚宴。这是我从事德中跨文化工作中的高光时刻之一。

然而，我一次又一次地意识到，除了经济和政治这种大议题之外，人与人的相处对于真正的民族间互相理解至关重要。每当我的德国家人来中国或我的中国朋友来德国，看见他们脸上的惊讶时，都让我不得不想起一句中国谚语："百闻不如一见"——即便听别人说一百次也不如自己亲眼看见一次。

用自己的眼睛、耳朵和嘴巴来体验对方的文化。这样可以消除友谊之路上的误解，建立沟通的桥梁，从而结成终身的友谊。

在接下来的50年里，我希望我们能再次将人视为中心。因为一个国家不仅由经济和政治组成，还由民族特性、不同的生活方式和个体组成。

当我看到我的德国父母在上海的高楼里享受我的中国岳母烹饪的美食时，或者看见我的岳父在我德国父母家里的花园里打太极拳时，对我来说，这就是文化交流和民族互相理解的最佳意义。

Worte zum 50. Jahrestag der Aufnahme diplomatischer Beziehungen zwischen Deutschland und China

Abgestandene Luft, Langeweile in den Gesichtern meiner Klassenkameraden und das Kratzen von Kreide auf der grünen Tafel. Es ist ein normaler Mittwochnachmittag in meinem Leben als Gymnasiast in einer Kleinstadt im Bergischen Land. Doch dieser Tag soll meinen Lebenslauf grundlegend verändern. Es klopft an der Tür und herein kommt Dr. Thomas Täubner, Absolvent unseres Gymnasiums und promovierter Sinologe. Zusammen mit seiner chinesischen Frau Xuemei stellt er sein geplantes Projekt vor: „Wir möchten eine Chinesisch-AG anbieten und wollten nachhören, ob es Schüler gibt, die Interesse daran haben." Ohne nachzudenken hebe ich die Hand.

13 Jahre später stehe ich im Anzug und mit wackligen Knien in der Volkskongresshalle in Beijing und sehe, wie unser Bundespräsident Frank-Walter Steinmeier zusammen mit dem chinesischen Präsidenten Xi Jinping den Empfang mit militärischen Ehren abnimmt. Ich bin Teil der Delegation beim Antrittsbesuch des Bundespräsidenten in der Volksrepublik.

Die 13 Jahre sind wie im Fluge vergangen und doch ist so viel passiert: Dr. Täubner nimmt uns nach

笔者与德意志联邦共和国总统弗兰克-瓦尔特·施泰因迈尔合影

Der Autor mit Frank-Walter Steinmeier, damaliger Bundespräsident der Bundesrepublik Deutschland

zwei Jahren Chinesischunterricht auf einen Schüleraustausch nach China mit. Und so spaziere ich im Jahr 2007 das erste Mal über die Chinesische Mauer, esse Baozi in den Hutongs Beijings und bestaune gemeinsam mit chinesischen und internationalen Touristen die Skyline Shanghais. Danach entscheide ich mich, Wirtschaft und Politik Ostasiens sowie Chinesisch zu studieren. Während meines Studiums in China lerne ich meine jetzige Frau kennen. Meine Erfahrungen als ausländischer Schwiegersohn in einer chinesischen Familie verarbeite ich dann auch in einem Video – welches über Nacht in den chinesischen sozialen Medien viral geht. Da merke ich zum ersten Mal, wie wichtig doch Völkerverständigung im eigentlichsten Sinne des Wortes ist. In Zeiten, in denen die politische Diskussion alles bestimmt, braucht es Menschen auf beiden Seiten, aus beiden Kulturen, die Brücken bauen, wo die Gräben immer tiefer werden.

Wir leben in einem Jahrhundert, in dem wir durch das Internet und Soziale Medien verbundener sind denn je. Und die Werkzeuge, die uns zur Verfügung stehen, möchte ich in meiner Arbeit nutzen. Durch Videos über mein Leben in China und Deutschland, nehme ich das chinesische Publikum mit auf Reisen durch mein Leben zwischen den Kulturen. Egal ob es ein Trip mit meinen chinesischen Schwiegereltern nach München, ein Besuch bei dem Schafhirten Baoluri in seiner Jurte in der Inneren Mongolei oder die Dokumentation über die Arbeit eines deutschen Bäckers mit taubstummen Mitarbeitern in Changsha, Hunan, ist – durch die Linse meiner Kamera zeige ich den Zuschauern Momentaufnahmen aus dem Leben deutscher und chinesischer Mitmenschen.

Im Jahr 2018 begleite ich eine chinesische Mittelschülerin aus Sichuan bei ihren Vorbereitungen zur Teilnahme an der Deutsch-Olympiade in Xi'an. Den Kontakt hat die Deutsche Botschaft in Beijing hergestellt, denn Spracherwerb ist das Werkzeug in interkultureller Kommunikation. Als ich die Schülerin sehe, wie sie in der Nachmittagshitze Chengdus in ihrem Klassenraum unregelmäßige deutsche Verben lernt, erfüllt mich das mit Melancholie. Vor einigen Jahren saß auch ich in meiner kleinen Studentenbude im Ruhrgebiet und schrieb ein chinesisches Schriftzeichen neben dem anderen in mein Übungsheft. Wo wird diese Schülerin, die sich den deutschen Namen Eva ausgesucht hat, in zehn Jahren sein? Vielleicht wird sie in Deutschland für die chinesische Botschaft arbeiten? Oder sie wird Ingenieurin bei einem deutschen Automobilhersteller in Beijing? Wo auch immer das Leben sie hinführen wird, sie wird die Sprachkenntnisse und Erfahrungen, die sie mit und in Deutschland gemacht hat, immer mit sich mitnehmen und diese in ihr Umfeld tragen.

Und auch ich trage China immer im Herzen und auf der Zunge. Wenn ich in meine deutsche Heimat zurückkehre, beantworte ich gerne die vielen Fragen zu meinem Leben und Arbeiten in China. Es ist die der fremden Kultur entgegengebrachte Neugier, die mich optimistisch macht für die Zukunft. Solange wir uns gegenseitig Fragen stellen und im Dialog miteinander stehen, bin ich mir sicher, dass die deutsch-chinesischen Beziehungen stabiler und intensiver werden.

Die Neugierde am Exotischen, am Unbekannten hat dazu geführt, dass ich an dem besagten Mittwochnachmittag ohne zu zögern meine Hand hob und mein Interesse an der Chinesisch-AG bekundete. Und tatsächlich lernte ich über die Jahre, dass diese Offenheit und das Schauen nach links und rechts viele Möglichkeiten eröffnet. Durch meine Arbeit in den Sozialen Medien habe ich in den letzten Jahren viele Freunde in Deutschland und China dazugewonnen. Ich habe Videos in chinesischer Sprache über Essen, Reisen, Kultur und Sprache gemacht. Auf Deutsch habe ich Geschichten aus meinem Leben zwischen China und Europa in zwei Büchern verarbeitet. Das alles mit dem Ziel, den Deutschen China und den Chinesen Deutschland näherzubringen.

An einem Morgen im Herbst 2018 klingelt mein Mobiltelefon und ein Mitarbeiter der deutschen Botschaft in Beijing stellt sich vor. Er kommt direkt zum Punkt: „Bundespräsident Frank-Walter Steinmeier plant seinen Antrittsbesuch in China und wir möchten dich einladen, Teil der Delegation zu sein."

Nur wenige Wochen später, bin ich als einziger in China lebender Deutscher zusammen mit dem Bundespräsidenten auf Reisen durch China. Wir schauen uns Pandas in Chengdu an, ich höre seine Rede an der Universität Sichuan, und wir werden vom chinesischen Staatspräsidenten zum Dinner in Beijing geladen. Das ist einer der Höhepunkte meiner interkulturellen deutsch-chinesischen Arbeit.

Und doch merke ich immer wieder, dass abseits der großen Themen Wirtschaft und Politik, die zwischenmenschlichen Beziehungen ausschlaggebend für echte Völkerverständigung sind. Bei jedem Besuch meiner deutschen Familie in China kommt oder meiner chinesischen Freunde in Deutschland, sehe ich die Überraschung in ihren Gesichtern und muss an ein chinesisches Sprichwort denken: Es ist besser, etwas einmal zu sehen, als hundert Mal zu hören.

Mit eigenen Augen, Ohren und Mündern die Kultur des anderen zu erleben. Das schafft Missverständnisse aus dem Weg, baut Brücken und schafft lebenslange Freundschaften.

Für die nächsten 50 Jahre wünsche ich mir, dass wir die Menschen wieder in den Mittelpunkt stellen. Denn ein Land besteht nicht nur aus Wirtschaft und Politik, sondern es sind Charaktere, unterschiedliche Lebensentwürfe und Individuen, die ein Land ausmachen.

Wenn ich sehe, wie meine deutschen Eltern hoch oben in einem Shanghaier Hochhaus die Kochkünste meiner chinesischen Schwiegermutter genießen oder mein Schwiegervater im Garten meines deutschen Elternhauses seine Taiji-Übungen macht, dann ist das für mich Kulturaustausch und Völkerverständigung in seinem besten Sinne.

图书在版编目（CIP）数据

五十年，五十人 / 国懿主编. -- 北京：世界知识出版社，2023.12
ISBN 978-7-5012-6606-7

Ⅰ. ①五… Ⅱ. ①国… Ⅲ. ①中德关系 – 国际关系史 – 纪念文集 Ⅳ.
①D829.516-53

中国版本图书馆CIP数据核字(2022)第232689号

五十年，五十人
Wushi Nian Wushi Ren

主　　编： 国　懿

责任编辑： 车胜春
德文编辑： 华子然
美术编辑： 刘　凌
责任出版： 李　斌
责任校对： 张　琨
出版发行： 世界知识出版社
地址邮编： 北京市东城区干面胡同51号（100010）
网　　址： www.ishizhi.cn
电　　话： 010-65233645（市场部）
经　　销： 新华书店
印　　刷： 北京宝隆世纪印刷有限公司
开本印张： 710毫米×1000毫米　1/16　24¾印张
字　　数： 596千字
版次印次： 2023年12月第1版　2023年12月第1次印刷
标准书号： ISBN 978-7-5012-6606-7
定　　价： 198.00元

本书得到西北工业大学太仓长三角研究院资助

版权所有　侵权必究